重庆市教育科学“十三五”规划 2018 年度重大委托课题“统编教材小学语文课后习题的教学活动设计实践研究”研究成果 (课题批准号:2018-WT-28)

素养立意的小学语文教学活动设计

以课后习题为导引

任传光 陈恒平 ◎ 主编

SWUP
西南大学出版社
国家一级出版社 全国百佳图书出版单位

图书在版编目(CIP)数据

素养立意的小学语文教学活动设计：以课后习题为导引 / 任传光，陈恒平主编. -- 重庆：西南大学出版社，2023.6
ISBN 978-7-5697-1884-3

Ⅰ. ①素… Ⅱ. ①任… ②陈… Ⅲ. ①小学语文课—教学设计 Ⅳ. ①G623.202

中国国家版本馆CIP数据核字(2023)第106270号

素养立意的小学语文教学活动设计：以课后习题为导引
SUYANG LIYI DE XIAOXUE YUWEN JIAOXUE HUODONG SHEJI：YI KEHOU XITI WEI DAOYIN

任传光 陈恒平 主编

责任编辑：胡秀英
特约编辑：张桂萍
责任校对：时曼卿
封面设计：闰江文化
排　　版：贝岚
出版发行：西南大学出版社(原西南师范大学出版社)
地址：重庆市北碚区天生路2号
邮编：400715
电话：023-68868624
经　　销：全国新华书店
印　　刷：重庆市国丰印务有限责任公司
幅面尺寸：210 mm×285 mm
印　　张：24.25
字　　数：673千字
版　　次：2024年2月 第1版
印　　次：2024年2月 第1次印刷
书　　号：ISBN 978-7-5697-1884-3

定　　价：58.00元

重庆市教育科学“十三五”规划 2018 年度
重大委托课题“统编教材小学语文课后习题的
教学活动设计实践研究”研究成果

序

直面课改最后一公里

张咏梅 | 重庆市教育科学研究院

五月的最后一天，久雨初晴，阳光明媚。眼前放着彭水教研员一个月前给我的课题结题资料《素养立意的小学语文教学活动设计——以课后习题为导引》，很厚。翻开第一页，全部采用了五号字排版，仅一个“编者的话”就有10多页。再看目录，每个年级下册的每个单元，无一遗漏。需要多么扎实的研究才能支撑起这样的成果，得有多么深刻的研究体会才让教研员选择了这种非常规的资料集成。我从“编者的话”里读到朴素的语句“明知语文作业有难度，不应该做些研究吗？”“我们想为广大一线教师探索一些有价值的研究路径，提供一些可操作的教学设计，直接服务于教师。”

好一个“直接服务于教师”，这就是课改最难的最后一公里啊。2018年课题立项之初，彭水苗族土家族自治县还是国家级贫困县，此课题也属于渝鲁扶贫专项委托课题。彭水县的“最后一公里”，意义不言而喻。

历时四年，成果出来了，是彭水苗族土家族自治县教师进修学校的三位语文教研员带着彭水苗族土家族自治县的小学语文教师团队（以下简称“彭水小语”）做出来的。这些工作，背后有彭水县教师进修学校“引领教师专业化成长，服务学校高质量发展”的理念支撑和强化师资队伍建设的政策支持，是小学语文学科教师队伍建设五年行动规划的重要组成部分。

研究，从调研开始。两轮问卷调查，从老师和学生两个角度展开，把研究建立在真正的问题上，这样才能“直接服务于教师”。

研究，选择了课后习题这个小切口，带来的是教学方式变革这个大动作。站在儿童立场设计教学活动，以课堂提质增效回应“双减”落地，每一句话都代表这个研究几年如一日的深耕与实践过程。

研究，面向了每个年级每个单元，确保每位老师每堂课的教学都有资源支撑。这样的教研是对教师满满的诚意，只有这样的研究才是“可操作”的，老师们拿来能用，这个研究才是“有价值”的。

这就是彭水小语的精神、情怀和作为吧。2013年，我们曾组织过一次重庆市小学语文试卷命题评比活动，任传光老师的命题被评为了一等奖，我还以他的试卷为例在教研工作会上做了解读，会后接到他的电话，说他终于可以卸下思想包袱了。此前，他的某些理念被老师反映到了教育局，说是将书法纳入检测值得商榷，把语文检测分为“写好字、会阅读、善表达”有些简单。

现在看来，任老师的坚持与各位老师的反映都是彭水小语团队精神的组成部分。他们都是认真甚至较真的教育人，教育需要这样的“真”。改革遇到真问题才会有真效果、真价值。任老师当年的这通电话我记忆犹新，眼前厚厚的成果资料延续着这样的品质。

编者在最后说：“这些设计，也许没有什么高大上的理论研究成果，全都是些课堂上操作层面的、比较微观的东西，但这些内容都基于一系列教育、教学理论，渗透了先进的教育理念，凝聚了课题组全体成员的心血和努力。”课改的“最后一公里”不就是这样吗——从理论到实践，从理念到操作，从知到行，实践智慧最有生命力。

《义务教育课程方案和课程标准（2022年版）》提出要培养“有理想、有本领、有担当”的时代新人，这不仅是标准对教师提出的要求，更应该成为我们对自己的自觉要求，彭水小语为此做了一个生动的注脚。

知行合一，我们一起努力！

2022年5月31日

编者的话

这本教学活动设计图书，是重庆市教育科学“十三五”规划重大委托课题“统编教材小学语文课后习题的教学活动设计实践研究”的研究成果之一。这项课题2018年11月立项，属于扶贫专项委托课题，课题研究的对象是教育欠发达地区的小学语文教师。彭水苗族土家族自治县当年属于国家级贫困县，教育资源贫乏，师资力量薄弱。新的历史时期，我们肩负着教育脱贫的历史任务，如何改变这一现状？在社会背景之下，教育领域如何引领社会，解决老百姓的实际需求？我们必须拿出切实有效的方法突破瓶颈。彭水县教师进修学校以课堂为中心，建立课程、课题、课改、课堂四课联动的有效机制，积极促进教师转变观念、改进课堂，提高课堂教学效率。这些有利因素保证了课题的顺利实施，使课题取得相应的成果。为了让大家较为全面地了解我们的研究，理解我们成果的价值，我们对这项研究做如下说明。

一、研究背景

（一）教育欠发达，师资力量薄弱

课堂教学，离不开教学设计。其中教学目标的确立，应该从课程目标到年段目标，再到单元教学目标，最后分解细化为每课的教学目标。而这样一个从宏观到中观再到微观的过程，并不是一蹴而就的。基于彭水苗族土家族自治县的县情，转变教师观念，提升教师理论修养是一个需要长期坚持的工作。7000多名小学教师，有近2000人是没有经过专业学习的民办教师或代转公教师，其中1100多名语文教师的学历层次更是参差不齐，大多工作在偏僻的农村学校，改变起来谈何容易。虽说磨刀不误砍柴工，我们可以等，但孩子等不了，教育事业等不了。于是我们必须思考：找到一个抓手，寻求突破，解决教师不会教、不知道教什么的问题。

通过研究新教材，我们发现，课后习题不只是“练习题”那么简单，它不仅承载了学生学什么的问题，而且还具有检测学生学习效果的功能。对教师而言，更重要的是它体现了编者对课文教学价值和定位的专业思考，这种专业的思考既有编者对课程标准的整体把握，更体现了课程目标在年段、单元、每一篇课文学习目标中的系统设计与细化落实。这不就是我们要找的抓手吗？

（二）小学语文课后习题有难度

1. 网络问卷

我们首先对统编版教材的课后习题完成情况及难度通过网络问卷的形式在学生、教师间进行了一次调查。汇总6808名学生的问卷，我们发现，有70%的学生认为课后习题完成起来有难度；面对课后作业的来源这一题目，有80%的学生确认老师布置的家庭作业与课后习题有关。汇总482名语文教师的问卷，90%的教师确认课后习题是讲过的。结论：课后习题有难度，且教师普遍将课后习题作为课后作业布置给学生。

2. 实证研究

我们深入课堂，基于某一课的课后习题的完成情况设计问卷。在学生听完课以后，我们留下部分学生现场答题，答完题后学生自主评价题目难度；教师随即批改，给出优、中、差的评定。对于这些题，教师均确认在教学中讲过，有些题还是重点讲过的习题，并且学生在书上做了笔记。在对6所学校的382名学生的抽样问卷中，评价有难度的有261人，占比68.3%。教师批改后的等级评定中，优等79人，占比20.7%，差等204人，占比53.4%。（从教研员的视角看，实际的效果比数据还要差）教、学、评的差距如此之大，让任课教师自己都不敢相信。接下来，我们从教的角度作归因分析：一是教师在教学中讲过课后习题，但那是零碎的，散布在教学之中，学生所获得的知识都是碎片化的，没有结合在一起，回答问题时自然不知道如何提取需要的信息。二是有的教师采取单独讲课后习题的方式，看似能够解决问题，但学生没有阅读体验，收获甚微。结论：教师课堂教学的目标不精准是学生难以完成课后习题的主要原因。

3. 重庆市2020年的“双减”工作、五项管理专项监测

这次监测数据也印证了语文作业的难度。全市学生对作业难度的评价中，认为语文作业有难度的达到了8.6%。明知语文作业有难度，不应该做些研究吗？结论：语文作业有难度。

（三）国家“双减”工作全面启动，减负提质成为中心任务

“双减”指要有效减轻义务教育阶段学生过重的作业负担和校外培训负担。作为国家级贫困县，校外培训的压力不是十分突出，而过重的课业负担却一定存在。分析语文学科存在的课业负担，根源有二：一是作业难度大，二是作业量大。作业难度的问题，这几乎是共识。为什么难，有教师的原因，也有教学内容的原因。作业量大，主要是教的原因。教师在教学中不得要领，不能抓住要点、突出重点，不能开展有计划、有步骤的教学，教师自己都不知道哪些应该教，哪些应该掌握，教到什么程度算达标。结果只能是撒下拦河网，玩题海战术，让学生去做成堆的试卷，靠增加学生的作业负担来换取成绩，学生的负担不重都不行。“双减”要减的是学生的作业，要改变的是教师的教学方式。

从以上背景中，我们牵出了“牛鼻子”——课后习题。我们想通过研究课后习题，让教师知道教什么、学生学什么，以完成好课后习题为标准，从而既减负又提质。我们将这项研究的成果汇集

成册，也是想为广大一线教师探索一些有价值的研究路径，提供一些可操作的教学设计，直接服务于教师。

二、研究过程

这些成果的汇总和提炼，经历了相当长的时间，并几经调整和修改，体现在以下研究过程之中。

（一）第一阶段：整理、比对课后习题

我们利用2018年国培项目，将刚投入使用的统编版教材（2018年版）和原来使用的西南师范大学版（以下简称：西师版）教材中一年级上下册、二年级上下册和三年级上册的课后习题进行统计分析，找出两部教材在题量、设计风格等方面的共同点和区别，发现统编版教材的课后习题在编制上的一些特点。为切合课题的研究，我们重点对课后习题在设计上的特点进行研究。

通过比对，我们发现统编版教材的课后习题的总量有所减少，但在编制上有了重大变化。题型从单一走向综合，低阶思维的题逐步减少，整合多种阅读能力的高阶思维的综合题型增多。这应该就是学生觉得统编版教材的课后习题有难度的原因之一。在此基础上，参与教师根据每个小组承担的任务开展分类教学活动设计，研究识字类习题、阅读类习题、习作类习题、综合性学习类教学活动设计。

两种教材识字量、写字量对比表

西师版（一上）要求认字274个，写字125个	统编版教材（一上）要求认字300个，写字125个
西师版（一下）要求认字401个，写字200个	统编版教材（一下）要求认字400个，写字200个
西师版（二上）要求认字437个，写字260个	统编版教材（二上）要求认字450个，写字250个
西师版（二下）要求认字401个，写字200个	统编版教材（二下）要求认字450个，写字250个
西师版（三上）要求认字401个，写字200个	统编版教材（三上）要求认字250个，写字250个

比较结果：西师版教材各册的识字量和写字量安排较为均等，一年级上册因为学习了汉语拼音，识字量与写字量相对较少。二年级上册的写字量较大，这一册安排了一个集中识字单元。统编版教材二年级的识字量和写字量都较大，三年级上册的识字量明显少于二年级。综合来看，统编版教材写字量明显高于西师版教材。识字是阅读的基础，学生的识字量上去了，可以为顺畅地阅读奠定良好的基础。这也体现了统编版教材的编排特点，即重视阅读。

表2 两种教材课后题量比较

类型＼版本	西师版教材		统编版教材	
	数量	比例/%	数量	比例/%
记忆	262	53%	124	39%
理解	156	32%	152	48%
应用	130	27%	78	25%
分析	73	15%	59	19%
评价	20	4%	16	5%
创造	120	24%	143	29%
结论	从统计数据分析来看，统编版教材课后习题的总量较西师版课后习题总量少，其中统编版记忆类型的习题量减少约一半，这说明统编版教材力求减少机械重复的死记硬背。而理解、应用两大类的习题较西师版的题量虽有所减少，但在所有习题中的比重却呈上升趋势。理解性问题是理解文本的基础性问题，指向学科的表层知识，含有一定的学科思维和方式。分析性问题蕴含学科的思想和方法。统编版教材指向理解、分析、评价、创造方面的训练增多，可见统编版教材更为重视对学生语文知识的运用实践能力的训练，体现了统编版教材注重语文核心素养的特点。			

通过这一轮的研究学习，我们明白了目标与内容之间、内容与活动之间、活动与目标之间应该存在本质的关联。相互没有关联的学习，是难以达成教学目标的。同时发现，课后习题的设计都与本课需要达成的目标有关联，加大对课后习题的关注，有助于教学目标的实现。

（二）第二阶段：观照文体特征的单元整体教学导读课设计

双线组元是统编版教材的编写理念，单元整体教学是统编版教材教学的基本要求，单元教学是语文教学的最小单位。贯彻单元整体教学的思想，就从单元导读课做起。这在以前对单篇阅读文的教学中，是没有这一要求的。通过单元导读课，就能在讲解这一单元之前，对该单元的教学目标、内容与编排特点进行全面的了解，结合课后习题准确定位这一单元将要学习什么，应该怎么来学习。

例如，在设计四年级上册第七单元微课时，脚本就是这样设计的：

【第1屏】 亲爱的同学们，这里是美好语文云学堂。我是周老师。今天，我们将开启第七单元的学习。

【第2屏】 天下兴亡，匹夫有责。（出示第七单元封面，圈出这句话）这是根植于每一个中国人灵魂深处的爱国情怀。不管是唐代的王昌龄(图片)、王翰(图片),宋代的李清照(图片),还是周恩来(图片)、梅兰芳(图片),甚至是一位平凡的台湾教师(出示"阅读链接"的课文图片),都无一例外地甘于担当"天下兴亡"的责任。正是中华民族所有人把民族兴亡放在心中,才有那"延安精神"的星火燎原。

【第3屏】 本单元,我们将走近这些人物,感受他们在家国大义面前的不同风采,并在学习过程中关注主要人物和事件,学习把握文章主要内容的方法,同时学习写书信(出示第七单元封面,圈出下面的单元要求)。

【第4屏】 来,我们一起熟悉本单元的课文。第21课《古诗三首》,读读课题和作者(课件突出课题和作者),猜猜"出塞"的意思,"但使龙城飞将在,不教胡马度阴山"表达了诗人怎样的思想感情?(出示横幅)你能想象《凉州词》中描绘的几幅画面吗?从这些画面中你又能体会到怎样的情感呢?(出示横幅),你能感受"千古第一才女"李清照不输男儿的豪迈气概和崇高理想吗?(出示横幅)

【第5屏】 第22课中"为中华之崛起而读书!"这一声响亮而坚定的回答竟出自一位十二三岁的少年。他是谁?是什么样的经历让他小小年纪就有了这样高远而伟大的人生志向呢?(出示横幅)

【第6屏】 第23课《梅兰芳蓄须》,"蓄须"两个字不好读,请跟老师读(老师重复一次)。梅兰芳先生为什么要"蓄胡须"?在这个过程中他经历了哪些危险和困难呢?(出示横幅)

【第7屏】 《难忘的一课》中,这位平凡的台湾教师有着浓浓的爱国之心,谁不感动呢?

【第8屏】 第24课《延安,我把你追寻》,诗中多次出现"追寻",是谁追寻,在追寻什么呢?(出示横幅)

【第9屏】 课文浏览完毕,同学们有没有发现本单元的一个秘密?原来本单元的大多数课文都和人物、事件有关。怎样学习这类课文呢?第四单元曾告诉我们"了解故事的起因、经过、结果,学习把握文章的主要内容"(出示第四单元封面),那本单元该怎样学呢?

请看课后题和课前提示。(出示"默读课文,想想课文讲了哪几件事,再连起来说说课文的主要内容""默读课文,说说梅兰芳用了哪些办法拒绝为日本人演戏,在这个过程中他经历了哪些危险和困难";红线圈出"哪几件事""主要内容""经历了哪些危险和困难""连起来",这些词语在悄悄告诉我们要重点关注人物和事件,把事件串联起来把握文章的主要内容)

【第10屏】 我们还可以查找资料,提前了解一下这些人物,这会对我们的学习大有帮助。(出示第98页第二题,第99页"有兴趣的同学可以查找资料,深入了解这位京剧大师",第104页"如果有不懂的内容,如'南泥湾开荒'……,可以查找相关资料帮助理解"。红线画出"查找资料")

【第11屏】 本单元习作是"写信"(出示习作图片)。你想写给谁?想告诉他哪些有趣的事?拿起笔来,写封信告诉他,好吗?同学们请看,这个写信的格式是不是很熟悉啊?是不是和我们二年级学的"留言条"的格式很相似呢?不过写信封的格式没有学过,要好好看哦。

【第12屏】 走进"语文园地",有三个训练板块。第一,"交流平台",梳理了本册教材中"把握文章主要内容"的三种方法,值得收藏。第二,"词句段运用",第一小题的每个词语背后都有一个令人肃然起敬的伟大人物,朗读时,不妨联想那些人、那些事,让词语更有意蕴;第二小题有两组例句，我们通过用不同情感去朗读，体会不同的语气，明确在什么情景中用什么语气最合适。第三，“日积月累”，朗读并背诵古诗《别董大》，体会朋友之间的深情厚谊。

【第13屏】（出示每一课的图片）同学们，本单元的大部分内容都围绕着家国情怀来展开（出示家国情怀）。相信通过本单元的学习，孩子们定能明白“家国”“天下”对于我们的重大意义，也定能担当“天下兴亡，匹夫有责”的责任。

【第14屏】 同学们，去读读本单元的人物故事吧，看看谁的故事最能打动你，不妨去查查资料多多地了解他，相信你会有更多的收获哦！

祝同学们学得愉快，我们下节课再见！

这一轮研究，从前面的识字类习题、阅读类习题和习作类习题的教学活动设计，转向了对习题教学价值定位的研究，进一步突出统编版教材的特点，建立系统思维，关注儿童立场，思考单元整体教学，寻找课后习题设计的特点和学习的依据，为接下来的课后习题教学活动设计做好了学理分析。

（三）第三阶段：单元整体教学背景下的教学活动设计

单元整体教学是语文课堂教学的发展方向，统编版教材为此做了大量的工作，突出了整体、系列、初步的特点。尤其是双线组元前提下的教学目标系统设计，为单元整体教学提供了前提条件。

本轮研究，重在将单元整体教学与课后习题高度结合起来，是在课题中期汇报时经过专家指导之后的再研究。这是在充分理解单元整体教学的基础上，再次走入课后习题的教学研究。

这次研究的思路：首先通过课后习题的解读，明确教学目标，然后以能否完成课后习题作为标准设计教学活动。整个研究成果突出整体、关联、层次，坚持以课后习题为抓手，通过课后习题带动作业设计。这是我们的创新点。

我们的研究内容分成如下几个部分：

第一部分为理解全册教材。从全册教材的编排上了解教材内容，用表格列出来，同时，结合编写者的理解，分析整本教材在人文主题与语文要素之间的关系。

第二部分为理解单元教材。针对某一个单元，进行单元人文主题与语文要素的纵向对比，分析统编版教材是如何对一个要素点进行系统设计的，如何体现知识点的循序渐进、螺旋上升的。基层老师不方便找到这些内容的排列顺序，更不可能主动去分析要素之间的联系。因此，这样的分析对教师建立整体教学观念非常有价值。

第三部分为语文要素的横向关联。对语文要素在单元各内容之间的落点分析能让教师知道，教材是如何将这个单元的目标细化到各个内容中的，知道教学目标是单元目标的进一步细化和分解，被隐藏于所承载的教学内容之中。这就是“为什么教”和“教什么”的问题。

例如四年级下册第一单元语文要素的纵向对比。

“抓关键语句”纵向关联表

年段	单元	语文要素
三年级上册	第六单元	借助关键语句理解一段话的大意
三年级下册	第四单元	借助关键语句概括一段话的大意
四年级下册	第一单元	抓住关键语句,初步体会课文表达的思想感情
六年级上册	第六单元	抓住关键句,把握文章的主要观点

“体会思想感情”纵向关联表

年段	单元	语文要素
四年级下册	第一单元	抓住关键语句,初步体会课文表达的思想感情
四年级下册	第三单元	初步了解现代诗的一些特点,体会诗歌表达的情感
四年级下册	第四单元	体会作家是如何表达对动物的感情的
五年级上册	第四单元	结合资料,体会课文表达的思想感情
五年级上册	第六单元	体会作者描写的场景、细节中蕴含的感情
五年级下册	第一单元	体会课文表达的思想感情
六年级下册	第三单元	体会文章是怎样表达情感的

第四部分为课后习题的关联分析。这是在整体理解教材的基础上,对课后习题落实教学目标进行集中解读,更好地让教师体会课后习题的导学功能及评价功能;既对每一题进行分析,也对单元的重要习题进行系统分析。

先对每一课的课后习题进行整体了解——有几道题?分别从哪些知识或者能力对学生的学习提出要求?从学习的角度看,解答这几道题时需要把握什么关系?每一道题是不是都反映了本单元的语文要素?是不是对前面的单元语文要素的复现,有没有对后面单元的前置性学习?整体分析完成后,重要的内容就应该出来了,那就是承载着本单元的语文要素的典型性习题是如何分布的?每一课都有哪些典型性习题?分析这些典型性习题在落实语文要素时的横向关联,主要体现的是知识点在层次上的递进关系、方法上的拓展关系。从精读文到略读文,则又体现了从学习方法到使用方法的过程,学以致用。因此,如何体现的,怎么安排的,就应该在这里做出分析。

第五部分为典型性习题教学活动设计示例。这是针对某一道题来分析如何将课后习题转化成教学活动设计的。它表现这些内容,一是课后习题提示的学习活动如何安排在教学过程之中,二是每一个学习活动完成什么学习任务,学习问题的设置与学习活动的展开有什么关联,如何帮助学生理解,能否引发学生学习思考,学习活动如何指导学生完成题目等。教师在设计完教学活动后,还得对自己的设计在达成的目标方面进行效果预期判断,以及明确学生要回答这道题、思考类似的题应该有的思维路径。这些都是基于学生语文的学科核心素养来设计的,不仅要培养学生的思维能力，还得培养学生语言建构的能力。

第六部分为如何进行整篇课文的课后习题教学活动设计。首先要根据单元语文要素，结合课后习题明确教学目标，并标明教学目标与哪道课后习题有关联。然后，在教学活动设计后，对进行一组教学活动后完成了什么内容，或者与完成什么内容有关，都以设计意图的形式进行说明，写明是针对哪一道课后习题来设计的。最后必须对该设计提出效果预期，这样设计能达到什么样的学习效果、有什么样的学习结果，这样的结果与单元目标的达成的契合度有多高。

（四）第四阶段：统编版教材下册的课后习题教学活动设计成果梳理

通过前三个阶段的研究，对教材、习题有了一个整体的认识和了解，对教材的语文要素的分布、单元语文要素的纵向关联及单元语文要素的横向梯度有了一定程度的研究，对统编版教材的课后习题转化成教学活动的方法，也有了系统实践和尝试。通过一系列的研究，我们总结归纳了统编版教材课后习题的特点，为教师自主设计提供了理论支撑。

1.课后习题设计的特点

（1）课后习题设计的活动化。课后习题就是用来检测学生学习效果的，但课后习题不只是问题，更重要的是编者在设计课后习题时对大多数问题，尤其是需要达到的学习目标的问题进行了“活动化设计”。什么是问题的活动化设计？就是在学生达到规定的学习目标过程中提供了学习的方法、路径或者策略。正因如此，教师在解读课后习题，利用课后习题进行教学活动设计时，就有了借鉴的依据。比如：一年级下册第13课《要下雨了》第一题“朗读课文。说说故事里有哪些动物，再分角色读一读”。本题为了让学生了解下雨时各种动物的表现，于是预设了这些活动：“朗读课文”“说动物”“分角色读”。三年级下册第6课《陶罐和铁罐》第二题：“结合课文中描写陶罐、铁罐神态和语言的语句，说说陶罐、铁罐的性格有什么不同，再分角色朗读课文。”从这道题里可以看出，为了让学生理解陶罐和铁罐的性格有什么不同，编者通过设计“找出描写二者神态、语言的句子”“通过句子说说表现的性格”“分角色朗读体会”这些学习活动来实现。六年级下册第1课《北京的春节》第一题：“默读课文，想想课文是按照怎样的顺序写老北京人过春节的，哪几天写得详细，哪几天写得简略，再讨论一下这样写的好处。”为落实单元语文要素，这道题设计了具体的学习活动“默读课文”“想想顺序”“比较详略”“讨论这样写的好处”。所有这些活动，都有明确的学习目标，也提供了相应的学习内容。在统编版教材里，绝大部分课后习题都有编者的活动化设计，我们只要认真解读课后习题，提取学习活动，将内容与活动组合成一个个的学习任务，就能快速形成一个相对完整的教学活动设计，还能准确地落实语文要素，实现教学目标。

（2）课后习题设计的系统性。整体、系列和初步是统编版教材的特点，其中整体和系列就是统编版教材系统性设计的具体体现。教材除了对人文主题和语文要素进行系统设计之外，针对课文的课后习题同样用心地进行了系统的设计。当然，统编版教材课后习题的系统性并不是面面俱到，而是在关注整体的基础上突出重点学习任务，保证教学目标的达成。

分析其作用和功能，统编版教材的课后习题可以分为基础类习题、发展类习题及拓展类习题。

从来源上看，有些源于课文内容，有些源于学生日常生活，倡导从课内到课外，体现了学以致用的原则。从能力发展上看，有各个思维层级的习题。因此，编者在选编课后习题时，首先关注了课后习题的系统性设计，突出了重点学习任务，保证了教学目标顺利完成。

课后习题的系统性设计从两个方面来体现：一是每篇课文的课后习题形成一个系统。第一，根据单元整体教学的需要，设计一些基础类习题，如在中高段用于整体感知课文、识字学词、复习旧知等前置性的学习任务。第二，针对本课在单元整体教学中需要完成的教学任务和需要达成的梯度学习目标而设计的学习问题，这类属于发展类习题。这类习题，从与语文要素密切联系的角度来讲也叫作典型性习题。第三，有时也会设计一道拓展类习题，锻炼学生读写的能力、迁移与应用能力，提升学生思维能力。这几类题彼此关联，层层推进，学生学习能力的提升不只在同一思维层级上，而是涉及识记、理解、分析、应用、评价、创新等多层级的思维活动。课后习题的系统性设计也体现了其是一个相对完整的学习与评价体系。

二是与语文要素相关的课后习题，体现在单元或者跨单元的系统性设计中。这些习题均含有学生学习的发展目标，使语文要素细化与落地。精读课文的习题重在学习方法，略读课文指向练习方法，“语文园地”归纳、总结方法，“习作”或者“综合实践”运用方法，这是读写的迁移运用。这完全符合认知结构理论对学习过程的描述：获得—转化—评价。不仅如此，结合学生学习的需要，部分单元会穿插前面学过的语文要素的相关习题，复习巩固，也可能设计一些将要学习的语文要素的课后习题进行前置性的学习，为后面的学习做好铺垫。这就是一个符合建构主义认知结构理论的完整的学习系统。这样的设计有助于学生将知识转化成能力，进而形成学科素养。

(3)课后习题设计的分层性。分层性设计就是给教师一个选择的空间和可能。由于不同地区、不同学校的不同班级存在有差异的学情，课后习题在设计上允许根据学生学习的情况进行选择，特别是选作题的设计，这类题可以根据自身情况选做。这类题，一般都比较灵活、开放，要么理解有一定难度，要么需要一些特殊的学习资源。比如六年级下册第3课《古诗三首》选做题：“这三首古诗分别与哪些传统节日有关？还有一些古诗也写到了传统节日和习俗，查找资料了解一下。”这类题给优秀的学生或者有条件的学生提供更宽阔的发展空间，从而体现个性发展、分层发展的教学理念。

由于课后习题在设计上的活动化、系统性和分层性，且针对课后习题进行系统性研究的教学活动设计成果不多，为此，本课题的研究既有内容的保证也有学理依据，具有一定的研究价值，是完全可行的。

有了这些特点，基于课后习题的教学活动设计就更有针对性和时效性。

2.课后习题的教学活动设计

课后习题的教学活动不是评讲习题的练习课，更不是给答案、背答案，应该是有目的、有内容的，有具体的师生对话、生生对话与文本对话的交互式学习体验活动。我们必须利用好课后习题的助学功能，将问题转化成为基于一定教学内容的教学活动设计。学生只有经历这些学习过程，才能获得文化的熏陶、能力的增长和素养的提升。

(1)解析课后习题，分层设计教学活动。前文对课后习题的认识已经提到，编者在对课后习题进行编制时，将问题进行了活动化设计，提示了学习路径和活动方式，教师就可以借助这些活动方式将其转化为教学活动。如：四年级上册第六单元第18课《牛与鹅》第二题："一边默读一边画出相关词句，体会'我'见到鹅和被鹅袭击时的心情。"第一步，结合单元语文要素分析这道题的学习目标：理解词句的意思，体会意思背后所表现出的"我"的心情。第二步，找出提示教师体会"我"的心情时需要开展的学习活动："一边默读""一边画出""体会"。第三步，阅读文章，选择学习内容，提取有用的信息：课文的"相关词句"。

结合目标、活动和内容，教学活动可设计为：

活动一：默读课文，一边读一边画出表现与"我"被袭击时的心情相关的词句。

这一活动，首先是采取默读的方式，利于学生思考。读时，教师要引导学生画出相关词句，并将自己理解到的"我"的心情及时批注到书的旁边。勾画与批注都是有效的学习方法。

活动二：与同学交流、分享勾画的词句，并说说其表现了"我"怎样的心情。

在这一活动中，教师引导学生从理解词句开始，去分析体会词句所表达的"心情"，关注思维的合理性，用词的准确性，表达的完整性，倡导理解的多样性和思维的逻辑性。

活动三：反复朗读这些词句，把这种"心情"带入文本，细致体会语言表达的作用。

课文中生动鲜活的句子、有表现力的句子，都是需要反复朗读、细心体会与感受的。读是语文学习的重要方式。读，不仅可以让学生熟读成诵，实现语言的积累，还可以增强学生的语感，实现深层次的理解。语文教学，没有理解与表达的训练是空泛的，没有分享与交流的语文教学也是无趣的。

（2）梳理单元典型性习题，系统设计教学活动。统编版教材的双线组元的整体、系统的编排有助于单元整体教学的课堂转型。单元是最小的教学单位，体现了整体与系列的特点。典型性习题承载了单元学习目标的达成和语文要素的落实，如果能将一个单元的几篇课文的典型性习题按照层级相关性（或能力提升，或思维进阶，或方法拓展）进行系统性的教学活动设计，一定有助于培养学生的整体观念、系统思维。"孩子可以感知物体，但他无法感知物体之间的联系"。统编版教材的单元整体设计体现了读写一体化和三位一体的阅读课程体系，如果能根据教材的编排意图系统性地设计教学活动，学生可形成结构化的知识体系，而不是只接收碎片化的知识点。

例如：三年级下册第一单元的人文主题是"可爱的生灵"，阅读要素是"试着一边读一边想象画面，体会优美生动的语句"，习作要素是"试着把观察到的事物写清楚"。要达成这一学习目标，该单元共安排了三篇精读课文《古诗三首》《燕子》《荷花》，一篇略读课文《昆虫备忘录》；另有"口语交际"《春游去哪儿玩》，"习作"《我的植物朋友》和"语文园地"。

①联结语文要素，梳理典型性习题。

联结语文要素，梳理出的典型性习题分别是：

《古诗三首》第二题：结合诗句的意思，想象画面，说说三首诗分别写了怎样的景象。

《燕子》第一题：朗读课文，边读边想象画面，并读出对燕子的喜爱之情。背诵第1~3自然段。第三题：找出课文中优美生动的语句，读一读，再抄写下来。

《荷花》第二题：默读课文，说说你从哪些地方体会到了这一池荷花是"一大幅活的画"。

第三题：画出课文中你觉得优美生动的语句，和同学交流。

略读课文《昆虫备忘录》的课前学习提示：默读课文，说说你最感兴趣的内容。

②整体关联课后习题，找准目标梯度。

《古诗三首》第二题，结合古诗的文体特点及三年级学生的年段特点，边读边想就是读景物、想景象。《燕子》第一题边读边想象，突出燕子可爱的画面，第三题承接第一题，找出优美的句子抄写下来。这些习题的层次在于，《古诗三首》的习题是从词语中想象更为丰富的景象，而《燕子》的习题在于通过优美句子描写的画面想象燕子可爱的形象。进入《荷花》这一课，结合语文园地的交流平台，则要求学生运用联结的学习策略，将一系列的景物关联起来，体会画面的"活"。《昆虫备忘录》则结合几篇写昆虫的文章，运用所学的方法，去想象昆虫生动的形象。

通过这些习题的引导，教师在教学时能紧扣语文要素，确定教学活动的分层着力点。从朗读词句到想象画面，从品读句子到情感熏陶，从学习策略到语言鉴赏，拾级而上，提升了学生的语文核心素养。

③抓住关键，系统设计学习活动。

整体的表征在于系统内各要素的相互关联，系统的意义在于发挥各要素的作用，形成要素之和的增质。

《古诗三首》通过读诗句想象自己听到什么、看到什么、感受到什么。《燕子》通过关键语句（结合"交流平台"），边读边想象画面，读出喜爱之情，并对应画面摘抄语句。《荷花》通过勾画优美语句，抓住关键词想象画面；联结景物的变化、姿态的多样，体会"一幅活的画"，积累优美语句。《昆虫备忘录》这一课则练习用抓住关键词想象和联系特点想象的方法说说最感兴趣的内容。

通过基于单元的系统性的教学活动设计，教师在教学中进行整体思考，以语文要素为线，突出教学目标，结合课后习题选择教学内容，解决教什么的问题，再通过进阶式的课后习题，抓住关键，突出重点开展教学活动，教学任务更聚焦，教学过程更清晰，教学方法更有效，教学体验更丰富。

我们在研究了课后习题的教学活动设计之后，还进行了相应的实证研究。

3.建构理答语言，保障"提质"可视化

建构理答语言，就是教学活动完成之后，对于重要的习题，尤其是典型性习题，需要学生书面表达出来。这时就需要对学生回答问题的语言结构、表述方式和内容的完整性进行规范。建构理答语言就是一次"微写作"，能让学生在获取语文知识、形成言语实践能力的过程中提升言语智慧和品质。建构主义认为，学习是学习者在原有知识经验的基础上，在一定的社会文化环境中，主动对新信息进行加工处理，建构知识和意义（或知识表征）的过程。课堂上，学生说"懂了"，你千万别当真，学生"详细的笔记"也不能全信。虽然题目是"说一说""体会一下""感受一下"，但这类题在中高年级一般都是需要学生通过书面作业写下来的，就更不能让学生一"说"了之。阅读实践、搜集资料、完成作业、评价改进是符合元认知理论的反馈回路——事实、联系、结果、行动。"语言是思维的外壳"，大量的作业批阅经验告诉我们：学生能想清楚，未必能说清楚；学生能说清楚，未必能写清楚；只有能写清楚，才是真正的想清楚。所以通过学生的语言表达，我们可以清楚地看到学生思维的准确程度和表达的完整程度，让说理与思辨可视化，能确保学习质量。

以上就是课题组对小学语文统编版教材课后习题进行的教学活动设计实证研究。在单元整体设计当中，我们强调了系统思维与儿童立场，整体、系统、初步是统编版教材的突出特点，研修的结论：立足统编版教材、厘清纵向序列、明晰训练梯度、提供方法支撑，助推语文要素落地，促进核心素养发展。研究单元整体教学就绕不开统编版教材双线组元的编排体例，统编版教材从课程目标出发，将课程目标逐层分解为年段目标、单元目标进行系统设计，因此，单元的语文要素就是系统设计的结果。在开展单元整体教学研究时，就一定得梳理单元语文要素的纵向发展，在进行单元整体教学设计时同样要采取系统思维，整体分析这个单元每一部分在完成单元目标时的具体任务，进而确定每一课时的教学目标，一步步拾级而上，最终实现单元的教学目标。

基于本课题的研究方向，以及有些内容与教学参考用书的相似性，我们在成果编排上做了如下处理：

两个“淡化”：

淡化对全册教材的分析；淡化对单元的分析。

六个“关注”：

关注了单元语文要素的纵向序列的关联。

关注了单元整体教学理念下的单元语文要素在本单元里的横向梯度。这些内容都是我们教师归类、整理、分析的成果，有一定的借鉴意义和参考价值。

关注了课后习题对语文要素的落实。

关注了课后习题之间的关联，这有助于教师将单元目标细化为具体的教学目标。

关注了基于课后习题的教学活动设计，让教师在教学时有章可循。

关注了教学评的一致性，通过效果预期反思教学设计是基于学生哪些素养目标设计的，可能达到怎样的目标。

关注了学生的言语思维。思维路径的预设引导教师在教学中关注学生思维能力的培养。语言是思维的外壳，直接反映学生的思维能力和水平。思维路径的预设，就是要给学生整理出一条有效的思维过程和逻辑，帮助学生形成完整的知识系统和连贯的思维逻辑。

各位读者，这些设计，也许没有什么高大上的理论研究成果，全都是些课堂上操作层面的、比较微观的东西。但这些内容都基于一系列教育、教学理论，渗透了先进的教育理念，凝聚了课题组全体成员的心血和努力。教无止境，学无止境，在语文教学这条道路上我们一直在努力，有不妥之处请多谅解，并期待您的指导！

目　录

一年级下册

二年级下册

三年级下册

一年级下册

教材整体分析

本册安排了八个主题单元，教师可结合主题及单元要素进行整合教学。其中安排了两个识字单元，六个围绕“愿望”“伙伴”“家人”“夏天”“习惯”“问号”等主题编排的普通单元，共选编课文二十一篇。本册教材的人文主题和语文要素如下。

单元	人文主题	识字与写字要素	阅读要素
一	识字单元	借助拼音自主识字、主动识字，了解全包围结构字的笔顺规则	在诵读儿歌、韵文中，培养朗读能力和语感
二	愿望	独体字加上部件组成的新字	找出明显的信息，培养阅读理解能力；认识、使用量词
三	伙伴	学习独立识字，学会音序查字法	联系上下文了解词语意思；词句的积累和运用；分角色朗读对话，读出儿童诗的情趣
四	家人	了解“点的位置不同，书写先后也不同”的笔顺特点	读好长句子；积累词语和古诗；根据课文信息做简单推断，并联系生活实际进行表达
五	识字单元	在朗读中识字，学习运用形声字的构字规律识字	熟读成诵，积累语言

续表

单元	人文主题	识字与写字要素	阅读要素
六	夏天	引导学生在生活中识字	联系生活实际了解词语意思；仿说仿写句子；读好问句和感叹句
七	习惯	用加一加、减一减的方法识字；学习左上包围、右上包围的字“先外后内”的笔顺书写规则，在田字格内正确书写	根据信息做简单推断；读好疑问句和祈使句；正确使用逗号、句号、问号、感叹号
八	问号	借助图画、形声字、生活经验猜字、识字；巩固半包围结构并练习写字	在生活情景中积累词语；借助图画阅读课文；读出祈使句语气，读好多个角色的对话

第一单元注重对学生进行中华优秀传统文化的渗透与传播，并引导学生了解汉字。第三单元要求读出儿童诗的情趣，以及在田字格中依据笔画顺序正确、规范地书写汉字，培养学生对汉字的审美与鉴赏能力。第六单元训练学生说与写的能力。《荷叶圆圆》引导学生学习句子的多样化表达方式；练习仿写，有能力的学生还可以练习仿说比喻句；“语文园地”要求扩写一个简单的句子。第七单元和第八单元引导学生根据课文信息做简单推理，训练逻辑思维。如课文《一分钟》要求在读懂内容的基础上，引导学生根据课文的内在联系，运用“要是……就……”的句式进行推理。《动物王国开大会》引导学生根据已知内容对后面的内容做出推断，建立信息的完整性意识，继续进行逻辑思维的训练。第八单元的“语文园地”要求学生结合生活情境体会四种不同的心情，并进行说话、写话的训练。此外，课后习题和“语文园地”板块都涉及积累词语和句子、背诵课文的训练。这些训练为学生积极地使用语言做准备。

第一单元
识字单元

一、第一单元整体分析

（一）整体描述

为培养学生的识字能力，本单元引导学生掌握看图识字、韵语识字、字族文识字、字谜识字等方法。学生在情境中识字，四篇课文有不同的识字方法。《春夏秋冬》是看图识字，第一部分的四幅扇面图与表示四季的四个词语相对应；第二部分是借鉴传统文学的表达方式，呈现两行词语和短语，在教学中要引导学生将图和文相结合，大声朗读，借助图画来识字。《姓氏歌》为韵语识字，将识字与生活紧密结合，在教学中教师要引导学生在反复的诵读中与汉字不断地“照面”，从而达到识字的目的。《小青蛙》为字族文识字，集中体现了形声字识字的特点，教师要利用形声字的规律引导学生举一反三，培养其自主识字的能力。《猜字谜》一课由两个谜语组成，内容与前一课的《小青蛙》有密切联系，教学时可以结合前面的内容开展学习活动，巩固识字效果，发现汉字的特点和构字规律，引导学生感受古人造字的智慧。

本单元的儿歌、韵文适合低段学生朗读，培养学生的朗读能力。教师在教学识字的同时，要重视引导学生了解汉字文化，如百家姓、字谜等，激发学生对中华优秀传统文化的热爱。

（二）语文要素纵向关联

1.阅读

为了培养低年级学生的阅读兴趣，增强其语感，教材在课后提出了阅读和背诵的任务，要求学生大量地背诵和朗读，重视阅读经验的积累，提高阅读兴趣。

一年级上册除了拼音单元外，其他单元的课后习题要求“朗读课文、背诵课文”，下册则在朗读的基础上提高了难度，要求读好句子。如一年级下册第二单元《我多想去看看》的课后习题就要求学生朗读课文时注意读好有感叹号的句子；第四单元《彩虹》要求学生朗读课文时注意读好长句子；第八单元《棉花姑娘》要求学生读好课文中的对话。朗读训练呈螺旋上升状态，符合学生认知规律。

2.识字

一年级上册要求学生在有趣的情境中认识象形字，感受汉语的音韵特点，初步认识会意字、形声字，了解汉字偏旁表义的构字规律；一年级下册要求学生自主识字、主动识字，学习运用形声字的构字规律识字。由此看出，一年级的识字教学旨在初步培养学生对识字方法的理解、掌握以及熟练运用能力。在一年级下册识字的教学中，教师还要特别引导学生在生活中去识字，在生活中积累词语。

二、基于课后习题的语文要素落点分析

（一）语文要素在各板块的要求

本单元的学习目标聚焦识字与写字。纵览本单元课文和"语文园地"，识字写字的学习目标可以概括为通过观察、对比发现生字在音、形、义上的特点；借助不同的语言情境（图片、儿歌韵文、字谜、生活经验等）进一步学习运用多种方式识字（联想识字、字族识字、借助熟字识字）；培养学生主动识字的习惯，不断提高其自主识字的能力；在田字格中规范、美观地写字，掌握先外后内再封口的笔顺规则，写好全包围字。

（二）课后习题的要素指向与活动分析

1.《春夏秋冬》课后习题分析

习题：朗读课文。背诵课文。

本课课文抓住四季景物的特点，描绘了四季各异的美丽画面，由词语、短语两部分内容组成。朗读词语时需要指导学生连读，不拖长音；词与词之间适当停顿，读好节奏。在熟读课文的基础上，指导学生背诵全文。教学时，教师可以先让学生填空，然后让其根据插图试着背诵，最后通过小组互背的方式进一步巩固。

2.《姓氏歌》课后习题分析

第一题：朗读课文。背诵课文。

第二题：照样子做问答游戏。（用不同的方式介绍自己的姓）

问答1	问答2
"你姓什么？"	"你姓什么？"
"我姓张。"	"我姓方。"
"什么张？"	"什么方？"
"弓(gōng)长张。"	"方向的方。"

第三题（选做）：说一说班里的同学都有哪些姓。

第一题指向语言积累，学生在正确朗读的基础上，在多种形式的诵读中，逐渐达成背诵积累的目标。

第二题通过游戏的方式引导学生学以致用，将介绍姓氏的方法运用于生活实践中。学生在真实的情境中学习语文，习得和巩固介绍姓氏的方法。

第三题尊重客观存在的地区差异、学校差异以及学生个体差异，增加了教材的弹性和适用性。

3.《小青蛙》课后习题分析

第一题：朗读课文。

第二题：想一想，填一填。（选字填空）

睛　情　晴　清　请
眼(睛)　(　)问　(　)水　(　)天　心(　)

第一题指导学生朗读时，要注意适当停顿，可通过拍手的方式读出节奏感。

第二题是引导学生发现形声字的形旁和字的意思有关，教材将5个“青”字族生字带出的词语以“公共汽车”的方式呈现，单调的“选字成词”就变成了有趣的游戏——“让汽车开动起来”。（详见教材）

4.《猜字谜》课后习题分析

习题：猜一猜。

男孩：“我们也来猜字谜吧！”

女孩：“‘一加一’，猜一个字。”

“猜一猜”是引导学生开展猜字谜和编字谜的实践活动，习题以两位小朋友对话的方式将“猜、演、做”等一些孩子们喜欢的活动引入到语文学习中，既增加趣味又培养学生主动积极的参与精神和合作精神。活动时，可以让学生编一编学过的合体字、形声字的字谜。

（三）单元典型性习题横向关联

本单元的教学核心任务是提高学生自主识字的能力，提高识字效率；重视朗读，培养语感。本单元是集中识字，教师要充分借助文本进行识字教学。在识字教学时，教师要引导学生自主借助汉语拼音读准生字，帮助学生建立音、形、义之间的联系。本单元要求在朗读的基础上背诵课文，重点是指导学生在朗读时要读正确、读流利，要体现层次性，并在此基础上以多种形式反复朗读，做到不破词，不拖长音。同时，在读正确、读好停顿的基础上，引导学生将短语连起来朗读。期间，教师要发挥示范作用。

三、落实语文要素的典型性习题教学活动设计示例

（一）典型性习题

《姓氏歌》课后第二题：

问答1	问答2
“你姓什么?”	“你姓什么?”
“我姓张。”	“我姓方。”
“什么张?”	“什么方?”
“弓(gōng)长张。”	“方向的方。”

本题除了回顾课文中介绍的方法，还提到了用“组词”的方法介绍姓氏，引导学生学以致用，将介绍姓氏的方法运用于生活实践中。

（二）教学设计

1.活动一：回顾课文，趣味诵读

师：小朋友们，还记得课文第1小节中一共出现了哪些单姓吗？能说说文中是怎样向我们介绍这些姓氏的吗？

课件出示：

木	子（　　）	弓	长（　　）
古	月（　　）	口	天（　　）
双	人（　　）	言	午（　　）

设计意图：多次复现有利于强化学生对生字的记忆，同时激发其继续探究的兴趣。

2.活动二：出示“习题”，引导发现

（1）课件出示“照样子做问答游戏”，学生阅读课文，做问答游戏。

（2）比对两组对话，说说你的发现。

设计意图：介绍姓氏的方法灵活多样，可以“分解部件”，可以“偏旁称说”，还可以用“组词”的方法，不要拘泥于一种形式。

3.活动三：学以致用，拓展迁移

（1）想一想：课文中的“钱、孙、周、王、郑”等单姓，分别可以用什么方法介绍？

（2）请学生采用文中的格式和同伴演一演怎么介绍上面的姓氏。示例：

“你姓什么？”“我姓钱。”“什么钱？”“金钱的钱。”

（3）游戏“我们交个朋友吧”：让学生用适当的方法介绍自己、同学或者好朋友的姓氏，在实践演练中，习得和巩固介绍姓氏的方法。

（4）姓氏大调查：写出自己知道的姓氏；统计本小组成员的姓氏，不知道小组里某位成员的姓氏时用问答游戏去了解。

设计意图：了解身边常见的姓氏，从中感受中国姓氏文化的魅力，并学习更多的生字。

4.活动四：课堂小结，推荐阅读

中国是世界上最早使用姓氏的国家，“姓氏者，标示家族血缘之符号也”，一个姓氏代表了一个家族的传承和发展，体现了同宗同族的中华传统文化。教师可引导有兴趣的学生读《百家姓》，圈一圈《百家姓》中熟悉的姓氏。

设计意图：语文教学的内涵和外延同等重要，由课堂延伸到课外，学以致用。

预期效果：在趣味诵读中巩固介绍姓氏的方法，在实践演练中将课堂延伸于生活，学以致用；通过读《百家姓》感受中国姓氏文化的魅力，并从中学习更多的生字词。

四、课后习题引导下的《小青蛙》教学活动设计

教学目标:

(1)学生通过归类识字、借助形声字的特点识字等方法,认识“清、请”等12个生字和这些字的偏旁,会写“青、清”等7个生字和 “横折提”笔画。

(2)学生能了解“青”字族的汉字特点,体会形声字的构字规律。(关联课后第二题)

(3)学生正确朗读课文,并能了解青蛙对人类的益处,有自觉保护青蛙的意识。(关联课后第一题)

(一)第一课时

1.活动一:激趣导入,揭示课题

(1)猜谜激趣。

(2)你对青蛙有哪些了解?

(3)补充资料:有小青蛙资料的名片。

(4)揭示课题,学习“青”。

设计意图:从学生喜欢的猜谜游戏入手,激发学习兴趣,并通过名片进一步了解小青蛙。

2.活动二:自主探究

(1)借助拼音,读准字音。

(2)教师范读、教读。

(3)数一数课文一共有几句话。

设计意图:学生自主学习,教师检查指导,培养学生的自学能力。

3.活动三:创设情境,读文识记

(1)自主阅读第一句,圈出长得相像的生字。

(2)交流自己的发现,学习“青、清、晴、睛”四字。

(3)读一读,交流有什么好的办法记住它们。

(4)教师示范:清水的“清”的偏旁“三点水”与水有关,表示字的意思;右边的“青”表示读音,合起来就是清水的“清”。学生仿说“晴”“睛”两个字。

(5)总结构字规律:像“清”“晴”“睛”这样的字,一部分表示意思,另一部分表示读音,就是形声字。

(6)认读生字组成的词。

(7)找一找课文中“青”字族的其他成员,圈起来读一读。

(8)“情”的偏旁“竖心旁”与心情有关,右边的“青”表示读音,合起来就是心情的“情”。用同样的方法学习“请”。

(9)“青”与颜色有关,还有哪些由“青”组成的词表示绿色的意思。(青山、青草、青豆)

(10)再次朗读句子。

(11)用组词的方法学习“事”“让”两个生字,借助甲骨文学习“病”字。

(12)复习“青”字族汉字。

(13)小练习:想一想,填一填;选一选,读一读。

睛	情	晴	清	请
眼(睛)	(　)问	(　)水	(　)天	心(　)

设计意图:了解汉字的组成部件,归类识记。通过圈形近字,教师引导学生在观察、认读中发现“青”字族的生字在读音上、字形上的相似和不同之处,利用形声字构字规律来识记。

4.活动四:指导书写“情、请”

(1)观察结构(左右宽窄)、关键笔画。

(2)“月”的笔画“横折钩”中的“横”在田字格中的横中线处,是“青”字的关键笔画。

(3)学习笔画“横折提”、竖心旁的书写方法。

设计意图:一年级是书写习惯的养成期,重点生字需要指导书写,学生学会观察方法以后进行自主练习。

5.活动五:作业设计

(1)正确、流畅地朗读课文。

(2)搜集其他字族的字。

设计意图:由课堂延伸到课外,学以致用,培养归类识字的能力。

(二)第二课时

1.活动一:复习词语

词语:青蛙、青山、清水、清白、晴天、清空、心情、事情、请坐、请进、生病、病人。

设计意图:通过复现,教师引导学生加深对词语的印象,为第二课时的学习打下基础。

2.活动二:自读探究

小青蛙给你留下了怎样的印象?

设计意图:培养独立思考和提取信息的能力。

3.活动三:再读探究,识字学词

(1)学习第一句:河水清清天气晴,小小青蛙大眼睛。

读一读,说说你看到了一只怎样的青蛙。认读词语“眼睛”。

想象画面,再次诵读,巩固。

(2)学习第二句:保护禾苗吃害虫,做了不少好事情。

交流:小青蛙是怎么保护禾苗的?(吃害虫)

为什么说它做了不少好事情?(补充相关资料)

(3)学习谚语:春捕一只蛙,秋少一担谷。

(4)介绍常见害虫(苍蝇、蝗虫、蚊子……)

(5)结合课文内容理解“保护”,用“保护”说一句话,学习近义词“爱护”。

(6)交流可以怎样保护小青蛙。(不食用、不捕捉、做小青蛙的代言人……)

(7)男女对读、拍手读、同桌互读……

设计意图:通过多种方式朗读,教师引导学生感受儿歌的节奏和韵味,培养学生的语感;通过交流、讨论、资料补充,教师把学生带入情景中,更显课堂活力。

4.活动四:书写指导

(1)观察“生、气”两个生字怎么写。

(2)“生”字的多个“横”之间,距离相等,中间“横”最短。

(3)“气”字的最后一笔“横斜钩”的起笔在田字格的横中线处。

(4)扩词、书写、展评。

设计意图:通过口头组词、观察字形、指导书写,教师引导学生理解汉字的意思,掌握书写的方法,提升学生对汉字的学习能力。

5.活动五:作业设计

(1)学生完成“生”“气”两个生字的书写。

(2)学生能正确、流利、有语气地朗读课文。

(3)学生结合课文内容,向身边人宣讲小青蛙对人类的好处,并倡议大家都要爱护小青蛙。

设计意图:学生通过朗读培养语感,并激发其保护青蛙的意识。

预期效果:对低年级的学生来说,识字是基础,也是重点。学生采用图文结合、观察构字组成部件等方式,了解汉字的构字特点;从初读、读正确、反复读到归类巩固,各环节的设计步步递进,使识字学习更具系统性,有助于学生对汉字的识记。

(彭水苗族土家族自治县两江小学校:王燕)

第二单元

愿望

一、第二单元整体分析

（一）从编排理念分析单元组成

语言浅显、节奏明快的课文能唤起学生情感上的共鸣，激发学生对外面世界的向往之情，培养积极向上的生活态度。本单元围绕“愿望”这一主题编排了《吃水不忘挖井人》《我多想去看看》《一个接一个》《四个太阳》共四篇课文。这些课文题材丰富，《吃水不忘挖井人》讲述的是发生在革命岁月的故事。《我多想去看看》《一个接一个》《四个太阳》采用反复结构，表达了儿童美好的愿望，能激发学生阅读兴趣，调动学习积极性。

单元内容	体裁	单元教学要点
《吃水不忘挖井人》	记叙文	1. 认识50个生字和6个偏旁，读准1个多音字；会写27个字和3个笔画 2. 正确朗读课文，读好感叹句 3. 能将学到的词语进行表达、运用 4. 能从课文中提取信息，并乐于交流 5. 复习《字母表》 6. 激发自主识字的积极性
《我多想去看看》	散文	
《一个接一个》	儿童诗	
《四个太阳》	散文	

（二）从单元组成分析语文要素

双线组元
- 人文主题 ⟶ 心愿
  - 革命情怀
  - 美好愿望
- 语文要素
  - 正确使用量词短语
  - 寻找课文中明显的信息
  - 读好词语和句子的节奏
  - 感受阳光的美好与宝贵

(三)语文要素纵向关联

年段	单元	语文要素
一年级下册	第二单元	朗读课文,注意读好带感叹号的句子
	第三单元	朗读课文,读好小公鸡和小鸭子的对话
	第四单元	朗读课文,注意读好长句子
	第六~第八单元	朗读课文。说说故事里有哪些动物,再分角色读一读

第二单元以培养学生阅读能力为核心任务。首先是“找出课文中明显的信息”,培养学生的阅读理解能力,其次是读好词语和句子的节奏,注意不要连读、唱读。一年级上册以读好“一”的变调为起点去学习怎样正确、流利地朗读课文。这依然是一年级下册的教学重点,并在这个基础上指导学生关注句子和词语的节奏,不唱读、不连读。第三单元指导学生联系上下文了解词语的意思,体会运用了描述动作情状的词语的句子的生动性、形象性。第四单元的朗读训练对学生提出了进一步的要求,即学生运用读词语、停顿等方法连续、流畅地读好长句子。第六单元联系生活实际理解词语的意思,并增加了学习词语的要求。第七、第八单元对学生提高了朗读要求,要求学生读好疑问句、祈使句,要读好角色之间的对话,以及根据信息做简单的推断。

二、基于课后习题的语文要素落点分析

(一)语文要素在各板块的要求

本单元对学生朗读训练的要求:

(1)读好词语和句子的节奏,注意不要连读、唱读、读破。

(2)正确朗读课文,读准字音,能读好带有感叹号的句子。

这些要求在每一课中有不同的侧重点,在教学时注意突出重点,不要平均使力。

(1)《吃水不忘挖井人》指导学生关注轻声词“村子”“时候”“地方”三个词的前后轻重变化;关注新词,如“瑞金城外”“沙洲坝”“带领”等。

(2)《我多想去看看》指导学生读好“的”字短语,读好长句子,采用对比的方式读好带有感叹号的句子,体会文中“我”的感受。

(3)《一个接一个》利用范读或借助停顿符号指导学生恰当把握停顿,把长句子读通顺。读好每一节中前后句子的情感变化。

(4)《四个太阳》在读好长句子的基础上,指导学生读好问句,鼓励学生进行个性化朗读,根据个人理解和体会读出不同的感受。

（二）单元课后习题的要素指向与活动分析

1.《吃水不忘挖井人》课后习题分析

第一题：朗读课文。

第二题：读一读，记一记。

水井	井口	叫声	叫好
乡亲	亲人	主席	主人
上面	面前	战士	战友

第一题是朗读指导，课文中有许多读轻声的词语，教师通过示范读、学生跟读等方式，指导学生读好“村子、时候、地方”这几个词语的轻声。本课中有一些句子带有新词，学生读起来有难度，可以先读好词语，再连起来读句子，以便降低难度。

第二题要求学生“读一读，记一记”。题目中的十二个词语是本课六个生字的组词，重点是让学生在读中识记，在读中积累。教师可以引导学生用这些词语说说句子，在具体的语境中加强理解和运用。

2.《我多想去看看》课后习题分析

第一题：朗读课文，注意读好带感叹号的句子。

第二题：读一读，记一记。

弯弯的小路	宽宽的公路
美丽的天山	洁(jié)白的雪莲
雄伟(xióng wěi)的天安门	壮观的升旗仪式(yí shì)

第三题：以“我多想……”开头，写下自己的愿望，再和同学交流。

第一题可以采用对比的方式朗读句子：

(1)我想去看看。
(2)我多想去看看！
(3)我多想去看看，我多想去看看！

让学生在比较朗读中体会感叹句与陈述句的区别，体会反复手法所蕴含的强烈感情。教学中要注意联系上下文，体会文中“我”的感受，引发情感共鸣。

第二题是偏正短语，带有偏正短语的长句子是学生朗读的难点，可以通过分层指导读、范读、学生跟读、师生对读等方式读出短语的韵味，然后连起来读好长句子，鼓励有能力的学生拓展此类词语。

第三题提出写话的要求，旨在激发学生的表达欲望，让学生愿写、乐写。此要求是入学以来第一次出现，教师千万不要对学生写话提过多、过高的要求，能写一句完整的话就达成目标了。在学生写话之前，可以先引导学生先说一说，降低学生的写话难度。

3.《一个接一个》课后习题分析

第一题：朗读课文。想想你有没有和“我”相似的经历，和同学说一说。

第二题：读一读，记一记。

接着	接力	一再	再见
做事	做伴	有趣	趣事
这样	这里	各自	各种各样

第一题结合课文第4小节展开教学，可以先让学生分组讨论，然后引导学生尝试说说自己的经历。说话时，允许学生用自己的方式，把话说清楚，把意思说明白，不强求学生按照课文的表达方式来说。

第二题让学生在朗读中了解一个生字可以组多个词语。

4.《四个太阳》课后习题分析

第一题：朗读课文。说说你会为每个季节画什么颜色的太阳，试着画一画，并说明理由。

第二题：读一读，记一记。

高山	果园(yuán)	田野(yě)
碧(bì)绿	金黄	火红
清凉(liáng)	香甜	温暖

第一题可以让学生从不同的角度说说春天为什么是个多彩的季节，还可以说说自己想给春天画什么颜色的太阳，为什么画这个颜色的太阳，在这个太阳的照射下春天会是什么样的，以此拓展学生的想象思维，丰富学生的语言表达。

第二题出现了三组词语。第一组词语“高山、果园、田野”都和地点有关，第二组词语“碧绿、金黄、火红”都和颜色有关，第三组词语“清凉、香甜、温暖”都与事物的特点和带给人的感觉有关。教师可引导学生在认读中发现词语的特点，分类积累，还可以引导学生用分类的方法拓展词语，丰富积累。

（三）其他课后习题的语文要素分析

对比一年级上册的朗读目标（读正确，读流利），一年级下册（读正确，读流利，读好带感叹号的句子）重视与学生生活经验的对接，要求学生处理好阅读与表达的关系。课后导学引导学生提取信息，增加阅读深度，与表达能力训练进行对接。

课文	课后习题	目标指向	目标要求
《吃水不忘挖井人》	朗读课文	指向训练	读好词语和句子的节奏，读正确、流利
《我多想去看看》	朗读课文，注意读好带感叹号的句子	指向朗读目标	阅读目标有所提高
《一个接一个》	朗读课文。想想你有没有和“我”相似的经历，和同学说一说	指向生活	通过阅读，联系生活，实现与生活经验的对接，产生阅读共鸣
《四个太阳》	朗读课文。说说你会为每个季节画什么颜色的太阳，试着画一画，并说明理由	指向信息提取	通过阅读提取信息是阅读教学的一项重要策略。对比一年级上册直接提取信息，下册增加了分析与提炼要求

三、落实语文要素的典型性习题教学活动设计示例

(一)典型性习题

以“我多想……”开头,写下自己的愿望,再和同学交流。(《我多想去看看》课后第三题)

本题指向写话表达,是入学以来第一次对学生提出写话要求,旨在激发学生的表达欲望,让学生愿写、乐写,不宜提出过高目标。

(二)教学设计

1.活动一:借助课文插图,初步了解北京和新疆

(1)初读课文。观察课文插图,根据建筑物和地貌猜一猜图中的小朋友来自哪两个地方。

(2)图文对应,感知课文内容,教师范读,学生说说每幅图分别对应哪一个自然段。

设计意图:在初读的基础上,借助插图,将文本与图画对应起来,引导学生整体感知。

2.活动二:品读句子,感受心愿

(1)感受心生愿望的原因:自读并勾画遥远的北京和新疆的景色,说说它们都有哪些特点。

雄伟的天安门	壮观的升旗仪式
美丽的天山	洁白的雪莲

(2)学习第1自然段,补充天安门广场升旗仪式的图片和视频资料,体会“我多想去看看”的强烈愿望。

(3)看到这样的场面你想说什么呢?指导朗读:我多想去看看,我多想去看看!

(4)范读第2自然段,补充天山美景图片。北京的小朋友想去看吗?说说理由。

设计意图:通过观察图片和视频,激发情感,读好文中的感叹句。

3.活动三:迁移运用,表达愿望

(1)补充祖国名山大川的图片资料,教师简单介绍。(海南风光、杭州西湖、黄山风景等)

(2)欣赏完这么多美景,你最想说什么呢?请以“我多想……”开头先和同桌说一说,再写下自己的愿望。

(3)分享交流,把句子说完整,表达真实想法。

设计意图:这是第一次写话,主要目标是让学生愿意写、乐于写。因此前期的引导很重要,先为写话积累素材,不做过多要求,能写完整的句子即可。

预期效果:从素材积累到口头表达,从展示作品到交流评价,层层递进,逐步降低写话的难度,达到愿意写、乐于写的效果。

四、课后习题引导下的《四个太阳》教学活动设计

教学目标:

(1)学生正确认读13个生字,认识舌字旁和页字旁。会写“太、阳”等7个生字和笔画“横撇弯钩”。

(2)指导学生正确流利地朗读课文,提炼关键信息。(关联课后第二题)

(3)学生能仿照文中的句式,练习表达。(关联课后第一题)

(一)第一课时

1.活动一:识、写“太阳”,引入课文

(1)谈话导入,解释课文。

(2)学习生字“太”和“阳”的读音及书写生字。(重点指导“横撇弯钩”)

2.活动二:自主阅读 整体感知

(1)围绕课题提问:课文中的男孩为什么要画四个太阳?

(2)范读课文。

(3)自读课文,勾画生字词。

3.活动三:随文识字,指导朗读

(1)检查词语的认读。

(2)我会认本课生字。(先教读后抽读)

(3)结合生字“甜”“颜”认识偏旁。(舌字旁、页字旁)

(4)交流生字的识记方法。

熟字加一部分:送 尝 香 甜

熟字换一部分:孩—该 回—因

结合词语识记:温+暖—温暖

联系生活识记:道(道德与法治 公交车道 道路)

数笔画的方式识记:忙

组词识记:急忙 连忙 帮忙

(5)自读巩固。

(6)读句子感受停顿。

高山、田野、街道、校园,到处一片清凉。(学习顿号的停顿)

金黄的落叶\忙着邀请小伙伴,请他们尝尝\水果的香甜。(标注停顿符号)

阳光\温暖着小朋友\冻僵的手和脸。(根据理解停顿)

春天,春天的太阳该画什么颜色?(读出疑问的语气)

(7)再读课文,标注自然段序号,找找小男孩画了四个什么样的太阳。

(8)再读课文,小男孩分别把这四个太阳送给了对应的哪个季节?

绿绿的太阳——夏天	金黄的太阳——秋天
红红的太阳——冬天	彩色的太阳——春天

设计意图:采用多种识字方法相结合的方式提升识字效果;通过带着问题朗读,培养学生的思维能力;指导学生读出句子的停顿,训练流利朗读课文的能力。

4.活动四：掌握笔画 规范书写

教师指导学生书写生字“金、秋”。

①“金”上面部分的人字头像屋顶盖住下半部分。

②“秋”左窄右宽，禾木旁的捺画变点画，右边的“火”要注意笔顺。

③教师示范书写、学生书写、教师点评。

设计意图：学生学会正确的写字姿势，字写得规范、端正、整洁，养成良好的写字习惯。

5.活动五：朗读

教师引导学生进行多种形式的朗读训练。

设计意图：把课文读得既正确又流利。

（二）第二课时

1.活动一：复习导入

（1）认读词语。

（2）小游戏：音节与生字找朋友。

（3）根据课文内容连线，四个太阳和它对应的季节。

设计意图：回顾旧知，激发学生学习兴趣。

2.活动二：自主探究

自读探究：在四个太阳的照射下，小男孩分别看到怎样的景象？

设计意图：培养学生自主阅读、提取信息的能力。

3.活动三：积累运用 学习表达

（1）学习第1自然段。

小男孩把绿绿的太阳送给了夏天，你在夏天看到的太阳是什么样的呢？

热辣辣的太阳晒在你身上，你是什么感受呢？

此时小男孩送你一个绿绿的太阳，你会感受到什么呢？

绿绿的太阳照着高山，高山（一片清凉） 绿绿的太阳照着田野，田野（一片清凉） 绿绿的太阳照着街道，街道（一片清凉） 绿绿的太阳照着校园，校园（一片清凉） 仿写：绿绿的太阳照着（　　　），（　　　）（一片清凉）。

学习词语“到处”，指导朗读第1自然段，根据提示试着背一背。

我画了个（　　　　　），挂在（　　　　　）。高山、（　　　）（　　）（　　　），到处（　　　　　）。

（2）学习第2自然段。边读边思考，秋天有什么特点？补充秋天的图片资料。

仿说：大苹果像一个个红灯笼挂在树上。 （　　　　　）像（　　　　　　　　　　）。

如果你就是金色落叶，你打算邀请谁去尝尝水果的香甜，你会怎么邀请呢？

读读第2自然段，说说小男孩为什么要把金黄的太阳送给秋天。（秋天是金秋时节）

（3）学习第3自然段。

小男孩为什么要送给冬天一个红红的太阳？

补充视频资料理解词语“冻僵”，用朗读传递温暖。

（4）学习第4自然段。

还有一个彩色的太阳，作者送给了哪个季节？

你喜欢春天吗，为什么？（通过图片让学生感受多彩的春天。积累“语文园地一”中描写春天的词语）

说一说：你会给四个季节画什么颜色的太阳呢？在不同颜色太阳的照射下，每个季节分别是什么样子的？（仿照课文内容说一说）

读一读，想一想每组词语的特点。

高山	果园	田野	⟹	和地点有关的词语
碧绿	金黄	火红	⟹	和颜色有关的词语
清凉	香甜	温暖	⟹	与事物的特点和带给人的感觉有关的词语

设计意图：学习表达环节分三步完成。先让学生说说四个太阳分别是画给哪个季节的，接着通过提问梳理出课文的主要内容，最后用一句话连起来说一说，训练学生的语言表达能力。

4. 活动四：掌握笔画，规范书写

（1）学习“因、为、校”的书写，注意“为”的笔顺。

（2）教师范写，学生描红书写。

设计意图：通过观察汉字的基本笔顺，学会把字写好。

5. 活动五：拓展延伸

请同学们把句子补充完整，并配上图画。

> 我画了个________的太阳。
> 送给____________，
> 我想____________。

设计意图：这一环节的重点不在于图画的质量，而在于“说一说，为什么画这样的太阳”。

预期效果：一年级的学生非常熟悉太阳及一年四季的特点，所以在教学过程中先唤醒他们的生活经验后，再在朗读中理解内容，感知大自然的美。

（彭水苗族土家族自治县两江小学校：王燕）

第三单元
伙伴

一、第三单元整体分析

（一）整体描述

基于低段学生对童话故事感兴趣的特点，为了指导学生达成“阅读浅近的童话、寓言、故事，激发学生向往美好的情境，关心自然和生命，对感兴趣的人物和事件有自己的感受和想法，并乐于与人交流”的目标，本单元围绕“伙伴”这个主题，编排了童话故事《小公鸡和小鸭子》《树和喜鹊》，儿童诗《怎么都快乐》。在童话故事《小公鸡和小鸭子》这篇课文中可以看到一对好伙伴小公鸡和小鸭子互相帮助，友好相处；《树和喜鹊》这篇课文里可以看到两个画面，一棵树和一只喜鹊孤单地生活，许多树和许多喜鹊快乐地生活，原来每个人都需要朋友，有朋友才会更快乐；儿童诗《怎么都快乐》告诉我们独自玩、两个人玩、三个人玩，以及和许多人玩的快乐秘籍——生活中处处有快乐，怎么玩都很快乐。

（二）语文要素纵向关联

为了培养学生对词语的理解能力，本单元的要素有三个：(1)词句的积累和运用。积累意思相对的词语、AABB结构的词语和动宾短语。(2)学习联系上下文了解词句的意思。(3)练习角色的对话，读出儿童诗的情趣。

表1　“词句积累”纵向关联

年段	单元	语文要素
一年级上册	第七单元	积累合理搭配“的”字的词语
一年级下册	第三单元	词句的积累和运用
	第四单元	词语的积累和古诗的积累
二年级上册	第一单元	积累并运用表示动作的词语
三年级上册	第七单元	积累自己喜欢的语句

从表1可以看出，词语的积累从一年级上册开始，集中安排在低年级，每个年级对词语的积累要求

各不相同。本单元要求学生积累意思相对的词语、AABB结构的词语和动宾短语。积累要素由词语到短语再到句子，构建"词句积累"的任务群，为语言表达做准备，体现课程的阶梯性和发展性的理念。

表2 "词句理解"纵向关联

年段	单元	语文要素
一年级下册	第三单元	联系上下文了解词语的意思
	第六单元	联系生活实际了解词语的意思
二年级上册	第四单元	联系上下文了解词句的意思
三年级上册	第二单元	运用多种方法理解难懂的词语
三年级下册	第六单元	运用多种方法理解难懂的句子

从表2可以看出，各学段训练学生词语理解的方法不同，本单元开始指导学生学习联系上下文了解词语的意思，为二年级上册联系上下文了解词句的意思、三年级运用多种方法理解难懂的词语和句子的意思做铺垫；也可以看出教材各册之间的知识结构是相互关联的，遵循了循序渐进、螺旋上升的特点，符合学生认知规律。

表3 "朗读"纵向关联

年段	单元	语文要素
一年级下册	第三单元	分角色朗读对话，读出儿童诗的情趣
	第四单元	读好长句子
	第六单元	读好问句和感叹句
	第七单元	读好疑问句和祈使句
	第八单元	读好多个角色的对话

从表3可以看出，一年级下册的语文教材非常重视学生的朗读能力，每个单元对朗读提出了不同的要求。本单元重点指导学生读好小公鸡和小鸭子的对话，让学生练习分角色对话，为第八单元读多个角色的对话做准备。我们在教学时要整体把握本册教材的朗读要求，关注本册的训练重点，有针对性地对学生进行指导、训练。

二、基于课后习题的语文要素落点分析

（一）语文要素在各板块的要求

1.《小公鸡和小鸭子》课后习题分析

第一题：朗读课文，读好小公鸡和小鸭子的对话。

第二题：读一读，比一比。

小公鸡跟在小鸭子后面，也下了水。 小公鸡偷(tōu)偷地跟在小鸭子后面，也下了水。
小鸭子游到小公鸡身边。 小鸭子飞快地游到小公鸡身边。

第一题培养学生语感，重点学习分角色朗读的能力，读好小公鸡和小鸭子的对话。

第二题指向语言文字的积累与理解，建议教师引导学生体会句子添加了描述动作的词语后更生动、形象。学生需要通过朗读去感受。

2.《树和喜鹊》课后习题分析

第一题：朗读课文。想一想树和喜鹊后来为什么很快乐。

第二题：读一读，记一记。

从前	喜鹊(què)	孤单	叽(jī)叽喳(zhā)喳
后来	邻居	快乐	安安静静

第一题是对课文内容和人文情感的探索。从阅读理解层面来看，指向学生进行“找出课文中的信息，根据信息做出推断”的能力训练。

第二题是本单元语文要素1词句积累的内容，旁边用泡泡语的形式提出要求“像‘安安静静’这样的词语我还能说几个”。这一题要求学生首先要读准词语，了解其意思，并积累下来，然后还要积累AABB结构的词语。

3.《怎么都快乐》课后习题分析

第一题：朗读课文。

第二题：读一读，说一说。

跳绳	踢(tī)足球
讲故(gù)事	听音乐
打排球	玩游戏

第一题直指本单元语文要素3，朗读课文是本课的教学重点，教学以读为主，要求学生读准字音，读通句子，读好停顿；然后联系生活实际，结合自己平常玩游戏的快乐心情，读出诗歌的情趣。学生在不同形式的朗读中，感受诗歌的节奏。

第二题列举了诗歌中部分游戏名称的短语。一方面是为了让学生积累词语，另一方面要让学生发现这些短语的特点——加点的字都表示动作，后面跟着的都表示游戏名称，并能够进行适当的拓展。

（二）单元典型性习题横向关联

在统编版教材低年段的教材编排上，课后习题直接围绕本单元的语文要素设计。值得注意的是，教材课文中的泡泡语和课后习题，都是课文不可分割的整体，是教学内容的重要组成部分。

本单元主要是借助泡泡语和课后习题来落实学生阅读能力培养的。泡泡语和课后习题编排如下：

1.语文要素1:词句积累和运用

读一读,比一比。(《小公鸡和小鸭子》课后第二题)

小公鸡跟在小鸭子后面,也下了水。 小公鸡偷(tōu)偷地跟在小鸭子后面,也下了水。
小鸭子游到小公鸡身边。 小鸭子飞快地游到小公鸡身边。

读一读,记一记。(《树和喜鹊》课后第二题)

从前	喜鹊(què)	孤单	叽(jī)叽喳(zhā)喳
后来	邻居	快乐	安安静(jìng)静

读一读,说一说。(《怎么都快乐》课后第二题)

跳绳	踢(tī)足球	讲故(gù)事	听音乐	打排球	玩游戏

《小公鸡和小鸭子》的学习中要引导学生体会句子加上描述动作情状的词语后更加生动形象,让学生通过对比朗读来感受。

《树和喜鹊》的学习中要引导学生积累意思相对的词语和AABB结构的词语。我们可以在学习课文中先理解词语意思,词语的积累可以放在课文学习后进行。教师引导学生先读准确横排的词语,再读竖排;引导学生对比发现两个词语的意思是相对的,最后积累一些AABB式的词语。

《怎么都快乐》的学习中要在积累”跳绳、讲故事“等动宾短语的基础上拓展,积累这类型的其他词语。我们可以在教学每个小节时让学生拓展说说这种形式的短语。

2.语文要素3:朗读,练习读好对话、读出儿童诗的情趣

朗读课文,读好小公鸡和小鸭子的对话。(《小公鸡和小鸭子》课后第一题)

朗读课文,想一想树和喜鹊后来为什么很快乐。(《树和喜鹊》课后第一题)

朗读课文。(《怎么都快乐》课后第一题)

“读好人物的对话”具体落实在《小公鸡和小鸭子》中,课文第3自然段以小公鸡和小鸭子的对话构成段落,要根据具体的情境引导学生进行角色体验,读出不同角色说话的语气。

《树和喜鹊》这一题是指导学生对课文内容和人文情感进行探索。本课的朗读,首先是把课文读正确,读准文中带“一”的词语的变调,巩固一年级所学。朗读课文,要求学生能随着课文情感的变化有所感悟,读出自己的感受。从阅读理解层面来看,是对学生进行“找出课文中的信息,根据信息做出推断”能力的训练。在一年级上册的学习中就开始对学生有“能找出课文中明显的信息”的阅读要求,而本课的要求是对上一册和本册第二单元要求的深化和提高,需要学生对找出的信息进行再加工,根据自己对课文的理解进行整合表达。我们在教学中,不要过分纠结内容,要重点引导学生学习回答问题的方法和进行有序的表达。我们在评价学生时要多关注学生找出相关信息的方法和思考角度等。

《怎么都快乐》这一课后习题是要指导学生体会儿童诗的情趣,引导学生联系自己的生活实际去想象、体会,然后读出自己的感受。

（三）语文要素2在整个单元的落实

值得注意的是本单元语文要素2——联系上下文理解词语的意思，在本单元的三篇课文的课后习题中都没有体现，而是在本单元的第二课《树和喜鹊》中以泡泡语的形式提出来的。因此我们在教学时不仅要关注课文和课后习题，还要关注文中的泡泡语，这样我们才能更全面地从整体上把握好教材。指导学生联系上下文理解词语的意思是本单元的教学重点。教师教学时需要注意体现学生的学习过程，同时注意引导学生迁移学习方法，可以在第一篇课文《小公鸡和小鸭子》中适当做铺垫，在第三篇课文《怎么都快乐》中运用这种方法理解相关词语的意思。这种方法不仅在本单元中学习运用，在之后每课的学习中都要能运用，为以后中段理解词语的意思打好基础。

三、落实语文要素的典型性习题教学活动设计示例

（一）典型性习题

以《小公鸡和小鸭子》课后第一题为例：朗读课文。读好小公鸡和小鸭子的对话。

《小公鸡和小鸭子》是一篇童话。本篇课文讲的是小公鸡和小鸭子一起玩，小公鸡捉虫给小鸭子吃、小鸭子在小公鸡落水时救小公鸡的故事。课文层次清晰，叙事完整，情节生动，字里行间表达着伙伴间互相帮助、友好相处的情感。

本题设计指向"分角色朗读对话"的语文要素。教师要在学生学习生字词、读通课文的基础上，再引导学生分角色朗读好小公鸡和小鸭子的对话。

（二）教学设计

1.活动一：自由朗读，找角色

（1）小组学生自由朗读第3自然段，互相听听字音是否读正确，课文是否读通顺。

（2）教师提问：哪些是小公鸡说的话，哪些是小鸭子说的话？

2.活动二：勾画句子，尝试读小鸭子和小公鸡的对话

（1）请学生用横线画出小鸭子说的话，用波浪线画出小公鸡说的话。

（2）与同桌一起练习朗读小鸭子和小公鸡的对话。

（3）自由找伙伴合作读对话。

设计意图：让学生在读熟本段的基础上，知道哪些句子是小公鸡说的，哪些句子是小鸭子说的。为读好对话做准备。

3.活动三：分角色情境朗读，读好对话

（1）请一组学生展示，教师先评价学生的朗读，再引导学生进入情境，读好对话。

"公鸡弟弟，我到河里捉鱼给你吃。"

引导学生想象：小鸭子在说这句话的时候，它心里是怎么想的？先抽学生读，教师再指导并示范朗读，引导学生读出小鸭子的热情，接着让学生自由练习读。

“我也去。”

引导学生思考：小公鸡也去干什么？朗读时要读出小公鸡也想跟着去河里的迫切心情，先抽学生读，教师再评价并示范朗读，最后让学生练习读。

“不行，不行，你不会游泳，会淹死的！”

引导学生想象：小鸭子听到小公鸡也想下水，心情怎样？朗读时语速要稍快，注意读出小鸭子对小公鸡的担心，教师可以示范朗读或教读，再请学生练习读。

（2）采用男女生合作、分组、同桌合作等多种形式，分角色有感情地朗读小公鸡和小鸭子的对话。

设计意图：这是学生第一次学习分角色朗读，教师要慢慢引导，让学生联系情境，在情境中去朗读。低年级的朗读指导要特别注意教师的示范朗读和教读的作用，不要做过多的理性分析。

预期效果：

错误较多、不流利	基本正确、流利	正确、流利	正确、流利、有感情
加油	及格	良	优

思维路径：通过这一系列的教学活动，学生知道了不同的角色要用不同的语气来读，文中小公鸡和小鸭子的话要分别用不同的语气来朗读。

四、课后习题引导下的《怎么都快乐》教学活动设计

本课是一首儿童诗，诗歌语言通俗，诗句简短，节奏感强，非常适合朗读。全诗共4个小节，分别写了一个人玩、两个人玩、三个人玩和许多人玩的不同乐趣。诗歌每小节结构相似，都是先写“几个人玩，很好”，接着写这样玩有什么特点，最后几行进行具体的玩法举例。诗歌从孩子的角度来讲述对快乐的理解，一人独处是一种快乐，与他人相处也是一种快乐，学会为别人付出更是一种快乐；游戏快乐，学习也快乐。诗歌告诉学生生活中处处有快乐，事事有快乐，怎么样玩都会快乐，让学生在反复诵读中产生积极乐观的生活态度。

（一）教学目标

（1）学生能认识“怎”“独”等13个生字，读准多音字“得”的字音；会写“玩”“很”等7个字。（这道题是本课基础性目标）

（2）指导学生联系上下文了解“独自、静悄悄、有劲”等词语的意思，结合生活实际积累“跳绳、踢足球”等词语。（关联课后第二题）

（3）学生能借助拼音，正确、流利地朗读诗歌；学生能联系生活实际，读出诗歌的情趣、在反复朗读中感受诗歌的节奏，体会生活中处处有快乐。（关联课后第一题）

（二）教学重难点

（1）学会本课的生字。

(2)学生联系上下文了解“独自、静悄悄、有劲”等词语的意思，结合生活实际积累“跳绳”“踢足球”等词语。

(3)学生能联系生活实际，读出诗歌的情趣。

(三)教学设计

1.活动一：生字我会读

(1)关注偏旁编儿歌，学习生字“跳、讲、排、连、运、怎、绳”。

脚上功夫强——跳，擅用语言——讲，双手来帮忙——排，走路最擅长——连、运，心中有疑问——怎，丝线来组成——绳。

(2)用讲故事识字法教学“篮”字：“篮”字为什么是竹字头呢？原来最开始的篮子是用竹子做成的，后来人们把篮子的底部掏空挂在墙上，而打篮球就是人们争着抢着把球投进墙上的篮筐里，所以“篮球”的“篮”是竹字头。

(3)在语境中学习多音字“得”：

讲故事得有人听才行。(děi)

今天我得到了一颗星。(dé)

(4)认读游戏活动名称的词语卡片。

设计意图：教学时教师根据本课生字的特点选择编儿歌识字和讲故事识字的方法，增强学生学习的趣味性，提高学习效率。

2.活动二：规范书写生字

(1)出示本课要求书写的生字：“玩、很、当、音、讲、行、许”，学生认读。

(2)让学生给生字找朋友，再练习说话。

(3)指导书写双人旁的两个字“很、行”。

(4)学生描红书写，教师随机指导。

(5)书写展评。

设计意图：双人旁的字是学生第一次书写，本课要重点指导学生进行双人旁的书写，书写要点“一撇短，二撇长，两撇起笔一条线，竖起中间别太长”。

3.活动三：朗读课文

(1)学习第1小节，积累词语。

学生自由读第1小节，读好句子的停顿。

联系上下文了解“独自”“静悄悄”的意思，围绕“静悄悄”想象画面，想象一个人玩时的画面，体会一个人玩时特有的安静，感受一个人玩的乐趣，带着这种快乐朗读第1小节。

同桌合作，用这种句式来练习说话：

一个人可以(　　)、(　　)、(　　)，这样很好！

学生尝试说一说，拓展一个人玩的游戏名称。

设计意图：完成课后两道题，抓住关键词语了解诗歌意思，结合学生自己的感受，将体验与情感融入朗读之中。

(2)学习第2、第3小节,对比发现。

抽两组分别读第2、第3小节,其他学生仔细听,并思考:哪个游戏两个人可以玩,三个人也可以玩?(讲故事)

学生自由读第2、第3小节,边读边用横线画出写“讲故事”的句子。

抽学生反馈,引导学生发现两个人讲故事和三个人讲故事的区别。

出示句子:讲故事得有人听才行,你讲我听,我讲你听。讲故事多个人听更有劲,你讲我们听,我讲你们听。

比较朗读,体会讲故事多个人听的有趣和有味,了解“有劲”的意思。

分男女生合作朗读这两个小节,体会玩不同游戏时的乐趣,感受诗句的节奏。

根据省略号,引导学生拓展两个人还可以玩的游戏的名称。(如打乒乓球、下跳棋等)

设计意图:完成课后两道题。两个小节的内容有联系又有区别,合在一起教学既便于学生理解又简化了教学环节。

(3)学习第4小节,体会快乐。

师生合作读:一个人玩——很好!两个人玩——很好!三个人玩——很好!四个人玩——很好!许多人一起玩——更好!

学生自由朗读第4小节,思考:好在哪儿?

学生反馈,然后采用问答读、男女生分句子读等形式进行朗读,感受诗句的节奏。

对比读第1小节和第4小节,体会不同的快乐。

联系生活实际,边读边想象自己玩游戏的场景,读出整首诗歌的情趣。

设计意图:本课非常适合朗读,朗读贯穿整堂课;采用不同形式的朗读方法,用读代替讲解;联系生活实际,将体验与情感融入朗读,唤起学生类似的经历和情感,激发其交流的欲望,读出诗歌的情趣。

附:板书设计

怎么都快乐	一个人玩,很好:踢毽子、跳绳…… 两个人玩,很好:下象棋、打羽毛球…… 三个人玩,很好:讲故事、跳绳…… 许多人玩,更好:拔河、老鹰捉小鸡……

预期效果:以上围绕本课两道课后习题设计的教学活动,关注了本单元语文要素,学生从生字词的学习,到对词语的理解,再到对课文的朗读,层层推进、环环相扣。通过这样的活动,学生能联系上下文理解“静悄悄”等词语的意思,积累了游戏活动的名称,并能拓展学习这种形式的词语,还能联系生活实际读出儿童诗的情趣。

(彭水苗族土家族自治县第一小学校:张小玲)

第四单元
家人

一、第四单元整体分析

（一）整体描述

“阅读、诵读儿歌、童谣和浅近的古诗，并能展开想象，获得初步的情感体验，感受语言的优美；喜欢阅读，感受阅读的乐趣”是第一学段的重点。本单元围绕“家人”这个主题编排了古诗《静夜思》、儿童诗《夜色》和散文《彩虹》《端午粽》。《静夜思》语言浅显易懂；《彩虹》想象奇特，用孩子的视角、童趣化的语言进行表达；《端午粽》是关于传统节日习俗的散文，生动地介绍了粽子的样子、味道和花样，通过讲述传统节日风俗，引导学生了解、热爱中华传统文化。

（二）语文要素纵向关联

为了培养学生有感情地朗读课文，本单元重点落实训练学生运用词语连读、正确停顿等方法读好长句子，其次是学生语言的积累。

表1 “语言积累”纵向关联

年段	单元	语文要素
一年级上册	第七单元	积累合理搭配“的”字的词语
一年级下册	第三单元	词句的积累和运用
	第四单元	词语的积累和古诗的积累
二年级上册	第一单元	积累并运用表示动作的词语
三年级下册	第七单元	积累喜欢的语句

从表1可以看出，词语的积累集中安排在低年级，每个单元要求积累的重点都不相同，本单元要求积累与身体部位有关的词语、“（　　）来（　　）去”的词语和两首古诗。积累要素由词语到短语，再到句子的积累和运用，是相互关联和循序渐进的，体现了教材编排遵循了学生的认知规律。

表2 “朗读”纵向关联

年段	单元	语文要素
一年级下册	第三单元	分角色朗读对话，读出儿童诗的情趣
	第四单元	学习读好长句子
	第五单元	学习读好问句和感叹句
	第六单元	读好疑问句和祈使句的语气
	第七单元	读好多个角色的对话

从表2可以看出，低年级重视学生的句子朗读训练，为学生读好段、篇做充分准备。课文与单元都对学生的朗读提出了不同要求，朗读目标由易到难，螺旋上升。本单元要求学生学习采用词语连读、正确停顿等方法读好长句子，这个要求要贯穿整个单元的教学。后面则要在学生读好长句子的基础上，进行读好不同句型的训练，因此本单元的学习是为后面的学习奠定基础。

二、基于课后习题的语文要素落点分析

(二)课后习题的要素指向与活动分析

1.《静夜思》课后习题分析

题目：朗读课文。背诵课文。

这道题是单元语文要素1的体现，要求读出诗歌的节奏，然后选择自己喜欢的方式熟读成诵。教学时要在学生能初步读出古诗节奏的基础上，再让学生用自己喜欢的方式背诵。

2.《夜色》课后习题分析

第一题：朗读课文。

第二题：读一读，记一记。

胆子	胆量(liàng)	大胆	勇敢	勇气	勇士
原来	草原	高原	微笑	微小	微风

第一题是单元语文要素2的体现，课文里面的长句子比较多。学生初步感知长句子的停顿，读通读懂句子。

第二题体现单元语文要素1语言的积累，是本课要求会认的4个字的扩词积累。学生读一读，发现每组词语的共同规律，进行积累。

3.《端午粽》课后习题分析

第一题：朗读课文，注意读好长句子。

第二题：你知道关于端午节或粽子的故事吗？和同学说一说。

第一题是单元语文要素2“读好长句子”的体现，学生学习运用词语连读、正确停顿等方法把长句子读好。

第二题是对学生口语表达的训练。学生在学习课文后和同学交流端午节和粽子的故事，在交流中

初步了解端午节的习俗，了解、热爱中华优秀传统文化。

4.《彩虹》课后习题分析

第一题：朗读课文，注意读好长句子。

第二题：读一读，说一说。

荡(dàng)来荡去	飘来飘去
游来游去	跑(pǎo)来跑去

第一题是单元语文要素2“读好长句子”方法的迁移运用，要求学生读好多个分句组成的反问句，读好分句间的停顿，并能试着读出问句的语气。

第二题是单元语文要素1语言的积累，本课让学生积累“（　　）来（　　）去”形式的词语，并能拓展，说出这种形式的其他词语。

（二）单元典型性习题横向关联

对于语文要素的落实，本单元在课文和“语文园地”中设计了多个维度的训练。语言积累要素的体现：在课后习题和语文园地设计了积累与身体部位有关的词，归类识记带“月”字旁的字，积累轻声词，积累“（　　）来（　　）去”的词语和两首古诗。

本单元围绕语文要素2“读好长句子”，安排了这样的课后习题：

朗读课文。（《夜色》课后第一题）

朗读课文，注意读好长句子。（《端午粽》课后第一题）

朗读课文，注意读好长句子。（《彩虹》课后第一题）

认真分析课后习题，发现三篇课文在语文要素“读好长句子”的要求上具有层次性和发展性。在《端午粽》的课后习题中首次提出了“读好长句子”的学习要求，这个要求贯穿整个单元的教学。前一课《夜色》中出现了比较明显的长句子，教师在课堂上要引导学生初步感知长句子的停顿，读通、读懂长句子；学习《端午粽》一课时，教师要对长句子的朗读做重点指导，学习运用词语连读、正确停顿等方法把长句子读好；教学《彩虹》一课时，教师要指导学生读好多个分句组成的反问句，读好分句间的停顿，并能试着读出问句的语气。

三、落实语文要素的典型性习题教学活动设计示例

（一）典型性习题

以《端午粽》课后第一题为例：朗读课文，注意读好长句子。

本题设计指向“读好长句子”语文要素，这个要素贯穿整个单元。在前一课《夜色》初步感知长句子的停顿的基础上，教师教学本课时要对课文中长句子的朗读做重点指导，学习运用词语连读、正确停顿等方法把长句子读好。

以课文第2自然段为例：

出示长句子：粽子是用青青的箬竹叶包的，里面裹着白白的糯米，中间有一颗红红的枣。

（二）教学设计

1.活动一：读好词

学生找出包一个端午粽需要的材料。（箬竹叶、糯米，枣）

2.活动二：读好短语

这些材料分别是怎样的？（青青的箬竹叶、白白的糯米、红红的枣）

3.活动三：读好分句

作者是怎样把粽子的样子写清楚的？圈出表示方位的词语。（里面、中间）教师引导学生抓住这两个方位词，用自己的话说一说粽子的样子。

4.活动四：对比读

引导学生对比朗读句子，感受叠词的作用。

粽子是用青的箬竹叶包的，里面裹着白的糯米，中间有一颗红的枣。

粽子是用青青的箬竹叶包的，里面裹着白白的糯米，中间有一颗红红的枣。

5.活动五：借助停顿符号朗读

（1）标出停顿符号，教师范读，学生练读。

粽子/是用/青青的箬竹叶包的，里面裹着/白白的糯米，中间有一颗/红红的枣。

（2）引导迁移学习本段第二、第三句。师生合作读第2自然段。

（3）自由练习朗读课文第2自然段。

设计意图：教学时采用内容分解法，把重点分解重组，再层层推进，降低了学习难度。读好长句子的训练可以分三个阶段分层推进：第一阶段，发挥教师范读的作用，让学生注意倾听模仿。低年级的朗读指导主要是靠感受，要靠教师的范读让学生倾听模仿，不能靠理性分析去画斜线来标注停顿的地方。第二阶段，借助停顿符号，让学生自主练习朗读。第三阶段，提倡学生根据他们的理解做出正确的停顿判断，自主朗读长句子。

预期效果：

错误较多、不流利	基本正确、流利	正确、流利	正确、流利、停顿恰当
加油	及格	良	优

思维路径：通过本课对长句子的朗读指导学习，学生知道要把长句子读好就要用词语连读、正确停顿等方法。

四、课后习题引导下的《彩虹》教学活动设计

课后习题：

（1）朗读课文，注意读好长句子。

（2）读一读，说一说。

《彩虹》是一篇富有情趣的散文。作者用童趣化的语言，写了“我”看到雨停后天空中美丽的彩虹，并把它想象成一座桥，然后思维一路发散，联想到自己可以到彩虹上提着爸爸的水壶浇水，拿着妈妈的圆

镜子照着月亮为妈妈梳头，甚至把哥哥的秋千系在彩虹上荡来荡去。

全文共4个自然段，第1自然段用一个巧妙的比喻激发学生的阅读兴趣，引发思考。随后的3个自然段结构相似：都以亲切的称谓开始，爸爸、妈妈、哥哥，用反问句的方式呈现了3个奇妙的想法，每一个反问句之后紧接着又用一个问句"你高兴吗?"加强语气。这3段文字想象奇特，富有童趣，是练习朗读的好材料。课文第2、3、4自然段都是用问句串起来的，尤其是每段的第2句话，都是由"如果……不就……"构成的反问句来加强语气的。

（一）教学目标

(1)学生能认读"虹、座"等12个生字和衣字旁；会写"着、到"等7个字。(这道题是本课的基础性目标)

(2)学生能正确、流利地朗读课文；读懂、读好多个分句组成的长句子，注意分句间的停顿，并能试着读出问句的语气。(关联课后第一题)

(3)学生能感受纯真的想象世界，体会关心家人的美好情感。积累"(　　)来(　　)去、飘啊飘"等词语。(关联课后第二题)

（二）教学重点

(1)学会本课生字。

(2)在理解句子的基础上，读好由多个分句组成的长句子，能读出问句的语气。

（三）教学设计

1.活动一：我会读

(1)出示彩虹的图片，引导学生用词语或句子描述彩虹。如：彩虹、一道彩虹、一道美丽的彩虹、这是一道美丽的彩虹。

(2)学习"虹"字。

给学生讲故事："虹"总是出现在雨后，古人就认为"虹"是一种能呼风唤雨的"大虫"，在雨后下来喝水的。古文中就有"虹饮于河"的说法，意思是说一条大虫悬挂于天空，弓着身子，头伸进黄河里喝水。所以，古人造字时，用"虫"作了偏旁。

(3)"浇、提、洒、挑、拿"这几个字都是表示动作的词，让学生边读边做动作。

(4)分类认读生字：后鼻音"虹、兴、镜"。

(5)比较记忆"座"字。(坐—座)

(6)多种形式读生字：抽读、分组比赛读、开火车读等。

设计意图：用多种方法、形式来学习和认读生字，激发学生的学习兴趣，帮助学生加深印象，提高教学效率。

2.活动二:我会写

(1)指导书写“那、到”。引导学生观察“那,到”这两个字,发现它们都属于左右结构。回忆左右结构的字的书写要点:一看宽窄,二看高矮,三看关键笔画。

那:左宽右窄,右边的右耳旁两笔写成,最后一笔竖要写得长一些。

到:左宽右窄,最后一笔竖钩要长,注意“至”的各笔画的避让关系。

教师示范写,学生书空,再在书上练习写。

(2)指导书写“着”字。让学生自主观察“着”字的书写视频。教师示范写,学生练习。教师讲评,学生修改。

设计意图:“那”和“到”两个字都是左宽右窄,注意指导左右两部分所占的比例,以及笔画的穿插避让。“着”字学生很容易和“看”字混淆,是本课的重点指导内容。

3.活动三:读好长句子,读出问句的语气

(1)初读课文,整体感知。

教师出示插图——文中的小姑娘“我”。“我”看到这座美丽的彩虹桥,小脑袋里冒出了很多奇妙的想法。读一读课文,“我”有哪些奇妙的想法呢?

出示初读要求:借助拼音把字读正确;把句子读通顺,遇到难读的长句子,多读几遍;标出自然段。

整体感知。“我”把这些奇妙的想法都跟谁说了?(爸爸、妈妈、哥哥)

创设情境,朗读课文。教师提问:谁愿意当“我”来问一问呢?全班齐读第1自然段,请三位学生分别朗读第2~4自然段。学生自评,然后指导学生把字词读正确,句子读通顺。

发现难点,复习回顾。我们发现这篇课文中有很多特别长又难读的句子,在本单元前面两课中我们已经学过不少长句子。请学生朗读《端午粽》里学过的长句子:粽子是用青青的箬竹叶包的,里面裹着白白的糯米,中间有一颗红红的枣。

设计意图:回忆、总结在本单元前面两课中学习的读长句子的方法:词语连读、正确停顿等,为读好本课的长句子做准备。

(2)精读课文,突破难点。

①出示问句:爸爸,你那把浇花用的水壶呢?

引导学生读短语:浇花用的水壶,那把浇花用的水壶,你那把浇花用的水壶。让学生明白“我”想要的是爸爸那把浇花用的水壶。

读出问句的语气。教师示范读、教读,学生自由练习,再抽学生朗读。

②出示长句子:如果我提着它,走到桥上,把水洒下来,那不就是我在下雨吗?

想一想:每个短句写“我”在干什么?圈出“我”的动作。

反馈交流,发现这是三个连续的动作,并在反复朗读中理解句子。

“我”真的提着那把爸爸的水壶吗?你是从哪个词语知道的?

指导学生关注词语“如果”,表明这是“我”的想法,这是一种假设,实际上并没有产生动作。

读出问句的语气:“那不就是我在下雨吗?”

在情境中朗读这句话,可以边读边做动作。

③出示长句子:你就不用挑水去浇田了,你高兴吗?

学生自己朗读这句话,把词语读正确、句子读流畅。教师抽学生读,评价指导,再示范读、教读。男女生比赛读,并相互评价。在评价中激发学生的朗读兴趣,体会“我”体贴、懂事,关心家人。

情境朗读，读出疑问的语气。学生把三个问句连起来读，读通句子，读出分句间的停顿，读好问句。

小结发现："我"的想法多么奇妙，提着浇花用的水壶，走到桥上，把水洒下来，这样爸爸就不用挑水去浇田了。

(3)半扶半放读好第3自然段。

学生自由读第3自然段：教师引导学生发现"镜子、拿着、照着"这3个词语中都有读轻声的字。

①学习第一句：妈妈，你梳头用的那面镜子呢？

指导读好短语、长句子：镜子，那面镜子，梳头用的那面镜子。

思考：小姑娘为什么这样问？你知道镜子在哪里吗？

②学习第二句，读好长句子：如果我拿着它，走到桥上，天上不就多了一个月亮吗？

引导学生想一想：小姑娘要这面镜子干什么？圈出"我"的动作。

指导读好问句：天上不就多了一个月亮吗？教师范读、学生自主练读，注意标点符号的停顿。

③读好第三句：我拿着圆圆的月亮照着你梳头，你高兴吗？

引导学生自己读这个长句子，想想用什么方法能读好。

引导学生朗读并交流方法，要注意词语之间的停顿。

学生自由读第3自然段，然后教师抽学生读，最后男女生比赛读。

(4)回顾方法，学习第4自然段。

引导学生回忆：我们可以用什么方法来读好课文，读好长句子？

学生运用学过的方法练读第4自然段。

抽学生朗读第4自然段，师生评价。教师适时指导。

指导想象"荡来荡去"时的心情，读好句子。

引导学生读词语"荡来荡去、飘来飘去、游来游去、跑来跑去"，并关注词语的结构，仿照着说说这种结构的词语。

分组比赛读第4自然段。

设计意图：长句子的朗读是本课的难点，应该在学习了前两课的基础上进行指导，在本课中巩固、提升，在指导读好长句子的同时，还要指导学生读出问句的语气。长句子的指导采用小步子的方法，先读好词，再读通每个句子，最后把整段连起来读。

4.板书设计

	洒水		爸爸
彩虹	拿镜子	爱	妈妈
	荡秋千		哥哥

预期效果：以上围绕本课两道课后习题设计的教学活动，关注了单元语文要素，学生从生字词的学习，到课文的朗读，层层推进、环环相扣。通过这样的教学活动，学生知道了读好长句子要注意词语连读、正确停顿，还积累了"(　　)来(　　)去"形式的词语，并能根据其词语的结构特点拓展出这类结构的词语。

(彭水苗族土家族自治县第一小学校：张小玲)

第五单元
识字单元

一、第五单元整体分析

（一）整体描述

第一学段，识字与写字是重点，本单元主要是培养学生喜欢学习汉字，有主动识字的意愿。本单元是统编版小学语文教材一年级下册第二个集中识字的单元，重点指导学生学习运用形声字的构字规律进行识字。教材编排的识字形式丰富多样，特色鲜明，贴近学生生活。《动物儿歌》是活泼生动的童谣，儿歌里是小朋友们熟悉的小动物，让他们在熟读儿歌的过程中认识生字；《操场上》以图文并茂的形式展现学生们熟悉的校园生活，重在引导学生通过看图识字来学词学句；《古对今》和《人之初》是古代蒙学内容，以通俗凝练的韵语带出识字内容，渗透中华优秀传统文化。在教学中，应创设各种情境识字，要让学生边读边想、边读边发现，并引导他们热爱自然、热爱生活。

（二）语文要素纵向关联

"识字"纵向关联表

年段	单元	语文要素
一年级上册	第一单元	借助听读和联系生活经验学习汉字
	第五单元	认识会意字，进一步了解汉字偏旁表意的构字规律
一年级下册	第一单元	借助生活经验、儿歌识字，培养主动识字的兴趣
	第五单元	学习运用形声字的构字规律识字，巩固练习形声字识字，并了解形旁表义的规律
二年级上册	第四单元	了解形旁表义、声旁表音的特点，归类识记相同偏旁的字，猜测汉字的意思，猜读拟声词
二年级下册	第四单元	借助形旁猜测字义，发现偏旁之间的关联

为了遵循学生成长规律，使学习循序渐进，在一年级上册第一单元安排的是学生借助听读和联系生活经验学习汉字，在有趣的情境中认识象形字，感受汉语的音韵特点；第五单元则让学生初步认识会意

字、形声字，了解汉字偏旁表义的构字规律。一年级下册第一单元主要借助生活经验、儿歌识字，培养学生主动识字的兴趣；第五单元重点学习运用形声字的构字规律识字，巩固练习形声字识字，并了解形旁表义的规律。二年级上册和二年级下册分别安排了一个集中识字单元，学生能重点借助已有的识字经验自主识字、写字，发现偏旁之间的关联，并能自主阅读。表1可看出独立识字单元专门教授识字方法，培养学生识字能力。课文也呈现多样化的汉字识记方法，教学时要与以前学过的汉字进行关联，引导学生逐渐构建一个属于自己的汉字记忆系统，最后具备独立识字的能力。

二、基于课后习题的语文要素落点分析

（一）语文要素在各板块的要求

《动物儿歌》识字表“蜻、蜓、迷、藏、造、蚂、蚁、食、粮、蜘、蛛、网”多与“虫”有关，主要采用形声字识字，并且让学生了解形声字左形右声的特征，以及形旁表意的作用。

《古对今》识字表只有一个“圆”是形声字，引导学生用熟读对韵歌形式识记其余汉字。

《操场上》识字表“操、场、拔、拍、跑、踢、铃、热、闹、锻、炼、体”，主要指导学生认识提手旁和足字旁的字，先以偏旁归类，然后用形声字的方法识字。

《人之初》一文中形声字有“迁、远”。

在“语文园地”的“识字加油站”中的“饱、泡、跑、抱、袍、炮”都是包字族形声字；“我的发现”中有口字旁、足字旁、提手旁三组形声字。

本册第五单元重点是让学生掌握学习运用形声字的构字规律识字，要结合课文中不同构造形式的汉字和学生识字能力进行训练。

（二）课后习题的要素指向与活动分析

1.《动物儿歌》课后习题分析

第一题：朗读课文。

第二题：读一读，记一记。

蜻蜓展（zhǎn）翅（chì）	蝴（hú）蝶（dié）飞舞（wǔ）	蚯（qiū）蚓（yǐn）松（sōng）土
蚂蚁搬（bān）家	蝌（kē）蚪（dǒu）游水	蜘蛛结（jié）网

第一题指向语感的训练。学生借助课文插图，认读表示动物名称的词语。多形式朗读，让学生在充分朗读中接触课文，感受儿歌的节奏和韵律。

第二题指向语言的积累。6个词组“蜻蜓展翅、蝴蝶飞舞、蚯蚓松土、蚂蚁搬家、蝌蚪游水、蜘蛛结网”都是由“谁干什么”组成的。教师可以引导学生自由读，同桌合作读，小组赛读。用多种形式读记这些词语，一方面能积累词语，另一方面能进一步理解儿歌的内容，一举两得。教师还可以拓展一些同类型的词语，如“大雁南飞、公鸡打鸣”等。

2.《古对今》课后习题分析

第一题:朗读课文。背诵课文。

第二题:读一读,记一记。

和风细雨	夕阳	严寒	鸟语花香	朝霞	古今	酷暑

第一题指向语感培养和语言的积累。学生通过多种形式的朗读活动熟读成诵,教学时借助图指导学生背诵,引导学生建构画面帮助记忆。

第二题指向语言积累。教学时引导学生积累对子歌中出现的词语,提醒学生注意“古今、鸟语花香、和风细雨”在对子歌中是分开的,这里被组合成一个词语了。可以比较着读,加深对词语的理解,如“严寒”和“酷暑”,“夕阳”和“朝霞”。

3.《操场上》课后习题分析

第一题:朗读课文。

第二题:你喜欢什么体育活动?和同学说一说。

第一题朗读课文,指导学生读好儿歌,通过多种形式的朗读读准字音,指向语感的训练。

第二题是指向语言运用,引导学生运用积累的词语和已有的生活经验进行语言表达训练。建议教师提前准备一些承载体育活动名称的卡片,如:踢毽子、扔沙包、掷飞镖、跳绳、跨栏等,在学生说到相应体育活动时,出示卡片让学生认读,还可以给它们分类。如扔沙包、掷飞镖是一类活动,“扔、掷”的动作与手有关,是提手旁的字。踢毽子、跳绳、跨栏是一类活动,“踢、跳、跨”与脚有关,是足字旁的字。

4.《人之初》课后习题分析

第一题:朗读课文。背诵课文。

第二题:读一读,记一记。

(初始(shǐ)	初夏)	(天性	性格(gé))
(专心	专门)	(善良(liáng)	友善)

第一题指向语感训练和语言的积累。学生初步了解《三字经》的韵语特点,激发其朗读兴趣。运用填空“拼一拼”游戏,学生在多样化的学习形式中始终保持浓厚的背诵兴趣。

第二题重点指向语言积累,引导学生对文中4个生字扩词。课中,还可以问学生在哪里看见过这些字,引导学生在生活中识字、扩词,从而巩固这些生字。如:初一、初二、月初,专心、专业,善心、善事。

(三)单元典型性习题横向关联

第五单元集中认识的大多是形声字,指导学生识字训练时要呈梯度上升。《动物儿歌》一文在熟读儿歌的基础上,引导学生联系图片和生活经验,认识图片中的小动物,引导学生用偏旁识字的方法进行归类,认识与“虫”有关的生字,并让学生初步了解形声字左形右声的特征,以及形旁表意义的作用;《古对今》一文的识字表中只有一个“圆”是形声字,主要采用熟读对韵歌的形式识字;《操场上》一文的识字表里主要认识提手旁和足字旁的字,在本单元第一课已经了解汉字左形右声的基础上,让学生进一步了解形声字的形旁大多表示这个字的意思;《人之初》一文形声字有“迁、远”,熟读蒙学经典,运用熟字加减方法识字。“语文园地”的“识字加油站”中的“饱、泡、跑、抱、袍、炮”都是包字族,“我的发现”中分别是口字旁、提手旁、足字旁的三组生字,可以进行整合教学,巩固在本单元中重点学习的形声字识字方法。

（四）课后习题的其他语文要素

本单元4篇课文以浅显的韵文为主，学生易读易懂易记，还以简洁生动的语言向学生介绍了有趣的动物知识，丰富多彩的校园生活，四季交替、欣欣向荣的美丽景色和基本的为人处世之道。

每篇都要求学生朗读课文，其中有两篇要求学生能背诵。设计丰富有趣的朗读活动，培养学生的语感，丰富学生的语言积累。

"读一读，记一记"是学生对不同类别词语的积累。《动物儿歌》读记的词语是由课文内容延伸出来的6个词组，构成形式为"谁干什么"，学生不仅积累词组，还加深理解儿歌内容；《古对今》在前一课基础上继续通过读记加深对课文词语的理解，并且这一课还要让学生积累"古今、和风细雨、鸟语花香"等词组，并注意为了诵读朗朗上口，在对子歌中它们是分开的；《人之初》读记要求对本课4个生字扩词，主要引导学生借助生活经验扩词，既丰富词语积累，又巩固识记生字。

三、落实语文要素的典型性习题教学活动设计示例

（一）典型性习题

以《操场上》课后第二题为例：你喜欢什么体育活动？和同学说一说。

设计活动：积累词语，创编儿歌。

（二）教学设计

1. 活动一：插图我会看

教师引导学生观察图画，请学生说说小朋友们在做什么体育活动。

2. 活动二：儿歌我会读

教师引导学生自由诵读儿歌，并圈出儿歌中小朋友们在操场上参加了哪些体育活动。

设计意图：教师引导学生找到"跳绳、踢毽、丢沙包"等词语。

3. 活动三：体育运动我能行

教师提问：下课了你们喜欢在操场上参加什么活动呢？

预设活动：跑步、拍球、拔河、跳高、跑步、踢足球、丢手绢……

设计意图：在学生借助生活经验自由说话的过程中，教师出示课前准备的相应卡片，借助图片熟读词语，并巩固认识带有足字旁、提手旁的字。

4. 活动四：儿歌我能编

教师引导学生用体育活动类的词语创编儿歌："我们也来把这些体育活动放到儿歌里去吧。"此环节难度大，可替换课文中儿歌的词来减轻难度。

课件出示：

铃声响，下课了。

操场上，真热闹

(　　　)(　　　)(　　　　　),

天天锻炼身体好。

活动小结:参加体育活动能增强体质,让我们变得更健康。同学们可以和爸爸妈妈一起,选择喜欢的体育活动,每天坚持锻炼,还可以把运动的过程像这样编成儿歌呢。

设计意图:创编儿歌,既是学生对识字学习的巩固,又是对儿歌内容的拓展,在丰富孩子词语的同时训练其语言的表达,还能促使孩子养成热爱运动、锻炼身体的好习惯。

预期效果:活动设计围绕归类识记形声字这一要素,学生在创编儿歌的过程中认识本课生字,激发其在生活中识字的兴趣。

思维路径:观察图画—朗读儿歌—圈画词语—说体育活动—创编儿歌。通过这一系列活动,学生掌握了识字方法,丰富了词汇,提高了语言表达能力。

四、课后习题引导下的《动物儿歌》教学活动设计

(一)教学目标

(1)学生学习用形声字识字方法认识“蜻、蜓”等12个生字,会写“间、迷”等7个字。

(2)指导学生正确、流利、有节奏地朗读儿歌。(关联课后第一题)

(3)学生读一读、记一记文中词语,并借助生活经验扩展说词。(关联课后第二题)

(二)教学设计

1.活动一:生字我会认读

(1)形声字识字。

认识小动物。出示小动物图片,让学生认识课文中的小动物,清楚地说出它们的名字。

猜读生字。用图片引出与动物有关的生字,猜一猜生字读音。

认读生字。借助拼音读准“蜻、蜓、蚂、蚁、蜘、蛛”的读音。

了解形声字构字规律。“蜻、蜓、蚂、蚁、蜘、蛛”用“减一减”的方法,除去左边偏旁再认读字音。

青—蜻　　廷—蜓　　马—蚂

义—蚁　　知—蜘　　朱—蛛

小结:观察发现这些字右边部分就是这个字的读音,它们叫形声字的声旁。教师引导学生观察这类字左边都是“虫”旁,多数与小动物有关,“虫”部是这个字的形旁。

(2)我认识的形声字。

教师:像这样由形旁和声旁组成的字叫形声字。你还学过哪些形声字呢?

教师引导学生在前面学过的生字中去发现“清、请、情、样”等都是左形右声的形声字。

教师引导学生用形声字识字方法认读生字:如“粮”——米+良。

(3)字理识字。

“网”是一个象形字。

观察汉字的演变形态，说说它像什么？

出示蜘蛛网的图片和渔网的图片，帮助认识生字“网”。

(4)熟字加减偏旁识字。

米+辶=迷	告+辶=造
粮-米=良	良+人=食

设计意图：借助图片引出生字，激发学生认识生字的兴趣。运用形声字识字、字理识字、加减偏旁识字等多种识字方法，帮助学生轻松认识本课生字。

2.活动二：生字我会写

(1)观察字形。

左右结构的字：“池、欢”，左窄右宽，“欢”左边的捺与右边的撇有穿插避让关系。

半包围结构的字：“间、网、迷、造、运”其中有3个是走之旁，书写时先里后外，走之旁的平捺要舒展开，托住里面的字，不要写短了。在书写“间、网”时是先外后里。

(2)规范书写。

(3)书写评比。

书写评比要求：笔画书写正确(奖励一颗星)；规范美观(奖励一颗星)。

设计意图：教师借助星级奖励的形式，引导学生养成“一看二写三对照”的规范书写的好习惯。

3.活动三：儿歌我会读

(1)借助拼音读正确。

正确读词语。

读准平舌、翘舌：“蜘蛛”两个字的声母都是翘舌。“捉迷藏”的“捉”的声母是翘舌，“藏”的声母是平舌。

读准轻声：“蚂蚁、蝌蚪”这两个双音节词的后一个字读轻声。

正确读课文。自己读；同桌互相听读，检查是否读正确。

(2)借助停顿读出节奏。

蜻蜓/半空/展翅/飞，蝴蝶/花间/捉/迷藏。

蚯蚓/土里/造/宫殿，蚂蚁/地上/运/食粮。

蝌蚪/池中/游得/欢，蜘蛛/房前/结网/忙。

(3)形式多样地读，读出韵律美。

①问答读。

我(教师)来问：	你(学生)来答：
“蜻蜓半空干什么？”	——蜻蜓半空展翅飞。
“蝴蝶花间干什么？”	——蝴蝶花间捉迷藏。
“蚯蚓土里干什么？”	——蚯蚓土里造宫殿。
“蚂蚁地上干什么？”	——蚂蚁地上运食粮。
“蝌蚪池中干什么？”	——蝌蚪池中游得欢。
“蜘蛛房前干什么？”	——蜘蛛房前结网忙。

②对读。

我(教师)读:“蜻蜓半空展翅飞”,你(学生)读:“蝴蝶/花间/捉/迷藏”。

③拍手读:按照停顿线打节奏读。

④表演读:做动作诵读儿歌。

设计意图:多种形式诵读儿歌,学生在诵读中感受儿歌的韵味,理解儿歌的内容,熟识儿歌中的形声字,加深构字印象,激发学生认识更多形声字的兴趣。

4.活动四:词组我能积累

(1)看图圈一圈。观察图画,在第二题的图中圈出有哪些小动物。看图说说他们在做什么?

(2)读一读,记一记。

看一看,读词组(观察图画读出词组)。

蜻蜓展翅　蝴蝶飞舞　蚯蚓松土

蚂蚁搬家　蝌蚪游水　蜘蛛结网

演一演,读词组。

蜻蜓　蝴蝶　蚯蚓　蚂蚁　蝌蚪　蜘蛛

填一填,读词组。

蜻蜓(　　)　　蝴蝶(　　)　　蚯蚓(　　)

蚂蚁(　　)　　蝌蚪(　　)　　蜘蛛(　　)

(　　)展翅　　(　　)飞舞　　(　　)松土

(　　)搬家　　(　　)游水　　(　　)结网

(3)扩展说一说。

问:你还知道哪只小动物在做什么吗?

教师搭支架,引导学生借助生活经验说词组。

知了(　　)　　公鸡(　　)　　鱼儿(　　)

(　　)唱歌　　(　　)吃草　　(　　)奔跑

学生自主说词组:谁干什么?

(　　)(　　)　　(　　)(　　)　　(　　)(　　)

设计意图:让学生在读一读、演一演、填一填的活动中记住词组,并通过说一说活动扩展词组。

预期效果:通过形声字识字与其他识字方法相结合,90%的学生能认识12个生字;鼓励学生观察字形结构,规范书写;通过拍手儿歌等活动能读出儿歌的韵律美;借助图画看一看、演一演,帮助学生积极扩展词组。

(彭水苗族土家族自治县第三小学校:肖国容)

第六单元
夏天

一、第六单元整体分析

（一）整体描述

夏天，在城市孩子们的眼里，是超市大冰柜里的冰激凌，是房间里空调送出的凉风；夏天，在乡村孩子们的眼里，是火热的太阳，是款款而飞的蜻蜓。通过阅读本单元“偷采白莲”“爱晴柔”“荷叶圆圆的，绿绿的”“冰棍西瓜绿豆汤”这样的文字，体会夏天的画面，“夏天”的概念会更加丰富，形象会更加丰满。本单元围绕“夏天”这个主题，编排了《古诗二首》《荷叶圆圆》和科普童话《要下雨了》三篇课文，从不同角度描绘夏天的特点，向学生展现夏天的美好，可以充分调动学生的阅读兴趣。

（二）语文要素纵向关联

“提取主要信息”纵向关联表

年段	单元	语文要素
一年级上册	第七单元	联系生活实际，理解课文内容，合理搭配“的”字的词语
一年级下册	第三单元	联系上下文理解词语的意思
	第六单元	联系生活实际理解词语的意思
二年级上册	第一单元	积累并运用表示动作的词语
	第四单元	联系上下文理解词语的意思
	第六单元	借助词语了解课文内容
三年级上册	第二单元	运用多种方法理解难懂的词语

教材在编排上关注“双线并进”。仔细挖掘课后的练习，就能发现本单元隐藏着一条重要的语文要素，用“联系生活实际”等方法理解词语，丰富词语教学。

《义务教育语文课程标准（2022年版）》中对“理解词语”在低段的阅读要求上有如下目标：结合上下文和联系生活实际了解课文中词句的意思，在阅读中积累词语。低段的写话要求：在写话中乐于运用阅读和生活中学到的词语。中段的阅读要求：能借助字典、词典和生活积累，理解生词的意义。

本单元指导学生“联系生活实际理解词语”指向课文生字组词和课后习题。学生“联系生活实际理解词语”在教材里首次出现，把握单元的语文要素要有“统整意识”，做到“承前启后”的前后关联。从以上表格中不难发现，“理解词语”的要素在教材中均是环环相扣、螺旋上升地呈现的，构建“理解词语”的任务群，体现课程的阶段性和发展性。

二、基于课后习题的语文要素落点分析

（一）语文要素在各板块的要求

低年级学生学习字词是重难点，本单元各板块的任务具体落实如下：

《要下雨了》出现了很多语气词，教师指导学生进行归类识字学习。从一年级上册到一年级下册，学生由识字慢慢向认识词语过渡。

《古诗二首》的朗读要在理解的基础上进行，教师指导学生要依托“踪迹”“晴柔”等关键词语理解，还可以借助插图、结合前后语境、联系生活经验理解词语。

《荷叶圆圆》课后第二题请学生连线，其中“停机坪”“歌台”“摇篮”“凉伞”四个词语都是比喻句中的喻体，学生需要结合语境联系生活实际经验加以理解。

《要下雨了》中表现得更为明显，文中泡泡语提示“读了这一段，我知道了‘闷’的意思”，意图引导学生利用第三单元已学过的“联系上下文理解字词的意思”。第三题提供了检查字词的情境图，实现与二年级上册教材“借助词语了解课文内容”和“结合关键词语复述课文”的衔接。

“语文园地”的“识字加油站”以词串的方式引导学生利用“联系生活实际”理解和积累词语，感受夏天的特点。

（二）课后习题的要素指向与活动分析

1.《古诗二首》课后习题分析

第一题：朗读课文。背诵课文。

第二题：读一读，记一记。

（泉水　　清泉）	（荷花　　荷叶）
（流水　　水流）	（踪迹　　足迹）

第一题古诗的理解要依托“踪迹”“晴柔”等词语。

第二题扩展学习积累词语。这两题都指向学生语言积累。

2.《荷叶圆圆》课后习题分析

第一题：朗读课文。背诵课文。

第二题：连一连，说一说。

小水珠	小蜻蜓	小青蛙	小鱼儿
停机坪(píng)	歌　台	凉　伞	摇　篮

第三题：读一读，写一写。

荷叶圆圆的，绿绿的。　　苹果________，________。

第一题指向语言积累，理解词语的教学与朗读教学融为一体。

第二题指向语言理解与运用，是本体和喻体的连线题，教师可以指导学生将词语结合具体语境，联系生活实际进行理解。

第三题指向拓展思维，训练学生语言准确运用能力。建议学生用生活中的常见之物仿照写话，便于理解与运用，也可激发学生关注生活，拓展语文学习空间。

3.《要下雨了》课后习题分析

第一题：朗读课文。说说故事里有哪些动物，再分角色读一读。

第二题：想想燕子、小鱼、蚂蚁下雨前都在干什么。

第三题：读一读，记一记。

山坡　阴沉沉　潮湿　有空　连忙　消息　搬家　雷声

第一题指向语言理解训练，建议指导学生抓住关键词语，将抽象的词语在有趣的角色朗读中进行理解。

第二题在第一题理解的基础上尝试语言的运用，鼓励学生尝试抓住关键词语进行说话训练。

第三题拓展学生学习空间，结合生活经验理解，可利用情景图片引导学生读准多音字“有空”的“空”和理解词语的意思。

（三）单元典型性习题横向关联

本单元围绕“联系生活实际理解词语意思”这一要素，安排了这样的课后习题：

《古诗二首》课后第二题：读一读，记一记。

《荷叶圆圆》课后第二题：连一连，说一说。

《要下雨了》课后第三题：读一读，记一记。

在低段教材的编排里，单元训练要素间接体现在课后习题设计里。强调一下，课文的课后习题、泡泡语都是课文不可分割的整体，旨在培养学生语文学习能力，为落实与体现本单元的语文要素提供支持。关注课后习题，“读”“记”是指向学生语言的积累，“连”“说”是指向学生理解与表达训练。

（四）课后习题及其他语文要素

1.《要下雨了》一课的泡泡语是“读了这一段，我知道了‘闷’的意思。”

此处的泡泡语，是继第三单元“联系上下文理解词语的意思”这一语文要素的巩固练习，提示的是本单元还要“运用多种方法理解词语意思”。教师在使用统编版教材时要有“统整思维”，通过课后习题的梳理，教学时要做到有梯度地承前启后。

2.《要下雨了》课后第一题：朗读课文。说说故事里有哪些动物，再分角色读一读。

此处，向上承接的是第二单元“读好带有感叹号的句子”，向下衔接的是第七单元“读出疑问句与祈使句的语气”。这三处都是训练学生“落实用恰当的语气练习说话”这一语文表达能力。

三、落实语文要素的典型性习题教学活动设计示例

（一）典型性习题

以《要下雨了》课后第三题为例：读一读，记一记。

本题指向“理解词语”语文要素。教学时，应引导学生借助情境图，联系生活实际，结合上下文理解、积累“潮湿”等词语。

（二）教学设计

1.活动一：学习读准多音字

（1）引导学生细致全面地观察图片，说发现，感受“潮湿”。

（2）读一读，随即教学多音字“空”。

2.活动二：了解“潮湿”

（1）出示“潮湿”词卡，注意翘舌音的朗读。

（2）观察偏旁，思考两个字的偏旁都是三点水，说明了什么。

（3）联系生活，观察“潮湿”现象。

引导学生联系生活想一想，阴雨天常见的潮湿场景。

小结现象：出现小水珠的原因——“空气很潮湿”。

读一读句子——燕子边飞边说：“要下雨了，空气很潮湿，虫子的翅膀沾了小水珠，飞不高。我正忙着捉虫子呢！”

3.活动三：运用“潮湿”

（1）给词条排序。将句子分成几个短句，分别贴在黑板上。短句分别为：要下雨了、燕子飞不高、空气很潮湿、忙着捉虫子、虫子翅膀沾了小水珠。

（2）给句子排排队，说说理由。

（3）用“因为……所以……”练习情景说话。

4.活动四：读记词串

（1）尝试记忆。要求：合上书本，同桌合作，尝试一边想画面一边说说记住了哪些词语。

（2）预设记忆有困难的词语。课件出示缺少“有空”和“潮湿”的词语。先自读，再合上书本，说说缺了哪些词语。

（3）根据学生回答把词语补全，齐读全部词语。

（4）检查学生记忆效果。用开火车的形式比一比谁全记住了。

预期效果：观察图片中常见的下雨情景，唤醒学生的生活经验，学生基本能够理解词语意思。用字不离词、词不离句的方法学习多音字组的词“有空”，学生串学新词“阴沉沉”“雷声”“消息”。由对地面景象的关注，串学“山坡”“连忙”“搬家”“潮湿”。这样，学生自然能理解下雨天“潮湿”的自然现象。

思维路径：通过这一系列的教学活动，学生理解本道题时的思维路径就更加清晰；把抽象的词语变成直观可感知的情境，提供给学生理解词语的方法。

四、课后习题引导下的《古诗二首》之《池上》教学活动设计

（一）教学目标

（1）学生能正确、有节奏地朗读古诗《池上》，并能背诵。（关联课后第一题）

（2）指导学生通过图文结合、联系生活经验等方法理解“撑、采、踪迹”等词语的意思，初步感知古诗描写的景象，体会小娃的顽皮与纯真。（关联课后第二题）

（二）教学重难点

教学重点：学生能通过图文结合、联系生活经验等方法理解“撑、采、踪迹”等词语的意思。

教学难点：学生能初步感知古诗描写的景象，体会小娃的顽皮与纯真。

（三）教学过程

1. 活动一：导入新课，学习“首”字

（1）师生合作对诵诗句。

（2）揭题板书：古诗两首。

（3）学习“首”。

（4）明确任务：本节课学习古诗《池上》。

2. 活动二：图文对照，读准古诗

（1）出示《池上》的插图，引导学生说说看到了什么。

（2）出示古诗、作者简介。

（3）借助拼音自读古诗，读准字音，读通诗句。

（4）朗读诗句，两行为一组。随机认读“踪迹、浮萍”。

（5）把整首诗连起来读正确。

（6）教师范读，学生自由练读，读出诗的节奏。

3. 活动三：初知诗意，理解“踪迹”

（1）出示前两行诗的图片，学生观察图片，找出对应的诗句，并说说理由。

（2）出示“小娃撑小艇”诗句的图。

学生说说在图中看到了什么。教师根据回答板贴荷花、小娃和小艇的图片。

请学生做做撑小艇的动作，理解“撑”字，板贴词卡“撑”。

抽学生朗读诗句。

（3）小娃撑着小艇干什么呢？根据学生回答，教学“偷采白莲回”。

出示图片,说说在图中看到了什么,板贴白莲的图片。

学生扮演小娃,做一做采白莲的动作。抓住“偷”字感受小娃采白莲时既忐忑又高兴的心情。指导朗读,板贴词卡“偷采”。

(4)小娃采得白莲离去却留下了踪迹,他留下的“踪迹”是怎么样的呢?

板贴“踪迹”词卡。学生认读,说说“踪迹”是什么意思。

课件出示《雪地里的小画家》三幅图片:引导学生观察不同动物的足迹。练习说话“(　　　　)是(　　　　)留下的踪迹”。相机教学“足迹”。“文中小娃留下的踪迹又是什么样子的呢?”教师引导学生在课文插图中把小娃的踪迹指给同桌看,再抽一人展示,理解“踪迹”在文中指船开过铺满浮萍的水面留下的痕迹。相机板贴词卡“浮萍”。

(5)指导学生读出小娃偷采白莲却不知道隐藏踪迹的顽皮与可爱。

(6)学生以对读、齐读、配乐读等多种形式朗读整首诗。

设计意图:学生根据图片找到相应的诗句并说明理由,这样做的目的是借助图画这一载体让学生初步感知古诗的大意,理解“踪迹”等词语的意思,降低学习的难度。

4.活动四:尝试背诵古诗并写生字

(1)学生自由练习读好整首诗,读出节奏。

(2)指名学生在全班进行展示读。

(3)配音乐,全班一起读。

(4)试着用填空的方式背诵全诗。

(5)学生看着板贴,配乐,试背全诗。

(6)书写生字“采”。

设计意图:难度递增的填词游戏能激发学生背诵古诗的兴趣,学生循序渐进地背诵古诗的同时理解了词语。

预期效果:以上围绕本课几道课后习题的教学活动设计,关注了单元训练要点和梯度——从内容梳理到方法提炼,再到表达运用。通过这样的教学活动,学生基本就能够采用借助画面,联系上下文语境,联系生活实际等多种方法理解词语。

附:板书设计

池上　(指导书写“采”的田字格)	
荷花图(白莲图)	
	词卡“撑”
小娃图	词卡“偷采”
	词卡“踪迹”
小艇图	词卡“浮萍”

(彭水苗族土家族自治县第三小学校:吴玉梅)

第七单元
习惯

一、第七单元整体分析

（一）整体描述

语文课程总目标明确提出，在语文学习过程中，学生逐步形成正确的世界观、人生观、价值观。本单元围绕“习惯”这个主题选择贴近儿童生活、故事情节充满童趣、语言浅显易懂的课文，文中丰富的插图能激发学生的阅读兴趣。《文具的家》《一分钟》《动物王国开大会》《小猴子下山》这四篇课文渗透责任意识和良好习惯的养成。《文具的家》让学生学会收拾自己的文具；《一分钟》渗透时间意识，让学生逐步学会管理时间；《动物王国开大会》让学生初步了解说完整的话，懂得通知事情时要把重要的内容说清楚、说完整；《小猴子下山》渗透做事要有目标意识。

（二）语文要素纵向关联

1. 要素1：根据课文信息做简单推断

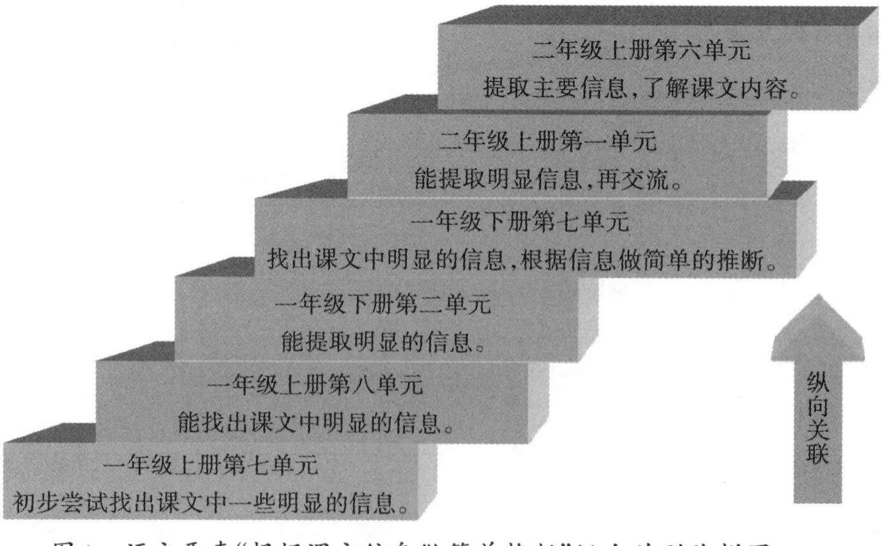

图1　语文要素“根据课文信息做简单推断”纵向关联阶梯图

从图1可以看出:学生“了解课文内容”这一阅读能力与课文中明显信息之间的关联,从“初步尝试找出”到“能找出”,到“提取、交流、推断”,再到二年级上册六单元能够“提取主要信息,了解课文内容”,逐步深入推进,螺旋上升。本单元需要在继续学习“找出课文中明显的信息”的基础上,训练学生“根据信息做简单的推断”的能力,建立信息完整性的意识,发展学生的逻辑思维能力,实现语言和思维同步发展。

2. 要素2:读好疑问句和祈使句的语气

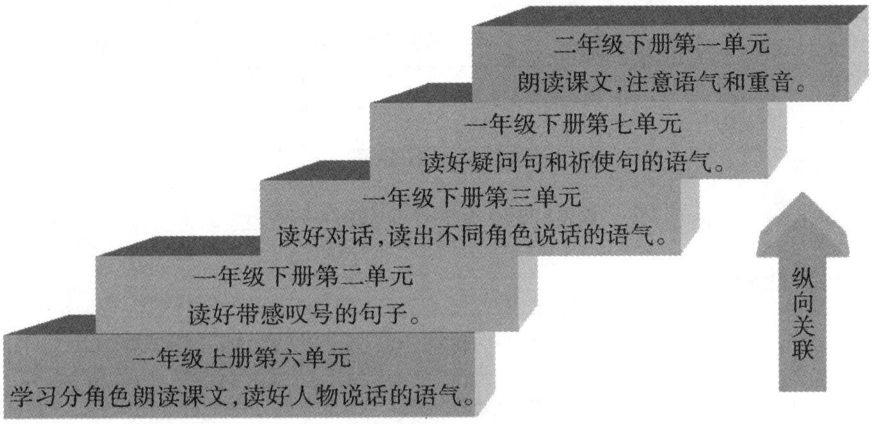

图2　语文要素“读好疑问句和祈使句的语气”纵向关联阶梯图

《义务教育语文课程标准(2022年版)》明确了低年级的阅读目标:学习用普通话正确、流利、有感情地朗读课文。正确朗读是读准字音;流利朗读是读通顺句子;有感情地朗诵是要读好语气。学生在多形式读的过程中理解语句,体会句号、问号、感叹号所表达的不同语气。从图2能看出,从一年级上册到二年级下册的几个单元中,“读好语气”这一语文要素在这些单元训练的重点都不相同。本单元的任务是在一年级下册第三单元“读好角色说话的语气”上的能力提升。二年级下册第一单元就是训练学生读好语气和重音。读好语气,学生能够感受阅读带来的乐趣,提高阅读的兴趣。

二、基于课后习题的语文要素落点分析

(一)课后习题的要素指向与活动分析

1.《文具的家》课后习题分析

第一题:朗读课文。

第二题:读一读,记一记。

新:新书	新年	新手	清新
平:平安	平时	平常	平地
些:这些	那些	一些	哪些

第一题落实语文要素2“读好疑问句和祈使句的语气”。学生结合生活经验,理解语句的意思,根据

标点读好节奏,读出妈妈说话时的疑问以及给贝贝提建议时命令的语气。

第二题读记生字,属于基础性习题。这些字词与本课的内容关系紧密,教学时引导学生用扩词的方法记忆字词,既能联系课文内容,又能够结合生活积累字词。

2.《一分钟》课后习题分析

第一题:朗读课文。

第二题:根据课文内容说一说。

要是早一分钟,就能赶上绿灯了。
要是能赶上绿灯,就__________。
要是能及时通过路口,就__________。
要是能赶上公共汽车,就__________。

第三题:一分钟能做什么?

我一分钟能走(　　)步。
我一分钟能写(　　)个字。
我一分钟还能……

第一题是对“读好人物说话的语气”这一要素的巩固,学生读课文中出现的五次“一分钟”,通过语速稍快、语调低沉来读出元元沮丧、后悔等不同的语气。

第二题落实语文要素1,是在熟读课文的基础上,引导学生根据课文内容的内在联系,运用“要是……就……”的句式进行推断,训练学生的逻辑思维能力。

第三题是学生思维的拓展,引导学生把握时间,逐步培养时间观念。学生体验一分钟能做什么,养成珍惜时间的习惯。

3.《动物王国开大会》课后习题分析

第一题:分角色朗读课文。

第二题:读一读,说一说。

通知

4月22上午8点,请各班参加运动会入场式的同学,在教学楼门前集合,前往运动场进行排练。

少先队大队部

4月20日

时间:__________　　地点:__________

参加人:__________　　事情:__________

通知人:__________

通知时间:__________

第一题旨在读好长课文,熟悉故事内容,学生找出故事中的角色,落实“读好祈使句和疑问句的语气”这一语文要素。

第二题落实语文要素2，训练学生从不同的文体里提取信息，建立信息完整性的意识，继续进行逻辑思维的训练。

4.《小猴子下山》课后习题分析

第一题：朗读课文。

第二题：结合插图，说说小猴子看到了什么，做了什么，最后为什么只好空着手回家去。

第三题：读读做做，再选几个词各说一句话。（详见教材）

第一题为基础题，旨在让学生正确、通顺地朗读课文，了解故事内容。

第二题落实语文要素1，学生在了解故事内容的基础上提取、整合信息，对“小猴子最后为什么会空着手回家去”做出推断。

第三题旨在让学生在阅读中积累词语。学生通过看教材中的插图、结合生活实际了解这六个表示动作的词的意思，并试着运用到表达中。

（二）单元典型性习题横向关联

1.语文要素1横向关联

本单元围绕单元语文要素“根据课文信息做简单推断”安排了这些课后习题：

《一分钟》：根据课文内容说一说。

《动物王国开大会》：读一读，说一说。

《小猴子下山》：结合插图，说说小猴子看到了什么，做了什么，最后为什么只好空着手回家去。

这些课后习题，都分别承担了不同的任务，由易到难，循序渐进，体现学生学习的层次性。《一分钟》课后习题“根据课文内容说一说”是根据文中的信息做推断，主要学习运用“要是……就……”的句式，学生在这样的句式里感受时间的宝贵。《动物王国开大会》课后习题“读一读，说一说”是信息推断的拓展，根据“通知”这一应用文文体提供的信息找到对应的内容，从而明白要把通知讲清楚，时间、地点、参加人、事情、通知人、通知时间，这几个要素是必不可少的。《小猴子下山》课后习题“结合插图，说说小猴子看到了什么，做了什么，最后为什么只好空着手回家去”，结合课文内容与插图提取信息、整理信息，对小猴子“最后为什么只好空着手回家去”的原因做出简单推断，丰富推断信息的方法。

2.语文要素2横向关联

指向单元语文要素“读好疑问句和祈使句的语气”是《动物王国开大会》的课后习题“分角色朗读课文”。虽然本单元三篇课文都涉及疑问句、祈使句，但《动物王国开大会》一文中的疑问句和祈使句较多，教学时要引导学生练习在读通、读顺课文内容，分清角色的基础上体会角色心理，读出祈使句号召、命令的语气，读出疑问句思考的语气。

三、落实语文要素的典型性习题教学活动设计示例

（一）典型性习题

以《一分钟》课后第二题为例：根据课文内容说一说（详见第48页）。本题指向“找出课文中明显的信息，根据信息做简单的推断”这一语文要素。教学时应引导学生熟读课文，找到元元因贪睡导致上学

途中不断发生事情，训练学生简单的推断能力。

《一分钟》讲述了小学生元元“贪睡一分钟，迟到二十分钟”的故事。全文共6个自然段，依次讲述元元因贪睡一分钟，赶不上绿灯过十字路口，耽误了坐公交车，只能走路去学校，结果上学迟到了二十分钟。课文渗透了管理时间的意识，让学生养成良好的作息习惯。

围绕语文要素“根据课文信息做简单推断”与课后习题“根据课文内容说一说”，以及本课的学习核心“读懂课文内容再说一说”设计教学活动。

（二）教学目标

（1）正确、流利地朗读课文，读出元元沮丧、后悔的语气。

（2）运用“要是……就……”句式，根据课文内容进行简单推断。

（三）教学设计

1.活动一：朗读课文，了解因果，引出疑问

（1）读正确，读通顺。

（2）了解因果。

起因：找同学朗读第1自然段。思考：从元元的想法中可以看出元元是如何看待一分钟的？（满不在乎），读出懒洋洋的语气。

结果：自由朗读第5、第6自然段，结合插图，用文中的一句话来说一说元元此时的心情。（句子：元元非常后悔）

（3）引出疑问，理解“后悔”的意思：读读这两个自然段，从哪些词可以看出元元后悔了？元元是不是迟到后才后悔的？哪些句子表现了元元后悔？画出来读一读。

设计意图：了解故事的起因和结果，激发学生对故事的兴趣，为阅读时寻找课文中的信息做铺垫。

2.活动二：找原因，理文脉，做推断

元元只多睡了一分钟，为什么会迟到二十分钟呢？我们一起来找找原因。

（1）自由读第2~4自然段，找找元元在上学路上，发生了什么事而迟到了。

（2）交流汇报：

出示文中相关句子，教师引导学生根据句子提取信息。

句段1：元元打了个哈欠，翻了个身，心想：再睡一分钟吧，就睡一分钟，不会迟到的。

句段2：到了十字路口，他看见前面是绿灯，刚想走过去，红灯亮了。他叹了口气，说：“要是早一分钟就好了。”

……

地点	事件	元元的动作	元元的心情	学习方法
床上	起床	打哈欠、翻身	再睡一分钟	学生通过提取、梳理主要信息，学着对元元迟到的原因做推断，训练思维能力
十字路口	过马路	走、叹气	沮丧	
公交车站	坐公交车	跑、叹气	着急	
学校	迟到	红着脸、低着头	后悔	

指导朗读：指导用低缓的语调，读出元元赶不上绿灯过马路而沮丧的语气。用稍快的语速，低沉的语调，读出元元因赶不上公交车而着急、后悔的语气。

(3)回顾课文，寻找规律。

是啊，时间一分一秒地在元元等待红绿灯的过程中过去了，元元非常后悔。他想，要是早一分钟，就能赶上绿灯了。

在元元等待公共汽车的过程中时间一分一秒地过去，元元非常后悔。他想，要是能赶上绿灯，就能及时通过路口了。

在元元一步步走向学校的过程中时间一分一秒地过去，元元非常后悔。他想，要是能及时通过路口，就能赶上公交车了。

就因为多睡了一分钟，元元迟到了整整二十分钟；就因为这一分钟，他耽误了学习，元元非常惭愧。他想，要是能赶上公交车，就不会迟到了。

引导学生找到几个相关句子的关系：前一句的后半句，是后一句的前半句。还可以设计句子拓展：要是不迟到，就__________________。

设计意图：引导学生通过找到元元上学路上经过的地方，遇见的事情，弄清故事内容；训练运用“要是……就……”的句式，抓住文中明显信息，培养学生推断事情的能力；通过加快语速、加重语调的朗读，体会元元着急、后悔的心情。

预期效果：通过梳理故事，学生知道元元迟到的原因，并能够用“要是……就……”这样的句式表达出来。体会元元的心情，知道要珍惜时间，养成按时做事的习惯。

思维路径：通过设计系列活动，训练学生对事情做简单推断的能力，提升逻辑推理能力。

四、课后习题引导下的《小猴子下山》教学活动设计

《小猴子下山》是本单元第三课。课文段落结构相同，句式不断反复，每一段都由两句话组成。第一句用叙述的语气朗读，做到平实自然。重点指导第二句，借助“又大又多、又大又红、又大又圆”这种“又(　　)又(　　)”形式的词语，读出小猴子高兴的心情。教师在指导朗读时可让学生进入故事情境，体验角色，体会角色心情，并在读懂课文内容的基础上整合信息，对小猴子“最后为什么只好空着手回家去”做出推断，从而懂得：做事情不能三心二意，否则就会一无所获。

(一)第一课时

教学目标：认识“猴”“结”等12个生字，读准多音字“结、只、空”的字音。通过示范写、临摹，会写“块”“常”等7个生字。借助插图，图文对照，初步了解故事内容。(关联课后第一题)

教学重点：读准生字和词语的字音，在语境中识字写字。朗读课文，初步了解故事内容。

1.活动一：谈话导入新课

(1)谈话导入新课，板书课题，齐读课题。

(2)认识课题中“猴子”的“猴”，注意与“时候”的“候”的区别。拓展反犬旁的字多与动物有关，如：狗、猫、猪等。

设计意图:从题目入手,认识“猴”字以及与“犭”相关的字,激发学生的学习兴趣。

2. 活动二:初读课文,读准字音,认写生字

(1)教师示范读课文,学生听读,不认识的字用圆圈画出来。

(2)利用音节初读课文,注意读准字音,特别是多音字“结、只、空”的读音,读通顺句子。不认识的字通过拼读音节、同伴互助或询问教师的方法解决。

(3)根据语境选字词填空。

块　空　非常　进　瓜

fēi cháng　jìn　kuài guā　guā　kōng

一只小猴子(　　)调皮,它走(　)一(　)(　)地,摘了一个大西(　)。可是最后却(　)着手回家了。

(4)指导学生书写生字。重点指导“瓜”字的书写。

设计意图:扫清字词障碍。

3. 活动三:图文对照,了解课文内容

(1)指名分段读课文,检查朗读情况。

(2)出示插图,用自己的话描述图画,在文中找到每幅插图对应的段落。

(3)根据题目和插图顺序,说说小猴子下山都做了些什么,结果怎样。

设计意图:在读通顺课文的基础上辅以文中插图,学生能更直观、更清晰地了解故事的内容。

(二)第二课时

教学目标:

(1)图文对照,读懂故事内容,并能结合插图、动作等讲述故事。

(2)利用动作演示等方法正确理解“掰、摘、扛、捧、抱、扔”等动词并学会运用。(关联课后第三题)。

(3)能推断小猴子“最后为什么只好空着手回家去”的原因,明白做事情要目标明确,有始有终,不能三心二意。(关联课后第二题)

教学重点:

(1)利用动作演示等方法正确理解“掰、摘、扛、捧、抱、扔”等动词。

(2)积累“又(　)又(　)”形式的词语。

(3)图文对照,知道小猴子最后为什么空着手回家去。

教学难点:从反复的结构中,能推断出小猴子空着手回家的原因,从而懂得“做事情不能三心二意,否则就会一无所获”。

1. 活动一:抓因果,引质疑

(1)起因:小猴子下山看见了什么,做了什么?

(2)结果:小猴子回家的时候是怎样的?

2. 活动二:知过程,理文脉

(1)学习第1自然段。学生齐读第1自然段,标出一共有几个句子。思考:小猴子到了哪里?看见了什么?做了什么?结合插图,理解“又大又多”的意思。动作演示“掰”“扛”,体会小猴子当时的心情。选择喜欢的动词说一句话。正确、流利、有语气地朗读第1自然段。

(2)小组合作学习第2~4自然段。

用学习第1自然段的方法小组合作学习第2~4自然段。

汇报交流学习情况。

第2自然段:小猴子<u>(扛着玉米)</u>来到________,看到________,非常高兴,就__________________。

结合插图理解"又大又红",动作演示"扔""摘",理解词意。选择喜欢的动词说一句话。

第3自然段:小猴子_________来到________,看到________,非常高兴,就__________________。

结合插图理解"又大又圆",动作演示"捧",理解词意,用动词说一句话。

第4自然段:小猴子_________往回走,看到_________,非常可爱,就_________。

动作演示"抱",理解词意,并用动词说一句话。

(3)结合课后第三题的插图,根据词语做相应的动作,说说这些动词都与身体的哪个部位有关。

设计意图:抓住文中明显的信息,积累文中的动词,了解这些动词的特点,结合生活实际,会做这些动作。厘清文章脉络,为回答"小猴子为什么空着手回家去"这个问题做铺垫。

3.活动三:明结果,做推断

(1)学生齐读第5自然段。思考:小猴子掰了玉米,摘了桃子,抱了西瓜,为什么最后只好空着手回家去?

(2)根据"掰、扛、摘、捧、抱、扔"说一说小猴子为什么会空着手回家去。

4.活动四:图文对照,整合信息,讲故事

(1)图文对照,用"小猴子_________来到_________,看到_________,非常高兴,就_________"的句式讲述故事。

(2)小猴子下山后,空着手回家,你想对它说什么?

附:板书设计

小猴子下山

(玉米地)玉米	又大又多	掰	扛	扔
(桃树下)桃子	又大又红	摘	捧	扔
(瓜地) 西瓜	又大又圆	摘	抱	扔
(往回走)小兔	蹦蹦跳跳	追	空手回家	

预期效果:学生在教师引导下学习这个童话故事,借助学习支架厘清小猴子空着手回家的原因;学习几个动作,知道动作的名称,能够根据名称做相应的动作。

(彭水苗族土家族自治县第五小学校:王顺容)

第八单元
问号

一、第八单元整体分析

（一）整体描述

第八单元围绕“问号”这个主题，安排了三篇课文：《棉花姑娘》《咕咚》《小壁虎借尾巴》。其中《棉花姑娘》《小壁虎借尾巴》是童话故事，《咕咚》是一个民间故事。课文融科学知识和生活常识于故事情节中，既有教育性，又富有童趣。

（二）语文要素纵向关联

1. 要素1：借助图画阅读课文

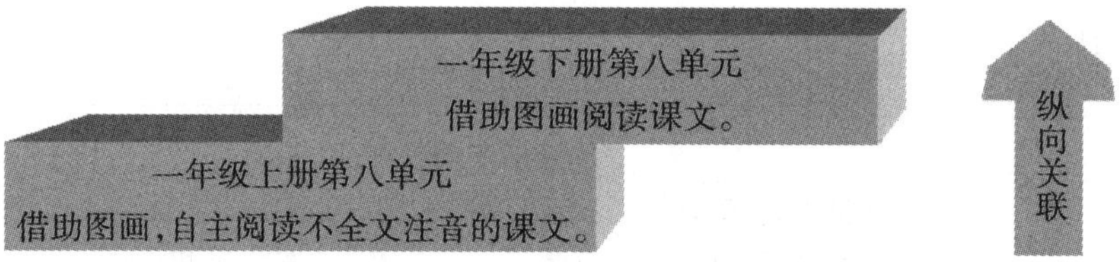

语文要素“借助图画阅读课文”纵向关联阶梯图

《义务教育语文课程标准（2022年版）》对低段学生的阅读要求：阅读浅显的童话、寓言、故事，向往美好的境界，对感兴趣的人物和事件有自己的感受和想法。通过对一年级上册第八单元《小蜗牛》这篇没有全文注音的连环画课文的学习，学生已对读连环画故事有了兴趣，本单元继续引导学生阅读没有全文注音的连环画课文。“借助图画阅读课文”这个语文要素，一年级上册主要是借助图画让学生自主阅读，对不认识的字进行猜读，了解意思；一年级下册则丰富了阅读方法，“利用形声字构字特点、依靠上下文来猜字、认字，并根据图文一一对应”的特点阅读课文。教学时要在一年级上册借助图画猜字、认字、读懂课文的基础上，继续发展学生独立识字和阅读的能力。

2. 要素2：用祈使句读好角色之间的对话

语境不同，祈使句的语气也不一样。对于本册第七单元的祈使句，主要是读出号召、命令的语气，而本单元则训练学生读出祈使句请求的语气，读好多个角色之间的对话。

3. 要素3:继续训练根据信息做简单推断这项阅读能力

本单元在前一单元的基础上继续训练提取信息,根据信息做简单推断这项阅读能力。教学时可以让学生带着问题看图读文,找到相关信息进行交流,互相补充。

二、基于课后习题的语文要素落点分析

(一)课后习题的要素指向与活动分析

1.《棉花姑娘》课后习题分析

第一题:朗读课文,读好课文中的对话。

第二题:连一连,说一说。(详见教材)

第三题:读一读,照样子说一说。

碧绿碧绿的叶子	碧绿碧绿的_________
雪白雪白的棉花	雪白雪白的_________

第一题落实语文要素2,引导学生进行角色体验,读好角色对话,体会棉花姑娘的急切之情,读出棉花姑娘说话中请求、盼望的语气。

第二题落实语文要素3,继续训练学生的阅读能力,根据文中的角色和对话,提取关键信息,并做简单推断。

第三题积累ABAB式的叠词,感受ABAB式叠词的形象性,根据文中的词语联系实际生活来运用叠词,积累词语。

2.《咕咚》课后习题分析

第一题:在课文中找出不认识的字,猜猜它们的读音。

第二题:朗读课文。说说动物们为什么跟着兔子一起跑,野牛是怎么做的。

第一题落实语文要素1,借助图画和形声字的特点猜读生字。

第二题落实语文要素3,通过读课文,找到关键的信息,推断出野牛做法不同的原因,从中获得善于观察、善于思考的生活启示。

3.《小壁虎借尾巴》课后习题分析

第一题:在课文中找出不认识的字,猜猜它们的读音和意思,再说说你是怎么猜出来的。

第二题:朗读课文。说说小壁虎都找谁借过尾巴,结果怎么样。

第三题(选做):和同学分角色演一演这个故事。

第一题落实语文要素1,在看图读故事、猜生字读音的基础上,猜生字的意思,根据字形说出猜读生字的路径和方法,从而提炼出形声字的识字方法。

第二题落实语文要素2和3,感受形式相同的对话,感受在不同的语境中说话的心情和语气的变化,提取文中关键信息进行推断。

第三题是以更直观的形式让学生感受故事带来的乐趣。这一题不仅要清楚故事内容,更要体会角色的心情,模仿角色的动作和语气,是几种阅读能力的综合呈现。

（二）单元典型性习题横向关联

本单元围绕单元语文要素“借助图画阅读课文”安排了这些课后题：

《咕咚》：在课文中找出不认识的字，猜猜它们的读音。

《小壁虎借尾巴》：在课文中找出不认识的字，猜猜它们的读音和意思，再说说你是怎么猜出来的。

通过对比，我们发现《咕咚》《小壁虎借尾巴》是两篇没有全文注音的连环画课文，它们的课后题对“借助图画阅读课文”这一要素做了分工：《咕咚》“在课文中找出不认识的字，猜猜它们的读音”是识字方法从“借助图画猜读生字”到“利用形声字特点、依靠上下文来猜字、认字”的丰富化，《小壁虎借尾巴》“在课文中找出不认识的字，猜猜它们的读音和意思，再说说你是怎么猜出来的”则是识字方法的探究，培养学生的识字能力。

围绕单元语文要素“继续读出祈使句的语气，读好多个角色之间的对话”的课后题：

《棉花姑娘》：朗读课文，读好课文中的对话。

《小壁虎借尾巴》：朗读课文，说说小壁虎都找谁借过尾巴，结果怎么样。

选做题：和同学分角色演一演这个故事。

《义务教育语文课程标准（2022年版）》对低段的阅读要求：喜欢阅读，感受阅读的乐趣；学习用普通话正确、流利、有感情地朗读课文；借助读物中的图画进行阅读。培养孩子的阅读兴趣，读出语气很重要。从借助图画读故事，到感受人物在事情发展中的不同心情，读好角色对话的语气，一步一步落实，层层深入。读懂故事内容后，学生能感受到阅读带来的乐趣，也就有想要演一演的欲望。

三、落实语文要素的典型性习题教学活动设计示例

（一）典型性习题

以《棉花姑娘》课后第二题为例：连一连，说一说。（详见教材）

本题指向“找出课文中的关键信息做简单推断”这一语文要素。教学时应引导学生找到文中的角色、它们对应的治病对象以及它们之间的对话，读出相应的语气。

这是一篇生动、有趣、图文结合的科普童话故事，蕴含生物常识于故事之中，通过棉花姑娘的几次治病请求，介绍了燕子、啄木鸟、青蛙和七星瓢虫分别吃不同害虫的科学常识。本文采用对话形式推进故事，口语化的内容，反复的句式，非常适合一年级的儿童阅读。

根据语文要素“继续读出祈使句的语气，读好多个角色之间的对话”与课后习题“连一连，说一说”，以及本课学习的核心任务“朗读课文，读好角色对话，找出文中的关键信息”设计了以下学习活动。

（二）教学目标

读出祈使句请求的语气，读好文中角色的对话。（关联课后第一题）

(三)教学设计

1.活动一:读故事,找角色

(1)学生借助音节和图画读故事,要求读正确、读通顺,整体感知故事内容。

(2)找出文中的几个角色,弄清楚谁是病人(棉花姑娘),谁是医生。

(3)谁最后治好了棉花姑娘的病呢?

2.活动二:学习第2~4自然段,找出对话,读好对话

(1)找出棉花姑娘说的话,指导朗读。

出示句子:

句子一:棉花姑娘说:“请你帮我捉害虫吧!”

句子二:棉花姑娘说:“请你帮我捉害虫吧!”

句子三:棉花姑娘高兴地说:“请你帮我捉害虫吧!”

棉花姑娘生病了,是一个病人,我们该如何读它说的话呢?(指导学生放慢语速、放低音调读句子一、句子二)

在第三个句子中,多了一个词,是什么呢?(高兴)为什么生病的棉花姑娘会高兴呢?(两次请求都没有成功,棉花姑娘非常着急,它特别希望有人能为它治病)那我们该怎样读这句话呢?(指导学生读句子三,加重“请”字的读音,语速稍快,音调稍高,读出请求、着急的语气)

(2)找出其他角色说的话,指导朗读。

出示句子:

句子一:燕子说:“对不起,我只会捉空中飞的害虫,你还是请别人帮忙吧!”

句子二:啄木鸟说:“对不起,我只会捉树干里的害虫,你还是请别人帮忙吧!”

句子三:青蛙说:“对不起,我只会捉田里的害虫,你还是请别人帮忙吧!”

燕子、啄木鸟、青蛙帮助棉花姑娘治病了吗?(没有)你是从哪里知道的?(对不起……请别人帮忙吧)是的,从“只会”这个词语就知道它们不会治棉花姑娘的病。那我们该怎样把这些句子读好呢?(指导朗读,语速稍快,音调稍低,加重“只会”的读音,读出燕子、啄木鸟、青蛙有心无力,帮不上忙,很着急、很无奈的语气)

设计意图:通过朗读对话,学生知道了燕子、啄木鸟、青蛙分别能消灭哪些害虫,感受燕子、啄木鸟、青蛙因帮不上忙而焦急的语气。

3.活动三:学习第5自然段

(1)自由读第5自然段,找出棉花姑娘和小虫子说的话。

(2)小虫子是谁? 它能治棉花姑娘的病吗?(能)你从哪里看出来的?(把蚜虫吃光了)

(3)指导朗读,读出棉花姑娘惊讶、高兴的语气。

4.活动四:分角色表演读对话,巩固练习

(1)四人小组分角色对话练习。

(2)小组之间互评练习,并推荐读得好的一组表演。

评价标准:字音读正确;从对话中能听出棉花姑娘焦急、高兴的心情。

(3)推荐表演,“我来评”。

评价标准:字音读正确;从对话中能听出棉花姑娘焦急、高兴的心情。

预期效果:学生在教师引导下读故事,感受燕子、啄木鸟、青蛙帮不上棉花姑娘的忙而焦急的心情;明确燕子、啄木鸟、青蛙和七星瓢虫是益虫,能捉不同地方的害虫。

思维路径:基于已有的“找出故事中明显的信息”的能力,学生找到各个角色和他们说的话。学生通过用不同的语气、语速、语调读句子,感受棉花姑娘生病后渴望得到治疗的期盼,燕子、啄木鸟、青蛙帮不上棉花姑娘的忙而焦急的心情,棉花姑娘病被治好后的喜悦。一系列的活动设计意在提升学生读好故事的能力。

四、课后习题引导下的《咕咚》教学活动设计

《咕咚》是一篇情节曲折、童趣盎然的民间故事。故事讲述了一只小兔偶然听见“咕咚”一声,吓得拔腿就跑,其他动物也跟着跑,只有野牛提出质疑,大家才去探个究竟:原来“咕咚”是木瓜掉进湖里的声音。通过读故事,学生明白:遇事不能盲目相信或跟从别人,要善于思考、弄清真相的道理。课文反复的构段形式,利于学生读故事、讲故事。

(一)第一课时

教学目标:认识“咕、咚”等12个生字;会写“吓、怕”等7个生字;借助插图、形声字的特点或联系上下文的方式猜字、认字,把故事读正确,读通顺;知道“咕咚”是什么。(关联课后第二题)

教学重点:借助插图、形声字的特点或联系上下文的方式猜字、认字;知道“咕咚”是什么。

1.活动一:导入新课,初识“咕咚”

(1)(动画播放“咕咚”声)引质疑:刚才,大家听到了什么?什么是“咕咚”呢?(一种声音)

(2)释题:物体掉进水里会发出“咕咚”的声音,这样的声音可怕吗?(不可怕)可这个响声却把兔子、小猴子、狐狸、山羊、小鹿、大象吓得拔腿就跑,这是怎么回事呢?今天,我们就一起来学习第二十课《咕咚》。板书课题并教读“咕咚”。

(3)认读生字“咕、咚”,教师随即讲解:这两个字可以组成“咕咚”一词,像这样表示声音的词叫象声词。

2.活动二:初读课文,猜读生字

(1)自由朗读课文,提出要求:读准字音,不会读的字圈出来,想办法解决。读通顺句子,读不通顺的地方多读几遍。一边读课文一边标出自然段的序号。同桌互读课文,互相帮助。

(2)全班交流:学会认识哪些字了?你是用什么方法认识的?纠正猜读时读错的字音。

(3)小结猜字方法:借助插图猜读生字——小“鹿”、大“象”;利用形声字的特点猜读生字——“吓”“拦”;其他猜字方法。

设计意图:活动通过多种识字方法识字、猜字,激发学生猜读生字的兴趣,从而掌握识字方法。

3.活动三:再读课文,了解故事内容

(1)学生阅读课文,根据图画找到对应的段落。

(2)同桌合作学习。

(3)全班交流。观察第一幅图,看看图画上有什么?找出这幅图对应的文字内容。

(学生齐读第1、第2自然段,教师随即正音)学习观察第2~4幅图,看看图画上有什么?找出这幅图对应的文字内容。(学生找到与第2~4幅图相对应的文字。教师校对学生提取的信息)

设计意图:图画与文字的结合,直观生动,学生能更快地厘清故事内容,同时训练学生提取相关信息的能力。

4.活动四:指导书写生字

(1)教师出示要求会写的生字,学生观察这几个字有什么特点,写的时候要注意什么。

(2)教师一边示范书写,一边强调书写要点。

(3)教师组织学生在书中描红、摹写。

(4)学生展示交流,教师鼓励、提醒。

(二)第二课时

教学目标:理解课文,清楚野牛的行为跟大家不一样,不会跟着兔子跑。明白遇事不能盲目相信或跟从别人,要善于思考、弄清真相的道理。(关联课后第二题)

教学重点:理解课文,清楚野牛的做法跟大家不一样,不会跟着兔子跑。

教学难点:明白遇事不能盲目相信或跟从别人,要善于思考、弄清真相的道理。

1.活动一:复习导入

(1)认读字词:咕咚、逃命、大家、大象、吓得、拔腿就跑、可怕。

(2)组织学生分组、分段读课文。

2.活动二:借助图画读课文,理解内容,再识"咕咚"

(1)学习第1、第2自然段。读第1、第2自然段,思考这两个自然段主要讲了什么,兔子听到声音是怎么做的、怎么说的,这些词句表现了兔子怎样的心情。

设计意图:了解故事发生的起因,从相关的词句中感受兔子的心情。

(2)学习第3、第4自然段。

学生自由读第3、第4自然段,思考小猴子、狐狸、山羊、小鹿、大象为什么要跑。创设情境想象:当小猴子、狐狸、山羊、小鹿、大象从兔子那里知道"咕咚"后,它们会认为"咕咚"是什么呢?

小结:是呀,在它们的心中"咕咚"一定很可怕,所以它们才会一边跑,一边喊:"咕咚来啦!咕咚来啦!"

指导学生有感情地朗读第3、第4自然段,读出动物们害怕的语气。

课文里没有直接写狐狸、山羊、小鹿是怎么做,怎么说的,请大家仿照第3、第4自然段说一说。如:狐狸一听,就跟着跑起来。它一边跑一边大叫:"__________________________!"

(3)学习第5~7自然段。

学生齐读第5~7自然段。思考：野牛为什么没跟着跑？学生回答。

教师引导：对呀，野牛想弄清楚这“咕咚”到底是什么，结果真相大白了。那么，“咕咚”是什么呢?(是成熟的木瓜掉进水里的声音)可怕吗?(不可怕)

(4)谈收获。

读了这个故事，你从中受到了什么启发?

教师小结：兔子在没弄清什么是“咕咚”时就乱跑，小猴子、狐狸、山羊、小鹿、大象也没亲眼看见，只是听别人喊就跟着跑，结果却是虚惊一场。这让我们明白：遇到事情不能盲目相信或跟从别人，要向野牛学习，善于思考、弄清真相。

设计意图：《义务教育语文课程标准(2022年版)》指出，对于低段的阅读童话，学生对感兴趣的人物和事件要有自己的感受和想法。这个故事通过野牛跟其他动物做法的对比，告诉孩子们遇事不要盲目相信或跟从别人，弄清事情真相很重要。孩子们在交流中加深印象，把阅读中获得的感受运用到生活中去。

3.活动三：讲、演故事，提升趣味

(1)小组合作讲故事，推选两名同学上台讲故事。

(2)以8个同学为一组，戴上“木瓜”和“兔子”等8种头饰，在音乐声中演一演这个故事。

设计意图：用低年级学生最喜闻乐见的方式讲、演故事，丰富他们读故事的方式，提升阅读的兴趣。

附：板书设计

咕咚	
兔子	跑
小猴子、狐狸、山羊、小鹿、大象	跟着跑
野牛	拦住大家
不盲从，多思考	

预期效果：从题目、插图入手，引导学生阅读故事，在读故事中，能够根据图画和字形猜读生字，提高识字的乐趣。学生通过阅读故事，知道野牛与其他动物的不同做法，明白做事不盲从、多思考的道理。在学生厘清故事内容的基础上，教师要满足学生的表演欲望，尊重学生对故事的感受和想法，提升学生的阅读兴趣。

(彭水苗族土家族自治县第五小学校：王顺容)

二年级下册

教材整体分析

本册安排了八个主题单元，分别为“春天”“关爱”“童心”“办法”“自然”“改变”“世界之初”七个普通单元和以“传统文化”为主题的识字单元。教师可结合主题及单元要素进行教学。

本册教材人文主题和语文要素如下：

单元	人文主题	写话要素	阅读要素
一	春天	-	朗读课文，注意语气和重音
二	关爱	能根据提示，写自己的一个好朋友	读句子，想象画面。试着有感情地朗读课文
三	传统文化	-	以韵文为主，读中识字；了解传统文化
四	童心	运用词语，把想象的画面写下来	默读时逐步做到集中注意力，不出声、不动唇、不指读
五	办法	-	根据课文内容，谈谈简单看法；读好对话的语气
六	自然	能仿照例子，把自己对大自然的疑问写下来	提取主要信息，了解课文内容；联系生活经验，了解课文内容
七	改变	写清楚自己想养小动物的理由	借助提示讲故事
八	世界之初	-	能根据课文内容展开想象

依据教材内容，可以发现识字课以弘扬中华优秀传统文化为主，让学生通过童谣、传统民谣，介绍汉字文化与中国美食的文章，了解祖国博大精深的传统文化，在丰富的内容中识字写字，使学生受到中华优秀传统文化的熏陶。也有对中华优秀传统文化的浸润、积淀的课文，如《千人糕》《神州谣》，为学生的成长打下精神基础。教材内容重视学生的思维发展，如第七单元《大象的耳朵》《蜘蛛开店》《青蛙卖泥塘》《小毛虫》这四篇引人入胜、有思维价值的童话故事，教师就可借助提示引导学生梳理内容，厘清故事的顺序，并按照顺序讲述故事。《羿射九日》充分利用文本蕴含的想象因素，拓宽学生思维空间，鼓励学生大胆想象。教材更重视运用语言，培养学生审美、创造能力，如课文《找春天》，要求朗读课文，能读出语气和重音，并感受春天的美好，能用自己喜欢的方式表达对春天的喜爱；古诗《村居》《咏柳》，要求学生想象画面，用自己的话说出诗句描述的春天的美景。

第一单元
春 天

一、第一单元整体分析

（一）整体描述

语文课程重视培养学生良好的语感，单元以“春天”为主题，编排了《古诗二首》《找春天》《开满鲜花的小路》《邓小平爷爷植树》文字美、意境美的四篇课文，文章体裁有古诗、散文、童话故事等，都与春天这个主题相关，非常适合学生朗读。

（二）语文要素纵向关联

本单元的阅读要素是“朗读课文，注意语气和重音”。

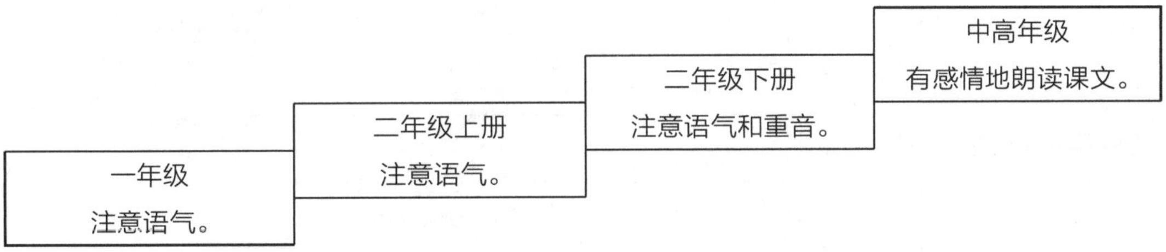

“朗读课文，注意语气和重音”纵向关联图

图1显示：从语言的习得方面，朗读是低年级学习的重要方式，这项训练是有感情地朗读的基本技能，“注意语气”的训练在一年级和二年级上册教材中出现过多次。本单元巩固前面的成果，侧重于“注意重音”，培养学生重音意识，朗读时突出重音的词句。学生尝试着读出来即可，要求不宜过高。

二、基于课后习题的语文要素落点分析

（一）语文要素在各板块的要求

本单元“朗读课文，注意语气和重音”是有感情地朗读课文的基本技能之一，为后面学生逐步有感情地朗读课文奠定基础，这一要素在单元各板块中都有落实和体现。现在我们分析这项训练要点在各个

板块中的具体落点。

古诗《村居》和《咏柳》侧重于节奏感和韵律感，教学时指导学生边朗读边渗透“注意语气和重音”的要求，通过语气和重音，引导学生体会诗人在面对春天的美景时难以掩饰的喜悦之情。

《找春天》语言优美，句式整齐，生动活泼。通过朗读，学生感受语言的美，从而体会寻找春天，发现美的喜悦之情，尝试用朗读体会文中表达的情感。

《开满鲜花的小路》适合学生分角色朗读。这篇童话故事很美，故事情节很简单，不同人物有不同的特点，学生朗读时用分角色的方式体会人物特点，感受人物心情，同时培养朗读兴趣。

《邓小平爷爷植树》是叙事性文章，学生用平实自然、清新舒展的语气边读边想画面来感受邓爷爷植树时的严肃认真和一丝不苟。教师应重点指导学生用合适的语速、恰当的语气读好课文。

“口语交际”的“注意说话的语气”从交际的角度反映了本单元的教学重点。教师在教学时为学生创设生活中具体而真实的情景，专门训练学生“注意说话的语气”，懂得语气的不同。

“语文园地”中的“字词句运用”第二题“根据不同的提问，读读下面的句子”，是对学生“注意重音”的小结与运用。

（二）课后习题的要素指向与活动分析

1.《古诗二首》课后习题分析

第一题：朗读课文。想象画面，说说诗句中春天的美景。背诵课文。

第二题：读一读，填一填。

________莺飞______，拂堤杨柳醉__________。
不知细叶谁裁出，__________。

第三题：读一读，记一记。

（河堤　堤岸）	（杨柳　柳条）
（吹拂　春风拂面）	（化妆　梳妆打扮（bàn））

第一题朗读课文，结合学生生活经验，从整体上想象古诗中的情景；在教学中引导学生背诵，是语言的建构与运用素养的落实。

第二题书写汉字是感知汉字的形体美，调动学生对汉字的喜爱之情。填写句子可以帮助学生建立句子的概念，促进语言的积累，从而培养语言逻辑能力。教学可结合写字教学，先让学生读，口头填写，再动笔书写，填写时字体大小均匀，工整大方，高低一致。

第三题指向学生语言积累，在教学中作为资源使用。学生结合插图，想象画面，在理解、区别和运用中积累词汇。

2.《找春天》课后习题分析

第一题：朗读课文。说说孩子们找到的春天是什么样的。

第二题：读下面句子，试试怎样读更好。

小草从地下探出头来,那是春天的眉毛吧?
春天来了!我们看到了她,我们听到了她,我们闻到了她,我们触到了她。

第三题(选做):你找到的春天是什么样子的?仿照第4~7自然段或第8自然段说一说。

第一题指向朗读,教学中注意激发学生朗读的兴趣,营造童话般的情景,朗读时注意重音,读出疑问的语气。

第二题让学生多注意语气和重音,尤其注意疑问的语气,提示突出重音的方法,如轻读、拖长、快中显慢等。

第三题通过朗读引导学生找句子的规律和特点,揣摩和领悟句子结构,通过朗读内化语言模式,仿照例句大胆表达。

3.《开满鲜花的小路》课后习题分析

第一题:分角色朗读课文。

第二题:读一读,注意加点的部分。再看看课文插图,仿照例句说一说。

门前开着一大片五颜六色的鲜花。 房子旁边______________。 山坡上______________。 ______________。

第三题:你觉得课文中"美好的礼物"是什么?生活中还有什么也是美好的礼物?

第一题指向朗读。一是注意读正确读通顺;二是分角色朗读,注意朗读的不同语气,通过调整朗读的语调、语速来表现小动物们的不同心情。

第二题指向表达。例句指导朗读重音,再结合课文插图,引导学生观察和想象,把句子说具体。

第三题重点在于学生能了解生活中还有哪些美好的事物,结合课文教学,引导学生明白能给他人带去快乐、能够温暖人心的就是美好的礼物。

4.《邓小平爷爷植树》课后习题分析

第一题:朗读课文。

第二题:默读第3自然段。结合课文内容和插图,说说邓爷爷植树的情景。

第三题:读一读,记一记。

碧空如洗	万里无云	引人注目	兴致勃勃

第一题指向朗读,整体基调平实自然,指导学生注意读连续动作的词语时突出重音,朗读时想象画面,体会邓爷爷植树时严肃认真、一丝不苟。

第二题旨在用表示连续动作的句子讲述植树情景。默读时画出表示动作的词语,学生借助这些动词复述邓爷爷植树的情景。

第三题积累词汇,随文梳理词义,读记巩固,学生用词练习说话。

（三）单元典型性习题横向关联

本单元为重点训练学生“朗读课文，注意语气和重音”安排了这样的课后习题：

朗读课文。想象画面，说说诗句中春天的美景。背诵课文。（《古诗二首》课后第一题）

朗读课文。说说孩子们找到的春天是什么样的。（《找春天》课后第一题）

读下面句子，试试怎样读更好。（《找春天》课后第二题）

分角色朗读课文。（《开满鲜花的小路》课后第一题）

读一读，注意加点的部分。再看看课文插图，仿照例句说一说。（《开满鲜花的小路》课后第二题）

朗读课文。（《邓小平爷爷植树》课后第一题）

默读第3自然段。结合课文内容和插图，说说邓爷爷植树的情景。（《邓小平爷爷植树》课后第二题）

认真分析这些课后习题的横向联系发现，各课的学习重点是围绕“朗读课文，注意语气和重音”这一核心要素，突出朗读目标的层次性和发展性，学生学习朗读时侧重点不同。

《咏柳》和《村居》重点指导学生读出节奏，感受韵律。朗读时要想象画面，说说诗句中春天的美景。学生通过朗读，感受春天的美好，体会作者对春天的喜爱和赞美，在诵读中积累词语，进而内化为学生自身的语文素养。

《找春天》语言优美、生动活泼、句式整齐，侧重于“注意重音”的训练，重点指导学生朗读时感受语言的美，体会喜悦之情。在教学第4~7自然段时，教师要引导学生提出不同的问题，找出需要重读的词，比如“眉毛、眼睛、音符、琴声”就要突出重音。教学时结合课后第二题“读下面句子，试试怎样读更好”，还要结合“语文园地”的“字词句运用”的第二题提出不同的问题，引导学生注意不同的问题下，需要突出的重音也不同。学生通过不同的重音，感受句子表达的不同侧重点，从而培养朗读时“注意朗读的语气和重音”的习惯和准确判断重音的语感，牢牢地落实本单元的语文要素。

《开满鲜花的小路》是童话故事，教学时引导学生在读中感受人物特点，表现人物心情。教学时注意结合课后第一题，分角色朗读，指导学生在朗读时，语气和重音根据人物特点发生相应的变化。

《邓小平爷爷植树》重点指导学生用合适的语速、恰当的语气去读好课文。值得注意的是课后第二题是教材首次提出的默读要求。默读是阅读的主要形式，是一种内在心灵交流的模式，可以大幅提高阅读速度，可以安静地在阅读中思考，与作者对话。低年级的阅读形式主要为朗读，二年级的学生已经有了一定的阅读基础，所以要逐步培养默读能力，提高阅读速度。这道题体现了阅读训练的梯度化和层次性，体现了从朗读过渡到默读的科学性。但这时还是训练默读的初级阶段，在教学时注意度的把握，不要求速度，只要求不出声、不动嘴唇，能在心里把句子读流畅，初步懂得什么叫默读。

通过对单元核心要素的集中分析我们发现，课文教学中训练学生朗读的语气和重音，是为生活中的语用服务的，在课后习题中进一步落实训练要点，使学生能力步步到位。课后习题的素养导向夯实语文能力，体现了教材中单元语文要素中知识和能力的整体性，避免了碎片化教学破坏知识和能力形成的序列性。所以教学时要特别注意重视单元知识结构的整体性，不要随意打乱教学顺序，设计和安排教学时要遵循教材编排的科学性。

（四）课后习题其他要素分析

本单元也重视字词积累。在文字习得与积累方面，生字学习依然是二年级学生的学习重点，这个单元的生字共有62个，要求会写其中34个。二年级下学期，学生已经有了识字写字的经验，要运用已有的识字方法和写字规律，发现生字的特点，读准字音，记住字形，写好生字。“语文园地”五项内容中有三项与生字词的习得与积累有关。“识字加油站”不但要教学生识字，还要让他们明白生活中到处都有语文的影子，学语文也是为生活服务的，引导学生除了在课堂上学习语文，也要在生活中主动学习。“字词句运用”中，两组短语要求学生从不同角度感受春天，教学中注意引导学生进行区别。“书写提示”专门讲半包围结构的字的书写要点，可以联系学生已学过的生字来加以巩固。

三、落实语文要素的典型性习题教学活动设计示例

（一）典型性习题

以《开满鲜花的小路》课后第二题为例：读一读，注意加点的部分。再看看课文插图，仿照例句说一说。

> 门前开着一大片五颜六色的鲜花。
> 房子旁边＿＿＿＿＿＿＿＿＿＿＿＿＿＿。
> 山坡上＿＿＿＿＿＿＿＿＿＿＿＿＿＿＿。
> ＿＿＿＿＿＿＿＿＿＿＿＿＿＿＿＿＿＿。

（二）教学目标

学生通过朗读时注意重音，学会运用恰当的形容词将身边的事物说得生动具体。

（三）教学设计

1.活动一：朗读例句，练习说

（1）出示词串：绚丽多彩、五颜六色、花朵簇簇。读一读这些词，结合课文，说说这些词语都形容了鲜花的什么特点呢？

提示：可以结合课文插图理解“绚丽多彩、五颜六色”，这两个词语表达花儿的色彩美丽。“花朵簇簇”，结合图片理解“簇簇”的意思，表示数量多，挤成一堆一堆的样子。

把这些词语放进句子里再次读一读。

教师提示：句子中用上这些词语，既表达了鲜花色彩的亮丽和丰富，也表现出鲜花的数量。就这样从事物的不同角度把看到的事物说具体说生动，避免了语言的单调枯燥和空洞无趣，使句子变得生动具体，富有画面感，增强句子的感染力。

（2）仿照句子，学习表达。

①“门前开着一大片五颜六色的鲜花。”

“门前开着鲜花。”

读一读,对比两个句子哪一个写得好,为什么?

前一句“一大片”写出了鲜花的数量多;“五颜六色”从色彩上写出了鲜花的美丽。所以第一句写得更生动具体。

②根据不同提问读出重音。

哪里开着一大片五颜六色的鲜花? 读:门前开着一大片五颜六色的鲜花。

门前开着什么样的鲜花? 读:门前开着一大片五颜六色的鲜花。

门前开着五颜六色的什么? 读:门前开着一大片五颜六色的鲜花。

(3)看插图说一说。

出示课文插图,看看图中的房子旁边、山坡上都有什么。仿照上面的例句,用表示数量和色彩的词语说一说。

提示学生观察:除了房子旁边、山坡上,还可以找出图中的其他东西来说一说。

(4)联系生活实际继续练习。睁大眼睛观察身边的许多美丽景物,用这样的方法把事物描绘得生动具体,请你用例句的形式接着说。

练习中鼓励学生主动运用不同的形容词进行大胆变换,大胆练说。

设计意图:朗读时注意重音,突出表示事物各种形态特征的词语,明白这些词语都是形容事物特点的;引导学生关注事物除了浅表现象外的其他属性。

2.活动二:仿照例句,练习写

(1)出示课后第二题。

抽学生读题目要求。

出示例句,读句子,注意重点突出加点部分的语气和重音。

观察文中插图,结合说的练习,补充下面句子:

房子旁边________________________________。

山坡上__________________________________。

联系生活实际,观察身边景物,仿照上面例句,把一种事物描写生动具体。

____。

(2)写完后与同桌交换读一读、评一评,看谁把事物表达得更加具体生动:谁写得好?好在哪里?用什么词语表达了事物的什么特点?

设计意图:实操练习,懂得补充表示事物特点的恰当词语,使句子变得生动具体。

预期效果:在语文教学中教什么比怎么教重要,教什么的目的是教会学生学会某种语言技能。通过这次典型性课后习题的教学,学生学会用合适的语言将看到的事物说具体、说生动,将学生从只关注事物的浅表现象提升到关注事物的实质属性,如数量、颜色、形状等,学生的语言能力得到提升。

思维路径:这样的句子从色彩与数量两方面将鲜花描写得更具体,这是让二年级学生学会将看到的事物讲生动、说具体的最好范例。仿写用“搭梯子”“给台阶”的形式减轻难度,让学生只补充句子后半部分,仿写结构相同的句子,帮助学生拓宽思考和想象空间。最后增加难度,拿掉“梯子”和“台阶”,让学生自由思考和想象,通过仿写练习把看到的事物从不同的角度写具体,达到语言实践和运用的目的。设计科学合理,学习循序渐进。

四、课后习题引导下的《开满鲜花的小路》教学活动设计

(一)教学目标

(1)学生能正确认读15个生字,学写9个生字,能理解词语意思。
(2)了解故事内容,学生练习读好角色的语气。(关联课后第一题)
(3)积累文中精彩语句,学生学会把句子说具体。(关联课后第三题)
(4)学生能说出文中“美好的礼物”是什么,感受故事传递的美好情感。

(二)教学过程

1.活动一:初读课文,整体感知

(1)情境导入,出示课题。
①出示一条开满鲜花的小路图片,请同学说说看到了什么。
②揭示课题:《开满鲜花的小路》,齐读课题。
(2)初读课文,读通句子。
①学生自由练读课文,要求读准字音,读通句子,勾画不认识的字和难读的句子并多读几遍。
②检查读课文的情况,纠正字音,帮助学生把难读的句子读通顺、流畅。
看来都漏在来时的路上了。
刺猬太太看到门前开着一大片绚丽多彩的鲜花。
松鼠太太走出门,看见门前的小路上花朵簇簇。
(3)全班交流识字方法,学习生字。
(4)创设语境,巩固汉字。
(5)观察比较,指导书写。
设计意图:学生读课文,为理解课文内容、读好角色做好准备。

2.活动二:听读故事,读出美好

(1)听故事,厘清人物关系。
①教师讲故事,学生听,并用铅笔标出自然段,圈出故事中的动物。
②想象故事中的人物该填在哪里。
______________给鼹鼠先生寄包裹,___________给鼹鼠先生送包裹单,鼹鼠先生请____________看包裹,最后包裹里的东西都漏在小路上了。
③你能猜到包裹里装的什么吗?
(2)读故事,读通顺。
①指导学生朗读第1~5自然段,读出鼹鼠先生的懊丧。
②指导朗读第3、第4自然段,抓住“赶紧”一词读出鼹鼠先生接到包裹单后的兴奋与激动。
③指导朗读第5自然段,抓住“拿过来一看,里面空空的,什么也没有”,读出鼹鼠先生兴奋过后的懊丧。

(3)朗读第6~12自然段,读出美好的感觉。

①指导学生朗读第7、第9、第11自然段,读出春天里满路鲜花的灿烂美丽。

②指导学生读出刺猬太太、狐狸太太看到鲜花后的惊奇。

(4)注意提示语中的关键词,结合课本插图,读出刺猬太太和狐狸太太看到鲜花后的惊奇、惊叹。

(5)小组内分角色朗读。

设计意图:指导学生朗读,读懂课文内容,感知人物个性特点。

3.活动三:图文结合,感受美好

(1)理解词语,读出鲜花的美丽。

①出示词语:绚丽多彩、五颜六色、花朵簇簇。读这些词语,你能说出这些词语的意思吗?

(强调这些词语有的是表示花的颜色,有的表示花的数量)

②把词语放到句子中去读一读。

(2)仿照例句,学习表达。

①读一读课文例句,根据不同的提问读出不同的语气和重音。

②不同的重音突出了句子中的什么?(不同的重音分别突出了花儿的数量和色彩,就这样把句子写具体了。)

(3)看图说一说。出示课文插图,仿造例句,用表示数量和颜色的词语把句子说具体。

(4)拓展思维,联系生活继续说,鼓励学生用更多的形容词自由大胆地说。

(5)前后对比,找出心情的变化。

①看到满路的鲜花给大家带来了欢乐,猜猜鼹鼠先生是什么心情,说说理由。

②当初包裹里的花籽都漏掉时,鼹鼠先生的心情怎样?

③你也有过懊丧的心情吗?说一说。

(6)读读想想,理解美好的礼物是什么?(鲜花的种子)

(7)生活中还有什么也是美好的礼物?(引导学生把美好的原因说清楚)

设计意图:指导学生用图文结合的学习方法理解课文内容。

4.活动四:讲述故事,积累语言

(1)仔细看课文中的两幅插图,哪些自然段是描写哪一幅插图?

(第1~5自然段讲的是第一幅,第6~12自然段讲的是第二幅插图)

(2)读一读第6~12自然段,你有什么发现?

(第7和第9自然段内容差不多,第8和第10自然段内容是一样的)

(3)把第6~12自然段中不一样的地方画出来,并读一读,你又有什么发现?

(4)看着两幅图,给大家讲讲这个故事。

①同桌互讲互评。

②小组推荐同学讲,教师及时评价。

设计意图:讲故事是对之前学习多种形式阅读的提升训练,在加深理解课文内容下,引导学生进行语言表达训练,是内化语文素养的训练过程。

预期效果:通过一系列的活动过程,学生由教师的指导朗读到能读好重音,再根据插图以图文结合的方式讲好故事,层层推进。

(彭水苗族土家族自治县第一小学校:任云燕、李昌容)

第二单元
优秀品质

一、第二单元整体分析

(一)整体描述

本单元围绕“优秀品质”这一主题提高学生阅读理解能力和想象能力,编排了《雷锋叔叔,你在哪里》《千人糕》《一匹出色的马》三篇课文和一个“语文园地”。三篇课文以儿童喜闻乐见的诗歌、小故事等形式引导学生习得“乐于助人”“善于合作”“独立自主”等中华民族的优秀品质。

(二)语文要素纵向关联

“读句子,想象画面”是本单元的教学重点,是承接二年级上册“读古诗句想象画面”的进一步训练,也是过渡到中高年级“读文章,想画面”的中间一环。本单元重点训练学生抓住句子中的重要词语,联系生活经历想象画面。

1.要素1:阅读要素纵向关联

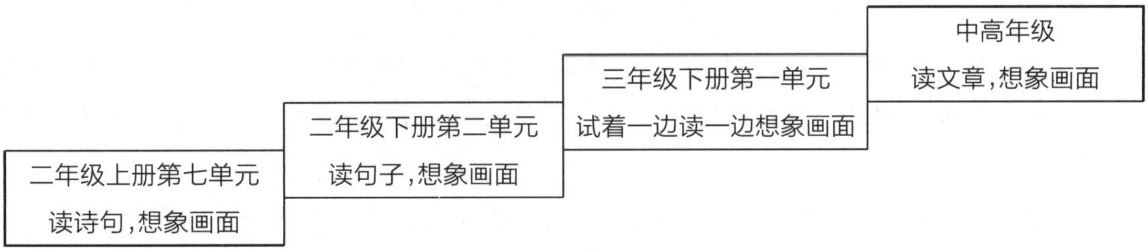

图1 “读句子,想象画面”纵向关联图

本单元的教学重点是“读句子,想象画面”,就是要学生边读边在脑海中浮现句子所描述的画面,这有助于加深对句子的理解,也有助于提高阅读能力和想象能力。它承接二年级上册的“读诗句,想象画面”,也连接着三年级的“一边读一边想象画面”,为中高年级的“读文章,想象画面”奠定基础。本单元重点培养学生抓住句子中的重点词语、联系生活经历或生活实际想象画面的能力,阅读时在脑海中再现句子描写的画面和场景,加深对句子的理解。

2.要素2：朗读要素纵向关联

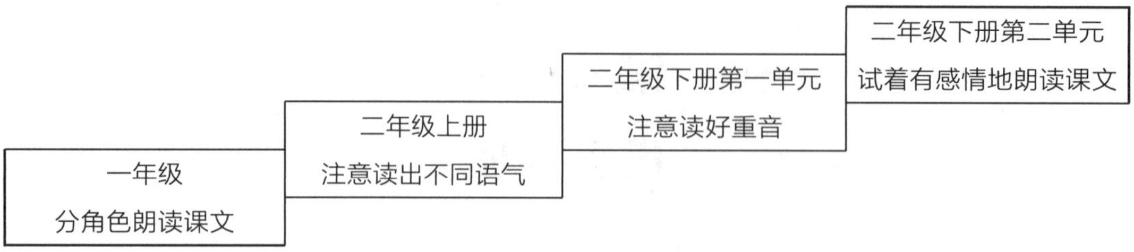

图2 “试着有感情地朗读课文”纵向关联图

《一匹出色的马》课后习题中首次提出“试着有感情地朗读课文”，是在一年级、二年级上册教材“分角色朗读课文”“注意读出不同的语气”和本册第一单元的“注意读好重音”基础上的延续和提升。教学时注意把握好程度，不能盲目拔高要求，在学生已有的朗读水平基础上循序渐进地提升能力。本单元“读句子，想画面”引导学生在想象画面中体会，读好问答或对话的句子，试着有感情地朗读课文。

二、基于课后习题的语文要素落点分析

（一）课后习题的要素指向与活动分析

1.《雷锋叔叔，你在哪里》课后习题分析

第一题：听老师讲雷锋的故事，再朗读这首诗歌，注意有问有答的特点。

第二题：猜猜下面词语的意思，说说你是用什么方法知道的。

泥泞	年迈	晶莹	寻觅

第三题：读句子，想画面，再根据课文内容，用自己的话说一说。

沿着长长的小溪，冒着蒙蒙的细雨，雷锋叔叔……
顺着弯弯的小路，踏着路上的荆棘，雷锋叔叔……

第一题，学生通过朗读有问有答形式的诗句，边读边想象句子描述的景象，加深对句子的理解。

第二题学习猜测词语意思的方法，可以通过字形结构，结合语境，通过图片联系生活体验猜测词语意思，帮助想象画面。

第三题特别典型地突出了本单元的语文核心要素。单元典型性习题是教学的重点，可以抓住重点词语、联系生活实际，想象句子描述的画面。

2.《千人糕》课后习题分析

第一题：默读课文。借助插图，说说米糕是经过哪些劳动才做成的。

第二题：我们穿的衣服、用的文具等，都经过了很多人的劳动，举个例子说一说。

第三题：读一读，记一记。

（蛋(dàn)糕	雪糕	糕点）	（面粉	粉丝	粉笔）
（甘蔗	蔗糖	蔗农）	（劳动	勤(qín)劳	疲(pí)劳）

第一题指向语言表达，借助学习课文第二部分米糕制作的劳动过程，学生观察课文中的插图进行讲述，能举例即可。

第二题指向本单元的核心要素。学生读句子，借助图片，发挥想象，想象千人糕的由来，说说自己穿的衣服、用的文具经过哪些人的劳动才能制成。

第三题扩充词汇量，强化生字认读，作为学习课文后巩固生字的材料。

3.《一匹出色的马》课后习题分析

第一题：试着有感情地朗读课文。

第二题：读句子，体会妹妹的变化，再说说她为什么会有这样的变化。

当我们往回走的时候，妹妹求妈妈抱她："我很累，走不动了，抱抱我。"
妹妹高兴地跨上"马"，蹦蹦跳跳地奔向前去。

第三题：读句子，边读边想象画面，再把句子抄写下来。

河水碧绿碧绿的，微风吹过，泛起层层波纹。
路的一边是田野，葱葱绿绿的，非常可爱，像一片柔软的绿毯。

第一题指向单元要素2，着重指导写景部分的朗读。学生通过抓关键词句，展开想象，有感情地朗读；抓住人物对话，体会妹妹心情变化，学习有感情地朗读。

第二题借助词语和生活经验体会妹妹的变化。

第三题明确指向单元核心要素，是单元典型性习题。学生通过读句子抓住重点词语想象句子描述的画面，感受在春天的美景中一家人在一起温馨和谐的生活画面，体会妹妹快乐的心情。教学时引导学生抓住一些动词，感受妹妹的变化，体会妹妹的天真可爱和爸爸对孩子充满智慧的关爱。

（二）单元典型性习题横向关联

本单元围绕语文核心要素"读句子，想象画面"安排了这样一些课后习题：

读句子，想画面，再根据课文内容，用自己的话说一说。（《雷锋叔叔，你在哪里》课后第三题）

我们穿的衣服、用的文具等，都经过了很多人的劳动，举个例子说一说。（《千人糕》课后第二题）

读句子，边读边想象画面，再把句子抄下来。（《一匹出色的马》课后第三题）

学习本单元要通过边读边想句子描写的画面，加深对句子内容的理解，从而提高阅读理解能力和想象力。课后习题和"语文园地"中，均针对此项能力进行训练。学习这一组课文，要注意"读句子，想象画面"在各课中的不同要求和梯度变化。《雷锋叔叔，你在哪里》要求读句子想象画面，再根据课文内容，用自己的话说一说。训练要点是重点指导学生细读诗句，细细品味诗句，想象画面。一是抓住"长长的小溪""蒙蒙的细雨""泥泞的道路""弯弯的小路"等短语，通过指导朗读，想象雷锋在这样的环境下行走困难，却抱着孩子艰难地前行的画面，从而表现雷锋助人为乐的精神。二是通过抓一连串的动词"背""踏""洒"，想象雷锋背年迈的大娘十分吃力的画面，从而体会雷锋精神。

《千人糕》要求学生借助插图想象画面，说说米糕的形成过程。一是通过朗读爸爸与孩子的对话，抓住孩子的疑问、爸爸的回答，想象千人糕制作过程的画面；二是借助插图想象千人糕的制作过程和所用材料，以及包装、运输、销售过程的复杂程序，让孩子体会千人糕来之不易，并且迁移运用，想象生活中许多其他物品的形成过程，都是经过很多劳动者的劳动得来的，从而明白世间万物来之不易，要懂得珍惜。学生举例子说一说，练习将想象的画面说出来。

《一匹出色的马》要求学生读句子想象画面，然后把句子抄下来。通过抓重点词句，教师指导学生朗读并想象画面，如“河水碧绿碧绿的，微风吹过，泛起层层波纹”“路的一边是田野，葱葱绿绿的，非常可爱，像一片柔软的绿毯”。学生朗读这些句子时，想象这些美丽的自然景色让人流连忘返，进一步想象在这样的美景中一家人温馨、和谐、幸福的家庭生活画面，感受一家人相互陪伴的温暖。同时，学生将这些句子抄下来，进行美文美句的积累。这些习题的设计，都突出了单元核心训练要点“读句子，想象画面”，从而加深学生对句子的理解，培养其理解力和想象力，充分体现了课后习题的素养导向。

三、落实语文要素的典型性习题教学活动设计示例

（一）典型性习题

以《雷锋叔叔，你在哪里》课后第三题为例：

读句子，想象画面，再根据课文内容，用自己的话说一说。

沿着长长的小溪，冒着蒙蒙的细雨，雷锋叔叔……
顺着弯弯的小路，踏着路上的荆棘，雷锋叔叔……

此题的活动设计主要围绕“读句子，想象画面”这一核心要素，引导学生抓住重点词语联系生活经历，在朗读中展开想象。

教学目的：抓住重点词语，联系生活经历或体验边读边想象画面。

（二）教学过程

1.活动一：读句子，想画面

（1）出示课后习题中的句子，根据课堂教学中教师的指导，朗读句子。

（2）说一说，你在朗读时仿佛看到了什么？（道路弯曲漫长，下着小雨，道路泥泞，还有荆棘，路不好走。想象雷锋做好事时的艰难）

（3）结合实际经历或生活经验，想象雷锋叔叔在走这样的路的时候会有哪些具体的动作，提示把“沿着、冒着、顺着、踏着”这些动作想具体，画面就出来了。

（4）师生对话，体验内心。

师：雷锋叔叔，你为什么路过小溪？

生：抱着迷路的孩子，冒着蒙蒙的细雨。（朗读句子，抓动词想象画面，读出雷锋不顾艰难帮助迷路的孩子）

师：雷锋叔叔，你为什么出现在弯弯的小路上？

生：背着年迈的大娘，踏着路上的荆棘。（朗读句子，借助动词想象画面，读出对雷锋的敬佩之情）

设计意图：通过动词想象，体会对雷锋不顾自己淋雨、不顾道路漫长弯曲，护送孩子回家这种行为的赞美之情，学习这种无私帮助他人的精神。

2.活动二:想动作,说画面

(1)学生根据句子"沿着长长的小溪,冒着蒙蒙的细雨,雷锋叔叔……顺着弯弯的小路,踏着路上的荆棘,雷锋叔叔……"添加动作,想象画面,叙述文中的第二个雷锋故事。

(2)同桌互说,边说边加动作,注意想象画面,把具体动作说清楚。

(3)在班级中演说,教师给予及时评价,以表扬为主,肯定孩子想象生动的地方。

设计意图:想动作是关联学生生活经验,为学生说清楚画面搭建支架。

预期效果:本次典型性课后习题的教学,期待学生学会抓住重点词语,联系生活经历或生活体验展开想象,并能表达出来,从而提升阅读理解能力和想象力。

思维路径:通过系列活动,学生展开想象,想象雷锋在恶劣的环境里,抱着迷路的孩子行走困难的画面,加深对句子的理解,从而体会雷锋助人为乐、关爱他人的精神,训练理解力和想象力,凸显课后习题的素养导向。

四、课后习题引导下的《雷锋叔叔,你在哪里》教学活动设计

(一)教学目标

(1)学生正确认读14个生字,会写9个生字。

(2)学生正确、流利、有感情地朗读诗歌,读出节奏与韵律,感悟诗歌有问有答的特点。

(3)根据课文内容,学生能抓住描写人物的关键动词想象画面,感悟雷锋精神的真正内涵。

(4)学生在反复朗读中领会无私奉献、全心全意为人民服务的雷锋精神;寻找身边的雷锋,争做"活雷锋"。

(二)教学设计

1.活动一:看图听故事,初识雷锋

(1)观看雕塑,说说雷锋长什么样。

出示插图,观察:你看到了一位怎样的解放军叔叔?(提示:从衣着、神态、动作方面观察)

(2)教师补充雷锋的材料,向同学们简单介绍雷锋。朗读题目:雷锋叔叔,你在哪里。第二个"叔"字读轻声,书写"锋"字。

(3)教师讲雷锋故事,让学生说说对雷锋叔叔的印象。

设计意图:初读课文,提示学生从衣着、神态、动作方面观察人物、了解人物形象。

2.活动二:读课文,学短语,学习生字词

(1)自由地大声读课文。出示要求:读准字音,读通句子,难读的地方多读几遍。

(2)学习诗中短语。

①我们在哪些地方找到雷锋的足迹的?

读"长长的小溪,弯弯的小路"。

②在这些地方,雷锋叔叔分别帮助了谁?

出示“迷路的孩子,年迈的大娘”,读一读。

③出示大娘图片,观察图片猜一猜“年迈”是什么意思。(年纪大)

出示图片,练习短语搭配:

(　　)的细雨　　　　(　　)的露珠　　　　(　　)花瓣

还可以用别的词语搭配,请学生说一说。

(3)朗读课文。

①指导学生把课文读正确、流利,注意读好短语,指导读好“荆棘”。抽读,分组读,男女对读。

②指导读出节奏和韵律。

设计意图:读课文,引导学生关注重点信息,通过读的形式了解人物。

3.活动三:抓住动词,想象画面

(1)指明读第1、第2小节,提问:雷锋叔叔做了哪些动作?“抱着,冒着”,指导学生“着”字读轻声。

(2)想动作,说画面。

①想一想:雷锋叔叔还会做哪些动作?

读好“泥泞”,猜一猜意思,教师提问:雷锋叔叔还会有什么动作?

②说一说:读了句子“沿着长长的小溪,冒着蒙蒙的细雨,雷锋叔叔……”,你仿佛看到了什么?教师请学生根据动作想象画面,说说你脑海中出现的雷锋叔叔抱着孩子的画面。

(3)赞美雷锋,丰富想象。

当你看到浑身湿透的雷锋叔叔,看着泥泞的小路上深深浅浅的脚印,你想对他说些什么?体会雷锋无私奉献的精神。

(4)小结:刚才我们读诗句,抓住描写雷锋叔叔的动作,想象他冒雨送孩子回家的画面,就是“读诗句、抓动作,想画面”的学习方法。

设计意图:教师引导学生继续关注重点信息,进一步感知人物形象。

4.活动四:活学活用,想象画面

(1)小组合作,用抓住人物动作的方法,想象雷锋叔叔“踏荆棘背大娘”的画面。

(2) 读课文,找动词。

交流动词:背着、踏着、洒下(指导读好“背”“洒”,“着”字读轻声)。

想动作,想画面。想象画面,添加动作,讲述雷锋叔叔背大娘的故事。

(3)赞美雷锋,丰富形象。

此时此刻,你想对雷锋叔叔说些什么?雷锋叔叔在你心目中是个什么样的人?

设计意图:对学生的学习方法进行巩固练习。

5.活动五:认写生字,寻找身边雷锋

(1)指名朗读第5小节,注意读出诗歌的节奏。

(2)识记字词,猜测词义。

(3)给出支架,仿写诗句。

_________说:

昨天，他曾路过这里，

_____着___________。

_____着___________。

瞧，那___________。

就是他洒下的汗滴。

(4)升华感情：引导读句子，“乘着温暖的春风……”读了这首诗，你觉得什么像春风般温暖？雷锋叔叔无私奉献、乐于助人，哪里需要他，他就在哪里出现。这样的爱心行为就像春风一般温暖。

(5)小结：雷锋精神就是哪里需要帮助就出现在哪里。

设计意图：为学生学习评价人物搭建说话支架，并关联学生生活实际树立正确的价值观。

预期效果：本文是一首儿童诗，作者站在孩童的视角，通过与小溪、小路的对话，带着孩子用寻找雷锋足迹的方式去发现无私奉献、全心全意为人民服务的雷锋精神。全诗语言优美、简洁，采用结构相似的反复句式，读起来朗朗上口，能激发儿童阅读兴趣。学习活动中，教师指导学生抓住重点词语，联系生活经验引导学生边读边想。这样的学习活动助力教学目标的达成，引导学生树立助人、友善的生活观、价值观。

(彭水苗族土家族自治县第一小学校：任云燕、李昌容)

第三单元
传统文化

一、第三单元整体分析

（一）整体描述

第一学段学生应具备独立的识字能力，本单元是第六个识字单元，围绕“传统文化”主题安排了《神州谣》《传统节日》《“贝”的故事》《中国美食》四篇文章，课文出现的生字大部分是形声字，教师要引导学生根据形声字的构字规律识字。课文形式多样，内容丰富，让学生在不同的语境中识字学词，并在此过程中感受中华民族博大精深的传统文化。

（二）语文要素纵向关联

“识字、写字，发现偏旁之间的关联”是本单元的核心目标，也就是“形声字识字”。

“识字、写字，发现偏旁之间的关联”纵向关联表

年段	单元	语文要素
一年级上册	第一单元	在有趣的情境中认识象形字，感受汉语的音韵特点
	第五单元	初步认识会意字、形声字，了解汉字偏旁表义的构字规律
一年级下册	第一单元	自主识字，主动识字
	第五单元	学习运用形声字的构字规律识字
二年级上册	第二单元	自主识字，自主阅读
二年级下册	第三单元	识字、写字，借助形旁猜测字义，发现偏旁之间的关联

针对学生的认知规律，在形声字识字的编排上，教材体现了不同册次之间的衔接和发展。一年级上册是初步感知偏旁表意的特点。一年级下册是体会形声字的构字规律，感受形声字音、形、义之间的联系。二年级上册是了解形旁表义、声旁表音的特点，归类识记同偏旁的字，猜测汉字的意思，猜读拟声词。纵观这一要素的落实，我们会发现，教材的编排对学生识字能力的提升也是稳步推进的。通过前面

的学习，学生对形声字的构字规律有了一定的了解，认识了常见的偏旁，知道了声旁表音、形旁表义的基本规律。在这样的基础上，本单元重点引导学生发现“心”和“忄”、“刀”和“刂”、“灬”和“火”这些偏旁之间的关联，在课后习题和“语文园地”中设计了“借助形旁猜测字义，发现偏旁之间的关联——形声字识字”多个维度的训练。

二、基于课后习题的语文要素落点分析

（一）课后习题的要素指向与活动分析

1.《神州谣》课后习题分析

第一题：朗读课文。

第二题：读句子，注意加点的词。

黄河奔，长江涌，
长城长，珠峰耸。

“耸”让我感受到了……

第三题：读一读，记一记。

华夏儿女	炎（yán）黄子孙
神州大地	巍（wēi）巍中华
民族团结（jié）	世界大同
奋发图强（qiáng）	繁荣昌盛

第一题是基础性习题，指向的是朗读技巧，指导学生注意停顿，并有感情地朗读，体会文字内涵，这也是对前面第二单元“有感情地朗读”的巩固和练习。

第二题中的“注意”是有指向性的，指向带点词表达的意思。学生也可以借助旁边的泡泡语“‘耸’让我感受到了……”明确题目的意图，调动已有知识，通过读句子，在情境中感受语言文字的表达魅力。“奔”形象地写出了黄河之水奔腾不息、一泻千里；“涌”形象地写出了长江之水惊涛拍岸、汹涌澎湃；“长”写出了长城蜿蜒盘旋；“耸”写出了珠峰巍峨挺拔。

第三题，每组两个词意思相近或承接紧密，这些词语与课文内容有关，教师在教学时要引导学生与课文内容结合起来，在读的过程中积累语言。

2.《传统节日》课后习题分析

第一题：朗读课文。背诵课文。

第二题：按照时间顺序排列下面的节日，再选一两个说说你是怎样过节的。

端午节	清明节	元宵节	春节	重阳节	中秋节

第三题（选做）：我国很多民族有自己的传统节日，你知道哪些？

第一题是基础性习题，旨在学生积累语言，积累传统文化常识。学生朗读课文时，要注意停顿、重音，要正确地把握感情基调，体会节日传递的情感，在此基础上，多形式诵读，达到熟读背诵的目的。

第二题有两部分的内容要落实，一是排序，二是选一两个说说你是怎样过节的。对于排序，教师可以指导学生在巩固课文内容的时候落实。对于“选一两个说说你是怎样过节的”，这个学习任务可以安排在学习课文时，让学生联系自己的生活实际，说说自己是怎样过节的。

第三题是对知识的拓展，引导学生去了解其他民族的传统节日，从而积累中华传统文化知识。

3.《“贝”的故事》课后习题分析

第一题：朗读课文。给家人讲一讲“贝”的故事。

第二题：读一读，记一记。

（珍贵　珍惜 xī）	（钱币　纸币）	（财富 fù　财产）
（赔本　赔礼）	（购买　采购）	（贫苦　贫穷）

第三题：看图，猜猜加点字的偏旁与什么有关。（详见教材）

第一题是基础性题目。因为课文是以说明的方式介绍“贝”的相关知识，没有生动的情节，因此，读文章时要像说话一样不疾不徐，让人听清楚，听明白。建议学生在学习课文时分步落实本道题，在熟读、理解的基础上讲故事。

第二题，读一读，记一记。这道题是与本单元语文要素密切相关的习题，旨在指导学生拓展生字词，积累语言，可融入识字中去落实。表面上看是词语的积累，其实像这样的练习题的设计，是有一定指向性的，教师要看看题目设计的出发点和角度是什么，要去关注课文的特点展开教学。课文中的“赚、赔、购、贫、货”这几个字都是贝字旁的字，联系课文知道“贝”字作为偏旁的字大多与钱财有关，然后，随机读一读课后第二题中用“财、赔、购、贫”组成的词语并进行扩词，还可以让学生联系生活实际说一说。如房子、汽车都是家里的“财”产，做生意可以“赚”钱，也可能“赔”钱，“购”买东西要花钱。

第三题，也与本单元的语文要素相关，通过观察图片猜金字旁和王字旁的字与什么有关，还可以拓展一些其他字，深化学生对形声字形旁表义的理解，借助知识传承文化。

4.《中国美食》课后习题分析

第一题：读一读，说说制作哪些食物时需要用到这些方法。

我知道：煮鸡蛋、烤肉串、清蒸鲈鱼……

炒	烤	烧	爆	炖	炸	煎	蒸	煮

第二题：用部首查字法查下面的字，再说说你的发现。

（灶　焰）	（烫　煲）	（熏　煦）

第一题旨在指导学生结合生活中的美食，正确运用“炒、烤、烧”等字。建议在学生随文识字中落实。

第二题旨在引导学生发现偏旁之间的关系，发现相同偏旁的字在意义上的联系，是本单元的重点学习任务。

（二）单元典型性习题横向关联

基于学生阅读能力的培养，本单元的课后习题和“语文园地”设计了多个维度的训练，通过课后导学系统落实语文要素。

看图，猜猜加点字的偏旁与什么有关。（《“贝”的故事》课后第三题）

用部首查字法查下面的字，再说说你的发现。（《中国美食》课后第二题）

看图猜字的偏旁与字的关系，是引导学生从图片中获取偏旁表义的特点，从而了解汉字的构字规律。在古代，镜子是用铜做的，跟金属有关，所以“镜”带有金字旁；珠宝的“珠”，这个王字旁，跟玉有关。在前一课探索偏旁表义的基础上，《中国美食》一课借助工具书，用部首查字法“验证”部首表义的功能，火字旁的字、火字底的字和四点底的字，它们都跟火有关。这里通过验证让学生进一步明确偏旁与字之间的关联，层层深入，落实本单元的语文要素。

在“语文园地”的“我的发现”栏目里的一道题，也是在给学生一种提示，让学生发现心字底、竖心旁，立刀旁、刀字底或者刀字旁它们之间的关系。另外，“字词句运用”的第一题，从题面上看是要求学生选字填空，但实际上对于提供的这些字，有的是学生不认识的。在这里有一个泡泡语提示：遇到不认识的字，可以根据偏旁猜猜意思，再查字典验证。那么，学生可以通过这些字的偏旁来猜它应该填在哪里，然后查字典验证，并能知道这些字和词的意思。这样的训练，既巩固了偏旁表义的知识，又培养了学生自主识字的能力。

三、落实语文要素的典型性习题教学活动设计示例

（一）典型性习题

以《“贝”的故事》课后习题为例：

第二题：读一读，记一记。

（珍贵　珍惜（xī））	（钱币　纸币）	（财富（fù）　财产）
（赔本　赔礼）	（购买　采购）	（贫苦　贫穷）

第三题：看图，猜猜加点字的偏旁与什么有关。（详见教材）

本课的第二、第三题可以同时教学，还可以关联“语文园地”里的相关栏目。

（二）教学设计

1.活动一：读字组词，了解字义

（1）出示文中带“贝”这个偏旁的字，并读一读。

（2）给字组词。

①教师引导：做生意能怎么样？（赚钱，所以赚钱的“赚”字是贝字旁）也有可能怎么样？（赔钱，所以赔钱的“赔”字是贝字旁）教师相继出示词语，并用不同颜色突出偏旁“贝”。

②出示课后习题中带贝字旁的词语:货物 购买 采购 贫穷 贫苦 财富 财产 赔本 赔礼。

③教师提问:为什么这些字也有贝字旁?教师引导学生用同样的方法理解有贝字旁的字与钱财有关。如“货物”需要钱去买,“贫穷”是因为缺钱。

设计意图:建立音、形、义之间的联系。

2.活动二:看图读词,探索偏旁的秘密

(1)出示第三题的图片。

①说说图片中有什么。

②读对应的词语(铜镜　珠宝),引导学生联系生活发现偏旁表义的特点。(教师点拨:古时候,镜子是用铜做的,所以“镜”是金字旁)

③说说还有哪些字有金字旁,哪些字有“王”字旁?你有什么发现?(出示第二题的词语:钱币、珍贵、珍惜)

设计意图:利用图片形象直观地发现偏旁表义的特点。

3.活动三:拓展练习

教师出示“语文园地”里“字词句运用”栏目下面“选一选,连一连”的内容。首先,学生根据偏旁猜一猜字的意思,并说一说猜的理由,再选一选,然后学生查字典验证,最后交流反馈。

设计意图:运用偏旁表义的特点猜字,把语文要素落实在实践操作中。

预期效果:学生从对字词意思的理解发现偏旁表义的特点,再通过相关题型的拓展练习,在以后的学习中能够运用偏旁表义的特点去识字、学词。

思维路径:通过这一系列的教学活动,学生认读带有贝字旁的字,给字组词,理解词语的意思后,很容易就了解到贝字旁的字与钱财有关,再通过第二题的图片直观感受,进一步了解偏旁表义的特点。这样,学生就很容易利用偏旁表义的特点去完成“语文园地”里“字词句运用”栏目下面的练习题。

四、课后习题引导下的《中国美食》教学活动设计

我知道:煮鸡蛋、烤肉串、清蒸鲈鱼……

第一题:读一读,说说制作哪些食物时需要用到这些方法。

炒	烤	烧	爆	炖	炸	煎	蒸	煮

第二题:用部首查字法查下面的字,再说说你的发现。

(灶　焰)	(烫　煲)	(熏　煦)

本课以形声字为主体进行归类识字,形声字分布在美食名称中,主要包括“艹”“火”和“灬”3个偏旁。课文一共呈现了11种美食,其中包括7种菜肴和4种主食。7种菜肴名,每一种对应着一种烹饪方法,表示烹饪方法的有“煎、烤、煮、爆、炖”5个生字,表示蔬菜名的有“菠、茄、蘑、菇”4个生字,都是需要识记的形声字。每种菜肴均配有色彩鲜明的图片,图文并茂,学生在认识菜名的同时又能了解制作方法,理解字义,一举多得。4种主食名包括需识记的“蒸、炸、饺、酱”等形声字。

课文中的泡泡语“我还能说出更多的家乡美食”,是基于学生经验的美食种类的拓展,同时是对课文内容的丰富和拓展。

课文以图片配汉字的方式呈现菜名，以列举的方式呈现主食名，这些美食都是生活中常见的，有利于学生自主朗读以及识记与美食相关的形声字，让学生在识字过程中了解中国美食，了解中国的美食文化。

（一）教学目标

（1）学生认识“菠、煎”等15个生字，读准多音字“炸”，会写“烧、茄”等9个生字，会写“美食、红烧”等6个词语。

（2）学生能用部首查字法查找“灶、烫”等字，发现偏旁“火”与“灬”之间的联系。（关联课后第二题）

（3）学生能说出用“炒、烤、爆”等方法制作的美食。（关联课后第一题）

（4）学生能说说自己家乡的美食。

（二）教学重难点

1.教学重点

（1）学生能认识“菠”等15个生字，读准多音字“炸”等词语，会写“烧”等9个生字。

（2）学生能用部首查字法理解字义，发现偏旁“火”和“灬”之间的联系，以及偏旁表义的特点。

（3）学生能说出用“炒、烤、爆”等方法制作的美食。

2.教学难点

（1）学生理解“烧、爆、炖、煎、煮、蒸”等字的意思，了解中国美食的烹饪方法。

（2）学生能说出用“炒、烤、烧”等方式制作的美食。

（3）学生能发现偏旁为“火”和“灬”的字在意义上的联系。

（三）教学设计

1.活动一：图片导入，激发兴趣

（1）出示一些美食图片，说说这些是什么。

（2）板书课题，学生读课题。

设计意图：利用图片导入，让学生直观感受中国美食品种多样、烹饪手法变化多端的特点，激发学习兴趣。

2.活动二：初读课文，随文识字

（1）借助图片和拼音读课文，读准字音。

（2）认读生字，重点关注易读错的字。

①课件出示生字或者出示生字卡，检查对生字的认读。

②认读“炸酱面”，再用“炸”组词，出示词语“炸鱼、油炸、炸糕”，让学生认读，再出示“爆炸、炸药、炸弹”，让学生对比辨读。

③对于其他生字，还可以让学生分组认读，识记字音。如按读音分，翘舌音的字有“煮、蒸、炸、粥”，

三声的字有“腐、煮、饺”,三拼音节的字有“煎、饺、酱”。

(3)出示带有生字的词语,多形式读一读词语,做到读准确、不拖腔。

设计意图:扫除字词障碍。

3.活动三:走进文本,随文识记

(1)图文对照,认读表示美食的词,识记带有草字头的字。

①出示图文:凉拌菠菜、红烧茄子、小鸡炖蘑菇。认读菜名。

②出示词语:菠菜、茄子、蘑菇。读一读,引导学生发现草字头的字的共性。

(2)图文对照,认读表示美食的词,识记带有“火”和“灬”的字。

①读表示美食的词,把表示烹饪方法的字圈画出来。

②出示表示烹饪方法的生字,归类认读。

炒 烤 烧 爆 炖 炸　　煎 蒸 煮

(3)播放蒸、煎、煮等烹饪方法的视频,让学生初步了解这些烹饪方法的区别。

(4)说说自己喜欢的美食有哪些,是怎么做的。

①畅谈自己喜欢的美食及烹饪方法。

②填一填,把美食名称补充完整。

(　　)面条　　(　　)馒头　　(　　)鸡腿　　(　　)红薯

(　　)牛肉　　(　　)牛排　　(　　)排骨　　(　　)茄子

(5)出示表示烹饪方法的字,指导观察,发现带有“火”和“灬”的字在字义上的关联。

(6)拓展说几个带有“火”和“灬”的字,如“热、燃、灶、灯”,进一步感受带“火”和“灬”的字在字义上的关联。

(7)出示课后第二题,用部首查字法查字典,进一步发现偏旁表义的特点。

①看图,读词语,猜一猜加点字的偏旁与什么有关。

②查字典验证。

设计意图:此活动是关联的课后第一题和第二题,从不同的烹饪方法去发现四点底与火字旁之间的关联,同时通过查字典进一步发现四点底和火字旁的字都与“火”有关,落实本单元的语文要素。教师用视频展示几种美食的做法,让学生形象直观地了解烹饪方法,了解中国美食文化的博大精深。

4.活动四:指导书写

(1)出示要写的生字,读一读。

(2)引导学生按照字的结构分类,观察共性,提示要点。

(3)交流字形特点以及偏旁笔画发生变化的字。

(4)重点指导“烧”和“烤” 两个字,“烧”不要多写一点,“烤”不要多写一横。

(5)学生练写,个别指导。

(6)作业展评,评价反馈。

附:板书设计

中国美食								
炒	烤	烧	爆	炖	炸	煎	蒸	煮

预期效果:以上围绕本课课后习题的教学活动设计,关注了单元语文要素,利用文中表示烹饪方法的汉字引导学生发现偏旁之间的联系。学生参与以上活动后,会认、会写本课生字词。学生通过了解美食的做法,认识火字旁和四点底的字,从而发现四点底和火字旁的联系,并能用文中的烹饪方法说出自己喜欢的美食。

(彭水苗族土家族自治县第一小学校:张婷)

第四单元
童心

一、第四单元整体分析

（一）整体描述

为激发学生阅读兴趣，引导学生展开想象，获得初步的情感体验，感受语言的优美，本单元以“童心”为主题，编排了儿童诗《彩色的梦》，儿童散文《枫树上的喜鹊》《我是一只小虫子》和儿童故事《沙滩上的童话》。

（二）语文要素纵向关联

围绕核心素养“建构与运用语言”，本单元核心目标是训练学生“运用学到的词语把想象的内容写下来”，其次是指导学生“默读课文，集中注意力，不出声，不动唇，不指读”。

表1 “想象”纵向关联

年段	单元	语文要素
二年级上册	第七单元	展开想象，获得初步的情感体验
二年级下册	第二单元	读句子，想象画面
	第四单元	运用学到的词语把想象的内容写下来
	第八单元	根据课文内容展开想象
三年级上册	第三单元	感受童话丰富的想象
三年级下册	第一单元	试着一边读一边想象画面，体会优美生动的语句
	第五单元	走进想象的世界，感受想象的神奇

关于“想象”的语文要素在之前出现了两次：二年级上册第七单元是引导学生“展开想象，获得初步的情感体验”；二年级下册第二单元是“读句子，想象画面”。从“展开想象”到“想象画面”再到本单元的“把想象的内容写下来”，教材在编排上对学生“想象”这一能力的提升，体现了由易到难、螺旋上升的梯度发展序列。

表2 “默读”纵向关联

年段	单元	语文要素
二年级上册	第八单元	默读课文,试着不出声
二年级下册	第二单元	默读课文
	第四单元	默读课文,集中注意力,不出声,不动唇
三年级上册	第一单元	带着问题默读

针对二年级下册“默读课文,集中注意力,不出声,不动唇,不指读”的训练,在此前已安排“默读”有关的训练,二年级上册《雪孩子》《纸船和风筝》提出了“默读课文,试着不出声”的学习要求,本册第二单元课文《千人糕》提出了“默读课文”的要求。教学时,教师要引导学生回顾默读方法,集中注意力,不出声,尽量不动唇,继续练习默读课文。“带着问题默读”是三年级上册的训练要求,教师在设计教学活动时一定要把握训练重点,遵循学生的年龄特点,不能拔高要求。

二、基于课后习题的语文要素落点分析

(一)课后习题的要素指向与活动分析

1.《彩色的梦》课后习题分析

第一题:朗读课文。边读边想象彩色铅笔画出的梦,再试着用自己的话说一说。

第二题:你想用彩色铅笔画些什么?试着仿照第2小节或第3小节,把想画的内容用几句话写下来。

第一题与“想象”这个语文要素有关,引导学生在朗读中感知,在想象中得到初步的情感体验,感受语言的优美,尝试用语言表达训练。

第二题也与“想象”有关,引导学生从口语走向书面的表达,是在第一题基础上的提升训练。

2.《枫树上的喜鹊》课后习题分析

第一题:默读课文。文中反复说“我喜欢”,说说“我”喜欢的是什么。

第二题:看到下面的情景,你会想到什么?试着写下来。

> 我看见喜鹊阿姨找了一条虫子回来,站在窝边。喜鹊弟弟一齐叫道:“鹊!鹊!鹊鹊鹊!”
> 我懂得,他们的意思是:“____________”
> 喜鹊阿姨把虫子送到喜鹊弟弟嘴里,叫起来:“鹊,鹊,鹊……”
> 我知道,她是在说:“____________”

第一题“默读”是本单元的重点之一,默读的内容指向的是第1~4自然段,指导学生用默读的方式了解与梳理第1~4自然段内容。

第二题是与“想象”这个语文要素密切相关的典型性题目。学生学习课文第5~12自然段的内容。首先教师引导学生多形式读情境内容,了解这部分内容的句式;然后创设一个美好的童话世界情境,引导学生展开想象说一说;最后把想象的内容写下来。

3.《沙滩上的童话》课后习题分析

第一题：朗读课文，注意读好对话。

第二题：根据开头编故事，试着用上下面的词语。

在一片沙漠里，有…… 从前，有一座大山……		
（城堡　堡垒(lěi)）	（凶狠　凶恶(è)）	（攻打　进攻）
（火药　炸药）	（赞赏　赞美）	（合力　合作）

第一题是基础性习题，同时是对“朗读”要“读好对话”方法的复习与巩固，对话内容就是童话故事的情节，这为学生学习下一题“编故事”提供了方法。

第二题是单元典型性习题，学生在本单元前两课已经进行了“运用学到的词语把想象的内容写下来”的尝试，有了基础。“根据开头编故事”让学生了解童话故事开头的模式，另外六组词语意思相近，教师引导学生读词语时发现它们之间的关系，再指导学生使用这些词语练习编故事。

4.《我是一只小虫子》课后习题分析

第一题：小虫子的生活有意思吗？和同学交流你感兴趣的部分。

第二题：读一读，注意加点的字，说说你的发现。（不认识的字可以查字典）

屁股	脾气	腹部	胳膊
肩	手臂	胃	肾

第一题与“想象”有关，学生可自己尝试用本单元学过的方法，结合课文内容和自己的生活实际去想象、去交流。

第二题是基础性习题，指向学生识字方法的巩固练习。月字旁的字与身体部位有关，这是对上一个单元内容的再现和巩固。

（二）单元典型性习题横向关联

为了训练学生能“运用学到的词语把想象的内容写下来”，本单元课后习题及“语文园地”的相关栏目中都对此进行了多角度、多层次的，循序渐进的练习。

《彩色的梦》课后第一题：朗读课文。边读边想象彩色铅笔画出的梦，再试着用自己的话说一说。第二题：你想用彩色铅笔画些什么？试着仿照第2小节或第3小节，把想画的内容用几句话写下来。两道题都与想象有关，我们可以把两道题联系起来教学，利用文中规律的句式范例，让学生展开想象，仿照课文相关段落把自己想画的内容写下来。

《枫树上的喜鹊》课后第二题：看到下面的情景，你会想到什么？试着写下来。此题是引导学生能根据提供的情景展开想象，也是提示我们借助课文的句式，把自己想到的内容写下来。

《沙滩上的童话》课后第二题：根据开头编故事，试着用上下面的词语。此题要求学生展开想象，运用学过的词语，根据故事的开头编故事。把前面三课联系起来看，前两课有文中句式的范例，可以通过补白的方式写想象的内容，而第三课的“写”没有句式引导，只给了开头和一些词语，提示要根据对课文的学习，了解编故事的方法。

《我是一只小虫子》课后第一题：小虫子的生活有意思吗？和同学交流你感兴趣的部分。这道题其实也与想象有关，是引导学生尝试结合课文内容和自己的生活实际去想象、去交流。

"语文园地"中"字词句运用"栏目的第二题：照样子，用加点的词语说句子。此题是要求学生仿照提供的句式，借助泡泡语中的提示展开想象，用"一会儿……一会儿……一会儿……"说句子。此外，写话栏目是引导学生看图发挥想象，并运用给出的词语按时间顺序写话。

三、落实语文要素的典型性习题教学活动设计示例

（一）典型性习题

以《沙滩上的童话》课后习题为例：

根据开头编故事，试着用上下面的词语。

在一片沙漠里，有…… 从前，有一座大山……
（城堡　堡垒(lěi)）　（凶狠　凶恶(è)）　（攻打　进攻） （火药　炸药）　（赞赏　赞美）　（合力　合作）

这道题提供了6组词语，而且6组词语包含本课的6个生字，每组的两个词语意思相近。教师在教学时引导学生先读题目，明确题意，并且在读词语的时候弄清词语之间的联系，以及这些词语在故事中的作用，然后利用提供的句子作为故事的开头，展开想象（沙漠和大山里发生了什么故事），根据提供的词语想象故事的起因、经过和结果。

（二）教学设计

1.活动一：梳理故事内容

（1）读课文，把课文里的童话梳理出来，用简洁的语言讲一讲。

（2）交流故事内容，厘清时间、地点、人物，以及故事发生的起因、经过和结果。文中的故事没有明确的时间，可以让学生加上一个合适的时间，编文中的故事，体验编故事的乐趣和成就感，激发编故事的兴趣。

时间	–
地点	在沙滩上，我们垒起的城堡里
人物	凶狠的魔王、美丽的公主、攻打魔窟的勇士
故事的起因	凶狠的魔王抢了公主
故事的经过	我们成了攻打魔王的勇士，商量怎样攻下那座城堡
故事的结果	救出了美丽的公主

设计意图:梳理故事内容,培养学生提取信息的能力。

2.活动二:探索故事,习得方法

(1)对于活动一中梳理出来的故事内容,只保留时间(学生自行补充)、地点等六要素后连起来说一说,然后与文中完整的故事对比,发现只保留六要素的故事不吸引人。

(2)探究习作方法,发现要使故事吸引人,还需要有故事情节,而且故事情节中还要有一些不容易做的事情。文中攻打城堡就是一件不容易的事情,要是有一波三折的故事情节就更吸引人。

设计意图:明确怎样的故事才生动。

3.活动三:运用方法,完成课后题的写作

(1)读词语,分析词语,明白词语各自的作用以及词语之间的联系。

城堡、堡垒(地点)　　凶狠、凶恶(表示坏人的特点)

攻打、进攻(过程)　　火药、炸药(武器)

赞美、赞赏(对事情的态度)　　合力、合作(方法)

(2)选择一个开头,确定故事的时间、地点、人物,故事发生的起因、经过、结果,完成下表。

时间	
地点	
人物	
故事的起因	
故事的经过	
故事的结果	

(3)展开想象编故事。教师提示:增加一件或几件不容易完成的事情,让故事更生动,耐人寻味。

设计意图:在教师的引导下去想象,并搭建学习支架帮助学生完成习作。

4.活动四:展评习作

评价标准:故事是否完整;想象是否合理;情节是否生动。

设计意图:为自评或互评习作提供参考。

预期效果:学生通过梳理文中的故事,并在教师的引导下知道怎样的故事才生动;根据给定的词语,教师引导学生确定故事的角色以及故事情节,再搭建一个表格支架,学生学会编故事,落实本次学习活动的目标。

思维路径:学生通过提取文中故事的六要素讲故事,很容易发现这样的故事不生动。接下来,学生不仅要根据给定的词语思考故事的内容,还要思考如何使故事更生动。

四、课后习题引导下的《彩色的梦》教学活动设计

第一题:朗读课文。边读边想象彩色铅笔画出的梦,再试着用自己的话说一说。

第二题:你想用彩色铅笔画些什么?试着仿照第2小节或第3小节,把想画的内容用几句话写下来。

本课是一首充满智慧和童心的儿童诗,通过彩色铅笔描绘大自然的美丽景色,展现了儿童眼中的缤

纷世界。全文一共有4个小节，可以重点关注第2和第3小节。在学习这两个小节的时候，教师可以引导学生结合课文插图，在文中找出景物“草坪、野花、天空”，然后对应“绿了、红了、蓝了”这些表示颜色的词语讲解，引导学生去想象画面，同时抓“大块、大朵、大片”这些词语去引导学生感受画面的欢畅。学习第3小节的时候，教师引导学生找出景物“雪松、小鸟、小屋、太阳”，抓住“拉、请、留下、结”等词语，结合课文插图展开想象，感受森林里雪松和小鸟的团结友爱，以及人与自然和谐共生的美好画面。最后，学生在朗读中想象，在想象中感受。根据这两道题的设计意图，可以把这两道题联系起来展开教学。在教学时，我们可以让学生先联系课文内容以补白的方式进行想象，还可以通过创设情境引导学生补白想象。目标的达成，方法支架的搭建很重要。

（一）教学目标

(1)学生能认读“盒、聊”等9个生字，会写“彩、梦”等9个生字，会写“彩色、脚尖”等8个词语。

(2)学生朗读课文，并能边读边想象，用自己的话说出彩色铅笔画出的梦。

(3)引导学生能在情境中展开想象，仿照课文第2小节或者第3小节，把自己想象的内容写下来。

（二）教学重难点

教学重点：

(1)学生会认读生字、词语，书写生字、词语。

(2)学生能在情境中展开想象，仿照课文第2小节或第3小节，把自己想象的内容写下来。

教学难点：学生能在情境中展开想象，仿照课文第2小节或第3小节，把自己想象的内容写下来。

（三）教学设计

1.活动一：谈话导入

读了课题，你有什么疑问吗？

2.活动二：初读课文，学习生字

(1)借助拼音读课文，把课文读通顺。

(2)多形式读生字词，识记生字词。

(3)再默读课文，了解课文内容。这首儿童诗描写了小朋友用彩色铅笔在白纸上画画的丰富想象。

设计意图：扫清字词障碍，了解课文内容。

3.活动三：再读课文，想象画面

(1)学习第2小节。

①读第2小节，找一找小朋友画了些什么，在文中圈画出来。（草坪、野花、天空）

②再读一读第2小节，找出描写草坪、野花和天空的词语，想象画面，并用自己的话说一说。（大块的、大朵的、大片的，绿了、红了、蓝了）

③指导学生朗读第2小节。

④教师引导学生补白想象:脚尖滑过的地方还有什么呢?(如,脚尖滑过果园时看到了哪些水果呢?)它们长得怎么样?脚尖从山坡上滑到田地里又看到些什么?它们怎么样?

⑤完成导学单。

脚尖滑过的地方,	脚尖滑过的地方,	脚尖滑过的地方,
(　　)的葡萄(　　)	(　　)的枫叶(　　)	(　　)的(　　)(　　)
(　　)的苹果(　　)	(　　)的稻子(　　)	(　　)的(　　)(　　)
(　　)的香蕉(　　)	(　　)的棉花(　　)	(　　)的(　　)(　　)

(2)学习第3小节。

①默读第3小节,找一找彩色梦里的景物。(雪松、小鸟、小屋、太阳)

②说一说彩色梦里的景物是什么样的,它们之间有什么样的故事。

③创设情境,补白想象,说一说,再写一写。

在热闹的池塘里,	在丰收的果园里,
荷叶们(　　)	(　　　　)
请青蛙(　　)	(　　　　)
荷花的粉色花瓣上,	(　　　　)
停了一架(　)的飞机。	(　　　　)
(　　　)!	

设计意图:此活动关联的是课后第一题和第二题,引导学生关注语言形式。教师搭建起学习支架,培养学生的想象力和语用能力。

4.活动四:书写指导

(1)引导学生观察田字格中的生字,看看有没有觉得比较难写的生字。

(2)重点指导"森、般","森"字注意结构的把握,"般"字注意右下方是"又"字。

(3)学生书写,教师个别指导。

(4)作业展评,交流反馈。

附:板书设计

彩色的梦	
大块的	草坪
大朵的	野花
大片的	天空

预期效果:本课的教学活动从读到说最后到写,整个过程循序渐进,读写结合,学生能在朗读的过程中积累语言,发展思维,自由想象,培养学生的想象力和语言表达能力。

(彭水苗族土家族自治县第一小学校:张婷)

第五单元

办法

一、第五单元整体分析

(一)整体描述

语文课程应致力于学生语文素养的形成与发展,重视语文的熏陶感染作用,注重教学内容的价值取向,同时尊重学生在学习过程中的独特体验。根据语文课程特点,结合学生实际,本单元围绕“办法”这个主题编排了寓言故事《寓言二则》,现代学生生活故事《画杨桃》和童话故事《小马过河》。三篇课文既有对人物的描写,也有对动物的描写,每个故事都寄寓了深刻的道理。本单元重点引导学生阅读浅近的童话、寓言、故事,对感兴趣的人物和事件有自己的感受和想法,并乐于与人交流。

(二)语文要素纵向关联

为了培养学生的阅读能力,本单元重点引导学生学习“根据课文内容,谈谈简单看法”和指导学生“读好对话的语气”。

1.要素1纵向关联

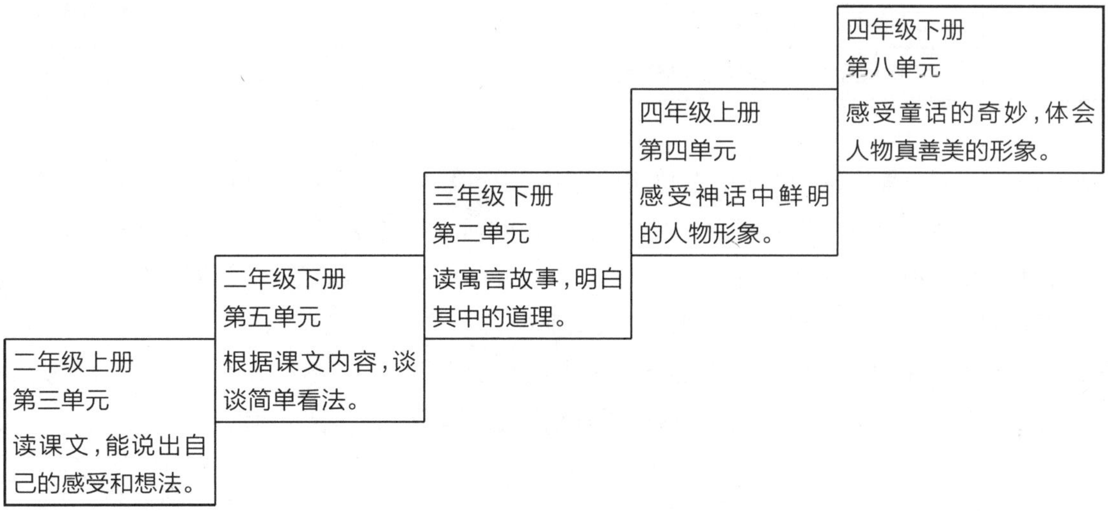

“根据课文内容,谈谈简单看法”纵向关联图

本单元的阅读重点是“根据课文内容,谈谈简单看法”。在此之前,学生已经学过一些寓言,对寓言

有过感性的认识。二年级上册第三单元“读课文，能说出自己的感受和想法”；三年级下册第二单元“读寓言故事，明白其中的道理”；四年级下册第八单元“感受童话的奇妙，体会人物真善美的形象”。本册本单元“根据课文内容，谈谈简单看法”，是从故事的不同角度谈看法，或联系实际谈生活中类似于寓言中的事例，重点引导学生明辨是非，加深对文本的理解，避免犯类似的错误；或从故事中的不同角度引导学生发散思考，获得不同的感受。本单元是继二年级上册“读课文，能说出自己的感受和想法”的延伸和发展，体现了学生语文能力培养的梯度性。教材构建“谈看法”任务群，体现语文课程的阶段性和发展性。

2. 要素2纵向关联

“读好对话的语气”纵向关联表

年段	单元	语文要素
一年级上册	第四单元	用普通话朗读，读准字音，重点读好“一”的不同读音
	第六单元	课文读正确、读通顺，要读好疑问句和陈述句，读好角色说话的语气
一年级下册	第二单元	读好词语和句子的节奏，注意不要连读、唱读、读破句
	第三单元	练习读好角色的对话，读出儿童诗的情趣
	第四单元	读好长句子的停顿，读通、读懂长句子
	第六单元	分角色读对话，读好问和答的语气
	第七单元	读好疑问句和祈使句的语气
	第八单元	读好多个角色对话，读出祈使句的语气
二年级上册	第七单元	默读课文
	第八单元	再次提出“默读课文”的要求
二年级下册	第一单元	朗读课文，注意语气和重音
	第二单元	试着有感情地朗读课文
	第四单元	默读，试着不出声，不动唇，不指读
	第五单元	读好对话的语气

《义务教育语文课程标准（2022年版）》明确了第一学段学生要达到的阅读目标：学习用普通话正确、流利、有感情地朗读课文；读好疑问句、陈述句、祈使句所表达的不同语气。在第一学段，教材安排了14次关于读的训练，但是每个单元侧重点不同。学生“读好语气”是能够有感情地朗读课文的基础练习。从表中我们能看出，从一年级上册到二年级上册的几个单元中“读好语气”这一语文要素在多个单元都有提及。本单元主要是关注提示语，指导学生读好对话的语气，这不仅有助于学生更好地了解人物的思想感情，加深对人物形象的感受，也为后面“有感情地朗读课文”奠定基础。

二、基于课后习题的语文要素落点分析

（一）课后习题的要素指向与活动分析

1.《寓言二则》课后习题分析

第一题：朗读课文。说说“亡羊补牢”“揠苗助长”两个成语的意思。

第二题：读一读，说说每组的两个句子有什么不同。

他堵上那个窟窿（kū lóng），把羊圈修得结结实（shí）实的。 他赶紧堵上那个窟窿，把羊圈修得结结实实的。
他在田边转来转去。 他在田边焦急地转来转去。

第三题（选做）：生活中有类似“亡羊补牢”“揠苗助长”的事例吗？和同学交流。

第一题指向语言理解与表达，“说说成语的意思”要求学生在朗读的基础上抓住关键语句说意思。学生以读为主，教学活动设计紧紧围绕寓言故事的主要内容，引导学生理解成语并谈谈简单看法。

第二题指向句子理解。“赶紧、焦急”体现事情的紧急重要，把人的心情准确表达了出来。学生反复读，对比感悟在动词前加上修饰词后主要人物的心情，帮助学生理解主要人物由迷惑到醒悟，再到认识自己的错误并及时弥补的过程，为说清楚成语意思做准备。

第三题说事例是“办法”的迁移运用，引导学生联系生活加深理解“亡羊补牢”“揠苗助长”成语的意思，是第一题的思维拓展训练，使语文核心素养落到实处。

2.《画杨桃》课后习题分析

第一题：朗读课文，注意对话语气。

第二题：看到“我”画的杨桃，教师和同学们的做法有什么不同？用自己的话说一说。

第三题：读一读，记一记。

（靠近　依靠　可靠）	（而且　反而　视而不见）
（抢先　抢救　抢夺（duó））	（喜悦　愉（yú）悦　赏心悦目）

第一题指向语感培养，明确要求指导学生读好对话的语气。读好对话的语气能帮助学生了解课文内容，为谈看法做准备。

第二题指向逻辑推理能力的培养，引导学生从不同角度思考，谈自己简单的看法，获得不同的感受。

第三题是生字扩词练习，引导学生结合生活经验加深对生字的理解，并积累语言。

3.《小马过河》课后习题分析

第一题：分角色朗读课文，注意读出恰当的语气。

第二题：试着用上下面的词语，讲讲这个故事。

马棚　愿意　磨坊　驮　挡住　为难　突然 拦住　吃惊　难为情　动脑筋　小心

第三题:你同意下面的说法吗?说说你的理由。

河水既不像老牛说的那样浅,也不像松鼠说的那样深,所以老牛和松鼠对小马撒谎(sā huǎng)了。
小马向很多人请教,是对的。
别人的经验(yàn)不一定可靠,得自己去尝试。
什么事都要自己尝试,别人的话不可信。

第一题指向朗读训练,是继第二课"读"的延续训练。此课重点指导学生关注提示语,读出恰当语气,以读的方式走进文本,指导学生加深对课文内容的理解,感知小马的成长历程。

第二题指向语言建构与运用,课后提供词语,为学生讲故事搭建支架,学生通过讲故事加深对文本的理解,学习语言文字的运用。

第三题指向思辨能力,在理解课文的基础上提升学生的逻辑思维。学生进行创作性表达训练,加深对课文内容的理解。

(二)单元典型性习题横向关联

1.要素1课后习题横向关联

(1)《寓言二则》:①说说"亡羊补牢""揠苗助长"两个成语的意思。

②选做:生活中有类似"亡羊补牢""揠苗助长"的事例吗?和同学交流。

(2)《画杨桃》:看到"我"画的杨桃,教师和同学们的做法有什么不同?用自己的话说一说。

(3)《小马过河》:你同意下面的说法吗?说说你的理由。

课后习题围绕"根据课文内容,谈谈简单看法",说成语意思是基于课文的学习引导学生理解成语,选做题是引领学生联系实际谈生活中类似于寓言中的事例,让学生能明辨是非,避免在生活中犯类似的错误。这是在理解的基础上进行运用,提高学生道德品质和文化素养。本单元第二课是引领学生从故事中的不同角度发散思考,谈看法,获得不同的感受。本单元第三课是引导学生根据提示说理由,这是在理解课文的基础上对学生能力的思辨训练。本单元三篇课文从不同方面学习"根据课文内容,谈谈简单看法",课后习题训练由易到难,层层推进。

2.要素2课后习题横向关联

"朗读课文,注意对话的语气"。(《画杨桃》课后第一题)

"分角色朗读课文,注意读出恰当的语气"。(《小马过河》课后第一题)

本单元重点培养学生"读好对话的语气"的朗读能力。读不仅有助于学生更好地理解人物的思想感情,加深对人物形象的感受,也为后面"有感情地朗读课文"奠定基础。本单元有不同的训练要求,教师在教学时引导学生关注对话前的提示语,根据具体的情境进行角色体验,读出不同角色说话的语气,体会不同人物的性格特点。读好课文是为了解课文内容,为谈谈简单看法做准备。

三、落实语文要素的典型性习题教学活动设计示例

（一）典型性习题

以《画杨桃》课后第二题为例：看到“我”画的杨桃，教师和同学们的做法有什么不同？用自己的话说一说。

本题设计指向“根据课文内容，谈谈简单看法”的语文要素。教学时，应重在引导学生在读的基础上联系生活实际谈看法。

（二）教学设计

1.活动一：聚焦问题

（1）自主学习：学生自读课文，用横线画出看到“我”画的杨桃像五角星时同学们的做法；用波浪线画出看到“我”画的杨桃像五角星时老师的做法。

（2）小组合作学习：探讨自学时勾画的内容是否相同，并说出勾画理由。

设计意图：聚焦问题让学生明确学习目标，有的放矢。圈画形式培养学生主动积极学习、围绕问题展开思考的学习习惯。通过读—找—圈—议—悟，以及小组合作、生生互动，学生深入思考，真正在语文实践中提高语文能力。

2.活动二：角色朗读，感知不同的内心世界

（1）学生齐读句子，感知两句话中“笑的同学”的内心世界有什么不同之处。

①有几个同学看见了，却哈哈大笑起来。

②有几个同学抢着答道，同时发出嘻嘻的笑声。

“哈哈大笑”是同学们看到“我”的画肆无忌惮地笑，“嘻嘻地笑”是因为老师的神情严肃了，他们笑时有所顾忌。

（2）分角色朗读，感知同学们内心世界的变化。

角色一：当“我”把这幅画交出去的时候。

角色二：班里几个同学看见了，哈哈大笑起来。

角色一：老师的神情变得严肃了。半晌，他又问道……

角色二：有几个同学抢着答道，同时发出嘻嘻的笑声。

（3）同学们看到“我”把杨桃画成了五角星，哈哈大笑起来，老师是怎么做的？感知老师内心世界的变化。

①学生齐读，感知老师内心世界变化的句子：

老师看了看这幅画，走到我的座位坐下来，审视了一下讲桌上的杨桃，然后回到讲桌前，举起我的那页画纸，问大家：“这幅画画得像不像？”

“不像！”

“它像什么？”

“像五角星！”

老师神情变得严肃了……于是老师请这几个同学轮流坐到我的座位上……说:“现在你看看那杨桃,像你平时看到的杨桃吗?”

“不……像。”

“那么像什么呢?”

“像……五……五角星。”

②思考表现老师内心世界变化的词句。

老师的动作反映:“看了看”“审视”,把“我”的画看了,再站在我的角度审视,发现“我”没有画错,找到学生为什么笑的原因。

老师的神态变得“严肃了”,希望通过学生自己的观察发现问题的根本原因。

③分角色朗读,感知老师内心世界的变化。

角色一:(动作——老师看了看这幅画,走到我的座位坐下来,审视了一下讲台上的杨桃,然后回到讲台,举起“我”的画说)这幅画画得像不像?

角色二:不像。

角色一:它像什么?

角色三:像五角星。

角色一:(老师神情变得严肃了,让哈哈大笑的同学轮流到我的位置上看杨桃)现在你看看那杨桃,像你平时看到的杨桃吗?

角色二:不……像。

角色一:那么,像什么呢?

角色二:像……五……五角星。

设计意图:读重点句子并对比,引发思考。多种形式读,让学生在读中正确理解文本的主要内容,感悟到同学们开始的笑是错误的,并明白为什么错。

3.活动三:谈谈简单看法

(1)小组合作学习:讨论“我”把杨桃画成五角星的重要原因是什么?

(2)互助学习,明白道理。小组交流:用自己的话概括,作者借写画杨桃这件事要告诉我们什么道理?

(3)汇报交流。

(4)明理。

①按照课文内容填一填,再读一读。

(　　)发现了。看的(　　)不同,(　　)的样子也就不一样。当我们看到(　)的时候,不要忙着发笑,要看看人家是(　　)。

②关联生活:引导学生按照补充句子的方式,说说自己生活中是否遇到过类似情况。

(　　)想起了。(　　　　　　)。从现在开始,当我们看到(　)的时候,不要忙着发笑,要看看人家是(　　)。

设计意图:小组合作交流,学生积极思考,人人参与语言表达练习。

预期效果:活动以学生为主,多读精讲,学生在阅读与体验中学习,有85%的学生能用自己的话“根据课文内容,谈谈简单看法”,98%的学生能明白作者借画杨桃这件事要告诉我们什么道理。

思维路径：整个活动过程把重难点分解，为落实要素，为学生搭建学习支架，层层推进，让学生获得直觉思维、形象思维、逻辑思维、辩证思维和创造思维的发展。

四、课后习题引导下的《小马过河》教学活动设计

（一）活动目标

（1）学生能认识1个生字，会写8个生字、11个词语。
（2）指导学生分角色朗读课文，注意读出恰当的语气。（关联课后第一题）
（3）学生根据课后提供的词语讲故事。（关联课后第二题）
（4）引导学生根据课文内容简单谈谈自己的看法。（关联课后第三题）

（二）教学设计

1. 活动一：识字写字

（1）检查学生课前预习情况。出示生字卡片，比一比谁认识的字多，注意读准字音。

（2）随文识字，将课文读流利。借助拼音自由读课文，把不认识的字用"○"圈出来。小组内练习读课文。要求：读准字音，读时不添字，不漏字。

（3）识字巩固。

①联系字义识记字形。形声字：棚、磨、挡、伯、浅、刻、蹄。

②编口诀识记。"驮——大马驮东西"；"突——狗从洞穴中突然钻出来"。

③熟字对比识记。钱—浅；刻—该；伯—拍；挡—当。

④同偏旁归类识记。口字旁的字：哩、唉。

⑤运用前一课学习的记词语的方法扩词，整体识记。如刻苦、片刻、立刻。

（4）指导书写。

①小组合作，归类观察。"愿、意、该、刻、突"点画多，注意点画的位置；"麦、突"捺画写舒展；"刻、该"的偏旁不同；"掉"的竖笔画要写直。

②练习写字，要求学生写字姿势要正确，观察书写要领，写好字。

设计意图：检查学生是否课前预习，培养书写习惯。读、圈画学习，尊重学生的个性发展。学生观察字形，掌握书写要领，积累写好字的秘诀，养成良好的书写习惯。

2. 活动二：分角色朗读，感知小马的情感变化

（1）圈画课文角色：小组合作选角色。小组内成员圈出自己要朗读的角色内容，并自己练习读正确、读流利。

（2）分角色读课文，指导怎样读出恰当的语气。

①用横线勾出对话前的提示语，再大声读读这些词语：连蹦带跳、高兴、大叫、吃惊、认真、叹了口气、难为情、低下了头、亲切。

②说一说：这些提示语是告诉我们在读的时候要怎么样？（读对话时要注意恰当的语气）

③用符号标明有多少句问句,再试着读一读这些句子。

④小组练习分角色朗读,各自注意读好语气。

⑤小组比一比,分角色朗读。

要求:一看提示语;二听问句的语气。

(3)关注小马心情,朗读感知"小马过河"的心情。

①情感体验。(出示重点句子对读)

师:你已经长大了,能帮妈妈做点儿事吗?

生:(连蹦带跳地说)怎么不能,我很愿意帮您做事。

师:怎么回来啦?

生:(小马难为情地说)一条河挡住了去路,我……我过不去。

师:那条河不是很浅吗?

生:是啊!牛伯伯也这样说。可是松鼠说河水很深,还淹死过他的小伙伴呢!

师:那么河水到底是深还是浅呢?你仔细想过他们的话吗?

生:没……没想过。

师:孩子,光听别人说自己不动脑筋,不去试试,是不行的。河水是深是浅,你去试一试就知道了。

②转换角色表演。(出示重点句子读一读、演一演)

生1:牛伯伯,请您告诉我,这条河,我能蹚过去吗?

生2:水很浅,刚没小腿,能蹚过去。

生3:小马!别过河,别过河,你会淹死的!

生4:水很深吗?

生5:深得很哩!昨天,我的一个伙伴就是掉在这条河里淹死的!

生6:唉!还是回家问问妈妈吧!

生7:是啊!牛伯伯也这么说。可是松鼠说河水很深,还淹死过他的伙伴呢!

生8:没……没想过。

生9:孩子,光听别人说,自己不动脑筋,不去试试,是不行的。河水是深是浅,你去试一试就知道了。

(4)梳理小马心情。

①填一填。(连蹦带跳)—(为难)—(吃惊)—(叹了口气)—(难为情)—(小心)

②读一读,尝试说一说小马心情变化的过程。

3.活动三:我会讲"小马过河"

(1)学讲故事。

①把词语分成三组,学生自选一组练习讲故事。

读词串一:马棚、愿意、磨坊、驮、挡住、为难。

读词串二:突然、拦住、吃惊。

读词串三:难为情、动脑筋、小心。

②三人合作把故事讲完整。

(2)我是讲故事小达人。

①小组合作练习,运用上面的词语讲讲“小马过河”的故事。

要求:可以分角色讲;表达要流畅,不重复;有动作、有表情。

②小组展示讲故事,按照要求评一评最佳合作小组。

③个人尝试讲故事,按照要求评一评谁是讲故事小达人。

设计意图:课后的词语提示降低了讲故事的难度,训练学生语言表达能力。分组展示能让每个学生参与学习。

4.活动四:依托故事,说看法

(1)你同意下面的说法吗?结合生活经验说说你的理由。

说法一:河水既不像老牛说的那样浅,也不像松鼠说的那样深,所以老牛和松鼠对小马撒谎了。

说法二:小马向很多人请教,是对的。

说法三:别人的经验不一定可靠,得自己去尝试。什么事都要自己尝试,别人的话不可信。

(2)出示重点句读一读,说一说自己的理解。

①读一读:“原来河水既不像老牛说的那样浅,也不像松鼠说的那样深。”

②说一说:“原来河水既不像老牛说的那样浅,也不像松鼠说的那样深。”这是因为“我”(　　),才知道的。生活中,我们做任何事情都要(　　),最后才知道事情的真相。

设计意图:读重点句子加深对课文主题的理解;课后习题出示不同做法;结合生活经验是为了实践、思考、运用,争取在生活中不犯类似的错误。

预期效果:多形式的趣味性活动争取学生一课一得。学生能在课上认读生字,读准字音,会写生字;正确、流利地朗读课文;能厘清故事经过,讲故事;依托故事能说看法,避免自己在生活中犯类似的错误。

(彭水苗族土家族自治县郁山镇小学校:代顺强)

第六单元
自然

一、第六单元整体分析

（一）整体描述

基于学生年龄特点，第一学段的学生重在感受阅读的乐趣。本单元以“自然”为主题，选取了古诗《晓出净慈寺送林子方》《绝句》，《雷雨》《要是你在野外迷了路》《太空生活趣事多》3篇课文，既有描写自然景观的古诗，也有描绘自然现象、介绍自然奥秘的短文和儿童诗，文体多样，可充分调动学生阅读兴趣。

本单元的课文蕴含丰富的自然科学常识，教师在教学时不要对科学常识做过深的探究和拓展，要依据课文内容紧扣教学目标，对学生进行语言文字运用训练和语文能力的培养，让学生在阅读理解课文的过程中逐渐产生探索自然科学的兴趣和热爱大自然的情感。

（二）语文要素纵向关联

为了培养学生初步理解课文内容的阅读能力，本单元的语文要素是“提取主要信息，了解课文内容”，另外还要调动学生的已有经验，“联系生活经验，了解课文内容”。

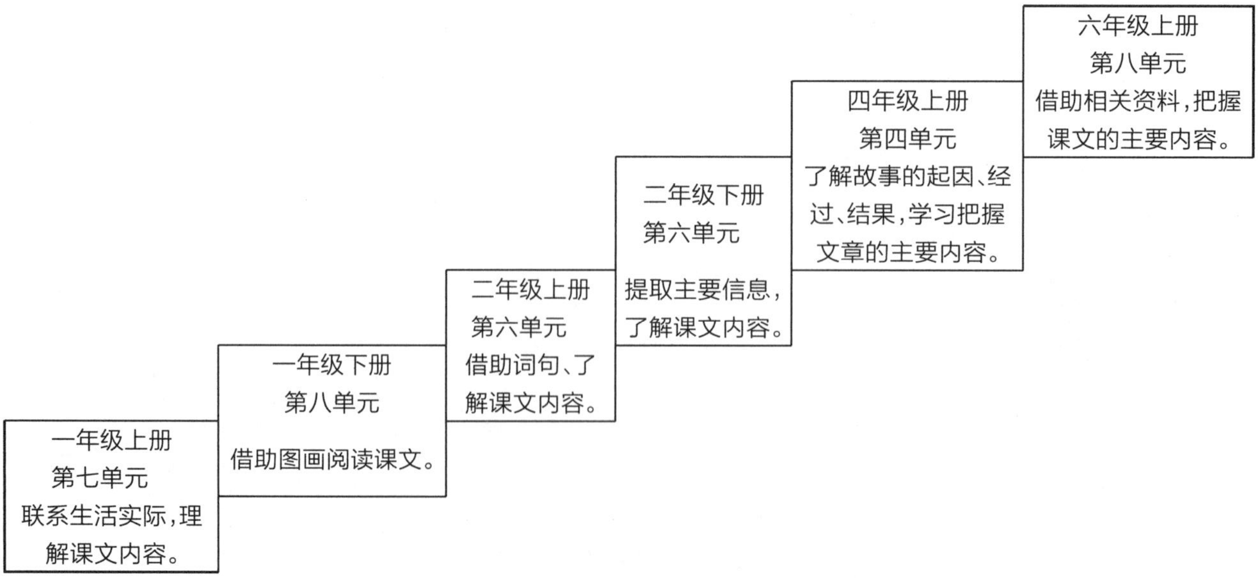

“提取主要信息，了解课文内容”纵向关联图

《义务教育语文课程标准(2022年版)》要求:第一学段的学生喜欢阅读,感受阅读的乐趣,结合上下文和生活实际了解课文中词句的意思,在阅读中积累词语。借助读物中的图画阅读。诵读儿歌、童谣和浅近的古诗,展开想象,获得初步的情感体验,感受语言的优美。本单元重点指导学生“提取主要信息,了解课文内容”,这是在延续前面“能找出课文中的具体信息”“整合信息,做出推断”要求的基础上,在阅读理解方面的进一步深化。学习活动设计要以此为重点落实要素,从而达成教学目标,也为中高年级培养学生对文本内容的整体感知能力、初步概括能力打下坚实基础。

二、基于课后习题的语文要素落点分析

(一)课后习题的要素指向与活动分析

1.《古诗二首》课后习题分析

第一题:朗读课文。背诵课文。

第二题:读下面的诗句,说说你看到了什么样的画面。

> 接天莲叶无穷碧,映日荷花别样红。
>
> 两个黄鹂鸣翠柳,一行白鹭(lù)上青天。

第一题指向学生语言积累,多形式读,熟读成诵,培养学生诵读经典的语感。

第二题指向学生对语言的运用,在读古诗的基础上结合插图想象画面,让学生畅所欲言,说说自己看到的画面,这些画面带给自己什么样的感受,然后结合自己的感受说说诗的意思。这样训练学生通过读与想,调动多种感官理解中华传统文化,进行语言表达训练。

2.《雷雨》课后习题分析

第一题:朗读课文。说说雷雨前、雷雨中和雷雨后景色的变化。背诵课文。

第二题:读句子,注意加点的词,再把句子抄写下来。

> 满天的乌云,黑沉沉地压下来。
>
> 一只蜘蛛从网上垂下来,逃走了。
>
> 一条彩虹挂在天空。

第三题:读一读,说说你见过什么样的雨,当时是怎样的情景。

> 毛毛雨　　阵雨　　雷雨　　暴(bào)雨

第一题指向语言积累,通过读加强对文本的了解,学生关联自己的生活经验提取关键信息,加深对课文内容的了解。教师在教学时根据提示搭建表达支架,促使学生清楚表达、有条理。

第二题是在第一题了解课文内容的基础上要求学生深入理解课文内容,主要指向词语的表达效果,让学生感知准确用好动词的表达效果,并积累好句子。

第三题在第二题深入了解课文的基础上读词语,唤醒学生记忆,学生关联课文内容和生活经验进行语言的建构与创造性运用。这一题在承接本单元第一课围绕古诗内容说画面的基础上,引导学生关联生活经验想画面、说画面,激发学生阅读表达的兴趣。

3.《要是你在野外迷了路》课后习题分析

第一题：朗读课文。说说课文里写了哪几种“天然的指南针”，它们是怎样帮助人们辨别方向的。

第二题：读一读。记一记。

（慌张　惊慌）	（分辨　辨别）	（忠实　忠诚(chéng)）	（向导　导游）	（永远　永久）

第三题（选做）：生活中还有哪些辨别方向的办法？可以请教周围的人。

第一题在学习本单元第二课的基础上，训练学生多读，抓关键语“天然的指南针”，再联系生活经验，在文中勾画关键词，并把关键信息进行重组，说清楚，帮助学生了解课文内容。

第二题不是单纯的扩词，题中的每一组词语是近义词，引导学生联系生活经验学习利用近义词理解新词。“记一记”是积累词语，可以运用这种扩词方式来学习其他生字。这一题可与“语文园地”中的“字词句运用”结合学习。

第三题是提升性作业，鼓励学生对周围事物有好奇心。学生结合语文学习观察大自然，用口头表达或图文等方式表达自己的观察所得，逐渐产生探索自然科学的兴趣和热爱大自然的情感。

4.《太空生活趣事多》课后习题分析

第一题：朗读课文。说说太空生活有哪些有趣的事情。

第二题：读一读，记一记。

宇	宇宙	宇宙飞船
航	航空	航空公司(sī)
员	队员	少先队员

第一题可以鼓励学生多读，围绕“趣”提取信息，通过说说“趣事”了解课文的主要内容。

第二题扩词训练，在单元第三课的基础上提高了一点难度，由词语扩成词组，为学生学习表达做积累练习。

（二）单元典型性习题横向关联

本单元为了帮助学生学习“提取主要信息，了解课文内容”而设计课后习题。纵观课后习题，都关注引导学生从课文中提取相关信息，了解课文的内容。但有些内容要联系生活经验，才能了解课文内容。想象是建立在学生已有生活体验基础之上，否则无法开启学生想象的画面感。学习《要是你在野外迷了路》，能了解一些辨别方向的方法；在《太空生活趣事多》的学习中，通过日常生活和太空生活的对比，感受太空生活的奇特有趣。这些都要调动学生的生活积累来获得感受和体验，引导学生联系生活经验阅读的方法，从而逐渐形成一种阅读能力。

4篇课文都有朗读，第一学段训练学生朗读，以读代讲，引导学生“提取主要信息，了解课文内容”。

第一课古诗学习在朗读古诗的基础上，结合插图想象画面，让学生畅所欲言，说说自己看到的画面，这些画面带给自己什么样的感受，然后结合自己的感受说说诗的意思。学生通过读与想调动多种感官，结合插图理解传统文化，进行语言表达训练。画面直观形象，学生可在画面上提取信息，了解课文内容。

第二课围绕课题“雷雨”,用“雷雨前、雷雨中、雷雨后”梳理了课文内容,使课文表达更清楚。学生在读的基础上理解,根据课后题提示,关联自己的生活经验,在读课文的过程中提取关键信息,加深对课文内容的了解。课后提示语为学生的语言建构与运用搭建表达支架,降低表达难度。第三课是抓文中关键语“天然的指南针”,引导学生联系生活经验,提取信息,了解课文内容。第四课是由题目激发学生阅读兴趣,围绕“趣”提取关键信息,了解课文内容。

4篇课文有梯度地对学生阅读能力进行训练,学生在不断练习中逐渐养成良好的阅读习惯。

三、落实语文要素的典型性习题教学活动设计示例

(一)典型性习题

以《要是你在野外迷了路》课后第一题为例:朗读课文,说说课文里写了哪几种“天然的指南针”,它们是怎样帮助人们辨别方向的。

本题设计指向学生习得阅读方法,借助“提取主要信息,了解课文内容”。教学时,应重在引导学生在读的基础上,借助插图、联系生活实际提取信息,了解课文内容。

(二)教学设计

1.活动一:联系生活实际,小组合作学习了解课文内容

(1)出示自学提示:学生自读课文,用横线标注课文的关键信息,了解描写了哪几种“天然指南针”。(完成表1)

表1

天然的指南针	关键信息
太阳	
北极星	
大树的枝叶	
沟渠的积雪	

(2)小组讨论“我”圈画的关键信息是什么,在小组内大声读读这几个词语。

(3)填一填、读一读:要是我在野外迷了路,天然的指南针(　　)可以给我们指引方向。

(4)再读课文,用下划线标注出“天然的指南针”是怎么帮助人辨别方向的。(完成表2)

表2

天然的指南针	辨别方向(填写关键词)
太阳	中午太阳在南方,树影指向北方
北极星	
大树的枝叶	
沟渠的积雪	

设计意图:导学单帮助学生厘清课文内容,并尊重个体差异,学生养成独立思考的能力。

2.活动二:抓关键信息,说一说

(1)说说课文主要内容。学生根据表格2尝试说说天然的指南针是怎么帮助人们辨别方向的。同桌互说,听一听同桌是否说正确。

(2)引导学生说清楚天然的指南针是怎样帮助人们辨别方向的。

(3)学习第2小节。

①读课文并思考:在野外迷了路,太阳是怎样指点方向的呢? 学生轻声读课文,然后想一想。

②思考:要是你在野外迷了路,太阳是怎样给你指点方向的?(中午的时候它在南边,地上的树影正指着北方)太阳为什么能指引方向呢?(这是因为我们生活在北半球。中午的时候,太阳在南边,地上的影子就会指向北方)

③关联生活思考:如果是早上呢? 傍晚呢?

④你们知道什么是向导吗? 课文中为什么说太阳是忠实的向导?(太阳为我们带路,而且不会出错)

⑤指导朗读:有了太阳这个忠实的向导,给我们指点方向,让我们不会迷路,我们的心情会怎样? 你能带上这种愉快的心情把这一小节读一读吗?(语速稍微快,语调稍微高点)

(4)学习第4小节。

①读课文。

教师引导学生思考:晴天的时候太阳可以给我们做向导,那阴天怎么办?(板书:大树枝叶。树叶稠的一面是南方,树叶稀的一面是北方)

教师指名学生回答:谁来说说,大树是怎么为我们指点方向的?"稠"和"稀"是什么意思?(泡泡语提示)

教师出示大树图片,让学生观察哪一面是南方,哪一面是北方。(枝叶稠的一面是南方,枝叶稀的一面是北方)

②关联生活理解,运用"稀""稠"说话。

我在(公园)看见,(桂花树向阳那面的枝叶长得)稠密,(而背对着太阳那面的枝叶就)稀疏。

③指导朗读。阴雨天,没有了太阳给我们指点方向。这时,大树来帮我们的忙了,我们的心情会怎样?(兴奋)谁能在朗读中,把这种心情表达出来?(语速稍微快,语调稍微高点)

(5)学习第5小节。

①轻声读读课文。夏去秋来,冬天马上就到来了,树都没有叶子了,这时我们在野外迷了路该怎么

办？想想沟渠的积雪是怎么指点方向的？（板书：沟渠的积雪）

②结合插图理解。沟渠的积雪是怎么指点方向的？雪化得快的是沟渠的南边还是北边呢？（因为沟渠的北边日照时间比较长，所以雪化得比较快）

③指导朗读。我们又找到了新的辨别方向的方法，高兴吗？谁来读一读，读出自己的高兴。

（6）学习第3小节。

①还有什么可以给我们指点方向呢？请同学们带着问题读读第3小节。

②小组结合插图交流：为什么北极星可以为我们指点方向？（拓展资料：介绍北极星）（板书：北极星）

（7）学习第1小节。

①轻声读课文。课文的哪些部分我们还没有讲到？小组内轻声读第1小节。

②“天然”是什么意思？“天然的指南针”指的是什么？

③指导朗读。（慈祥、和蔼，声音要轻点）

（8）学习第6小节。

①轻声读第6小节，想一想：怎样才能在大自然中找到天然的指南针？（只要你细细观察，多多去想）

②学生互相交流。

设计意图：抓关键词句，以读为主理解主要内容。尊重个体差异，培养学生主动探索的能力。

3.活动三：朗读全文，关联生活总结

（1）指名分小节读，全班读，小组内相互读。

（2）你们细细观察过吗？想想还知道哪些天然的指南针，小组讨论。

（3）通过对本课的学习，你知道了怎么了解课文内容，小组讨论，完成表3。

表3

天然的指南针	辨别方向（填写关键词）	学习方法
太阳		1.抓关键词提取主要信息，了解课文内容 2.联系生活经验，了解课文内容
北极星		
大树的枝叶		
沟渠的积雪		

设计意图：这个训练以读为主，加深学生对课文内容的理解；关联生活经验拓展练习，学以致用，体现语文学科的工具性。

预期效果：学生多形式朗读，以读促进对课文信息的了解，再结合生活经验关联课文，提取重要信息，加深对课文内容的了解。小组合作学习，争取人人参与学习。为学生提供导学单，借助表格进行语言建构与表达训练，引导学生表达清楚、完整。

思维路径：通过这一系列的教学活动，学生训练难度逐层加深，学习循序渐进。教师指导学生多读，引导学生结合生活经验展开联想，培养学生的语言表达能力。

四、课后习题引导下的《雷雨》教学活动设计

(一)教学目标

(1)学生能认识5个生字,会写9个字、16个词语。
(2)学生能正确、流利地朗读课文,并背诵课文。(关联课后第一题)
(3)学生能联系生活实际说出雷雨前、雷雨中和雷雨后的变化。(关联课后第一题)
(4)引导学生在语境中体会"压、垂、挂"等词语运用的好处,并工整地抄写句子。(关联课后第二题)

(二)教学重难点

学生能联系生活实际说出雷雨前、雷雨中和雷雨后的变化。

(三)教学设计

1.活动一:读课文,随文识字

(1)课前识字检查。出示生字表,比一比谁认识的字多。
(2)自读课文,读准字音,随文识字,借助拼音多读几遍不认识的字。
(3)引导学生识字。
①形声字识字。蝉、扑:用熟字加偏旁记忆。"蝉"还可以借助图片认识。
②象形字识字。垂、户:引用字源识字。
(4)流利地读课文。
①认读词语:一动不动、压下来、垂下来、越来越、渐渐地、窗户。
②教师领读,分组合作练习读,读流利。要求:不重复字、不漏字。
设计意图:这项设计引导学生积极主动运用多种方法识字;流利地读课文,为理解课文内容做准备。

2.活动二:提取关键信息,了解课文内容

(1)自读,结合生活实际圈出主要信息:乌云压下来、树一动不动、蝉一声也不出、大风吹、蜘蛛逃走了、闪电、雷声、哗哗哗、雨下起来了、天亮起来了、太阳出来了、彩虹等。
(2)在语境中结合图片和生活理解"压、垂、挂"。
①出示句子,读一读句子。
满天的乌云,黑沉沉地压下来。
一只蜘蛛从网上垂下来,逃走了。
一条彩虹挂在天空。
②用你的动作演一演"压下来、垂下来、挂"。
③调动学生生活经验感知动词的用法。
(3)指导学生朗读。
①教师出示乌云图片,指导学生读好句子:"满天的乌云,黑沉沉地压下来。"

学生读句子,感知乌云又厚又低的特点。

教师追问1:“抬头看到乌云,你会有什么感受?”(沉闷、不安)

教师追问2:“主要是哪个词语给你带来这样的感受?”“压。”“所以,这个词语要读重音。”

教师要求学生自己练习读句子,同桌对读,互相听听“压”是不是读重音了。

②指导读好句子:“一只蜘蛛从网上垂下来,逃走了。”

教师追问1:“文中不安的还有谁?”(蝉一声也不出;蜘蛛从网上垂下来,逃走了)

教师追问2:“最不安的是谁?”(教师指导读“一只蜘蛛从网上垂下来,逃走了”)

教师追问3:“你发现如何读好这句话?”(表示动作的词“垂”“逃”须读重音)

教师要求学生自己练习读句子,同桌对读,互相听听“垂”和“逃”是不是读重音了。

③出示彩虹图片,指导读好句子:“一条彩虹挂在天空。”

教师追问1:“看到彩虹图,心情怎么样?”(高兴)

教师引导学生带着高兴的心情读这句话,追问2:要读好这句话,哪个词是关键?(“挂”读重音)

教师要求学生自己练习读句子,同桌对读,互相听听“挂”是不是读重音了。

(4)认真抄写这三句话。要求书写工整、正确;尽量读完一句话,再连续写完;写完认真检查。

(5)引导学生抓住关键词句联系生活实际梳理内容。(把词语制作成卡片)

①梳理课文写作思路:按照雷雨前、雷雨中、雷雨后来写夏天的自然景物,进行板书。

②“我会给词语找家”。学生读卡片上的词语,联系生活实际想一想,给词语找到家,完成表4。

表4

雷雨前	雷雨中	雷雨后
乌云压下来 树一动不动 蝉一声也不出 大风吹 蜘蛛逃走了 雷鸣 闪电	哗,哗,哗 雨下起来了	天亮起来了 太阳出来了 彩虹 蝉 蜘蛛 池塘 青蛙

(6)学生根据表里的关键信息说清楚雷雨前、雷雨中、雷雨后的变化情况。

教师引导学生分组合作,说说大自然的景象。小组比一比,谁说得更加通顺、完整。

设计意图:学生读好句子,加深对课文内容的理解;学习提取关键信息理解课文内容,借助导学单为学习提供支架。

3.活动三:背诵课文

(1)根据关键信息表,小组合作练习背诵。

(2)小组比一比哪个小组背得又快又准确。

(3)比一比,我能背课文。

设计意图:根据关键信息背诵,降低背诵难度。分组学习是争取人人都能参与学习,每个学生都有收获。

4.活动四:汉字书写

(1)观察汉字,按照构字规律分类:上下结构"雷"上窄下宽,"黑"的下四点要托住上面部分;独体字"户、垂、乌"的关键笔画写在正中央;半包围结构"压、迎"的包围部分舒展。

(2)学生练习书写,写好一个字就自己对比想想要求:书写工整、正确,笔画舒展美观。

(3)评一评谁的字最美观。评价要求:书写工整、正确,笔画舒展美观。

(4)修正练习。

设计意图:正确美观书写,培养学生观察、比较、模仿的能力,学生养成踏实认真的写字态度,以及良好的书写习惯。

附:板书设计

	雷雨	
雷雨前	雷雨中	雷雨后

预期效果:学生通过朗读了解课文信息,重点句指导读,体会语言表达效果。学生在充分读的基础上,借助插图、关联生活想象提取信息,了解课文内容,再借助表格进行语言建构与表达训练。

(彭水苗族土家族自治县第一小学校:代顺会)

第七单元
改变

一、第七单元整体分析

（一）整体描述

儿童往往能从妙趣横生的故事中获得“真善美”的体验或思维能力的提升。为指导学生“阅读浅近的童话故事，向往美好的情境，关心自然和生命，对感兴趣的人物和事件有自己的感受和想法”，第七单元围绕“改变”这一主题，安排了四篇童话故事。《青蛙卖泥塘》中的青蛙在不断改变中，让生活变得越来越美好。《小毛虫》中的小毛虫通过不断努力，耐心等待，永不放弃，不断成长，最终破茧成蝶。《大象的耳朵》《蜘蛛开店》则围绕改变，讲述了妙趣横生的故事。这些浅近的童话故事还能激发学生阅读兴趣，感受到阅读的乐趣。

（二）本单元识字写字在教材中的定位

识字写字在一二年级也是教学重点。到了二年级下册第七单元，学生已经掌握了许多识字写字方法，在教学时可以用上以前学过的方法进行巩固。如：对比识字法、看图片提示识字法、动作识字法、联系语境识字、借熟悉的字识字、借偏旁归类识字、猜字再查字典验证等方法。

（三）语文要素纵向关联

“借助提示讲故事”纵向关联表

年段	单元	语文要素
二年级上册	第八单元	借助提示复述故事
二年级下册	第七单元	借助提示讲故事
三年级下册	第八单元	了解故事主要内容，复述故事
四年级上册	第八单元	了解故事情节，简要复述课文
五年级上册	第三单元	了解课文内容，创造性地复述故事

本单元重点训练学生“借助提示讲故事”的能力,而学生会“讲故事”是小学阶段要培养的一项重要的表达能力。小学教材中培养“讲故事”能力的单元共有五个,从一年级上册开始,课后习题就进行了一些有指向性的安排。如二年级上册《小蝌蚪找妈妈》引导学生按顺序把图片连起来,再借助这些图片讲讲小蝌蚪找妈妈的故事。《大禹治水》引导学生借助相关句子,讲讲大禹治水的故事。学生在此基础上又会在本单元中学到哪些知识?以怎样的方式提升思维能力?我们就要厘清各项能力间的横向关联与纵向进阶。从该图表中我们不难看出,随着年级的升高,由易到难,语文要素训练呈纵向进阶趋势。

二、基于课后习题的语文要素落点分析

(一)课后习题的要素指向与活动分析

1.《大象的耳朵》课后习题分析

第一题:朗读课文,注意读好问句。

第二题:画出课文中大象的话,说说大象的想法是怎么改变的。

第三题:“人家是人家,我是我。”结合生活实际,说说你是怎么理解这句话的。

第一题是引导学生认真读课文,重点是读好问句,为第二题理解大象的想法的改变做铺垫。

第二题围绕“改变”要素展开练习,建议引导学生找出“大象的话”,由此展开对课文内容的梳理,思考大象想法的改变过程。

第三题引导学生“结合生活实际”这一提示来理解句子。三个问题引导学生从单一的句子提示到对整篇课文的把握,再到关联生活,落实语文要素。

2.《蜘蛛开店》课后习题分析

第一题:朗读课文。根据示意图讲一讲这个故事。

第二题:接下来会发生什么事?展开想象,续编故事,讲给大家听。

第一题引导学生图文结合,理解课文内容,再借助“示意图”讲故事,为学生讲故事降低难度,学习讲故事的方法。

第二题引导学生抓住动物的特点,展开想象续编故事,拓展学生思维,进行语言表达能力训练。从“示意图”提示入手到以生活基础为原型的更多故事,学生们在“示意图”的帮助下逐渐有条理地发散思维。

3.《青蛙卖泥塘》课后习题分析

第一题:朗读课文。分角色演一演这个故事。

第二题:说一说青蛙为卖泥塘做了哪些事,最后为什么又不卖泥塘了。

第三题(选做):青蛙最后吆喝了些什么?如何向同学推荐一样东西,如一本书、一种文具,你会说些什么?

第一题引导学生找角色,演故事。

第二题引导学生带着问题理解课文内容,梳理故事发生的经过和结果。

第三题利用童话故事的反复结构,引导学生续编故事,这是对学生的能力在前一课基础上的提升。

从角色到事件再到生活中的实践运用,课后题以阶梯的形式帮助学生搭建支架,促进语言建构与运

用素养的生成。

4.《小毛虫》课后习题分析

第一题:朗读课文。

第二题:小毛虫经历了哪些变化? 画出相关词句,借助提示讲讲这个故事。(详见教材)

第三题:读一读,记一记。

生机勃勃	尽心竭力	与世隔绝
色彩斑斓(bān lán)	笨手笨脚	九牛二虎之力

第一题再次强调朗读是重要的语文核心能力之一,是"借助提示讲故事"的基础。

第二题引导学生借助相关的句子和借助句子提示讲故事,是对讲故事的方法的指引。

第三题帮助学生积累更多的词语,同时可以在讲故事中运用这些词语,意在告诉学生积累与运用并不矛盾,可以并重进行。

(二)单元典型性习题横向关联

本单元在阅读方面的教学重点是引导学生"借助提示讲故事",课后习题也共同指向了"借助提示讲故事"。

画出课文中大象的话,说说大象的想法是怎么改变的。(《大象的耳朵》课后第二题)

根据示意图讲一讲这个故事。(《蜘蛛开店》课后第一题)

分角色演一演这个故事。(《青蛙卖泥塘》课后第一题)

画出相关词句,借助提示讲讲这个故事。(《小毛虫》课后第二题)

本单元共四篇课文,课后题都指向了"讲故事";由"说一说"到"讲一讲",既相互关联又层层递进,不仅有对阅读内容的把握,还有对故事内容的思考。所指向的语文核心能力横向关联,互相依存。学生也从无意识的阅读故事,到有意识的浅层次思考,再到结合生活实际中的具体情境进行思考,逐步从课内走向课外,走向生活的广阔空间。

(三)其他课后习题的语文要素分析

朗读训练作为语文学习的基础,在本册课后习题中一直占据着重要的地位。指导朗读,在本单元的课后习题训练与前面所学内容中都有所体现,并有着横向关联的关系。

朗读课文,注意读好问句。(《大象的耳朵》课后第一题)

朗读课文。分角色演一演这个故事。(《青蛙卖泥塘》课后第一题)

"注意读好问句"是在本册第四单元"注意读好对话"(《沙滩上的童话》课后第一题),和第五单元"注意对话的语气"(《画杨桃》课后第一题)基础上的提升。"分角色朗读课文,注意读出恰当的语气"(《小马过河》课后第一题)已为"分角色演一演这个故事"做好了分角色训练的铺垫,学生很快就能在本课中找准角色,找准朗读定位。

画出课文中大象的话,说说大象的想法是怎么改变的。(《大象的耳朵》课后第二题)

说一说青蛙为卖泥塘做了哪些事,最后为什么又不卖泥塘了。(《青蛙卖泥塘》课后第二题)

小毛虫经历了哪些变化?画出相关词句,借助提示讲讲这个故事。(《小毛虫》课后第二题)

三篇课文的课后习题,要求学生首先从找大象说的话入手来梳理课文内容,知道大象的想法是怎么改变的,其次找青蛙做了哪些事,最后从课文中找出小毛虫经历的变化。在此引导下,学生的整个思维过程也是层层进阶、螺旋上升的。

三、落实语文要素的典型性习题教学活动设计示例

(一)典型性习题

以《蜘蛛开店》课后第一题为例:朗读课文,根据示意图讲一讲这个故事。

教学目标:朗读课文,学生会观察示意图,厘清人物关系。了解故事内容,学生能根据示意图讲故事。

教学重难点:指导学生厘清人物关系,了解故事内容。学生能根据示意图讲故事。

(二)教学设计

1.活动一:朗读句子

(1)通读全文,找出蜘蛛卖口罩、卖围巾、卖袜子的句子。

(2)指导学生读好不同场景中的句子,注意语句通顺,朗读大声,读出吆喝的语气。

(3)观察课后第一题示意图,找到"开店原因""想卖什么""顾客来了"、蜘蛛怎么编织和最后结局的句子读一读,可结合场景指导学生朗读。

设计意图:教师引导学生初步了解示意图,根据示意图在文中找到相关的句子,在朗读句子中识记生字词。

2.活动二:初识角色

教师引导学生边读边观察三幅插图,在文中找到三幅图对应的句子,帮助学生认识文中的人物角色,并在课文中勾画出相关句子,试着把这些句子连起来与同桌说一说,梳理故事脉络。

设计意图:教师引导学生借助课后第一题的提示观察课文插图,更直观地找到文中人物角色,为后面讲故事做铺垫。

3.活动三:根据提示讲故事片段

(1)闯关魔法棒:探究学习方法。

讨论:用哪些方法可以把故事讲得更清楚、完整。

预设:回顾课文,看插图,找出课文中写蜘蛛、河马、长颈鹿、蜈蚣的句子……

设计意图:教师引导学生思考、提炼学习方法。教师设计一道道"关卡",让学生以"闯关游戏"的方式学习,学生有新奇感和成就感。

(2)闯关连连看:串联示意图,梳理故事情节。

闯关活动一:再次根据图示内容找到相关段落(第5~11自然段)认真阅读。

闯关活动二:小组合作完成以下学习单,教师巡视指导。

蜘蛛开店		问题			
次数	店　名	卖什么?	招牌是什么?	顾客是谁?	结果怎样?
1	口罩店				
2	围巾店				
3	袜子店				

(3)闯关活动三:交流三次开店的故事。

①指导朗读重点词句。

出示长句并分解读:"他的脖子和大树一样高。""脑袋从树叶间露出来。"

学生再读"只见身子不见头""他的脖子和大树一样高""脑袋从树叶间露出来",边读边联系生活实际想象画面,介绍在动物园看到的长颈鹿样子,体会长颈鹿个子高和脖子长的特点。

出示"好难织啊""织啊织""足足""一整天""一个星期""长长的"词语,练习读。特别是"好""一"要读重音;读叠词时声音拉长;边读边体会蜘蛛编织时的辛苦。

②分组讲故事。按次数分组,讲蜘蛛每次开店的故事。

合作提醒:学生自选三次中的一次,根据学习单,小组练习讲故事。

③按照卖口罩、卖围巾、卖袜子的顺序讲故事片段。

(4)闯关活动四:根据示意图讲故事。

①根据示意图梳理故事内容。课件出示课后第一题的示意图,留下空白处引导学生添加编织时间。卖口罩,河马用了一整天;卖围巾,长颈鹿忙了一个星期;卖袜子,蜈蚣匆忙跑回网上。

②小组合作练习讲故事。要求每个人把句子讲清楚,可以每个成员讲一部分,成员间轮流讲。

③情境讲故事。小组代表戴上角色头像,根据提示讲故事。可以配上动作和表情。

我来评一评:他讲故事发音正确;他把故事讲完整了;他讲故事还配有动作。

设计意图:分解难度,引导学生关注提示,把故事讲清楚。

附:板书设计

蜘蛛开店	口罩店	河马	织了一整天
	围巾店	长颈鹿	忙了一个星期
	袜子店	蜈蚣	跑回网上
		……	

预期效果:通过几个板块的训练,学生学会借助示意图这一支架顺利完成习题,能较准确地区分不同人物角色说的话,有效地练习了口语表达,培养学生的表达能力。

思维路径:本课时紧紧围绕课后第一题让学生以"讲故事"为目的了解故事内容,寻找故事中的相同之处和不同之处,在"改变"中厘清文章线索,借助提示讲故事,是对学生语言逻辑表达能力的训练。

四、课后习题引导下的《青蛙卖泥塘》教学活动设计

(一)第一课时

教学目标:

(1)学生会认读“卖、烂”等15个生字,读准多音字“喝”,会写“卖、泉、搬、倒”4个字。

(2)学生能大声朗读课文,并分角色表演故事。

教学重难点:学生能分角色表演故事。

1.活动一:读文、识字、写字词

引导学生读课文,认识生字词,并工整书写。

2.活动二:指导朗读,了解文意

聚焦课后第一题“朗读课文”。学生先分段朗读,勾画出角色对话的句子,教师重点指导学生朗读角色的话,读出对话的语气。

(1)指导朗读第3~5自然段。

①提出问题:读青蛙第一次卖泥塘的句子,思考青蛙怎么吆喝的?老牛怎么说的?青蛙听了老牛的话后,泥塘的变化。

②自行阅读课文,勾画出青蛙吆喝的内容和老牛说的话。

③同桌分角色读一读,注意吆喝的语气和老牛说话的语气。

(2)指导朗读第6~8自然段。

①读青蛙第二次卖泥塘的句子,找出与第一次卖泥塘的不同之处。

②试着读一读野鸭说的话。其话语简洁,可以读快一点儿。

③圈一圈野鸭说泥塘的优点和缺点的句子,并读一读,读出前后意思的转折。

(3)指导朗读第9~10自然段。

①画出青蛙继续卖泥塘的句子,并读一读。

②指导读第10自然段。

③圈出小鸟、蝴蝶、小兔等小动物的名称,画出他们指出泥塘的欠缺的句子,并读一读。

④边读边结合泡泡语想想它们怎么说的,和同学试着说一说。

(4)指导朗读第11自然段。

①圈出本段中青蛙卖泥塘的句子,读一读。

②结合青蛙的介绍,想象改造后的泥塘的样子,边读边想象青蛙兴奋的样子。

设计意图:重点指导学生朗读对话部分,为分角色表演故事做好铺垫。

3.活动三:演好角色

(1)明确角色。

①圈一圈角色。在文中找到角色:青蛙、老牛、野鸭、小鸟、蝴蝶、小兔、小猴、小狐狸。

②学生自由组合,分角色找到文中角色说的话,试着组内分角色练习。

(2)初次表演。请一组学生上台表演青蛙与老牛交流的部分。注意角色说话的语气,其余学生仔细观看,并评议。

(3)体会角色的心情,让表演更接近人物身份。

①思考:他们的表演符合角色身份吗,为什么?学生找到文中"想""于是"等词语,体会青蛙说干就干、着急卖泥塘的心情。表演时可以加上动作、表情来展现这种心情。

②学生再试着表演青蛙第一次吆喝的情景:大声地读,"喽"字拖长一点,读出急切的语气。

③指导学生演好老牛的角色,可以配上表情、动作,练习老牛说的话。教师帮助学生分析老牛说的话分几层意思,引导学生学会说话先说优点,再说缺点,语气委婉含蓄,让人听起来舒服一些。教师引导学生找关键词"想",体会青蛙善于听取别人的意见,抓住"就能"体会青蛙的自信。

④学生自选角色进行小组练习,体会青蛙前后几次卖泥塘的心情,创作表演形式、动作。教师巡视,指导学生添加动作表演(弯下腰,采草籽;直起身,摆动手播撒草籽),感受青蛙为改造烂泥塘付出的辛勤劳动,还可以添加挖土、施肥、浇水等动作,进一步体会青蛙的辛苦。

(4)小组汇报表演。PPT配音乐创设森林情境。小组比赛演一演。议一议:小鸟、蝴蝶、小兔、小猴、小狐狸……对青蛙说了什么?青蛙想了什么和怎么做的?我认识到这是一只(　　)的青蛙。

设计意图:将文本知识内化,读懂句子背后的意思,训练学生的思维;搭建支架,给学生提供表演平台,帮助学生学会说话,并学会如何委婉地对别人说话。

4.活动四:评价与表达

(1)观察小演员的表情动作,仔细倾听表演时的语气语调是否符合角色。

(2)向老牛学习:先说优点再说缺点,语气委婉。

(3)向青蛙学习:善于听取别人的意见,努力改进,自信大方。

设计意图:学生从实践中学习知识,将学到的知识运用到习题和生活中,善于倾听,委婉表达,乐于接受别人的意见并积极改正。

预期效果:通过系统学习后,大多数学生能认识本课生字,能较流利地朗读课文,对分角色表演有浓厚兴趣,并积极参与表演,能将每个角色的语言配上动作、表情展现出来。

思维路径:生字词的学习能帮助学生朗读课文。找好角色,再找到角色关联句,抓住不同角色的语句理解课文内容,帮助学生顺利演好每个角色。表演的过程实际上也是对语言表达的训练,学生通过编演角色的形式学会倾听,委婉表达。

(二)第二课时

教学目标:

(1)复习巩固生字,学生会写"蛙、籽、破、应"4个字,会写"青蛙、草籽"等9个词语。

(2)学生能说出青蛙最后吆喝了些什么;顺利推荐一件东西。

1.活动一:复习巩固

(1)听写:"青蛙、草籽、野鸭、泉水、竹子、应该、花丛、尽情、道路"9个词语。

(2)读一读句子。"你可以看蝴蝶在花丛中飞舞,听小鸟在树上唱歌。""你可以在水里尽情游泳,躺在草地上晒太阳。"

设计意图:回顾课文,迅速把学生带进课文中。

2.活动二:承上启下,说说青蛙最后的吆喝

回顾课文内容,用第一课时学到的方法说出青蛙最后吆喝了些什么,可以配上动作、表情,展示给同学看。

设计意图:回顾方法,学会运用。

3.活动三:推荐一样东西

(1)小组讨论准备:选择推荐什么东西,讨论说些什么。小组内交流。

(2)表演推荐。各小组仿照青蛙的吆喝向全班表演推荐一样东西,将东西的特点介绍清楚,可以配上动作,尽力表现。

(3)评价总结。学生评价哪一组表演得好,并说说原因。(用第一课时学到的评价方法)

(4)教师总结,鼓励学生大胆表达,清楚陈述。

设计意图:引导学生关注生活,在仿说的过程中学会表达并迁移运用。

附:板书设计

青蛙卖泥塘		
第一次	老牛　种草	
第二次	野鸭　引水	
第三次	小鸟、蝴蝶、小兔、小猴、小狐狸……	树、花、路、房子……
第四次	不卖了	

预期效果:积累生字词是一个需要长期坚持的过程。在本课时,学生再次回顾课文,积累生字词,同时学会主动表达。学生自主创设情境将课内知识转化到与实际相结合的情境中,回归生活。因为这项是选做题的内容,学习能力较强的学生能够比较流利地介绍一种东西,一部分学习能力较差的学生仍不会推荐,不要强求。

(彭水苗族土家族自治县第一小学校:钟会)

第八单元
世界之初

一、第八单元整体分析

（一）整体描述

优秀文化的熏陶感染，可以提高学生的思想道德修养和审美情趣，使他们逐步形成良好的个性和健全的人格，促进其德、智、体、美、劳诸方面的和谐发展。本单元的主题为“世界之初”，内容围绕“生活”安排了《祖先的摇篮》《当世界年纪还小的时候》《羿射九日》3篇课文。这3篇课文，不仅有以诗歌的形式想象祖先在原始森林中生活的场景，还有世界最初那充满奇妙想象的童话般的故事，更有奇幻、神秘的中国古代神话。

（二）识字写字在单元中的定位

二年级下册第八单元是学生在本册教材学习生字词的最后一个单元。每篇课文最后仍然安排有带拼音的识字和田字格书写。在《祖先的摇篮》的课后习题中安排了“读一读，注意加点的词语”以积累生词。在“语文园地”中安排了“识字加油站”借助形声字构字规律，认识“钩、铲”等10个生字。“字词句运用”积累近义词，选用词语说句子。“我的发现”了解示字旁和衣字旁、两点水和三点水所代表的不同意思，区分这些偏旁相似的汉字表示的意思。学生从单向的识字写字，到借助构字规律识字，区分偏旁相似的汉字等识字方法中进行思维能力训练，以及对各种识字方法的归纳、总结、运用，识字写字能力从低阶逐渐走向高阶。

（三）语文要素纵向关联

本单元学生学习的重点是“根据课文内容展开想象”。针对“想象”这一要素，教科书中各年级间语文要素体现了纵向进阶关系：

“根据课文内容展开想象”纵向关联表

年段	单元	语文要素
二年级上册	第七单元	读诗句，想画面
二年级下册	第二单元、第八单元	读句子想象画面，根据课文内容展开想象
三年级上册	第三单元	感受童话丰富的想象
三年级下册	第一单元	试着一边读一边想象画面
四年级上册	第四单元	展开想象，写一个故事
四年级下册	第一单元	朗读课文，边读边想象画面
六年级上册	第一单元	感受课文中丰富的想象，深入理解内容
	第四单元	发挥想象，创编生活故事

从表中可以看出语文要素的核心内容都是“想象画面”。从二年级上册第七单元开始有计划地训练学生的想象，在每个单元提出不同的训练要求。随着年级的升高，课后习题中的训练层次也有所不同，学生在每一阶段的学习能力都能有所提升。

二、基于课后习题的语文要素落点分析

（一）课后习题的要素指向与活动分析

1.《祖先的摇篮》课后习题分析

第一题：朗读课文，注意读好第2小节和第3小节中的问句。

第二题：想象一下，在祖先的摇篮里，人们还会做什么？仿照第2小节或第3小节说一说。

第三题：读一读，注意加点的词语。

摘野果	采蘑菇	挖野菜
逗松鼠	捉蜻蜓	逮(guō)蝈蝈
看夕阳	赏明月	数星星

第一题可以作为引导学生学习本课的线索，四个问句整合于理解课文的过程中，以不同形式的朗读感受情景的不同。

第二题紧扣“想象”这一要素，是学生思维展开的起点，结合课后第三题中的词语，观察第2或第3小节的句式特点再说一说。

第三题，学生在对课文的反复朗读中结合语境体会词语的含义，以小组交流的形式迁移运用。

2.《当世界年纪还小的时候》课后习题分析

第一题：课文充满了奇妙的想象。你最喜欢哪部分？好好读一读。

第二题：选一个开头，接着往下讲。

> 这世界还相当有秩序……
> 很久很久以前，当世界年纪还小的时候……

第一题直接点出课文充满奇妙的想象，学生找出最喜欢的部分，有指向性地读。教师引导学生在品读中抓关键句，进入作者的奇思妙想中，感受童真童趣。

第二题，让学生根据提示展开想象，续编故事。教师引导学生跟着提示往下讲，激发学生的表达欲望。

3.《羿射九日》课后习题分析

第一题：默读课文，不要指读。

第二题：根据表格里的内容，讲一讲这个故事。

起因	经过	结果
十个太阳炙(zhì)烤着大地，人类的日子很艰难	羿(yì)射下了九个太阳，留下了最后一个	大地上重新现出了勃勃生机

第三题：你觉得故事里哪些内容很神奇？和同学交流。

第一题帮助学生继续默读训练，本题的指向性提示（引导学生不出声，不指读），为学生在后面学习有速度地阅读做铺垫。

第二题的表格通过提示，帮助学生在厘清故事的顺序、理解故事内容、感受神话故事神奇的基础上，再用自己的话讲一讲故事。

第三题引导学生读课文内容，让想象丰富、神奇。学生在交流中大胆发表看法，深化对课文的理解。

（二）单元典型性习题横向关联

三篇精读课文《祖先的摇篮》《当世界年纪还小的时候》《羿射九日》围绕“根据课文内容展开想象”展开。

想象一下，在祖先的摇篮里，人们还会做些什么？仿照第2小节或第3小节说一说。（《祖先的摇篮》课后第二题）

课文充满了奇妙的想象。你最喜欢哪部分？好好读一读。（《当世界年纪还小的时候》课后第一题）

选一个开头，接着往下讲。（《当世界年纪还小的时候》课后第二题）

你觉得故事里哪些内容很神奇？和同学交流。（《羿射九日》课后第三题）

《祖先的摇篮》课后第二题引导学生在朗读课文时，进入一种优美而充满情趣的意境，为学生识字学词、朗读积累、展开想象提供帮助。课后第二题“仿照第2小节或第3小节说一说”，着手训练学生仿照两个小节试着表达。《当世界年纪还小的时候》课后第一题鼓励学生根据提示选择不同的事物有指向性地阅读，然后展开想象。课后第二题给孩子搭建一个讲故事的支架，鼓励他们大胆说，把头脑中的想象内容用语言的形式表述出来。《羿射九日》课后第三题鼓励学生大胆想象，并乐于与同学交流自己感受到的神奇。从初次感受想象、试着表达，到有指向性地阅读与在支架下表达，再到乐于与同学交流、自主表达，每课的习题间都是横向关联，层层递进的。

三、落实语文要素的典型性习题教学活动设计示例

（一）典型性习题

以《祖先的摇篮》课后第二题为例：想象一下，在祖先的摇篮里，人们还会做什么？仿照第2小节或第3小节说一说。

教学目标：学生能结合句子想象画面，仿照第2或第3小节说出人们还会在祖先的摇篮里做些什么。

教学重难点：学生能结合句子，想象画面，能仿照第2小节或第3小节说一说人们还会在森林里做什么。

（二）教学设计

1.活动一：在朗读中学习与积累

（1）朗读全文，圈画生字词，读通句子。

①自读全文，圈一圈不认识的生字（祖、掏、逗、蔷、逮、忆）、新词（蔷薇、回忆……），再跟着拼音拼读并识记。（识记检测：抽读、示范读、开火车读、分组读、齐读）

②再读课文，在文中找出带动作的词语，用横线勾画出来再读一读。（摘果子、掏鹊蛋、逗松鼠、逮蝈蝈、采野蔷薇等）

（2）朗读诗歌，勾画问句。

①细读诗歌，勾画出第2、第3小节中的问句，想一想这些带"？"的句子应该怎么读。

②教师示范读问句。学生试读，试着读出疑问的语气。

③再读第2、第3小节，语调轻松活泼，还要读出猜想的意味。朗读与理解内容相结合。"我想——""想"字语音稍微延长，呈现出回忆、思索的感觉。读出疑问的语气，让人感到新奇可爱。可以多种形式朗读，如：指名读、分组读、教师引读。

（3）感叹句。

①再读课文，用波浪线圈画出第1小节和第4小节的感叹句，思考带"！"的句子怎么读，试着读一读。

②教师示范读，学生跟读。基本要求是读正确、读通顺句子，在这样的基础上能突出感情更好。

③再读第1小节和第4小节，读出感叹的语气。

设计意图：读好词句，为理解、感知句子，想象画面打基础。

2.活动二：理解运用

（1）感知句子。

①细读第2小节和第3小节。整体感知，边读边圈出描写祖先在原始森林里做了什么的词语。

②读读课后第三题，在文中找出题中的词语（摘野果、掏鹊蛋、逗松鼠、捉蜻蜓、逮蝈蝈），再读一读这些带动作词语的句子，并体会动词使用得恰到好处。

③再读第2、第3小节，读出节奏。

（2）归类读记。

①继续读一读课后第三题中有的、文中没有的词语，观察归类。（不同动词后面接植物、动物、景物）

②读记，可以配上动作演一演。鼓励学生大胆想象。

设计意图：学生在读中感悟、理解句子，为仿说做铺垫。

3.活动三：想象仿说

(1)在理解课后第三题中的词语的基础上，再思考：在祖先的摇篮里，人们还会做些什么？试着做动作，搭配表情说一说。介绍一下从中体会到了什么。

(2)出示图片，展示原始人狩猎、搭草房等图片，仿照第2、第3小节说一说句子，引导学生边读边想象画面，自由交流讨论你仿佛看到了什么，听到了什么，激发学生乐于交流表达的欲望。交流后，可以再回到课文中反复朗读诗句，再次想象情境，领悟内容、体验情感。

设计意图：借助图片、关键词句等支架引导学生入情入境地领悟内容，体会快乐。

4.活动四：在情境中朗读全诗

用音乐创设情境，学生带着感情朗读全诗，体会诗歌的韵律美。

设计意图：有感情地朗读全诗，将学生带入整个情景中拓展思维，感受诗歌的美。

附：板书设计

祖先的摇篮	
摘野果	掏鹊蛋
逗松鼠	采蔷薇
捉蜻蜓	逮蝈蝈
……	

预期效果：通过系统性的活动训练，大部分学生基本能大声朗读诗歌，能充分发挥想象，并仿照第2或第3小节说出人们还会在祖先的摇篮里做些什么。

思维路径：由词到句再到对整篇课文的了解，再有指向性地读好第2、第3小节并展开想象仿说，这一系列的训练是循序渐进的，学生的思维和表达能力也在逐步提高。

四、课后习题导向下的《当世界年纪还小的时候》教学活动设计

(一)第一课时

教学目标：

(1)学生会认读“纪、必”等14个生字，会写“世、界”等8个字，会写“世界、学习”等14个词语。

(2)学生能较流利地朗读课文，了解课文充满了哪些奇妙的想象。(《当世界年纪还小的时候》课后第一题)

教学重难点：学生能较流利地朗读课文，了解课文充满了哪些奇妙的想象。

1.活动一：识字写字

(1)学习词语“世界”“年纪”，整体认知题目。

① 读题导入，认识“世界”这个词语。说一说自己对“世界”的认识，大概了解其意思。

②指导书写“世界”。教师讲解书写要点：强调“世”的笔顺，起笔是“横”，收笔是“竖折”，“界”起笔是“竖”，收笔也是“竖”。

③再读,记词语“年纪”,引导学生明白“年纪”就是“年龄”的意思。

④齐读课文,教师板书。

(2)初读课文,认读生字。

①教师范读课文,学生认真听,注意生字的读音。学生再借助拼音跟读两遍。

②出示词语(必须、成功、譬如、粗糙、敏感、方式、简单、自由、睁开、秩序),检查认读情况。先抽读,再分组读,最后齐读。

设计意图:多种形式认读生字词语,为朗读课文扫清障碍。

2.活动二:朗读课文,了解内容

(1)指导学生朗读课文。

①教师范读课文;学生跟读。朗读时,读出儿童内心的天真和自由,读出有趣。读好第3自然段中的问句“学发光吗?”,读好第4自然段中连续3个“往低处流”等重点句子,感受生活的简单。

②学生再自由朗读课文,读通顺、读流利。

(2)交流从课文中你了解到的信息。

教师提问1:你从课文中知道了哪些信息?

教师引导学生主动交流获取的信息。如:“太阳学发光”“月亮学会不断变化”“水学习流动”“世界在慢慢变化”……

教师提问2:课文中有哪些神奇之处?在文中画一画。

教师引导学生发现课文中想象的神奇。学生找出句子体会神奇:太阳东升西落是“上山下山”,月亮是一个拿不定主意的天真小孩……

设计意图:朗读好课文,获取关键信息了解课文内容,发现课文中神奇的想象。

(二)第二课时

教学目标:

(1)朗读课文,让学生感受课文奇妙的想象,并能读好自己喜欢的部分。(关联《当世界年纪还小的时候》课后第一题)

(2)学生能根据提示展开想象,用自己的话续编故事。(关联《当世界年纪还小的时候》课后第二题)

1.活动一:朗读课文,引导想象

(1)复习理解。

①出示词语卡片,认读词语:年纪、必须、成功、譬如、粗糙、敏感。

②将词语带入文中读,结合课文理解词语,说说自己的理解。教师引导学生体会世界还小的时候像婴儿一样很柔嫩、敏锐的感觉。

③紧扣重点词语,提问“月亮学会了什么,是怎么学会的”,联系上文“白天他觉得这主意不好,晚上又觉得这主意不错”,联系下文“一阵子这样,一阵子那样”,体会作者把月亮想象成一个“一会儿这样一会那样,拿不定主意的”天真小孩。学生再读课文,明白“这世界就很有秩序了”的意思:万物各自做好自己的事,世界就会很和谐美好。

(2)前后关联,引导想象。

①读第2自然段,提出问题"太阳这个可爱的孩子可能还想学什么本领呢?",引导学生顺着课文的思路,接着往下读。学生寻找文中最喜欢的部分,好好读一读,结合自己的生活经历展开想象,完成课后第一题。教师指导读好第5~7自然段的长句子,将短语读流利,再读整句话。

②全班交流朗读自己喜欢的部分的体会,学生评价,完成下表。

朗读表达	评价内容	评价标准	评价结果
吐字	清楚	☆	
声音	洪亮	☆	
姿态	自信大方	☆	
情感	感情饱满	☆	

设计意图:抓关键句,引导学生找到文中奇妙的部分不断朗读,体会它们的神奇。

(3)思考:还有哪些事物会学习什么呢?教师可举例:小朋友会学弹钢琴、学画画、学练跆拳道、学扫地、学洗碗;燕子会学习衔泥、做窝;蚂蚁会学习搬家、找食物……鼓励学生结合自己的生活实际大胆想象,敢于表达。接着"这世界还相当有秩序……"往下说说,还有哪些事物也做着自己容易做的事。注意引导学生观察插图展开想象,当"星星、高山、巨石、树木、小鸟……"一幅幅美妙的画面出现在学生脑海中时,学生会无拘无束地自由想象。

(4)学生交流想象的内容。

2.活动二:根据提示继续想象

(1)引导学生根据课后第二题的提示,继续想象。

出示课后第二题的开头,引导学生继续交流想象的内容。比如:继续想象风、雨、石头等事物学会了什么,又是如何学习的;还可以开始想象世界最初可能是什么样子。

(2)接着往下讲。

①继续出示:"这世界还相当有秩序……很久很久以前,当世界年纪还小的时候……"

②小组内交流想象的内容,当学生想象漫无边际时,教师要及时引导学生联系生活实际想得具体一些,注意表达时讲清楚想象的内容。教师可给学生一些积极的鼓励性语言,激发其表达的欲望。

③全班展示:选择几个代表在全班讲述。讲述时,声音洪亮,讲清楚想象的内容,语言要连贯。

④总结评价,完成下表。

交流表达	评价内容	评价标准	评价结果
吐字	清楚	☆	
声音	洪亮	☆	
姿态	自信大方	☆	
故事	丰富有趣	☆	
情感	感情饱满	☆	

设计意图:引导学生根据提示联系生活展开想象,打开学生的思维空间,同时培养学生较有条理地表达内容的能力。

附:板书设计

当世界年纪还小的时候 万物都做它最容易做的事 很有秩序 ……

预期效果:学生通过完成一个个的小任务,对课文探索越来越有兴趣,乐于分享故事内容,积极主动续编故事。大部分学生在贴近生活实际续编故事的表述中能大胆创造,充分发挥想象力,一部分表达能力较弱的学生也能根据提示简单表达。

(彭水苗族土家族自治县第一小学校:钟会)

三年级下册

教材整体分析

本册安排了八个主题单元，其中七个单元是以人文主题和语文要素双线结构组成的单元，其人文主题分别是“可爱的生灵”“寓言故事”“中华优秀传统文化”“观察与发现”“多彩童年”“奇妙的世界”“有趣的故事”，在“中华优秀传统文化”单元中还穿插安排了综合性学习活动“中华传统节日”。有一个单元比较特殊：第五单元“大胆想象”是一个习作单元，是围绕习作能力的培养编排的。

本册教材的人文主题和语文要素的梳理如下：

单元	人文主题	语文要素	
		阅读要素	表达要素
一	可爱的生灵	试着一边读一边想象画面 体会优美生动的语句	试着把观察到的事物写清楚
二	寓言故事	读寓言故事，明白其中的道理	把图画中的内容写清楚
三	中华优秀传统文化	了解课文是怎么围绕一个意思把一段话写清楚的	收集传统节日的资料，交流节日的风俗习惯，写一写过节的过程
四	观察与发现	借助关键语句概括一段话的大意	观察事物的变化，把实验过程写清楚
五	大胆想象	走进想象的世界，感受想象的神奇	发挥想象写故事，创造自己的想象世界

续表

单元	人文主题	语文要素	
		阅读要素	表达要素
六	多彩童年	运用多种方法理解难懂的句子	写一个身边的人，尝试写出他的特点
七	奇妙的世界	了解课文是从哪几个方面把事物写清楚的	初步学习整合信息，介绍一种事物
八	有趣的故事	了解故事的主要内容，复述故事	根据提示，展开想象，尝试编童话故事

本册教材立足学生的全面发展，以语文核心素养为本，体现了课程性质，反映了课程理念。如教材“中华优秀传统文化”主题单元，编排了《古诗三首》《纸的发明》《赵州桥》《一幅名扬中外的画》四篇课文，这些课文从不同侧面展现了中华优秀传统文化的魅力，让学生理解、热爱中华文化，建立自觉、自信的文化意识。

《古诗三首》描绘了人们过春节、清明节和重阳节时的情景，表现了相关中华传统节日的民间风俗；学生在学习中华文化的经典文本中口诵心惟、日积月累，形成文化积淀。《纸的发明》介绍了纸的发明经过，告诉人们中国古代的四大发明之一“造纸术”极大地促进了人类社会的进步和文化的发展。《赵州桥》介绍了河北省赵县洨河上的一座著名石拱桥，重点介绍了桥的坚固，同时还介绍了桥的美观，表现了中国古代劳动人民的智慧和才干。《一幅名扬中外的画》具体描绘了北宋都城汴京热闹的街市，再现了古都的风貌和当时人们的生活情景。通过对本单元的学习，学生体会了中华文化的人文精神，增强了文化自信，理解、认同、热爱中华文化。文化自信是一个长期的浸润过程，更是在浸润和对话中自主构建的过程。

“观察与发现”和“大胆想象”侧重对学生思维能力的训练和培养。教材通过引导学生细致观察，让学生对事物有更多的了解，从而养成认真观察周围事物和勤于思考的习惯。“大胆想象”培养学生的想象力和思维能力，激发学生习作兴趣，使学生乐于表达。

“可爱的生灵”“多彩的童年”“奇妙的世界”“有趣的故事”这几个主题单元，让学生通过感受、理解、欣赏、评价语言文字及作品，获得较为丰富的审美经验。“可爱的生灵”通过边读边想象画面，由语言内容和想象直接引发学生的审美感受和审美理解。“有趣的故事”通过理解课文内容，在原有文本的启发下发挥想象，对文中有价值的部分进行假设、推想和复述，从而构建学生的审美。

《义务教育语文课程标准(2022年版)》指出，核心素养的四个方面是一个整体。语言是重要的交际工具和思维工具，语言发展的过程也是思维发展的过程，二者相互促进。语言文字及作品是重要的审美对象，语言学习与运用也是培养审美能力和提升审美品位的重要途径。语言文字既是文化的载体，又是文化的重要组成部分，学习语言文字的过程也是学生文化积淀与发展的过程。在语文课程中，学生的思维能力、审美创造、文化自信都以语言运用为基础，并在学生个体语言经验发展过程中得以实现。

第一单元
可爱的生灵

一、第一单元整体分析

（一）导语描述

教材基于学生在阅读中习得的学习能力，在单元导语部分“飞鸟在空中翱翔，虫儿在花间嬉戏。大自然中，处处有可爱的生灵”提炼了本单元的人文主题“可爱的生灵”，明确了本单元的语文训练要素：

（1）试着一边读一边想象画面，体会优美生动的语句。

（2）试着把观察到的事物写清楚。

（二）整体描述

为了激发学生关爱生命，对动物的喜爱之情，与自然和谐相处的人文精神，本单元围绕“可爱的生灵”主题编排了《古诗三首》，精读文《燕子》《荷花》和略读文《昆虫备忘录》，还编排了“口语交际”“习作”“语文园地”栏目。

（三）语文要素纵向关联

1. 语文要素1：试着一边读一边想象画面

表1　“试着一边读一边想象画面”纵向关联

年段	单元	语文要素
二年级上册	第七单元	读诗句，想象画面
二年级下册	第二单元	读句子，想象画面
三年级下册	第一单元	试着一边读一边想象画面
中高年级	-	读文章，想象画面

二年级上册第四单元和第七单元的课后习题要求学生“读诗句，想象画面”，二年级下册第二单元和

第八单元的“语文园地”对要素要求巩固练习。三年级上册第一单元《大青树下的小学》、第五单元《金色的草地》的课后习题要求“一边朗读课文一边想象课文描写的画面”。三年级下册第一单元学习“试着一边读一边想象画面”。中高年级要求“读文章,想画面”。这些要求旨在培养学生抓住句子中的重要词语联系生活想象画面的能力,在脑海里再现句子所描写的场景,加深对内容的理解,学习过程螺旋上升、梯度进阶。关键词语是“试着”,也就是引导学生尝试这样去做。

2.语文要素2:体会优美生动的语句

表2 “体会优美生动的语句”纵向关联

年段	单元	语文要素
三年级上册	第一单元	关注有新鲜感的词语和句子
	第七单元	感受课文生动的语言
三年级下册	第一单元	体会优美生动的语句
四年级上册	第三单元	体会文章生动准确的表达
五年级下册	第八单元	感受课文中风趣的语言

本单元要求进一步体会、积累文中优美生动的语句。“体会优美生动的语句”是学生对三年级上册“关注有新鲜感的词语和句子”“感受课文生动的语言”阅读能力的提升。四年级上册第三单元要求“留心观察,体会文章生动准确的表达”,五年级下册第八单元要求“感受课文中风趣的语言”。纵向关联语文要素后发现,从“关注”词句到“体会”词句,用词句“表达”,再到“感受”整篇课文的语言,这是一个循序渐进、螺旋上升的训练过程,遵循了学生的认知水平,符合学生最近发展区的要求。

二、基于课后习题的语文要素落点分析

(一)语文要素在各板块的要求

在本单元的教学中,要重点分析“试着一边读一边想象画面,体会优美生动的语句”这一要素如何在每一课或每一板块实现的。

“语文园地”中的“交流平台”的泡泡语:“读到这句话,我能体会到小燕子飞行的轻盈。”这句话既指向事物状态,贴切生动,又指向用语优美、事物特点鲜明和动作细致生动。这为学生体会优美生动的语句提供了学习方法。教师在教学中在引导学生找出或画出优美生动的语句时,不要过多限制,应尊重学生的阅读体验。

这一要素在课后习题中有明确要求:

《古诗三首》课后第二题:结合诗句的意思,想象画面,说说三首诗分别写了怎样的景象。

《燕子》课后第一题:朗读课文,边读边想象画面,并读出对燕子的喜爱之情。

《燕子》课后第三题:找出课文中优美生动的语句,读一读,再抄写下来。

《荷花》课后习题第二题:默读课文,说说你从哪些地方体会到了这一池荷花是“一大幅活的画”。

《荷花》课后习题第三题:画出课文中你觉得优美生动的语句,和同学交流。

习题涉及阅读要素内容,《古诗三首》呈现的是古代诗人眼中美丽的春夏景象;《燕子》一文简笔勾勒了燕子的外形以及飞行、休憩的姿态,展现了燕子的活泼可爱;《荷花》一文细腻地描写了荷花的姿态,把一池荷花描绘成“一大幅活的画”;《昆虫备忘录》则描写了有趣的小昆虫,将昆虫写得情趣盎然。文章多角度展现了大自然中生灵的可爱与美丽。优美生动的语句,生动的画面都强调边读边想。对于哪些是优美生动的语句,教材没有明确的指向。“找出课文中优美生动的语句”“画出课文中你觉得优美生动的语句”,这些课后思考题强调学生的阅读体验,说明优美生动的语句往往带有读者的主观感受。因此,教师在设计学生学习活动时要有开放性,避免拘泥于一个模板。

(二)课后习题的要素指向与活动分析

1.《古诗三首》课后习题分析

第一题:有感情地朗读课文。背诵课文。默写《绝句》。

第二题:结合诗句的意思,想象画面,说说三首诗分别写了怎样的景象。

第一题要求学生了解传承经典文化,重点指导学生读好经典古诗词,积累经典,正确书写经典内容。

第二题是对单元阅读要素的体现,让学生明白想象画面的方法是理解诗句的意思来想象画面;其中让学生描述景象是对学生进行语言运用训练。

2.《燕子》课后习题分析

第一题:朗读课文,边读边想象画面,并读出对燕子的喜爱之情。背诵第1~3自然段。

第二题:读一读,记一记,再说几个这样的词语。

剪刀似的尾巴	伶俐可爱的小燕子
光彩夺目的图画	kuàng 旷亮无比的天空

第三题:找出课文中优美生动的语句,读一读,再抄写下来。

这三道题由读到理解,再到积累,体现了问题设计的梯度。

第一题指向阅读要素,引导学生想象画面的方法是一边读一边想,通过朗读,读出对燕子的喜爱之情。

第二题积累优美生动的词语,通过“再说几个这样的词语”拓展思维,让学生找到构词规律,理解、掌握构词规律——修饰词+名词。这样,物象逐渐变得生动、形象、具体。

第三题要求学生积累优美语句,为语言的运用和生动表达奠定基础。

3.《荷花》课后习题分析

第一题:有感情地朗读课文,注意读好下面的词语。背诵第2~4自然段。

花瓣儿	花骨朵儿	莲蓬	衣裳

第二题:默读课文,说说你从哪些地方体会到了这一池荷花是“一大幅活的画”。

第三题:画出课文中你觉得优美生动的语句,和同学交流。

小练笔:第2自然段写出了荷花不同的样子,仿照着写一种你喜欢的植物。

这四道题是引导学生由记忆、理解到创造性运用，由低阶思维升华到高阶思维，在本单元前两课的基础上增加了学生运用语言的难度。

第一题重点指导学生有感情地朗读，要注意读好儿化音和轻声字；背诵第2~4自然段里优美生动的语言，为生动表达积累语言经验。

第二题要求默读课文，是为了让学生边读边想象画面，由朗读逐渐转为想象，为高年级读文章、想画面做铺垫。

第三题是引导学生在前一课有积累词语经验的基础上理解优美、生动的语句，并能把自己的理解与同学交流，表达自己的看法，也是为高年级能"说出想法，并把理由说清楚"做准备。

小练笔旨在为学生完成本单元习作"我的植物朋友"热身，进行习作支架的搭建，以及重难点的突破训练，也是对学生创造性表达的练习。

（三）单元典型性习题横向关联

1.围绕语文要素"试着一边读一边想象画面"的习题

本单元围绕语文要素"试着一边读一边想象画面"安排了这样的课后习题：

《古诗三首》：结合诗句的意思，想象画面，说说三首诗分别写了怎样的景象。

《燕子》：朗读课文，边读边想象画面，并读出对燕子的喜爱之情。

《荷花》：默读课文，说说你是从哪些地方体会到了这一池荷花是"一幅活的画"。

认真分析课后习题，发现学习任务突出目标的层次性与发展性。古诗教学旨在整体把握古诗，初步体会意境之美。想象画面旨在抓住关键词语，并将其与插图结合起来想象，组合、建构景物，调动多种感官将景物串联并转化为有声有色、动静相间的一幅幅画面。《燕子》与本单元第一课古诗不同的是，其本身就在描写燕子的外形图、飞行图、栖息图，展示了活泼可爱的小燕子，流露出作者对燕子的喜爱之情。学生通过一边朗读一边联系生活经验想象一幅幅画面，读出作者对燕子的喜爱之情。情景交融，喜爱之情自然生发。《荷花》通过描写与我们生活密切相关的优美生动的语句（挨挨挤挤、饱胀、翩翩起舞等）和情境（站在阳光里、微风吹过等），引发学生联系生活经验去想象，将自己置身于美景中。因此，不用朗读而是默读，重心在于想象画面，想象一大幅活的画，仿佛自己就是荷花（具象化的荷花让人身临其境）。三篇文章在想象画面的要求上，由想他物到逐渐置身于景物，潜移默化，学生对大自然的喜爱之情油然而生。

2.围绕语文要素"体会优美生动的语句"的习题分析

本单元围绕语文要素"体会优美生动的语句"安排了这样的课后习题：

《燕子》：找出课文中优美生动的语句，读一读，再抄写下来。

《荷花》：画出课文中你觉得优美生动的语句，和同学交流。

习题由朗读、抄写到交流，这是梯度进阶发展的体现。抄写只是关注优美生动的语句，交流就需要在关注的基础之上去理解句子。

如何体会优美生动的语句？"语文园地"的"交流平台"提供了学习框架：阅读时，遇到优美生动的语句要多读几遍，细细体会。

第一句："小燕子的翼尖或剪尾，偶尔沾了一下水面，那小圆晕便一圈一圈地荡漾开去。"读到这句时，我能体会到小燕子飞行的轻盈，是指向“用语优美，事物特点鲜明”。

第二句：“有的还是花骨朵儿，看起来饱胀得马上要破裂似的。”作者的感受真独特，把花骨朵儿的状态写活了，这是指向“事物状态，贴切生动”。

第三句：“瓢虫款款地落下来了，折好它的黑绸衬裙——膜翅，顺顺溜溜；收拢硬翅，严丝合缝。”这些细致的动作描写，让小瓢虫仿佛出现在了我的面前，指向“动作细致生动”。

这些句子就是要引导学生从不同角度去体会优美生动的语句，拓宽思维、想象画面。

三、落实语文要素的典型性习题教学活动设计示例

（一）典型性习题

《古诗三首》课后第二题：结合诗句的意思，想象画面，说说三首诗分别写了怎样的景象。

本题设计指向“试着一边读一边想象画面”的语文要素。教学时，教师应重在引导学生在读的基础上联系生活实际，借助注释、插图想象画面。

（二）教学设计

教学目标：

（1）学生能有感情地朗读古诗《绝句》。（关联课后第一题）

（2）学生结合注释、插图一边读一边想象《绝句》描写的画面，理解诗句意思。（关联课后第二题）

1.活动一：读古诗，初步感知古诗描绘的景物

四读古诗：一读，读正确，借助拼音把古诗读正确；二读，读通顺；三读，读注释、插图、作者；四读，画出停顿符号，读出节奏和语调。

学生读注释“迟日、泥融、鸳鸯”，初步感知古诗诗意；读插图“燕子、鸳鸯、花”，构建物象；读作者杜甫，了解诗人。第四读在理解古诗的基础上读出《绝句》的节奏和语调。读“迟日江山丽，春风花草香”时，朗读速度放缓，“丽”和“香”适当延长，饱满而充分；“融”字开始，语调上扬，语速加快；“燕子”拉长，重读“燕”，“子”轻读收尾；“沙暖睡鸳鸯”语调舒缓。

设计意图：指导读好古诗，为后面理解诗句，一边读一边想象画面奠定基础。

2.活动二：圈画诗句中的主要景物及其特点

（1）圈一圈诗句中描写的景物（“山”“花”“泥”“燕子”“沙”“鸳鸯”），在头脑中建构物象。

（2）小组合作讨论自己圈画的景物。

（3）小组合作学习，探讨诗句中物象状态词有哪些。（“丽”“香”“融”“暖”“飞”“睡”等词使景物具象化）

设计意图：学生在圈画关键信息时一边读一边想象画面，建构画面物象，帮助理解诗句所写的景物。

3.活动三：一边读一边想象画面

（1）指导想象画面的方法：活动二找出了物以及物的特点，在此基础上引导学生调动多种感官串联

物的特点想一幅幅画面。由远到近,抓住“丽”“香”“融”“暖”物的特点,从视觉、嗅觉、触觉等方面展开想象;聚焦“飞”“睡”两个动词,从空间、动静姿态、忙闲情趣方面展开想象,使画面更广阔,意境更生动。

(2)小组合作学习,根据圈画的词语尝试一边读一边想象画面。

设计意图:指导学生调动多种感官一边读一边想象画面,理解诗句意境,拓展想象空间,带领学生进入诗人的情感世界,感知自然的神奇。

4.活动四:说一说你想到的画面

(1)小组合作学习:借助注释、插图把头脑里想的画面描述出来。

(2)小组交流,说清楚想象的画面。

设计意图:借助注释、插图把头脑里想的画面描述出来,是对语言建构与运用的训练。

预期效果:学生通过朗读加深理解,借助注释和插图来理解、想象诗中的美景,借助注释和插图说画面是进行语言的建构与表达训练。

思维路径:通过这一系列的教学活动,学生的训练难度逐渐提高,学习循序渐进。由朗读而展开联想到最后表达画面,能培养学生的审美鉴赏能力和表达能力。

四、课后习题引导下的《荷花》教学活动设计

(一)教学目标

(1)学生认识4个生字,读准多音字“挨”,会写11个字、15个词语。

(2)学生有感情地朗读课文,重点指导学生能读好“花瓣儿、花骨朵儿”等儿化词和“莲蓬、衣裳”等轻声词。背诵第2~4自然段。(关联课后第一题)

(3)学生边读课文边想象画面,体会优美生动的语句,体会这池荷花是“一大幅活的画面”。(关联课后第二题)

(4)学生能仿照第2自然段描写荷花不同的样子,写一种自己喜欢的植物。(关联单元习作表达)

(二)教学重难点

体会荷花的美,学习边阅读边想象画面的读书方法。

(三)教学设计

1.活动一:认读生字,并规范书写

(1)活动主题1:认识“蓬、胀”等4个生字,读准多音字“挨”。

①出示生字卡片,引导学生认读,关注学习困难学生读准生字字音。

②重点指导学生读准后鼻韵母字“篷、胀”。

③读准词语的音:莲蓬、饱胀、挨挨挤挤、破裂、花瓣儿、姿势、仿佛、翩翩起舞、衣裳、舞蹈、停止。重点指导“蓬、裳”的轻声读法,“莲蓬、衣裳”在词语后读轻声,且短。儿化韵词语,如“花瓣儿、花骨朵儿”,

注意卷舌动作。

④结合语境读准多音字。

挨:荷叶挨挨(āi)挤挤的,像一个个碧绿的大圆盘。(我还会说:挨近、挨个儿、挨门挨户)。小明回家挨(ái)打了,伤心地哭了。

骨:有的还是花骨(gū)朵儿,看起来饱胀得马上要破裂似的;小明看见了,一骨(gū)碌爬起来,惊奇地看着花骨朵儿。下午放学回家的路上,小明看见一只小狗津津有味地啃着骨(gǔ)头。

(2)活动主题2:会写"瓣、蓬"等11个字,会写"荷花、清香"等15个词语。

①引导学生用学过的方法观察分类,找书写规律。

上下结构:蓬、裂、姿、势,4个字上下比例差不多,教师重点指导"蓬"和草字头。

左右结构:胀、仿、佛、蹈、随,左窄右宽。"蹈"的右下部分的中间是两个短横,"随"的走之底最后写。

左中右结构:瓣,3个部分要写紧凑,注意避让穿插。

独体字:"止"注意第一个笔画"竖"在田字格的竖中线上。

②学生根据观察和教师的指导,认真书写生字。

书写要求:正确书写;笔画舒展、工整。

具体做法:写好一个字后与生字表对照、观察,如果对照出不足,就再写一次,直到写好了后才写下一个字。

③词语书写。

书写要求:正确书写;笔画舒展、工整。

具体做法:先读词语,观察词语中每个字的字形结构,书写词语时需连续书写,不能看一个字写一个字。写完后对照、观察,判断是否做到正确书写。如果观察出不足就再书写一次,直到写好了再书写下一个词语。

设计意图:检查学生预习情况,培养学生自学生字词的习惯。书写词语时培养学生提高书写速度的能力。

2.活动二:朗读课文第2自然段,想象画面,背诵

(1)活动主题1:通过朗读想象画面。回忆学习古诗词时总结的"四法"——一读、二圈、三想、四说。

①读好第2自然段:一读,把字音读正确(借助拼音);二读,把句子读通顺;三读,把句子读明白(结合插图);四读,读出停顿、快慢、轻重。小组比一比,展示朗读效果。

②圈画景物:小组合作学习圈一圈,记录员完成导学单。

物	样子	颜色	状态
荷叶	大圆盘	碧绿	挨挨挤挤
荷花	-	白	冒
花瓣儿	-	-	展开两三片、全展开
莲蓬	小	嫩黄色	-
花骨朵儿	-	-	饱胀得要破裂似的

第一次找出第2自然段中描写的物,组内读一读这些词语;第二次找出描写物的样子的词语,第三

次找出描写物的颜色的词语。

③想象画面：小组合作学习，一边读一边想象画面。教师引导学生调动各种感官，根据导学单结合插图想象物的样子、颜色、状态。

④说一说自己想象的画面：小组练习结合导学单用原文词句说说荷叶、荷花的美。

(2)活动主题2：交流优美生动的语句，感知荷花美。

①与同学交流优美生动的语句，感受荷花的美。

学习“四法”后，你觉得优美生动的语句是哪些？说来听一听。

句子1：“有的还是花骨朵儿，看起来饱胀得马上要破裂似的。”“饱胀得马上要破裂似的”把花骨朵儿写活了。

句子2：“荷叶挨挨挤挤的，像一个个碧绿的大圆盘。”“挨挨挤挤”可以想象同学们拥挤在一起热闹的画面，画面更生动活泼。

对于泡泡语中提示的“挨挨挤挤”“冒”以及“饱胀”“破裂”等词语，教师引导学生通过换词、比较朗读的方式进行体会：为什么作者用“挨挨挤挤”，而不用“密密麻麻”呢？而后，进一步引导学生联系生活经验想象“挨挨挤挤”的画面，感受荷叶“挨挨挤挤”在一起的情趣。

教师引导学生体会“冒”与“长”的区别，“冒”能感受到活力。

②背诵第2自然段。

第一次，根据导学单建立物象，要求学生根据导学单中填写的顺序记住物。

第二次，根据导学单组织语言。荷叶挨挨挤挤像碧绿的大圆盘，白荷花冒出来，展开两三片花瓣儿，花瓣儿全展开，嫩黄色的小莲蓬，花骨朵儿饱胀得要破裂似的。

第三次，小组背诵。

设计意图：教师引导学生运用古诗的学习方法学习写景文章，一边读一边想象画面，教给学生学习方法；借助作业单，为学习提供框架，尊重个体差异。

3.活动三：小练笔——仿照第2自然段写一种自己喜欢的植物

(1)填写你喜欢的植物，完成导学单。

物	样子	颜色	状态

(2)根据导学单填写植物的样子、颜色、状态，描写植物。

(3) 评一评：语句通顺，没有错别字；写清楚植物的样子、颜色或者状态。

设计意图：借助作业单读和写，学习描写植物的方法；活动中，教师要尊重学生的个体差异；练习写，为单元习作奠定基础。

4.活动四：朗读第4自然段，感受想象化身荷花之趣，体会“一大幅活的画”

(1)理解“活”。

①出示关键语句，并朗读：“如果把眼前的一池荷花看作一大幅活的画，那画家的本领可真了不起。”

②理解“活”的意思。三选一：生存，有生命；生动活泼，不死板；工作。

(2)学习第4自然段，感受想象化身荷花之趣，体会“一大幅活的画”。

①自由读第4自然段。

②播放纯音乐《荷叶的思念》，用教师示范朗读、小组读、学生齐读等多形式朗读。

③播放纯音乐《荷叶的思念》，教师引领学生想象画面，并讲述第4自然段内容："我忽然觉得自己仿佛就是一朵荷花……"

④你从哪里听出"生动活泼，不死板"的画面？说来听听。（微风吹、翩翩起舞、衣裳随风摆动、蜻蜓飞过来、小鱼游过）

⑤听音乐，朗读并体会"一大幅活的画"的画面："过了好一会儿，我才记起我不是荷花，我是在看荷花呢。"你怎么理解这句话？你能读出如痴如醉的感受吗？教师带领学生听音乐并朗读第4自然段。

设计意图：拓展想象空间，抓关键信息想象画面，训练学生的语言表达能力和语言运用能力。

预期效果：在多形式的趣味性教学活动中，教师争取让学生一课一得。90%的学生在课上习得生字，能读准多音字，会写生字、词语；读好"花瓣儿、花骨朵儿"等儿化词和"莲蓬、衣裳"等轻声词；在搭建的框架支持下，背诵、积累优美句段。80%的学生能运用"读、圈、想、说"学习方法一边读课文一边想象画面，体会优美生动的语句"一大幅活的画面"，感知古诗的美；通过小练笔结合读写，学习描写植物，为单元习作奠定基础。

附：板书设计

荷	花
看荷花	想荷花

（彭水苗族土家族自治县第一小学校：代顺会）

第二单元
寓言故事

一、第二单元整体分析

（一）整体描述

为了激发学生阅读寓言故事的兴趣，学习经典寓言故事的阅读方法，本单元以“寓言故事”为主题，继三年级上册“童话世界”单元之后，第二次以文体组元，编排了《守株待兔》《陶罐和铁罐》《鹿角和鹿腿》《池子与河流》四则寓言故事。这四则寓言故事的题材涵盖古今中外，有中国古代寓言、当代寓言，也有伊索寓言和克雷洛夫寓言；文体有故事，还有诗歌。丰富多样的学习素材，为学生认识、了解寓言打开了一扇窗。

单元体现了“三位一体”的学习方法，由课内习得的阅读方法迁移到“快乐读书吧”中阅读中国古代寓言、伊索寓言、克雷洛夫寓言等经典寓言故事。

1. 语文要素纵向关联

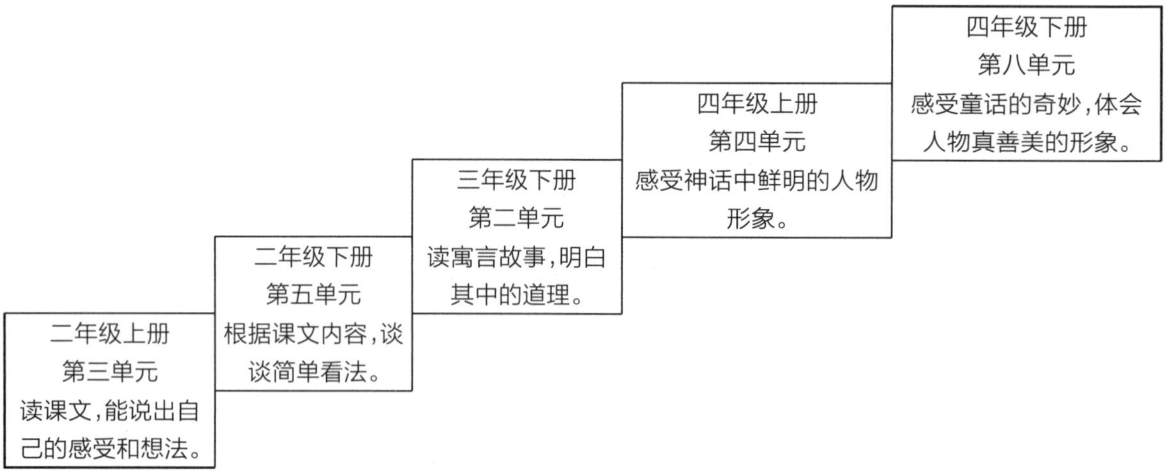

图1 “读寓言故事，明白其中的道理”纵向关联图

关于“读寓言故事”，在此之前，学生已经学过一些寓言（《坐井观天》《狐假虎威》《寓言二则》），对寓言有过感性的认识。这次专门编排寓言单元，旨在引导学生进一步认识和了解寓言这种文学体裁。本单元的四篇课文运用多种形式，引导学生不仅要理解寓言故事的内容，还要关注寓言中蕴含的道理，“交

流平台”则引导学生对寓言的基本特点及阅读寓言的好处进行梳理、总结。

关于“明白其中的道理”，二年级上册第三单元提出“读课文，能说出自己的感受和想法”，其课后题形式多样，引导学生畅谈自己的感受或想法。《玲玲的画》抓关键句，关联生活谈体会；《曹冲称象》针对两种称象办法，通过比较，谈自己想法。二年级下册第五单元围绕“办法”编排了3篇课文，故事有丰富的人文内涵，引导学生多角度思考，或联系实际谈生活中类似的事例，明辨是非，或从故事中的不同侧面发散思考，获得不同感受。本单元是引导学生在梳理故事内容的基础上明白道理，并与生活实际关联，体会寓言蕴含的道理，提高学生的思辨能力。四年级上册第四单元提出“感受神话中鲜明的人物形象”，故事中人物勇于献身、坚韧不拔、勇敢不屈。四年级下册第八单元提出“感受童话的奇妙，体会人物真善美的形象”。纵向关联小学各年段的课程内容，对学生的能力训练呈现梯度化的上升趋势，强化了课程育人的导向。

（二）导语页

教材基于学生在阅读中习得学习能力，在单元导语页提炼了单元人文主题“寓言是生活的一面镜子”，还明确了本单元的语文训练要素“读寓言故事，明白其中的道理”。

二、基于课后习题的语文要素落点分析

（一）课后习题的要素指向与活动分析

1.《守株待兔》课后习题分析

第一题：把课文读通顺，注意读好“因释其耒而守株”。背诵课文。

第二题：借助注释读懂课文，说说那个农夫为什么会被宋国人笑话。

第三题：读读“阅读链接”，和同学交流：故事中的坐车人错在哪里？（阅读链接《南辕北辙》，详见教材）

三道课后习题把本课的教学难点分解，训练由易到难、循序渐进，对学生进行阅读能力培养。

第一题要求学生把课文读通顺，这是小学阶段安排的第二篇文言文，第一篇要求能跟着教师读出正确的词句停顿即可，第二篇在第一篇的基础上提高了要求，不仅要注意停顿，还要借助停顿读通、读正确。“因释其耒而守株”这句相对较长，注意提醒学生处理好停顿。多形式练习，才能把课文读通顺。背诵是为了积累精练的语言、积累语感。

第二题“借助注释读懂课文”指向读懂课文的学习方法是借助注释，“说说那个农夫为什么会被笑话”引导学生抓关键语句了解先人的思辨，指向阅读要素“读寓言故事，明白其中的道理”。

第三题是学生阅读的迁移运用，通过交流探讨明白《南辕北辙》的寓意。

2.《陶罐与铁罐》课后习题分析

第一题：默读课文。说说陶罐和铁罐之间发生了什么故事。

第二题：结合课文中描写陶罐、铁罐神态和语言的语句，说说陶罐、铁罐的性格有什么不同，再分角色朗读课文。

第三题:从陶罐和铁罐不同的结局中,你明白了什么道理?

第四题:读读“阅读链接”,想想故事中的北风和课文中的铁罐有什么相似之处。(阅读链接《北风和太阳》,详见教材)

本单元第二课的课后习题在第一课的基础上增加了一定难度。

第一题指向梳理故事主要内容,明确学生以默读的形式进行学习。

第二题要求学生借助人物的语言和神态学习了解人物性格的方法,通过分角色实践、体验,理解人物性格特点,以此帮助学生读懂寓言故事的道理。

第三题通过不同结局引发思辨,说说自己的理解,是对学生逻辑思维的训练。

第四题“阅读链接”是学生对寓意的迁移运用,加深对课文的理解,明白其中道理。

3.《鹿角和鹿腿》课后习题分析

第一题:朗读课文,注意读出鹿的心情变化。

第二题:根据下面的提示,用自己的话讲讲这个故事。

角:美丽	欣赏	差点儿送命
腿:难看	抱怨	狮口逃生

第三题:下面的说法,你赞成哪一种?说说你的理由。

美丽的鹿角不重要,实用的鹿腿才是重要的。
鹿角和鹿腿都很重要,它们各有各的长处。

第一题是朗读课文,学生通过读出鹿的心理变化来理解故事,与《陶罐与铁罐》理解故事的方法不一样。本单元两篇寓意故事教给学生借助语言、神态、心情变化理解人物性格特点的方法。

第二题的提示是为学生讲故事搭建学习支架。

第三题读懂故事的道理,用选择的形式降低学生表达的难度,多元化的思考,也为表达清楚提供模式。“说说你的理由”是对学生思辨力的训练。

(二)单元典型性习题横向关联

“读寓言故事,明白其中的道理”横向也有关联。课后习题:

借助注释读懂课文,说说那个农夫为什么会被宋国人笑话。(《守株待兔》课后第二题)

从陶罐和铁罐不同的结局中,你明白了什么道理?(《陶罐和铁罐》课后第三题)

下面的说法,你赞成哪一种?说说你的理由。(《鹿角和鹿腿》课后第三题)

美丽的鹿角不重要,实用的鹿腿才是重要的。
鹿角和鹿腿都很重要,它们各有各的长处。

结合生活实际说一说:池子与河流的观点,你更赞同哪一种?(《池子与河流》课前导语)

《守株待兔》《陶罐和铁罐》课后习题是理解寓意;《鹿角和鹿腿》课后练习引导学生多元化思考,没有标准答案,提高学生思辨力;《池子与河流》课前导语让学生结合生活实际说,批判性思考,是审辨。四篇文章的习题发展性进阶,引导学生从不同方面读懂寓言故事,多元化思考,逐渐提高学生思辨能力。本单元各部分之间关联性较强，可以根据教学需要灵活安排教学内容。比如，“快乐读书吧”不仅推荐了中外经典的寓言故事，还提示了阅读寓言的基本方法，因此可将“快乐读书吧”的学习提前。这样，不仅将课内外的阅读结合起来学习，还可提示学生把阅读寓言的方法用于课内的阅读实践。此外，“语文园地”中“日积月累”的学习可以与《守株待兔》一课的教学进行整合；“词句段运用”第二题可以与《鹿角和鹿腿》的课后练习“用自己的话讲讲这个故事”进行整合，让学生把故事讲述得更加生动。

（三）其他课后习题的语文要素分析

《守株待兔》课后第一题：把课文读通顺，注意读好“因释其耒而守株”。

《陶罐与铁罐》课后第一题：默读课文。说说陶罐和铁罐之间发生了什么故事。第二题：结合课文中描写陶罐、铁罐神态和语言的语句，说说陶罐、铁罐的性格有什么不同，再分角色朗读课文。

《鹿角和鹿腿》课后第一题：朗读课文，注意读出鹿的心情变化。

分析这些课后习题，它们都涉及“读”，第一课是把课文读通顺，注意读好文言短文的长句子。第二课是默读课文，分角色朗读。第三课是注意读出鹿的心情变化。用不同形式训练读，意在以读促进学生理解课文内容。

三、落实语文要素的典型性习题教学活动设计示例

（一）典型性习题

以《陶罐和铁罐》课后第三题为例：从陶罐和铁罐不同的结局中，你明白了什么道理？

本题设计指向“读寓言故事，明白其中的道理”的语文要素，从陶罐和铁罐不同的结局中，去明白寓言故事的道理。

教学目标：(1)学生能厘清故事经过，读懂谁与谁发生了什么故事。(关联课后第一题)(2)从陶罐和铁罐不同的结局中，引导学生明白寓言的道理。(关联课后第三题)

（二）教学设计

1.活动一：读懂内容

(1)合作学习，根据图和文厘清寓言故事的开头与结局。

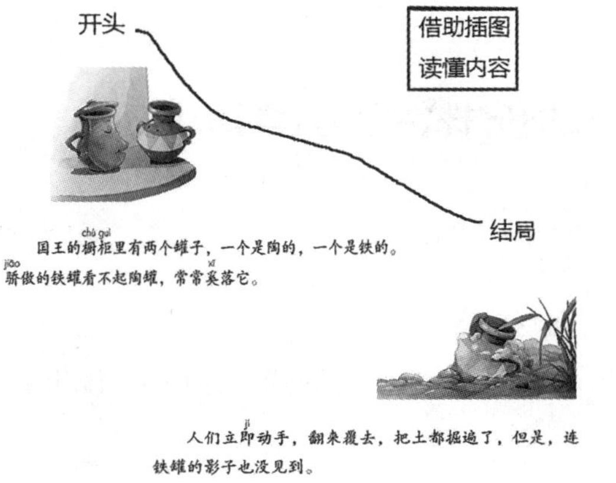

①学生根据两幅图和开头与结尾的文字读懂:谁与谁的故事?结果怎么样?

②小组合作完成导学单。

故事人物	陶罐　　铁罐
故事起因	骄傲的铁罐看不起陶罐,常常奚落它
故事经过	宫殿变为废墟,一群人掘开土层后,发现了陶罐
故事结局	连铁罐的影子也没有见到

(2)合作学习,梳理陶罐和铁罐之间发生的故事。

①故事场景。

故事场景	国王的橱柜		荒凉的废墟	
故事经过	陶罐	铁罐	陶罐	铁罐
	谦虚	傲慢 轻蔑 恼怒	光洁 朴素 美观	—
故事结局	连铁罐的影子也没有见到			
我的思考	它们的结局是由各自的特点决定的。每个人各有所长,面对优点不能骄傲,要谦虚			

②读课文场景一“国王的橱柜”中它们的对话,圈出描写它们各自神态的词语,完成导学单。

③读课文场景二“荒凉的废墟”部分,找出描写陶罐的词语,完成导学单。

设计意图:借助作业梳理课文内容,梳理故事时要明确故事的起因、经过、结果。

2.活动二:知晓结局,领会寓意

(1)结局是许多年后,陶罐依然光洁、朴素、美观,但为什么连铁罐的影子也没有见到?小组讨论,归纳小组意见,完成导学单“我的思考”。读“阅读链接”,引导学生把两个寓言故事进行对比阅读,领会寓意。

(2)联系生活实际讨论:用生活中各有所长的事例来说说。

设计意图:梳理故事,明确故事结局,结合生活经验领会故事寓意。

预期效果:搭建学习支架争取90%的学生能梳理故事内容,并通过结局明白故事的道理。

思维路径:这一系列的教学活动,用表格梳理故事内容,弄清楚故事的经过,由故事结局去思考、得出道理,训练逻辑思维能力。

四、课后习题引导下的《守株待兔》教学活动设计

(一)教学目标

(1)学生能认识4个生字,会写9个字。

(2)学生能正确、流利地朗读课文。能借助注释读懂课文,说出农夫被宋国人笑话的原因。背诵课文。(关联课后第一、第二题)

(3)学生能联系生活经验说出“阅读链接”《南辕北辙》中乘车人所犯的错误。(关联课后第三题)

(二)教学重难点

教学重点:引导学生读懂每句话的意思,准确断句,流利朗读、背诵。

教学难点:引导学生理解故事内容并感悟故事告诉我们的道理。

(三)教学设计

1.活动一:初读课文,注意读准字音,会写生字

(1)检查预习:读课文,注意读准字音。注意读准生字“宋、耕、释、冀”。“为”读wéi。

(2)指导书写。分类观察书写规律:穿插避让的字“株、耕、释”;横画较多的字“待、耕、其”,横的长短不一致,考虑好笔画长短比例和距离,避免拥挤。

设计意图:检查预习,培养学生主动积极的学习习惯。指导书写,培养观察能力,提高审美能力,养成良好的书写习惯。

2.活动二:课文读通顺,读好“因释其耒而守株”

(1)读好词语“宋人、耕者、耒、守株、宋国”。

(2)读“因释其耒而守株”,停顿划分“因/释其耒/而守株”。

(3)正确停顿,感知文言文韵味。宋人/有耕者。田中/有株。兔走/触株,折颈/而死。因/释其耒/而守株,冀/复得兔。兔/不可复得,而/身为宋国笑。

(4)多形式朗读,学生正确停顿,注意指导停顿处要音断、气息相连。

设计意图:指导读好文言短文,为理解文言短文的意思奠定基础。

3.活动三:借助注释、插图读懂课文意思,背诵课文

(1)可借助注释、插图,理解课文的意思。“因释其耒而守株”一句,“因”是“于是”的意思,“释”是“放下”的意思,借助注释和插图弄明白“耒”和“株”的意思,再把几个字的意思串联起来,就能明白这句话大致的意思。

(2)关注古今词义的不同,“走”是“跑”的意思,在文言文表示“走”的意思用的是“行”,这与现在我们说的“走”不同。

(3)指导背诵课文。

填空补充:宋人有(耕者)。田中(有株)。兔走(触株),(折颈)而死。因(释其耒而守株),冀(复得兔)。兔(不可复得),而(身为宋国笑)。

设计意图:借助注释、插图理解文言短文,教给学生学习文言短文的方法。补充词句降低背诵难度,反复诵读加深对文本的理解。

4.活动四:抓人物行为,领悟故事蕴含的道理

(1)体会人物想法。教学时可以启发学生对照课文插图,展开想象:兔子“折颈而死”后农夫会想些什么?引导学生体会农夫希望天天能捡到兔子的侥幸心理。

(2)从故事中领悟寓意。

①教师问:“因释其耒而守株”这句话说的是谁?他“释其耒而守株”的结果是什么?

②小组讨论:“农夫为什么被宋国人笑话?他究竟错在哪儿?”帮助学生认识到兔子撞死在树桩上只不过是一件极偶然的事情,而农夫却希望这个极偶然的事情天天发生,所以他错了,从而明白故事蕴含的道理。

(3)联系生活,理解寓意,在明白道理的基础上分小组讨论对故事的理解。

设计意图:用多种方法领会寓言故事道理。

5.活动五:阅读与交流

(1)学生默读“阅读链接”里的故事《南辕北辙》,了解故事内容。

(2)小组自学,想想这个人所犯的错误,然后和同学交流,说说自己的看法,通过交流弄懂这则寓言的寓意。

(3)积累寓言故事的成语。

①寓言故事的成语你还知道哪些?说来听听。

②滥竽充数、掩耳盗铃、自相矛盾、刻舟求剑、画蛇添足、杞人忧天、井底之蛙、杯弓蛇影……

设计意图:拓展阅读,引导学生关联生活,读懂寓意。

附:板书设计

守株待兔
兔不可复得　　　而身为宋国笑

预期效果:通过多形式的趣味性活动设计,争取一课一得,90%的学生在课上会认识生字,读准字音,会写生字,正确、流利地朗读课文;85%的学生能厘清故事经过,借助注释读懂课文,说出农夫被宋国人笑话的原因;90%的学生能背诵课文;90%的学生能说出“阅读链接”《南辕北辙》中乘车人所犯的错误,避免自己在生活中犯类似的错误。通过这一系列的教学活动,学生的训练由易到难,学习循序渐进。用学习单搭建学习支架,以读代讲,激发学生思考的主动性,培养良好的学习习惯。“阅读链接”鼓励学生与生活实际结合,避免犯类似的错误,充分体现语文课程工具性与人文性的统一。

(彭水苗族土家族自治县第一小学校:代顺会)

第三单元
中华优秀传统文化

一、第三单元整体分析

（一）整体描述

三年级下册第三单元为了让学生感受中华优秀传统文化的魅力，以“中华优秀传统文化”为主题，编排了《古诗三首》《纸的发明》《赵州桥》《一幅名扬中外的画》四篇课文，这些课文从不同侧面展现了中华优秀传统文化的魅力。《古诗三首》描绘了春节、清明和重阳节里人们过节时的情景，表现了相关中华传统节日的民间风俗；《纸的发明》介绍了纸的发明经过，告诉人们中国古代的四大发明之一“造纸术”极大地促进了人类社会的进步和文化的发展；《赵州桥》介绍了河北省赵县洨河上的一座著名石拱桥，重点介绍了桥的坚固，同时还介绍了桥的美观，表现了中国古代劳动人民的智慧和才干；《一幅名扬中外的画》具体描绘了北宋都城汴京热闹的街市，再现了古都的风貌和当时人们的生活场景。

（二）导语页

为促进学生语文素养的发展，三年级下册第三单元导语页明确了本单元的人文主题——“深厚的传统文化，中国人的根”，还明确指出了本单元的阅读要素“了解课文是怎么围绕一个意思把一段话写清楚的”，以及综合性学习要素“收集传统节日资料，交流节日风俗习惯，写一写过节的过程”。

（三）语文要素纵向关联

1. 阅读要素纵向关联

表1 “了解课文是怎么围绕一个意思把一段话写清楚的”纵向关联

年段	单元	阅读要素
三年级上册	第六单元	借助关键语句理解一段话的意思
三年级下册	第三单元	了解课文是怎么围绕一个意思把一段话写清楚的
	第七单元	了解课文是从哪几个方面把事物写清楚的

在三年级上册学生学习“借助关键语句理解一段话的意思”,此要求主要是从理解内容的角度提出的。本单元主要是从学生学习表达的角度提出的,知道围绕一个意思写清楚一段话的具体方法,促进学生深入理解课文内容,为学生进行“围绕一个意思把一段话写清楚”的习作提供方法上的引导。到三年级下册第七单元时,学生还将进一步学习“了解课文是从哪几个方面把事物写清楚的”。

2.综合性学习要素纵向关联

表2 “收集传统节日资料,交流节日风俗习惯,写一写过节的过程”纵向关联

年段	单元	综合性学习内容
三年级下册	第三单元	中华传统节日
四年级下册	第三单元	轻叩诗歌大门
五年级下册	第三单元	遨游汉字王国
六年级下册	第六单元	难忘小学生活

三年级下册第三单元的“综合性学习”是在本套教材中首次出现的综合性学习栏目,本套教材一共设置了四次综合性学习,其他三次分别在四年级下册第三单元、五年级下册第三单元和六年级下册第六单元。

这次综合性学习活动主要围绕生活中的传统节日展开,既和单元主题密切相关,又和学生的生活紧密结合,适合在不同地域开展。在课堂上,学生阅读有关中华优秀传统文化的文章;课余,和小伙伴们一起通过各种途径、采用多种方式了解传统节日,感受身边的优秀传统文化。活动要求学生通过不同渠道,收集介绍我国传统节日的资料,并通过写过节的过程和交流节日的风俗习惯等方式展示学习成果,使学生在活动中进一步了解身边的中华优秀传统文化,感受中华优秀传统文化的魅力。学生在收集、整理、展示、交流中发展了综合能力。

二、基于课后习题的语文要素落点分析

(一)语文要素在各板块的要求

在本单元的教学中,单元语文要素在每一课或每一板块的要素目标应该如何确立?教材各个板块中如何有侧重、有梯度地将语文要素落到实处?我们可以从以下分析来看:

《古诗三首》中三首古诗都描述了人们过节时的情景,为学生搜集传统节日资料做铺垫。

《纸的发明》引导学生学习提取文中的关键信息,了解课文是怎样围绕一个意思把一段话写清楚的。

《赵州桥》引导学生学习抓关键句,了解课文是怎样围绕一个意思把一段话写清楚的,并学习总分结构的构段方式。

《一幅名扬中外的画》引导学生迁移运用前两课所学的方法进行学习,并学习课文围绕一个意思把一段话写清楚的写作方法。

“交流平台”则以《赵州桥》和《一幅名扬中外的画》为例,梳理课文的相关段落是如何围绕一个意思把一段话写清楚的,进一步提升学生的能力。

（二）课后习题的要素指向与活动分析

1.《古诗三首》课后习题分析

第一题：有感情地朗读课文。背诵课文。默写《清明》。

第二题：这三首诗分别写的是哪个传统节日？写出了什么样的节日情景？

第一题，是古诗词教学的常规要求，但也与单元的语文要素有一定关联。学生只有借助注释和插图理解了诗句的意思，才能知道诗人是怎么把节日习俗 …… 的思想感情，最后才能将作者的情感融入自己的朗读，做到背诵和默写。

第二题是综合性学习要素的体现，学生通过学习诗 …… 习俗和过节情景，在生活中体验中华优秀文化的丰富多彩。学生感受到传统节 …… 身边，为综合性学习做好铺垫。

课后第一次综合性学习活动提出了学习任务：了解我 …… 传统节日，节日里有哪些习俗。题目重在激发学生的活动兴趣和愿望，可以看作是活动的第一个阶段。这一阶段主要引导学生讨论如何组建学习小组，指导学生做好活动分工，并引导学生学习资料收集的方法。

2.《纸的发明》课后习题分析

第一题：默读课文，想想每个自然段的意思，再照样子填写下面的图表。

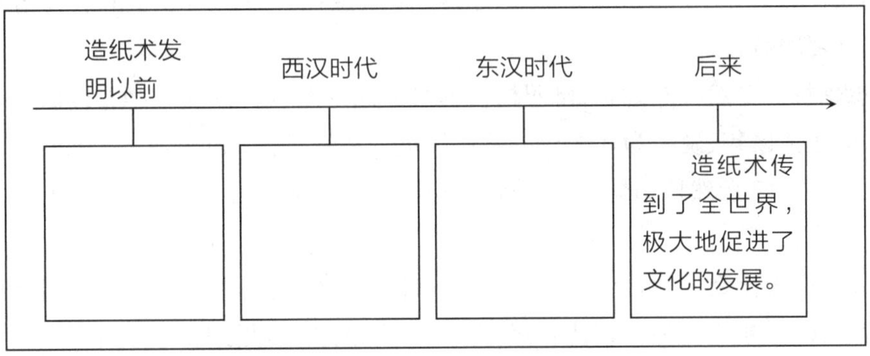

第二题：结合课文中的相关语句，说说为什么只有蔡伦改进的造纸术传承下来了。

第三题（选做）：我国古代在很多领域都取得了重要的科技成就。如，张衡发明了测验地震的仪器——地动仪；祖冲之把圆周率的计算精确到了小数点后第七位；毕昇发明了活字印刷术。查找相关资料，和同学交流。

第一题是常规性习题，让学生学会梳理课文内容，提取文中的关键信息，厘清课文叙述脉络，了解造纸术的发明过程，从而把握课文的主要内容。文中的这些信息都是显性的，提取难度不大，教师可以给足时间，让学生独立完成。

第二题是理解运用型习题，在第一题把握课文的主要内容的基础上，训练学生有条理地表达。

课后选作题旨在引导学生查找相关资料，就我国古代科技成就进行交流。

课后第二次综合性学习活动，可以看作是活动的第二个阶段，在活动的过程中，教师及时提醒学生适时交流活动的进展，讨论用怎样的方式展示学习成果，并引导学生在必要时调整活动计划和方案。

3.《赵州桥》课后习题分析

第一题：朗读课文。抄写第3自然段，体会这段话是怎样把赵州桥的“美观”写清楚的。

第二题：假如你是导游，试着用下面的词语，向游客介绍赵州桥。

世界闻名	雄伟	创举	美观

第三题（选做）：你还知道哪些“我国宝贵的历史文化遗产”？和同学交流。

第一题是和单元语文要素密切相关的典型性习题，旨在落实语文要素“了解课文是怎么围绕一个意思把一段话写清楚的”，让学生初步了解过渡句，学习构段的方法。在教学中，教师可以引导学生抓住“相互缠绕”“相互抵着”“回首遥望”“双龙戏珠”等词语想象画面，通过演示动作理解“缠绕”“抵着”“遥望”“戏珠”，从而感受这些雕刻的栩栩如生，进而理解课文是如何把桥的美观写清楚的。在理解的基础上，学生通过朗读进一步加深对这一段的理解。

第二题，让学生以导游的身份向游客介绍赵州桥，学生介绍时尽可能用上“世界闻名、雄伟、创举、美观”等词语。开展这个活动的目的是培养学生重组信息的能力，同时锻炼学生的口语表达能力，使其通过语言实践活动进一步感受中国古代劳动人民的智慧和才干，增强文化的自信心。

课后选做题旨在引导学生查找相关资料，就“我国宝贵的历史文化遗产”进行交流。学生找到资料后，要从中提取有用信息，用几句连贯的话向别人介绍，训练语言的表达能力。

（三）单元典型性习题横向关联

本单元的语文阅读要素“了解课文是怎么围绕一个意思把一段话写清楚的”，是借助课后习题来落实的。课后典型性习题编排如下：

默读课文，想想每个自然段的意思，再照样子填写下面的图表。（《纸的发明》课后第一题）

结合课文中的相关语句，说说为什么只有蔡伦改进的造纸术传承下来了。（《纸的发明》课后第二题）

朗读课文。抄写第3自然段，体会这段话是怎样把赵州桥的“美观”写清楚的。（《赵州桥》课后第一题）

默读课文，说一说为什么《清明上河图》会名扬中外。（《一幅名扬中外的画》课前导语）

《纸的发明》一文，学生学习时可以先借助课后第一题的提示默读思考，提取课文中的关键信息，厘清课文叙述脉络，了解造纸术的发明、传播过程。接下来，联系把字写在竹片、木片和帛上的不足，以及用麻来造纸的缺点，说清蔡伦改进的造纸术能够传承下来的原因。

《赵州桥》一课，学生在初步把握课文内容之后，可以围绕本单元的语文要素，抓住关键的词语和句子，深入体会课文的内容和表达方法。先学习第2自然段，“赵州桥非常雄伟”是一个总起句，接着介绍了赵州桥的长度、宽度、建筑材料、形状特点等，都是围绕“雄伟”展开描写的。学习时可以让学生在朗读中了解围绕一句话把内容写清楚的方法，然后用这样的方法学习第3自然段。

略读课文《一幅名扬中外的画》，我们则要关注导语，进行方法的练习。教师可以先引导学生回顾上一课所学方法，再让学生迁移运用上一课所学方法学习体会课文中第2、第4自然段的写法，学习围绕一个意思把一段话写清楚的构段方法。

三、落实语文要素的典型性习题教学活动设计示例

（一）典型性习题

以《赵州桥》课后第一题为例：朗读课文。抄写第3自然段，体会这段话是怎样把赵州桥的“美观”写清楚的。

（二）教学设计

1.活动一：借助课后题，明确学习要求

（1）学生自读第3自然段，圈画出表现桥“美观”的句子。

（2）学生借助动作表演，理解“缠绕、抵着、回首遥望”等词语。

（3）梳理文段结构，了解构段方式。

①这段话一共有几句话，它们有什么关系？（共三句话，第一句话是过渡句“不但……而且……”，既总结了前面桥坚固的特点描写，又引出了下面的“美观”的特点描写。第二句话围绕桥的“美观”，抓住栏板上雕刻的图案，用“有的……有的……还有的……”排比句式，描写了龙的各种姿态，切身感受“美观”。第三句话用一个“活”字，写龙的形态，突出“美观”）

②想象画面，有感情朗读，体会“美观”。

2.活动二：学做小导游，介绍赵州桥

（1）同桌相互以小导游的身份来进行介绍训练。

（2）教师指名几位同学向全班介绍赵州桥，其他同学点评。

四、课后习题引导下的《纸的发明》教学活动设计

教学目标：

（1）能认识“创、携”等9个生字，读准“累、切”等4个多音字，会写“术、伟”等11个字，会写“造纸术、伟大”等15个词语。

（2）能正确、流利地朗读课文。

（3）能根据要求和提示，提取关键信息，说清楚纸的发明过程。（关联课后第一题）

（4）能了解蔡伦改进的造纸术能够传承下来的原因，感受中国造纸术对人类社会进步的促进作用。（关联课后第二题）

教学重点：

（1）能根据要求和提示，提取关键信息，说清楚纸的发明过程。

（2）能了解蔡伦改进的造纸术能够传承下来的原因，感受中国造纸术对人类社会进步的促进作用。

（一）第一课时

1.活动一：整体感知，厘清结构

（1）学生初读课文。要求读准字音，读通句子，遇到难读的地方多读几遍。教师随机正音：多音字“累、切、便、鲜”，翘舌音“创、制、洲”。

（2）学生“开火车”读词语，教师随机正音。出示词语：创造、携带、保存、制作、蔡伦、积累、朝鲜、欧洲、社会。

（3）学生默读课文，想一想：人们先后用了哪几种材质来记录文字？比较一下后一种材质与前一种材质，改进在哪里？提示：梳理课文内容，无须面面俱到，细节留到后面的环节来展开。

（4）小结：纸的发明不是一蹴而就的，而是一个漫长的发展过程。

2.活动二：了解几种记录文字方法的不足

（1）学生默读第2、第3自然段，借助表格梳理信息。

时间		载体	不足之处
几千年前	起先	龟甲、兽骨、青铜器	
	后来		笨重
	再后来		
两千多年前			

（2）全班交流。

（3）回顾第2、第3自然段。请学生默读课文，并画出几种记录文字所用的方法不足之处的句子。

①组织全班交流，随机出示句子：这些竹片、木片用绳子穿起来，就成了一册书。但是，这种书很笨重，而帛比竹片、木片轻便，但是价钱太贵，只有少数人能用，不能普及。在两千多年的西汉时代，人们已经懂得了用麻来造纸，但麻纸比较粗糙，不便书写。

②教师引读句子，学生读“但是”和“但”后面的内容。

点拨：“但是”和“但”后面的内容都写出了方法的不足之处。

③提升。让学生抓住这些转折关系的复句的后半部分内容，连贯地说说把文字记录在竹片、木片和帛上的不足，以及用麻造纸的不足之处。学生先独自练习，然后交流。教师帮助学生把话说连贯、说通顺。

设计意图：本环节主要关注学生阅读文本、提取信息、重组信息的能力。学生在朗读过程中感受行文的逻辑，通过抓住主要矛盾概括文本内容，为接下来“说说为什么只有蔡伦改进的造纸术传承下来了”做铺垫。

3.活动三：写好生字

（1）出示“术、伟”等11个字，引导学生按左右结构和上下结构分成两组。

（2）教师引导：你觉得哪些字最容易写错，哪些笔画需要注意？

（3）指明交流易错字及注意点。如：“录”的下半部分不是“水”；“欧、洲”笔顺容易出错。

（4）教师示范写易错生字，学生书空。

（5）学生自主练习书写。

（二）第二课时

1.活动一：了解蔡伦的造纸方法和传承原因

（1）了解蔡伦的造纸方法。

①抽取学生读第4自然段，教师相机评价字音读得是否正确。

②让学生边读边思考：这一段一共有几句话？每一句话写的是什么内容？（共三句话。第一句交代了谁在什么时候发明了造纸术。第二句是讲怎样造纸的。第三句是讲这种造纸术的好处）

③指名学生说说这三句话之间的关系。（先总写造纸术是蔡伦改进的，然后介绍了造纸术的造纸过程和好处。后面两句话围绕第一句话，层层分述）

④学生细读第二句，圈画关键词。

剪碎或切断（　　）（　　）⟹（　　）（　　）

⑤同桌互相练习，根据板书提示介绍蔡伦的造纸方法。

设计意图：教学活动紧扣单元语文要素，引导学生概括句子的意思；教师出示三句话的大意，引导学生思考三句话之间的关系，从而发现这段话是围绕一个意思写的。

（2）了解蔡伦改进的造纸术能够传承下来的原因。

①出示句子，学生齐读：蔡伦改进后的造纸方法传承了下来。

②小组讨论：蔡伦的造纸术与用麻造纸相比，有什么改进？为什么这种造纸的方法可以传承下来？

2.活动二：讲解蔡伦的造纸方法，以及这种方法能够传承下来的原因

创设情境：以博物馆讲解员的身份向前来参观的人介绍蔡伦的造纸方法，告诉大家这种方法能够传承下来的原因。

提示：讲解时用上“改进、传承”两个词语。

3.活动三：感受造纸术非凡的影响

（1）提问：我国的造纸术对世界产生了怎样的影响？

①出示课文第5自然段，指名读。

②出示世界地图，画出造纸术的流传路线，让学生直观了解造纸术对世界的影响。

③提供拓展资料，请学生自主阅读。

（2）学生说一说读后的感受。

4.活动四：词语积累与运用

（1）出示本课词语表，学生归类抄写。

示例：

名词：造纸术 经验……

形容词：伟大 轻便 方便……

动词：记录 保存 吸收……

(2)学生从词语表中选择几个词语,结合课文内容对以下两个问题进行表达。

①造纸术为什么能传承下来?

②造纸术为什么了不起?

总结:越来越多的书籍、公文有了数字化形式,纸用得越来越少,但造纸术的发明在历史上有着重要地位,这是我们中华民族的自豪!

(彭水苗族土家族自治县第三小学校:周利娟)

第四单元
观察与发现

一、第四单元整体分析

(一) 整体描述

为引导学生知道细致的观察可以让我们对事物有更多的了解,进而感受观察的乐趣,培养学生做生活的有心人,养成认真观察,留心周围事物和勤于思考的好习惯,三年级下册第四单元以“观察与发现”为主题,编排了两篇精读课文《花钟》《蜜蜂》和一篇略读课文《小虾》。这些课文从不同角度介绍了留心观察获得的各种发现。《花钟》,通过观察,发现了植物不同的开花时间;《蜜蜂》,通过观察与实验,发现了蜜蜂具有辨认方向的能力;《小虾》,通过观察,了解了小虾的生活习性。

(二)导语页

三年级下册第四单元导语页明确本单元的人文主题是“观察与发现”。本单元的阅读要素是“借助关键语句概括一段话的大意”,习作要素是“观察事物的变化,把实验过程写清楚”。

(三)语文要素纵向关联

1. 阅读要素纵向关联

本单元的阅读要素是“借助关键语句概括一段话的大意”,旨在引导学生立足一段话的学习,准确判断一段话中的关键语句,并掌握借助关键语句概括一段话大意的方法,提高学生提取关键信息的学习能力。

表1 “借助关键语句概括一段话的大意”纵向关联

年段	单元	阅读要素
三年级上册	第六单元	借助关键语句理解一段话的意思
三年级下册	第四单元	借助关键语句概括一段话的大意
四年级下册	第一单元	抓住关键语句,初步体会课文表达的思想感情
六年级上册	第六单元	抓住关键句,把握文章的主要观点

此前，学生已经学过如何借助关键语句理解一段话的意思，本单元对学生提出了进一步的学习要求。学生只有理解了一段话的意思，知道这段话是围绕哪一句话来写的，才能准确判断具有概括性或提示性的关键语句，从而概括出一段话的大意，同时为后边学习“抓住关键语句，初步体会课文表达的思想感情”这一目标打下基础。

2.习作要素纵向关联

表2 “观察事物的变化，把实验过程写清楚”纵向关联

年段	单元	习作要素
二年级上册	第五单元	仔细观察，把观察所得写下来
三年级下册	第一单元	试着把观察到的事物写清楚
	第二单元	把图画的内容写清楚
	第四单元	观察事物的变化，把实验过程写清楚
四年级上册	第三单元	进行连续观察，学写观察日记

本单元的习作要素是“观察事物的变化，把实验过程写清楚”，上学期学生围绕“留心观察”“细致观察”，写下了自己观察时印象最深刻的一种事物或一处场景。对于如何把观察到的事物写下来，学生具备一定的经验。本次习作，旨在引导学生借助图表整理小实验的主要信息，学习按一定的顺序写清楚小实验的过程，从而进一步体会留心观察、细致观察带来的好处，为四年级上册第三单元“进行连续观察，学写观察日记”做学习准备。

二、基于课后习题的语文要素落点分析

（一）语文要素在各板块的要求

在本单元具体教学中，单元语文要素在每一课或每一板块的要素目标应该如何确立？教材各个板块中如何有侧重、有梯度地将其落到实处？我们可以从以下分析来看：

《花钟》引导学生根据泡泡语的提示，学习抓文段的中心句和概括关键语句来概括一段话的大意。

《蜜蜂》一课则重点训练学生根据关键语句的提示概括一段话的大意。

《小虾》除了运用已学方法进行学习外，还让学生明白关键语句会在一段话的不同位置出现，从而学习找关键语句的方法。

“交流平台”为我们梳理、总结了借助关键语句概括段意的两种方式，以及关键语句可能出现的位置，让学生进一步掌握语文要素的学习方法。

（二）课后习题的要素指向与活动分析

1.《花钟》课后习题分析

第一题：朗读课文。背诵第1自然段。

第二题：默读第1～2自然段，分别说说这两段话的大意。

第三题：课文用不同的说法来表达鲜花的开放。填一填，体会一下。

牵牛花 吹起了紫色的小喇叭。	
蔷　薇 ________	睡　莲 ________
万寿菊 ________	紫茉莉（mò lì） ________
月光花 ________	昙（tán）　花 ________

第四题（小练笔）：仿照课文中表达鲜花开放的语句，写一写你喜欢的花。

第一题是朗读课文，让学生在把握课文内容的基础上背诵，积累优美语言。

第二题是和单元语文要素密切相关的典型性习题，让学生学习借助关键语句概括一段话的大意。

第三题是填写用不同的说法来表达鲜花开放姿态的语句，通过比较，体会课文语言的生动、准确。

小练笔在第三题的基础上体现了语言从积累到运用的过程。课堂上，运用"有感情地朗读"可以先引导学生感受课文语言的生动、准确，在熟读的基础上背诵第1自然段。课后，布置完成第四题的仿写练习。仿写时，提醒学生注意借用文中的词句，如"笑脸""醒来""怒放""苏醒""含笑"等，也可以调用自己的语言储备，但一定要做到恰当。

2.《蜜蜂》课后习题分析

第一题：默读课文，把下面的图表补充完整。

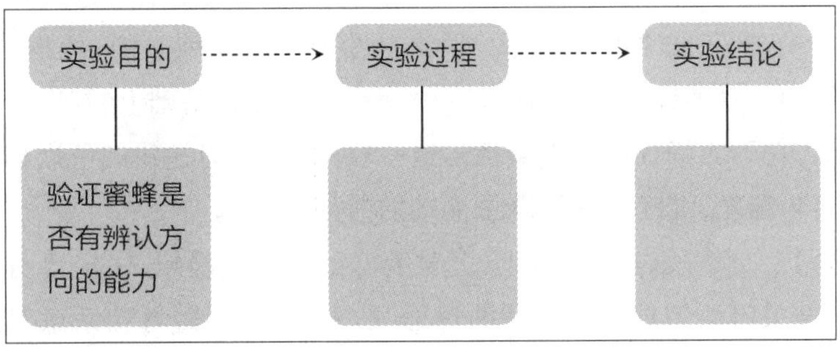

第二题：读一读，注意加点的部分，说说你从中体会到了什么。再从课文中找出类似的语句，和同学交流。

> 二十只左右被闷了好久的蜜蜂向四面飞散，好像在寻找回家的方向。
> 蜜蜂飞得很低，几乎要触到地面，大概这样可以减少阻力。
> 它们两点四十分回到蜂窝里，肚皮下面还沾着花粉呢。

第一题是与写作要素相关的典型性习题，学生通过梳理填写图表，从整体上了解课文的表达顺序，学习怎样写清实验过程。

第二题是让学生关注加点词句，体会课文语言的准确性。在理解课文内容的过程中通过圈画、比较、对比朗读等方法引导学生进行体会。比如，在学习法布尔放飞蜜蜂之后的所见所想时，可以引导学生圈出"好像""大概""推测""可能"这类词语，体会法布尔在实验未被验证前的困惑和怀疑的心理。在学习实验结果部分时，可以让学生圈出"至少""准确无误""确确实实"这类词语，体会法布尔在实验被验证后的信服和释怀的心理。在此基础上,比较前后两处用词的不同,通过对比朗读,感受课文语言的准确。

(三)单元典型性习题横向关联

本单元的语文阅读要素“借助关键语句概括一段话的大意;观察事物的变化,把实验过程写清楚”是借助泡泡语和课后习题来落实的。课后典型性习题编排如下:

这两个自然段中,各有哪句话提示了段落的主要意思呢?(《花钟》泡泡语)

默读第1~2自然段,分别说说这两段话的大意。(《花钟》课后第二题)

默读课文,把下面的图表补充完整。(《蜜蜂》课后第一题)

默读课文,说说第3自然段主要写了什么。(《小虾》课前导语)

《花钟》一文中的泡泡语和课后第二题提示,本课的学习重点是概括第1、第2自然段的大意,落实语文要素。在教学这两个自然段时,教师可以先让学生借助已有的经验,说说每个自然段写了什么,是围绕哪句话来写的,然后组织学生交流。

学生交流时可能会找出不同的句子,例如找第1自然段的关键句时,有的学生会找第一句话,有的学生会找第二句话。这时,教师可以引导学生学习文中介绍各种花开放的部分,了解课文介绍每种花的时候是先写花开的时间、再写花开放的姿态的,从而理解这一自然段主要写了什么,确定哪句话才是关键句。要注意的是,需要指导学生对关键句进行修改,使语言更简洁,可以去掉第二句话前面无关的内容,改为:“一天之内,不同的花开放的时间是不同的。”

例如在找第2自然段的关键句时,由于这一段的第一句话是个问句,所以学生可能会找第二句话。在学生学习时,教师可以采用一问一答的形式让学生感受第一句话提示了这一自然段的大意。教师可以问:不同的植物,为什么开花的时间不同呢?学生自读课文后提炼原因:植物开花的时间,有的与温度、湿度、光照有着密切的关系,有的与昆虫活动的时间有关。在此基础上教师进一步引导:这一自然段的关键语句是第一句话,它不能帮我们直接概括出这一段的大意,但是我们可以借助这句话的提示来概括,即“植物开花的时间与温度、湿度、光照、昆虫活动的时间有关”。

总之,学生学习这两个自然段时,教师要防止学生盲目猜测关键句,一定要引导学生运用三年级上册第六单元学习的“借助关键语句理解一段话的意思”的方法,在读懂每句话意思的基础上做准确的判断,要防止学生简单地用摘录关键句的方式代替,要提醒学生有时要对关键句做必要的修改。

《蜜蜂》第2~6自然段介绍了法布尔实验的过程,可以先让学生根据课后提示自行概括,然后分步理解相关内容,学习支架指导学生借助表示先后顺序的词语,如“先……接着……然后……最后……”进行梳理、归纳;也可先指导学生分步了解法布尔做了哪些事,为什么这样做,然后引导学生概括出每一步的要点,最后让学生运用表示先后顺序的词语进行总结,为后面落实习作要素“把实验过程写清楚”打下基础。

略读课文《小虾》让学生结合阅读导语运用习得的方法进行学习,概括第3自然段的段意,让学生对已学的方法进行巩固和运用,达到学以致用的目的。

三、落实语文要素的典型性习题教学活动设计示例

（一）典型性习题

以《蜜蜂》课后第一题为例：默读课文，把下面的图表补充完整。（见第155页）

（二）教学设计

1.活动一：结合课后第一题，分清课文层次

（1）学生读全文，并找出哪些自然段分别写了实验目的、实验步骤、实验结论。（第1自然段呈现了实验的目的，第2~7自然段呈现了实验步骤，第8自然段呈现了实验结论）

（2）学习写清楚实验目的的方法。

①学生思考：法布尔要做什么实验？为什么要做这项实验？

②小结：介绍一项实验时，首先要交代清楚为什么要做这一项实验。

2.活动二：梳理第2~7自然段，概括实验步骤

（1）学生自读第2~7自然段，想想这项实验是分哪几步完成的，找到每一步的内容，简要说说。

（2）小组交流，互相说说理由。

（3）全班交流，教师指导用抓关键词的方法梳理、归纳每一步的要点，板书实验步骤。（第一步：捉蜜蜂放进纸袋。第二步：到四公里外，做记号，放蜜蜂。第三步：记录飞回的蜜蜂数）

（4）小结：介绍一项实验时，重点要想清楚你是怎么一步一步完成实验的，然后才能有条理地把实验过程介绍给大家。（具体落实写清楚实验过程的方法）

3.活动三：借助板书说一说实验的步骤

（1）学生小组内练习说。

（2）请一名学生在班级里交流，其余学生评一评。

四、课后习题引导下的《花钟》教学活动设计

教学目标：

（1）认识“芬、芳”等10个生字，会写“斗、芬”等13个字，会写“争奇斗艳、芬芳”等14个词语。

（2）正确、流利地朗读课文。背诵第1自然段。（关联课后第一题）

（3）能借助关键语句概括第1、第2自然段的大意。（关联课后第二题）

（4）能体会用不同的说法表达鲜花开放的好处，并借鉴课文的语言表达进行仿写。（关联课后第三题）

教学重点：

能借助关键句概括第1、第2自然段的大意。

(一)第一课时

1.活动一:认识"花钟"

(1)学生自读课文,要求:读准生字字音,读通句子。

(2)提问:你知道什么是"花钟"吗?

(3)指名三位学生分别读三个段落,相机纠正读音。

(4)交流对"花钟"的理解,指导学生联系第3自然段的内容说一说。

(5)提问,导入课文:这位植物学家为什么能修建这样的"花钟"呢?

2.活动二:了解不同花开放的时间和姿态

(1)学生朗读第1自然段,教师相机教学认写生字。

(2)关注花开的时间,把握主要内容。

①学生阅读第1自然段,填写表格。

时间	花名

②指名一位学生借助表格,按照花的开放时间顺序介绍,另一位学生边听边在板书"花钟"的相应开放时间上贴上花名(凌晨至中午12点的花名,贴在花钟内圈,其他时间段的贴在外圈)。

③提问:同学刚才的介绍和书上的介绍有什么不同?(按照表格介绍,都将时间放在句首。文中前六种花,都将开放时间放在句首;后三种花,将开放时间放在句中。引导学生从这些小变化中,感受语言形式的多样)

④借助表格,师生小结:从"时间"一栏,发现对花的介绍是按照一天之内开放时间的先后顺序来写的;从"时间""花名"两栏,发现不同花的开放时间是不同的。

(3)关注课文中对花开的描写,体会课文语言的生动。

①学生再读第1自然段,完成表格。

花名	开放姿态

②出示"学习任务单1",学生交流,教师引导学生体会作者使用的拟人修辞手法。

学习任务单1

1. 读一读:轻声朗读描写牵牛花、蔷薇、睡莲的3个句子,挑自己喜欢的句子多读几遍。

2. 说一说:你为什么喜欢这句话?

设计意图:学生在体会拟人的修辞手法可以使所描写的事物更生动、形象的同时,学习同一个意思可以用不同的方式来表达。落实课后第三题。

③出示"学习任务单2",小组合作学习描写万寿菊、紫茉莉、月光花、昙花的句子,学生交流。

学习任务单2

小贴士:紫茉莉傍晚至清晨开花,白天有强光照的时候,花朵就会闭合,非常奇特。

小贴士:昙花开花时间特别短。花朵绽开后,过1~2小时就慢慢枯萎了,整个过程仅4个小时左右。

学习要求:

1. 读一读:用喜欢的方式朗读4个句子;自读小贴士。

2. 说一说:组内逐句说说作者是怎样描写花儿开放的。挑选一句小组最喜欢的句子和全班同学分享。

我们组最喜欢___花,作者是这样描写的____,通过__我们感受到花____。

④教师小结:作者根据每种花开放时的不同特点进行描写,语言很生动。

设计意图:文中描写9种鲜花开放的姿态,内容较多。分成两组进行学习,一方面是为了避免碎片化教学,另一方面是为了让学生习得抓住关键词理解句子的方法。

(4)找出关键句,概括大意。

①学生再读第1自然段,找到关键语句。预设:要是我们留心观察,就会发现,一天之内,不同的花开放的时间是不同的。

②追问:为什么我们确定它是关键语句?(通过表格,梳理了第1自然段的内容,发现这些内容都是围绕着这句话写的)

③学生借助关键句，抓住关键信息概括第1自然段的大意。（一天之内，不同的花开放的时间是不同的）

④小结：关键语句能提示我们一段话的主要内容，但有时候它不够简洁，需要我们抓住关键信息进行概括。

设计意图：在理解主要内容的基础上，引导学生找出文章关键语句，这样能避免学生盲目猜测、随意摘录句子的现象。

3.活动三：模仿表达（小练笔）

（1）出示牡丹花、向日葵、蝴蝶兰的图片，请学生仿照文中的语句说一说这3种花开放的姿态。

（2）布置作业。

①背诵第1自然段。

②仿照课文中描写鲜花开放的句子，写一写其他的花。

（二）第二课时

1.活动一：说清原因，概括大意

（1）指定学生朗读第2自然段，相机纠正字音。

（2）指导学生概括大意。

①出示“学习任务单”，学生自主学习。

学习任务单
1.读一读：轻声朗读第2自然段。
2.画一画：这段话围绕哪句话展开？用横线画出关键句。
3.说一说：尝试用简洁的话说说这一自然段的大意。

②学生交流，教师相机出示关键语句：不同的植物为什么开花的时间不同呢？

③提问：关于这个问题，你知道为什么吗？在第2自然段中找一找答案。（有的植物开花的时间，与温度、湿度、光照有着密切的关系。还有的花，需要昆虫传播花粉，才能结出种子，它们开花的时间往往跟昆虫活动的时间相吻合）

④指导学生学习词语“吻合”。学生读词语“吻合”，说说“吻合”的意思。（一致、相同）提问：这句话中，什么和什么吻合？

⑤引导学生结合关键语句，抓住关键信息，概括段落大意。（植物开花的时间与温度、湿度、光照及昆虫活动时间有关）

⑥小结：关键语句无法概括段落大意时，我们可以根据它的提示抓住关键信息进行概括。

设计意图：通过学习，学生已经有了“借助关键语句概括一段话的大意”的基础，教师就可以引导学生借助“学习任务单”自主学习。

（3）了解昙花，感受举例的好处。

①出示“昙花开花”的例子，引导学生理解内容。

②提问：什么因素影响了昙花开花？（温度、湿度、光照）

③追问：昙花的这个特点正好印证了第2自然段中的哪句话？（有的植物开花的时间，与温度、湿度、

光照有着密切的关系）

④小结：列举大家都熟悉的例子，能让文章中的内容变得简单易懂，更令人信服。

2.活动二：设计“花钟”

（1）出示第3自然段，教师引读，学生了解“花钟”。

（2）点拨：对比句子，感受作者语言表达的准确性。

出示句子：

你只要看看什么花刚刚开放，就知道大致是几点钟。

你只要看看什么花开放，就知道是几点钟。

①学生轻声朗读两个句子，交流有什么不同。

②指导学生学习词语“大致”，知道“大致”就是“大概”的意思。

③学生交流：为什么作者在句子中加上了“刚刚、大致”？（“刚刚”一词，指出了观察花开的合适时机。“大致”说明花开的时间不是非常精确的，会因为环境等因素而有变化）

④小结：花儿开放的时间会受环境的影响而改变，所以要用上“刚刚、大致”，可见作者在写文章时用词多么准确啊！

（3）学生设计“花钟”。

①出示收集的各种花的图片资料，介绍花开的时间。

②学生设计“花钟”，模仿第1自然段介绍。（结合上节课的作业）

3.活动三：写好生字

（1）指导学生书写“强、示、昆、修、建、组”6个字。

①指导“修、组”两个字的书写。“修”中间短竖不写长，右上横撇要写舒展，三撇方向一致，而且依次渐长，间距要均匀；“组”左高右矮，“且”左竖要写在竖中线上，几笔横画间距均匀。

②归类书写。

上下结构：示、昆；左右结构：强、修、组；半包围结构：建。

本课左右结构的字都是左窄右宽；上下结构的字有疏有密，注意区别；特别是“建”要先写内，后写外。

（2）抄写“展示、昆虫”等词语。

附：板书设计

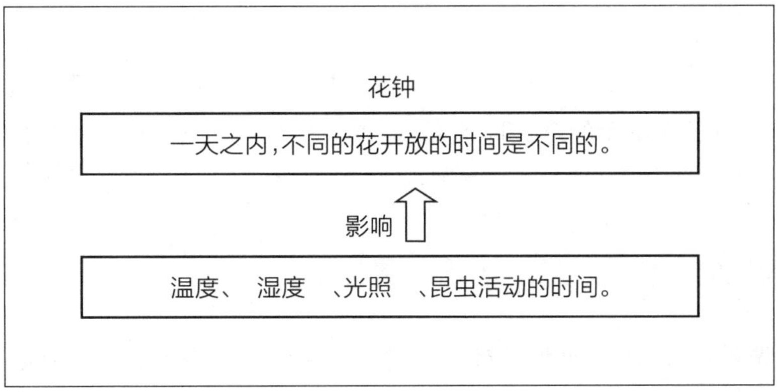

（彭水苗族土家族自治县第三小学校：周利娟）

第五单元
大胆想象

一、第五单元整体分析

（一）整体描述

为了鼓励、启发学生大胆想象，培养学生的想象力和思维能力，激发学生对习作的兴趣，使他们乐于表达，本单元以“大胆想象”为主题编排了两篇精读课文《宇宙的另一边》《我变成了一 棵树》，两篇习作例文《一支铅笔的梦想》《尾巴它有一只猫》。 四篇课文从不同的角度、用不同的方式讲述了神奇有趣的想象故事，这些故事中的想象大胆、奇特，能让学生充分感受到想象的神奇。《宇宙的另一边》大胆想象在宇宙的另一边还有一个世界，而且是这一边的倒影，想象神奇有趣。《我变成了一棵树》讲述了“我”变成一棵树之后的奇妙经历，在大胆想象中实现了“我” 的美好愿望。

“交流平台”以精读课文为例，对如何大胆想象进行了梳理、总结，提示学生可以把自己想象成别的事物或者根据特点展开想象，帮助学生打开想象的思路，鼓励学生去尝试进行大胆、奇特的想象。

“初试身手”安排了两个激发想象的体验活动，旨在引导学生展开大胆、奇特的想象，培养他们的想象力。“习作例文”《一支铅笔的梦想》和《尾巴它有一只猫》是两篇富有童趣的故事，以旁批和课后思考题的形式，为学生提示一些展开想象的思路。“习作”安排《奇妙的想象》，让学生大胆想象，写一篇想象习作，是对本单元所学的综合运用。

（二）导语页

基于对学生想象力和思维能力的培养，三年级下册第五单元的单元导语页给出了单元人文主题——大胆想象，还明确了本单元的语文训练要素：走进想象的世界，感受想象的神奇；发挥想象写故事，创造自己的想象世界。

（三）语文要素纵向关联

《义务教育语文课程标准（2022年版）》对“大胆想象”在低段的写话要求上有如下目标：对写话有兴趣，留心周围事物，写自己想说的话，写想象中的事物。中段目标：观察周围世界，能不拘形式地写下自己的见闻、感受和想象,注意把自己觉得新奇有趣或印象最深、最受感动的内容写清楚。高段目标:能写简单的纪实作文和想象作文,内容具体,感情真实。

整个小学阶段安排了八次习作单元,分别围绕人、事、景、物来安排的。每个习作单元都精选话题内容,着力激发学生的习作动机,培植表达自信。话题的情境创设力求唤起学生的生活经验,让学生有话可写、乐写、愿写,同时降低了习作难度,解决了学生不知道"写什么""怎么写"的问题。教材根据不同话题的不同特点,对学生的习作过程进行有针对性的指导。

表1　习作单元主题纵向关联

年段	单元	习作单元主题
三年级上册	第五单元	我们眼中的缤纷世界
三年级下册	第五单元	奇妙的想象
四年级上册	第五单元	生活万花筒
四年级下册	第五单元	游________
五年级上册	第五单元	介绍一种事物
五年级下册	第五单元	形形色色的人
六年级上册	第五单元	围绕中心意思写
六年级下册	第三单元	让真情自然流露

习作教学要强化习作的交际功能,使学生在与人交流的过程中提高习作能力;重视培养学生的交际意识、对象意识,引导学生在与人分享的过程中感受习作的乐趣,体验与人进行书面交流的成就感。

把握单元的语文要素,要前联后延,有统整意识。本单元的习作"发挥想象写故事,创造属于自己的世界"在各年段中都有体现。

表2　"发挥想象写故事"纵向关联

年段	单元	习作要素
三年级上册	第三单元	试着自己编童话,写童话
三年级下册	第五单元	发挥想象写故事,创造自己的想象世界
四年级上册	第四单元	展开想象,写一个故事
四年级下册	第二单元	展开奇思妙想,写一写自己想发明的东西
五年级上册	第四单元	学习列提纲,分段叙述
五年级下册	第六单元	根据情境编故事,把事情发展变化的过程写具体
六年级上册	第一单元	习作时发挥想象,把重点部分写得详细一些
六年级下册	第五单元	展开想象,写科幻故事

关于"想象"这个训练点,每一册教材对想象训练到什么程度,教科书做了比较系统的安排。三年级上册第三单元"感受童话丰富的想象,试着自己编童话、写童话"。在本单元学生感受了童话丰富的想

象,明白了世间万物都可以成为自己童话故事里的角色。这些角色都可以像人一样有思想、会说话等。

三年级下册第五单元“发挥想象写故事,创造自己的想象世界”。学生在三年级上册已有感受童话丰富的想象,编写童话的学习经验后,本册侧重于鼓励、激发学生大胆想象,培养学生的想象力和思维能力。经过三年级和四年级的学习,学生基本具备编写童话,创编属于自己的想象世界的能力。五年级是学生学习想象,把自己觉得新奇有趣的想象故事写具体的关键时期,六年级则更进一步要求写想象作文及表达情感。本单元语文要素的落实,要特别关注“大胆想象”,在学生已有学习经验的基础上,只要学生做到了大胆想象都应该鼓励。

二、基于课后习题的语文要素落点分析

(一)语文要素在各板块的落实

下面我们在本单元具体教学中重点分析“走进想象的世界,感受想象的神奇;发挥想象写故事,创造自己的想象世界”这一要素在每一课或每一板块的要素目标应该如何确立,教材各个板块中如何有侧重有梯度地将其落到实处。

《宇宙的另一边》运用倒影联想法来感受想象的神奇。

《我变成了一棵树》运用感随物变的方法来感受想象的神奇并尝试创造自己的想象世界。

“交流平台”为学生总结了大胆想象的重要作用,然后以两篇精读课文为例,从如何展开想象的角度引导学生进一步梳理、回顾,打开大胆想象的思路。“初试身手”是让学生在认识到大胆想象的好处,打开想象的思路后进行大胆尝试和实践。这两个栏目教学时要注意整合,同时还要和精读课文进行关联。

“习作例文”贴近学生生活,给学生打开思路大胆想象,为学生提供借鉴和模仿的范例。《一支铅笔的梦想》用旁批引导学生关注铅笔与想象事物之间的联系,使学生明白展开想象要联系事物的特点。《尾巴它有一只猫》课后习题引导学生根据课文的启示反方向去想,引导学生说出更多新鲜有趣的想法,把学生引入更广阔的想象空间。

本单元习作要求写一个想象故事。本单元课文从不同角度、不同方式讲述了神奇有趣的想象故事,这些故事大胆、奇特。学生从这些故事中习得方法,想象要大胆,完成习作后要交流分享,互相评价,并提出修改建议。

(二)课后习题的要素指向与活动分析

1.《宇宙的另一边》课后习题分析

第一题:课文中的“宇宙的另一边”有哪些秘密?用自己的话说一说。

第二题:想象一下:“宇宙的另一边”还会有哪些秘密?和同学交流,看谁想得更奇妙。

本课两道习题都是围绕本单元的语文要素设置的。第一题引导学生梳理课文内容,让学生整体把握课文内容,充分感受课文想象的神奇之趣。学生通过教师和学生之间的交流对话,感受课文大胆神奇的想象。第二题在第一题充分感受课文想象的神奇之趣之后,要求学生根据课文内容继续想象宇宙的另一边会有哪些秘密,而且要求想象要奇妙,目的是引导学生打开思路,大胆想象,走进更广阔的想象世

界。课后第一题学习想象的表达方法,第二题则是运用课文中学到的方法进行实践。

2.《我变成了一棵树》课后习题分析

第一题:默读课文,说说你觉得哪些想象有意思。

第二题:如果你也会变,你想变成什么?变了以后会发生什么奇妙的事?

本课的课后习题也是围绕本单元语文要素设置的。第一题重点在于引导学生关注“我”变成一棵树后发生了哪些有意思的事情,在交流中感受课文里丰富的想象。第二题要求学生从自己的愿望出发,学习借鉴课文的思路,展开想象,表达自己的奇思妙想。

第一题,既有一般的基础性要求:朗读课文,对课文主要内容的梳理把握;又是在前面几册教材的基础上对“边读边想象画面”这一语文要素的复现和练习;同时,还对本单元语文要素的达成做好前期的铺垫。

3.《一支铅笔的梦想》和《尾巴它有一只猫》课后习题分析

第一题:铅笔还会有哪些梦想?仿照课文说一说。

第二题:“尾巴它有一只猫”“喜欢睡觉的风”……你还想到了什么新鲜有趣的说法?展开想象说一说。

老憋在抽屉里的铅笔有各种梦想,但这些梦想无论如何变化,想象始终围绕铅笔的特点展开。课文的旁批引导学生关注铅笔与想象事物之间的联系,从而让学生明白想象要联系事物的特点。课后习题要求学生仿照课文说说铅笔的其他梦想,就是引导学生顺着课文的思路展开想象,学习想象要抓住事物的特点。

不是猫有一只尾巴,而是尾巴有一只猫。课文的旁批提示,反方向去想可以让想象更有意思。课后习题引导学生根据反方向去想象,说出更多新鲜有趣的想法。

这道课后习题也体现了教材习作单元学表达方法到用表达方法的过程,从而实现由扶到放,体现大胆想象后表达的语文综合素养。

(三)单元典型性习题横向关联

在编排上,教材每个单元的教学目标直接体现在单元导语中,课后思考练习则围绕单元训练要素设计。本单元是习作单元,是以培养学生习作能力为核心编排的单元。习作单元中精读课文的定位与其他单元不同,直接指向表达,强调从阅读中学表达,每课的课后题都突出体现了这一特点。习作单元的完整结构:“导语”点明习作要求—“精读课文”学习表达方法—“交流平台” 梳理、总结表达方法—“初试身手” 初步尝试运用表达方法—“习作例文”进一步感悟、积累经验—“习作” 呈现本单元的学习成果。

本单元的语文要素主要是借助旁批和课后习题来落实的。旁批和课后典型性习题编排如下:

课文中的“宇宙的另一边”有哪些秘密?用自己的话说一说。(《宇宙的另一边》课后第一题)

想象一下:“宇宙的另一边”还会有哪些秘密?和同学交流,看谁想得更奇妙。(《宇宙的另一边》课后第二题)

默读课文,说说你觉得哪些想象有意思。(《我变成了一棵树》课后第一题)

如果你也会变,你想变成什么?变了以后会发生什么奇妙的事?(《我变成了一棵树》课后第二题)

豆角、丝瓜和铅笔一样,都是细长的。铅笔想成为“长长的豆角”“嫩嫩的丝瓜”,我觉得这样的想象

自然、合理。(《一支铅笔的梦想》旁批)

像这样反方向去想，尾巴就能有一只猫了。真有意思！(《尾巴有一只猫》旁批)

《宇宙的另一边》是通过课后习题来落实语文要素的。教学中，我们可以让学生带上课后第一题"'宇宙的另一边'有哪些秘密?"这个问题默读课文，通过课文中"宇宙的另一边，是这一边的倒影"联系生活理解倒影，圈画关键词来提取信息，提炼出倒影联想法。这样能初步把握课文内容，在此基础上打开思路，在学习课后第二题时能结合生活大胆想象。

《我变成了一棵树》全文语言活泼，字里行间充满童趣。教学中我们可以让学生带着问题读文——"我"为什么想变成一棵树?"我"变成一棵树后发生了哪些有趣的事情？让学生围绕问题读课文后交流，梳理课文主要内容，初步感受课文的奇特想象，再结合课后第一题展开学习，充分交流课文中有意思的想象后，结合课后第二题引导学生创编自己的想象故事。

《一支铅笔的梦想》和《尾巴它有一只猫》这两篇习作例文语言浅显、情节有趣。"习作例文"的教学有别于精读课文，重点是为学生大胆想象提供借鉴和模仿的范例，可以放在习作之前进行习作方法的指导，也可以放在习作之后对学生进行习作指导。《一支铅笔的梦想》这篇例文可以借助课后题和旁批总结出想象要抓住事物的特点，找到铅笔和想象事物之间的联系。《尾巴它有一只猫》可以根据课文启示反方向去想象，说出更多新鲜有趣的想法。

三、落实语文要素的典型性习题教学活动设计示例

以《宇宙的另一边》课后题为例：

课文中的"宇宙的另一边"有哪些秘密？用自己的话说一说。(《宇宙的另一边》课后第一题)

想象一下："宇宙的另一边"还会有哪些秘密？和同学交流，看谁想得更奇妙。(《宇宙的另一边》课后第二题)

(一)第一课时

1.活动一：认识倒影，感受神奇

(1)教师借助插图引入课文：宇宙的另一边会是什么样子呢？学生读课文第1、第2自然段。

(2)理解"汩汩"本是形容水流的声音，可在这里，星星在身体里汩汩流淌，是不是很神奇呢?!

(3)结合课文中的句子感受生活中的倒影。

2.活动二：通过句子找出秘密

(1)默读课文第3~7自然段，看看宇宙的另一边还藏着哪些秘密，并完成表格。

	宇宙的一边	宇宙的另一边
"我"的行为	拿出作业本	把作业本放回书包?
	爬上楼	下楼去?
	望向另一边星空	望向这一边的星空?
	向左走	向右走?

续表

	宇宙的一边	宇宙的另一边
雪	冬天下	夏天下?
太阳	东方升起	西方升起?
石头	没有生命	有生命?
上课内容	语文课	数学课?

(2)根据表格,说说自己的发现。(宇宙的一边和另一边相反,这不就是生活中倒影的现象吗? 对,这就是倒影联想法,是不是很有趣呢?)

3.活动三:运用倒影联想法想象

(1)教师出示课后第二题,引导学生交流,看谁想得更奇妙。

(2)教师总结。

我们可以这样想:

自己的状态:写作业时……,起床时……,打球时……,看书时……

自然界中的事物:水流方向……,树叶飘落……,鱼儿游……

生活中的场景:游乐场里……,公园里……,运动会上……,马路上……

(二)第二课时

1.活动一:继续运用倒影联想法想象

学生继续运用倒影联想法去探寻宇宙另一边的秘密。

2.活动二:运用倒影联想法学习最后两个自然段

(1)学生默读课文第8、第9自然段,说说自己的发现。

(2)学生说说生活中的加法和乘法与宇宙另一边的加法和乘法有什么不一样呢?

(3)出示学习支架:夏天美景图+冬天飞雪图=孩子们玩雪图。

(4)试着说说从这个学习支架中发现什么。(美好场景相加等于快乐)

(5)学生用相同的方法学习第9自然段。

预期效果:学生通过认识倒影导入新课,初步感受想象的神奇,然后运用学习支架完成课后第一题,梳理文章内容,为从课文中知道宇宙的一边和另一边刚好相反,为总结出倒影联想法做铺垫。运用学到的倒影联想法结合自己的生活实际去展开联想,完成课后第二题,初步达成本单元的语文要素教学目标。

思维路径:通过这两课时的教学活动,学生能初步理解本课课后习题,思维路径变得清晰了。首先是用倒影导入新课,初步感受想象的神奇,其次是利用表格搭建支架完成课后第一题,总结出倒影联想法,最后发挥想象完成课后第二题,让学生结合生活实际展开想象。

四、课后习题引导下的《我变成了一棵树》教学活动设计

教学目标:

(1)认识本课7个生字,会写本课12个字,会写"形状、狐狸"等16个词语。

(2)了解我变成一棵树后的奇妙经历,感受其中神奇的想象。(关联课后第一题)

(3)能大胆说出自己会变成什么,以及变了之后会发生什么奇妙的事。(关联课后第二题)

教学重点:学习课文中我变成一棵树后的奇妙经历,感受其中神奇的想象。

教学难点:能大胆说出自己会变成什么,以及变了之后会发生什么奇妙的事。

(一)第一课时

1.活动一:朗读课文

(1)教师以课题引入,学生质疑并梳理问题:"我"为什么要变成一棵树?"我"变成一棵树后发生了哪些有趣的事情?

(2)自由读文,根据这两个问题梳理课文内容,为不会读、不理解的字词做标记。

(3)疏通字词,识字写字。对于本课7个会认的字,可以采取集中自主识字的方式教学;对于会写的字,可以用集中指导识字的方式教学。

2.活动二:品读故事,感受神奇有趣的想象

(1)学生默读课文,找出觉得有意思的部分做标记,全班交流。

(2)学生根据标记进行交流,感受神奇有趣的想象。

①教师拿出作业单(教师事先给每个孩子准备一张画有大树的A4纸)提问:"我"变成这棵树后有什么奇特之处?教师先让学生找出课文中鸟窝的形状,并画一画鸟窝(简笔画),然后说说鸟窝的奇特之处——省略号表示什么呢?还有哪些鸟窝呢?

②教师引导学生说说小动物们是怎么住进鸟窝的,可以让学生分角色演一演,一人扮演鸟窝,一人扮小动物,感受想象的神奇。

(3)读课文第5~23自然段,想一想:"我"变成一棵树后,还发生了哪些奇妙的事情呢?

①同学之间交流学习,得出:"我"变成一棵树后,有各种各样神奇的鸟窝,小动物们还会住进树上的鸟窝。教师要求学生完成下表。

物的特点	感随物变	人的感受
树上长着各种鸟窝,住各种动物		我的心怦怦跳
妈妈也要住鸟窝		我高兴又失望
他们在鸟窝里吃东西		我的肚子咕咕叫
小动物争论树干滴水珠		哎呀,妈妈知道我饿了

②教师提问:观察上面的表格,你有什么发现?(竖着看左边是"我"变成树以后发生的事情,右边是我的感受)

③教师提问:横向观察上面的表格,你又有什么发现呢?(树的特点变了,"我"的想象也变了,感受也

在变化）

④教师总结：这就是故事第二个特点——跟随物的特点，想象在变化，人的感受也在变化，“感随物变”。

⑤教师引导学生选择课文中自己喜欢的变化读一读。

设计意图：学生通过读课文，画一画，演一演，完成表格，完成课后第一题，达成本课第二个教学目标。学生通过读、画、演想象的神奇，为课后第二题做好铺垫。

（二）第二课时

1.活动一：学习写作方法“想变换”

（1）默读课文，说说你觉得哪些想象有意思。

（2）学生交流，教师相机总结。

①把圆形的鸟窝想象成：各种形状的鸟窝。

②把不会动的鸟窝想象成：会跳舞的鸟窝。

③把鸟窝住鸟想象成鸟窝住动物。

④把小朋友们爱吃的食物想象成妈妈分给小动物吃。

⑤教师总结：这样变换着想，也就是“想变换”。

2.活动二：学习写作方法“想相似”

（1）学生再次读课文，思考：还有哪些地方的想象有意思？

（2）教师引导学生产生兴趣：作者把他喜欢的事物写进去是不是很有趣呢？你们也可以像这样将自己生活中喜欢的事物写进去哦。

（3）教师提问：大树滴水珠，奇妙在哪里呢？

（4）教师总结：是的，根据大树滴水珠的特点想到了类似的场景，这就是“想相似”。

3.活动三：大胆想象，创编故事

（1）情境引入：若你想变成一支水彩笔，你会在哪些地方进行大胆想象呢？

想象故事创编卡		
我想变成（一支水彩笔）		
物的特点	感随物变	人的感受
姐姐画画		开心
弟弟乱涂乱画		紧张
滚到桌子底下		松了一口气

（2）教师引导：谁来说说，你会在哪些地方进行大胆想象呢？请用上我们今天学到的想象方法：想变化、想相似。

（3）学生运用今天学到的想象方法，大胆创编故事。

想象故事创编卡		
我想变成(　　　)		
物的特点	感随物变	人的感受

思维路径:通过《宇宙的另一边》和本课第一课时的学习,学生已经初步感受想象的神奇。这一课时先让学生读课文,让学生充分交流课文有意思的想象。归纳课文中想象的方法是本课时的难点,教师要加强引导,总结出“想变化、想喜好、想相似”的想象方法,为后面大胆想象、创编故事做铺垫。创编故事先是情境引入,让学生充分说,再出示空白的想象故事创编卡,让学生用学习的想象方法,完成属于自己的想象故事。这一环节尽量做到从扶到放地教学。

(彭水苗族土家族自治县第四小学校:任小波)

第六单元
多彩童年

一、第六单元整体分析

（一）整体描述

为了让学生体会到作者对童年生活的眷恋，感受童年生活的美好，从而丰富学生的情感体验，更深切地感受和珍惜自己正在经历的童年生活，本单元围绕“多彩童年”这一主题，编排了《童年的水墨画》《剃头大师》《肥皂泡》《我不能失信》四篇课文。《童年的水墨画》以诗歌的形式，呈现了乡村儿童生活的多姿多彩、自由自在；《剃头大师》折射出童年生活的纯真与有趣；《肥皂泡》写出了儿童丰富的想象和美好的憧憬；《我不能失信》讲述了宋庆龄小时候诚实守信的故事。四篇课文从不同角度，呈现了多姿多彩的儿童生活，展现了童年生活的纯真和美好。

“交流平台”主要引导学生围绕“理解难懂的句子”的方法进行交流，目的是引导学生学会理解难懂的句子的方法：联系上下文、结合生活经验、查资料、请教他人。

本单元的习作要求：“写一个身边的人，尝试写出他的特点。”本次习作，引导学生留心身边的人，发现身边人的特点，培养学生的观察能力，养成良好的观察习惯。

（二）导语页

为了让学生学习运用联系上下文、联系生活等方法来理解难懂的句子。本单元安排了两个语文要素：运用多种方法理解难懂的句子；写一个身边的人，尝试写出他的特点。

（三）语文要素纵向关联

《义务教育语文课程标准（2022年版）》对“运用多种方法理解难懂的句子”在中段的阅读要求上有如下目标：能联系上下文，理解词句的意思，体会课文中关键词句表达情意的作用。能初步把握文章的主要内容，体会文章表达的思想感情。

“运用多种方法理解难懂的句子”纵向关联表

年段	单元	语文要素
三年级上册	第二单元	运用多种方法理解难懂的词语
三年级下册	第六单元	运用多种方法理解难懂的句子

本单元的语文要素是“运用多种方法理解难懂的句子”。学生在三年级上册第二单元学习过“运用多种方法理解难懂的词语”,这为“理解难懂的句子”做好了铺垫。本单元难懂的句子,有的是句子本身的意思难以理解;有的是句子字面意思不难,但只有理解了它内在的含义,才算是真正读懂了这个句子。本单元的精读课文引导学生学习运用联系上下文、联系生活等方法来理解难懂的句子,略读课文引导学生自觉运用这些方法理解难懂的句子。“交流平台”对理解难懂的句子的方法进行了梳理、总结,进一步提升学生的语文素养。

二、基于课后习题的语文要素落点分析

(一)语文要素在各板块的要求

下面我们重点来分析在本单元具体教学中,“运用多种方法理解难懂的句子”这一要素在每一课或每一板块的要素目标中应该如何确立,教材各个板块中如何有侧重、有梯度地将其落到实处。

“交流平台”为我们提炼出理解难懂句子的方法,理解难懂的句子可以结合学生生活经验,联系上下文,还可以查阅资料或者向他人请教。运用这些方法理解难懂的句子,借助课文进行语言文字实践,提升学生语文能力。

《童年的水墨画》借助联系上下文来理解难懂的句子。

《剃头大师》借助联系生活实际来理解难懂的句子。

《肥皂泡》运用抓关键词、查阅资料、联系生活等多种方法来理解难懂的句子

《我不能失信》运用前面学过的方法读懂宋庆龄的守信。

本单元习作要求学生写身边人的特点。练习写人物并要写出特点,这种提法是第一次出现。但学生对于写人的习作训练是有基础的,在三年级上册第一单元就对写人进行过训练,要求写“猜猜他是谁”,并写出某些特别的地方。

(二)课后习题的要素指向与活动分析

1.《童年的水墨画》课后习题分析

第一题:朗读课文。背诵《溪边》。

第二题:说说你在溪边、江上、林中分别看到了怎样的画面。

第三题:联系上下文,说说下面诗句的意思。

人影给溪水染绿了。

只见松林里一个个斗笠像蘑菇一样。

本课三道习题，第一题是现代诗词教学的常规要求，重在让学生学会朗读。朗读现代诗不光需要读正确，还要读出节奏，同时还要背诵，积累语言。而第二题中的“说说你在溪上、江上、林中分别看到了怎样的画面”，既是对前面二、三年级“边读边想象画面”的语文要素的复现和对学生能力的提升，又对理解现代诗意境和理解难懂的句子有帮助。第三题根据本单元语文要素直接出示难懂的句子，可以通过借助插图、发挥想象、联系生活等多种方法来理解难懂的句子。

2.《剃头大师》课后习题分析

第一题：朗读课文。说说老剃头师傅和“我”给小沙剃头的过程有什么不同。

第二题：一边默读一边想，试着回答下面的问题。

“剃头大师”和“害人精”分别指谁？为什么这样称呼他们？
“我”为什么说“世界上再也没有比他更优秀的顾客了”？

第三题：课文为什么用“剃头大师”作为题目？和同学交流你的看法。

第一题既有一般的基础性要求——朗读课文、对课文主要内容的梳理把握，又有比较老剃头师傅和“我”给小沙剃头过程的不同，从而加深对课文内容的理解；还为本单元语文要素的达成做好前期的铺垫。第二题重点训练结合生活经验理解难懂的词句。

这两个问题的编排是有梯度的，第一个问题重在理解难懂的词语，是对三年级上册第二单元“运用多种方法理解难懂的词语”的回顾，进而总结方法理解难懂的句子。

第三题，是通过理解难懂的词句来感受课文幽默风趣的语言，教学中要引导学生体会题目表达的效果。课文为什么用“剃头大师”作为题目？什么样的人才称得上“大师”？这其实是一种调侃，能引起读者的阅读兴趣。

这几道题，围绕单元语文要素，从对整篇课文的梳理到对难懂句子的呈现，层层递进、环环相扣。教学时，教师应综合考虑课后习题的训练要点和梯度来设计教学活动。

3.《肥皂泡》课后习题分析

第一题：朗读课文。用自己的话说说“我”吹肥皂泡的过程。

第二题：课文中有一些句子不容易懂，如，“五色的浮光，在那轻清透明的球面上乱转”。在课文中找一找，说说这些句子的意思。

第三题：读句子，体会丰富的想象，再想一想：这些轻清脆丽的小球，还有哪些美丽的去处呢？

借着扇子的轻风，把她们一个个送上天去送过海去。
到天上，轻轻地挨着明月，渡过天河跟着夕阳西去。
或者轻悠悠地飘过大海，飞越山巅，又低低地落下，落到一个熟睡中的婴儿的头发上……

本课第一题同样是常规性习题，梳理课文内容，用自己的话复述吹肥皂泡的过程，主要指向课文第3自然段。

课后第二题是和单元语文要素密切相关的典型性习题，旨在落实语文要素，学习运用多种方法理解难懂的句子。不同的学生认为的“难懂的句子”可能不完全相同，本习题在落实语文要素时既关注了课文难懂点的共性，又关注了个别学生对于难懂句子的个性差异。教师可以利用这种差异让学生互相答疑解惑。

课后第三题在丰富的想象中理解难懂的句子。上一单元学习了神奇的想象世界，要求学生大胆想象，本习题是对大胆想象的延续和表达实践。

4.《我不能失信》课前阅读提示分析

默读课文，联系生活实际，说说你对下面句子的理解："一个人在家，是很没劲。可是，我并不后悔，因为我没有失信。"

这篇文章是略读课文。精读课文学习理解难懂句子的方法，略读课文运用所学方法进行阅读实践，从而提升学生的语文素养。本文情节简单，内容贴近儿童生活，理解起来难度不大，可以让学生根据课前阅读提示抓住描写宋庆龄言行的相关语句，联系生活实际，感悟人物的可贵品质。

（三）单元典型性习题横向关联

在编排上，教材每个单元的教学目标直接体现在单元导语中，课后思考练习则围绕单元训练要素设计。精读课文的课后习题、插图，略读课文前的阅读提示，是课文不可分割的整体，是教学内容的重要组成部分，旨在为落实与体现本单元的语文要素提供支持。所以，分析课后习题对单篇课文的教学目标的确立有很大作用。

本单元的语文要素主要是借助课文插图和课后习题来落实的。课文插图和课后典型性习题编排如下：

朗读课文。背诵《溪边》。(《童年的水墨画》课后第一题)

联系上下文，说说下面诗句的意思。(《童年的水墨画》课后第三题)

人影给溪水染绿了。
只见松林里一个个斗笠像蘑菇一样。

一边默读一边想，试着回答下面的问题。(《剃头大师》课后第二题)

"剃头大师"和"害人精"分别指谁？为什么这样称呼他们？
"我"为什么说"世界上再也没有比他更优秀的顾客了"？

课文中有一些句子不容易懂，如，"五色的浮光，在那轻清透明的球面上乱转"。在课文中找一找，说说这些句子的意思。(《肥皂泡》课后第二题)

默读课文，联系生活实际，说说你对下面句子的理解："一个人在家，是很没劲。可是，我并不后悔，因为我没有失信。"(《我不能失信》课前导语)

《童年的水墨画》所配的插图就是淡淡的水墨画，插图与儿童诗的意境非常吻合，有助于学生图文对照，理解课文中难懂的句子。《肥皂泡》配了两幅插图，第一幅是一个小女孩站在走廊上全神贯注地吹肥皂泡，第二幅是泡泡飞舞的情景。两幅图有内在的联系，充分表现了课文内容，可以帮助学生理解课文，理解课文中难懂的句子。

针对本单元语文要素，怎样"运用多种方法理解难懂的句子"呢？本单元三篇课文的课后题和"交流平台"，给学生列出了理解难懂句子的具体方法：联系上下文可以理解难懂的句子，结合生活经验可以理解难懂的句子,查资料或者向他人请教也可以理解难懂的句子。教学时,我们就可用上这样的方法来实现目标。

《童年的水墨画》语言生动活泼,融童心、童趣于一体,多角度展现了丰富多彩的儿童生活。我们就可以引导学生关注课后第二题和第三题,借助关键词想画面,联系上下文理解诗句的意思。

《剃头大师》一文,情节有趣,展现了童年生活的纯真与趣味。第一部分是老剃头师傅给小沙剃头的经历,第二部分是"我"给小沙剃头的过程。利用课后第一题和第二题,抓住有意思的词语、联系上下文或联系生活经验理解句子。

《肥皂泡》一文文笔清新自然、意境幽远。课文带有鲜明的个人语言特色,学生理解起来有难度。教学时,在学生充分朗读的基础上,运用课后第二题引导学生找出难懂的句子,并运用多种方法进行理解。

略读课文《我不能失信》,我们则要关注导语,进行方法的练习,可以让学生通过小组合作的方式找出难懂的句子,运用前面所学方法理解难懂的句子。

三、落实语文要素的典型性习题教学活动设计示例

(一)典型性习题

以《剃头大师》课后第二题为例:

一边默读一边想,试着回答下面的问题。

"剃头大师"和"害人精"分别指谁?为什么这样称呼他?
"我"为什么说"世界上再也没有比它更优秀的顾客了"?

(二)教学设计

1.活动一:以课题引入,梳理文章主要内容

(1)读课题,理解"剃"的意思。

(2)读读课文,想想课文围绕小沙讲了一个怎样的故事?

(3)梳理文章内容:小沙害怕剃头,老师傅给小沙剃头成了"害人精","我"给小沙剃头成了"剃头大师",最后我们都很倒霉的故事。

2.活动二:学习运用联系上下文和生活实际来理解句子

(1)教师引导并提问:剃头有什么可怕的呢,让我们一起去理发店看看吧!"剃头大师"和"害人精"分别指谁?为什么这样称呼他们呢?

(2)默读课文第2~6自然段,想想:哪一句话写出了小沙剃头时的感受?("这一会儿痛一会儿痒的,跟受刑一样。"抓关键词"受刑"可以读出小沙剃头时很难受)

(3)联系上文仔细读读老师傅给小沙剃头的过程。默读课文,并勾画出来。

(冤家;锃亮的剃刀;老掉牙的推剪;他常常会咬住一绺头发不放,让小沙吃尽苦头;总把碎发掉在小沙的脖子里,痒得小沙哧哧笑)

(4)教师引导学生用同样的方法说说“剃头大师”指的是谁?为什么这样称呼他呢?

(5)思考:“我”为什么说“世界上再也没有比他更优秀的顾客了”?

预期效果:首先通过课题入手,初步把握文章的主要事件,让学生明白为什么小沙称剃头师傅为“害人精”,称呼不会剃头的“我”为“剃头大师”,为什么在“我”的眼里,世界上再也没有比他更优秀的顾客了,进而让学生总结理解难懂的句子可以运用联系上下文和生活实际的方法来理解,还可以结合上学期学的运用关键词理解句子。

四、课后习题引导下的《我不能失信》教学活动设计

(一)教学目标

(1)认识“耀、庆”等5个生字。

(2)结合课文内容,运用前面学过的方法联系生活实际理解课文结尾处宋庆龄说的话,体会并学习人物诚实守信的品质。

(二)教学重难点

教学重点:联系生活实际理解宋庆龄说的话。

教学难点:学习运用多种方法理解文章结尾处宋庆龄说的话,体会并学习人物诚实守信的品质。

(三)教学设计

1.活动一:以课题引入,梳理文章主要内容

(1)读课题,联系生活实际猜一猜“失信”是什么意思?

(2)这是一篇略读课文,读一读阅读提示,看看作者有什么要求。

(3)默读课文,想想:课文讲了一个怎样的故事?

2.活动二:运用方法学习小庆龄说的话

(1)默读课文,在课文中勾画出小庆龄守信的语句。

(2)同学们找到的全是小庆龄说的话,这些句子里藏着什么秘密呢?用上我们之前学过的理解句子的方法读一读,体会体会。

3.活动三:迁移运用

朗读课文阅读提示中的句子,找出这句话中的关键词“没劲、不后悔”,再联系上文和生活实际真正读懂这句话。

(彭水苗族土家族自治县第四小学校:任小波)

第七单元
奇妙的世界

一、第七单元整体分析

(一)整体描述

本单元编排了《我们奇妙的世界》《海底世界》《火烧云》三篇精读课文,还有“口语交际”《劝告》,“习作”《国宝大熊猫》以及“语文园地”。整体编排与其他单元大同小异,唯一不同的就是没安排略读课文。“交流平台”内容的编排也与众不同,与语文要素的关联不大,这些都需要我们细心发现,同时进行特殊的处理,在后面的理解分析中将会具体诠释。

(二)导语页

大自然如同一位神奇的魔术师，把无穷无尽的奥秘隐藏在天地间,吸引着孩子们去寻找,去发现。本单元以“奇妙的世界”为主题。本单元指向阅读的语文要素是“了解课文是从哪几个方面把事物写清楚的”,指向习作的语文要素是“初步学习整合信息,介绍一种事物”。

(三)语文要素纵向关联

1.阅读要素纵向关联

根据学生语文素养发展序列,三年级上册第六单元“借助关键语句理解一段话的意思”,三年级下册第三单元“了解课文是怎么围绕一个意思把一段话写清楚的”进一步提升,从怎么把一段话写清楚到怎么把事物写清楚,体现了学生能力的梯度发展。本单元的语文要素“写清楚”的内涵,一是指文章主要写了事物的什么特点,二是了解文章是从事物的哪几个方面来写的。《我们奇妙的世界》从天空和大地两个方面展现了这个奇妙的世界的神奇和活力;《海底世界》从海底的动物、植物和矿产等方面,介绍了海底世界景色的奇异和物产的丰富;《火烧云》重点从颜色和形状两个方面,表现火烧云的变化极多、极快。三篇课文虽然描写的对象不同,但都是从几个方面把事物写清楚的。

2.习作要素纵向关联

习作要素旨在引导学生通过查找资料了解大熊猫,然后根据问题对相关信息进行整合,写一篇介绍大熊猫的习作。学生已经学习过提取文中明显的信息,为本单元学习初步整合信息奠定了基础,学生也可以根据已经初步学习的说明文和说明的方法,学以致用。

二、基于课后习题的语文要素落点分析

(一)语文要素在各板块的要求

下面我们重点分析在本单元具体教学中,“了解课文是从哪几个方面把事物写清楚的”这一语文要素在每一课或每一板块的要素目标应该如何确立,教材各个板块如何有侧重、有梯度地将其落到实处。

《我们奇妙的世界》让学生通过概括段意的方法,掌握课文是从哪几个方面来介绍事物的,落实语文要素。

《海底世界》让学生通过抓住每段中的关键词句,了解课文是从哪几个方面介绍事物的。

《火烧云》引导学生抓住事物的特点来了解课文是从哪些方面介绍事物的。

学生充分掌握了把事物写清楚的几种不同的方法,在习作中便可以灵活运用其中一种或几种,提高自己的表达能力。

(二)课后习题的要素指向与活动分析

1.《我们奇妙的世界》课后习题分析

第一题:有感情地朗读课文。说说课文分别从哪几个方面写了天空和大地。

第二题:结合生活经验,说说你对“一切看上去都是有生命的”这句话的理解。

第三题(小练笔):读一读下面的句子,感受这些普通而又美的事物。你也来写一写吧。

雨后,我们会看到地上有许多水洼,就像有趣的镜子,映射着我们的脸。
黑夜降临了,我们看见夜空中群星闪烁(shuò),就像千千万万支极小的蜡烛在发光。
夏日,在大树下乘凉,我们会感叹,大树带来这么多绿荫。

第一题是落实单元阅读要素的,因为这篇文章字里行间洋溢着对奇妙的世界的喜爱和赞美之情,因此,学生在朗读时,要把这种感情读出来。利用概括段意法,让学生明白课文是从天空和大地两个方面具体、细致地描绘整个世界的奇妙的:天空是从日出、云彩变化、落日余晖、群星闪烁四个方面来描写的;大地是从种子生长、水果颜色、夏日绿荫、秋天的光辉、冬日的冰雪这几个方面来写的。

第二题要求学生根据生活经验,用心观察、仔细寻找,从身边极普通的事物中找到美:小鸟的歌声婉转优美、稻田里的青蛙守护庄稼、小河哗啦啦地流淌,我们要用心去感受、去体会,感受万事万物的生命在陪伴我们,与我们一起和谐幸福地生活着。

小练笔是让学生在学习课文后想象画面,想象生活中普通的事物的美好,把发现的美好用拟人、比喻的修辞手法,用优美的词句表达出来。

2.《海底世界》课后习题分析

第一题:朗读课文。说说课文是从哪几个方面介绍海底世界的。

第二题：在课文中找找下面的句子在哪个自然段，说说那段话是怎样把这个意思写清楚的。

海底的动物，各有各的活动方法。
海底的植物差异也很大。

第三题：读一读，注意加点的部分，体会这样写的好处。

海底的动物常常在窃窃私语。
还有些贝类自己不动，却能巴在轮船底下作免费的长途旅行。

第一题是落实语文要素的课后习题，朗读要求读出对海底世界的喜爱之情，抓住事物的特点来把事物写清楚。本文抓住从海底的奇异和物产的丰富两个特点来写，物产的丰富又是从动物、植物、矿产等方面写清楚的。课文总分总的结构在表达上值得学生借鉴，学生在阅读这篇文章时较容易。

第二题为了把“各有各的活动方法”写清楚，分别列举了海参、乌贼、像梭子的鱼、章鱼等的活动方法。教师可以让学生运用表格搭支架，学习它们的活动特点。同样，了解海底植物的差异时，可以通过描写颜色的词语来了解清楚。

第三题的两句话采用了拟人的写法，把动物发出的声音说成是窃窃私语，把动物巴在船底移动说成是旅行，既写出了海底动物可爱的画面，又增强了文章的趣味性和新鲜感，还表现出了作者对海底动物的喜爱之情。

3.《火烧云》课后习题分析

第一题：朗读课文。背诵第3~6自然段。

第二题：说说课文写了火烧云的哪些特点，你是从哪些语句了解到的。

第三题：读读下面这些表示颜色的词语，再说几个类似的。

红彤彤 金灿灿	葡萄灰 茄子紫	半紫半黄 半灰半百合色

第一题要求朗读并背诵相关段落。这篇课文字里行间洋溢着对大自然的热爱和赞美，学生朗读时语调要稍高，语速适当加快，要把喜爱之情读出来；还要边读边想象画面，背诵第3~6自然段。

第二题是指向语文要素的习题，通过颜色和形状两个方面描写了火烧云的变化多、变化快的特点。课文围绕一个“变”字，先写出火烧云给大地万物带来的变化，比如大白狗变成红的了；接着写火烧云颜色的变化，比如一会儿红彤彤，一会儿金灿灿；再写火烧云形状变化，比如一会儿出现一匹马……课文抓住火烧云的变化，有序地展开描写，条理清晰，给读者留下深刻的印象。

第三题都是表示颜色的词语，但各有特点，第一列是ABB式的，第二列是事物+颜色，第三列词语是ABAC式的，教师可以进行这类词语的组块教学。

（三）单元典型性习题横向关联

《我们奇妙的世界》课后习题：有感情地朗读课文。说说课文分别从哪几个方面写了天空和大地。《海底世界》课后习题：朗读课文。说说课文是从哪几个方面介绍海底世界的。《火烧云》课后习题：说说课文写了火烧云的哪些特点，你是从哪些语句了解到的。

分析本单元落实语文要素“了解课文是从哪几个方面把事物写清楚的”的课后习题,不难发现教材在编排上意图很明显,不同文章介绍了不同的阅读方法。

《我们奇妙的世界》围绕本单元的语文要素,课堂开始即引导学生从整体入手,了解课文是从哪几个方面来写世界奇妙的;利用概括段意法,文章为了把事物写具体、写清楚往往需要分段从多个方面进行描写。比如本文共用了六个自然段来写天空的奇妙,概括可知第3自然段是写清晨的日出,第4~6自然段是写云彩的变化和雨后的水洼,第7自然段写落日余晖,第8自然段是写群星闪烁。

《海底世界》则可以用抓关键词句的方法,抓住每个段落的开头统领全段的关键句子,然后找出围绕关键句子把事物写清楚的句子。比如第5自然段的关键句子是:海底的植物差异也很大。从这一句话可以知道作者在这个自然段是从海底的植物这个方面来介绍海底世界的。

《火烧云》则可以通过提取信息的方法,找出描写火烧云颜色变化和形状变化的词语,了解到火烧云的变化快和变化多的特点。特别是第4~6自然段,在写法上有相似之处,都是按照动物出现、变清晰、消失的顺序来写火烧云形状的变化的;抓“一会儿”“忽然”“接着”等表示过程变化的词语来感受火烧云形状的变化多。

三、落实语文要素的典型性习题教学活动设计示例

(一)典型性习题

以《我们奇妙的世界》课后第一题为例:有感情地朗读课文。说说课文分别从哪几个方面写了天空和大地。

教学目标:有感情地朗读课文,能说出课文分别是从哪几个方面来写天空和大地的奇妙的。

教学重点:了解课文是从哪几个方面把天空和大地写清楚的。

(二)教学设计

1.活动一:初读课文,整体感知

(1)初读课文,整体感知。

(2)再读课文,了解课文分别是从哪几个方面来写天空的。(学习课文第2~8自然段)

2.活动二:细读课文,了解奇妙的天空

(1)教师提问:这一部分是按照怎样的顺序写天空的?学生用圈画的方法找到表示时间的词语或短语,厘清作者是按照时间顺序来写的。

(2)学生默读课文,勾画出描写天空的事物。(太阳、云彩、雨点、落日余晖、群星)

(3)教师提问:文中“太阳、云彩、雨点”等生活中常见事物有什么奇妙之处?小组合作、讨论。

(4)交流,品读。

(5)教师小结:作者抓住“云彩、雨点、水洼、落日余晖、群星闪烁”来写天空的变化。

(6)教师引导学生感受课文中大地的奇妙。

预期效果:学生通过自主阅读,能抓住关键语句“你看天空的珍藏”“再看大地的珍藏”梳理出文章的主要内容,通过问题厘清课文的写作顺序,通过抓关键词句快速找到描写天空的事物,充分感受不同的

事物在不同的时间里产生的神奇变化，从而感受天空的奇妙。学生体验了快乐阅读，感受到语言文字的魅力，还感受到了大自然的神奇。

思维路径：通过这一系列的教学活动，学生理解本道题时的思维路径就更加清晰，首先要能找到“太阳、云彩、雨点、落日余晖、群星”这些事物，然后抓住关键词句品读、体会这些事物奇妙的变化，想象“太阳的薄发、云彩的变幻、雨点的降落、水洼的折射、落日的余晖、群星的闪耀”这些美妙的画面，感受天空的奇妙。

四、课后习题引导下的《我们奇妙的世界》教学活动设计

教学目标：

(1)有感情地朗读课文。能说出课文分别是从哪些方面来写天空和大地的奇妙的。

(2)能结合生活经验，理解“一切看上去都是有生命的”这句话的含义。

(3)能仿照例句，写一写自己发现的普通而又美的事物。

教学重点：

(1)能说出课文分别是从哪些方面来写天空和大地的奇妙的。

(2)能结合生活经验，理解“一切看上去都是有生命的”这句话的含义。

(一)第一课时

1. 活动一：提问激趣，导入新课

引导学生理解“奇妙”。(奇特、美妙)

2. 活动二：初读课文，整体感知

(1)自主阅读。边读边思考：“我们奇妙的世界”究竟“奇妙”在何处？课文从哪几个方面写了世界的奇妙？

(2)学生交流自读课文情况，检测生字、词语，交流“我们奇妙的世界”究竟“奇妙”在何处，交流课文是从哪几个方面来写世界的奇妙的。(天空、大地两个方面)

设计意图：围绕本单元语文要素，引导学生先从整体入手，了解课文是从哪几个方面来写世界奇妙的。

3. 活动三：细读课文，了解天空的奇妙

(1)教师提问：这一部分是按照怎样的顺序写天空的？教师要求学生用圈画的方法找到表示时间的词语或短语，厘清作者是按照时间顺序来写天空的。

(2)教师提问：作者选择了哪些事物来写天空？(太阳、云彩、雨点、落日余晖、群星)

(3)教师提问：文中“太阳、云彩、雨点”等生活中常见的事物有什么奇妙之处？

(4)教师出示课后小练笔中的例句(如下)，并用多媒体播放清晨太阳升起、云彩在空中飞行、雨点降落在地上、水洼映射脸庞、落日的余晖变幻着颜色、夜空中群星闪耀等画面，让学生感受天空的变化。

雨后，我们会看到地上有许多水洼，就像有趣的镜子，映射着我们的脸。
黑夜降临了，我们看见夜空中群星闪烁，就像千千万万支极小的蜡烛在发光。

(5)教师追问："水洼"和"群星"都是极普通的事物，但经过作者的联想，它们带给我们怎样的感受？(美丽、有趣……)

(6)教师引导学生感受事物的形、色、声的变化。

(7)教师小结。

设计意图：概括总结学习天空奇妙的方法，为学习大地搭建支架。

(二)第二课时

1.活动一：复习导入

引导学生结合画面，运用"升起、呈现、降落、映射、变幻、闪烁"等词语，说说文中描写天空的内容。

2.活动二：了解大地的奇妙

(1)思考：作者是怎样从描写"天空"转向描写"大地"的呢？(用了过渡的方法：第9自然段"再看大地的珍藏——"将描写的对象转向大地)教师引导学生关注"再"，关注过渡段，体会文章写法上的巧妙。

(2)教师提问：大地这部分内容又是按照怎样的顺序来写的呢？(春、夏、秋、冬)

(3)教师引导学生边读边在文中圈画出春、夏、秋、冬季节里的事物，理解语句"一切看上去都是有生命的"。

(4)抓住重点词句品读。

(5)总结：作者抓住春、夏、秋、冬四季中大地上最有特点的事物，表现世界的奇妙和生命的活力。

3.活动三：学习第17、第18自然段

小结：只要我们仔细地观察、寻找，就能从极普通的事物中获得美的发现，只有坚持观察、寻找，我们才能练就一双发现美的眼睛，才能更好地体验奇妙的世界。

4.活动四：布置作业

课后练习：寻找生活中还有哪些普通事物，感受它们的奇妙。

附：板书设计

我们奇妙的世界

世界{天空：太阳、云彩、雨点
余晖、群星
大地：春、夏、秋、冬}奇妙

预期效果：学生在自主阅读的基础上，通过抓住关键语句"你看天空的珍藏"感受天空的奇妙，通过"再看大地的珍藏"感受大地一年四季的美丽。学生不仅了解了事物本身变化多端的美，还了解了事物之间的关联与和谐之美；不仅了解了大自然的神奇，还感受到祖国语言文字的博大精深，激发了审美情趣，提高了综合素养。

(彭水苗族土家族自治县第五小学校：张小顺)

第八单元
有趣的故事

一、第八单元整体分析

（一）整体描述

本单元编排了《慢性子裁缝和急性子顾客》《方帽子店》《漏》《枣核》四篇课文，安排了“口语交际”《趣味故事会》、“习作”《这样想象真有趣》、“语文园地”（包含“交流平台”“识字加油站”“词句段运用”“日积月累”），其中《漏》和《枣核》是两篇民间故事。

（二）导语页

本单元的人文主题是“有趣的故事，留下的不仅是开心的笑声，还有许多的思考”，语文要素是“了解故事的主要内容，复述故事”，习作要素是“根据提示，展开想象，尝试编童话故事”。

（三）语文要素纵向关联

本单元的语文要素是“了解故事的主要内容，复述故事”，教材第一学段已经做过借助图片、根据提示等讲故事的练习，主要体现在个别课文的课后练习题中。把“复述”作为单元语文要素进行集中学习，在教材中是首次出现，它是基于对故事内容充分了解和把握的基础上的详细复述，是内化课文语言、学习表达的过程，为第三学段的学习打下坚实的基础。

《慢性子裁缝和急性子顾客》这篇课文里的裁缝慢条斯理，顾客急于求成，故事结局很有意思，出人意料，却在情理之中。《方帽子店》里的人们在为方帽子店主人的固执、愚蠢感到好笑的同时，不由思考“那些不舒服的方帽子，慢慢成为古董”的原因。《漏》和《枣核》是两个有趣的民间故事。《漏》幽默地诠释了什么叫“做贼心虚”；《枣核》生动地讲述了一个只有枣核大小的孩子，机智勇敢地帮助老百姓夺回牲口，惩治恶官的故事。

为了帮助学生复述故事，四篇课文在课后练习或学习提示中，都明确了“复述”这一语文要素在本课具体落实的要求与方法。比如，《慢性子裁缝和急性子顾客》引导学生先借助表格，梳理顾客和裁缝在几天里的不同要求和表现，再有序地复述故事；《漏》则引导学生借助相关图片和文字提示，记住故事主要内容，避免复述时遗漏重要情节。“语文园地”中的“交流平台”对复述的方法做了归纳与小结，引导学生在今后的学习中加以运用。

二、基于课后习题的语文要素落点分析

(一)课后习题的要素指向与活动分析

1.《慢性子裁缝和急性子顾客》课后习题分析

第一题:分角色朗读课文,注意读出裁缝和顾客对话的语气。

第二题:默读课文,填写下面的表格,再借助表格复述这个故事。

时间	急性子顾客的要求	慢性子裁缝的反应
第一天		
第二天		
第三天		
又过了一天		

第三题(选做):假如裁缝是急性子,顾客是慢性子,它们之间又会发生怎样的故事呢?发挥想象,讲给同学听。

本文主要是裁缝和顾客的对话,第一题旨在训练学生朗读,学会分角色读好人物的对话,能更多地了解人物的性格特点。裁缝是个慢性子的人,在读他说的话时语速要慢,语调要平缓。顾客是个急性子的人,在读他说的话时语速要快,语调要高。同时在朗读时要注意揣摩人物的心理,从而读出相应的语气。

第二题,落实本单元的语文要素:了解故事的主要内容,复述课文。怎样了解故事的主要内容?编者给了学生学习的支架——借助表格,抓住六要素,即时间、地点、人物、起因、经过、结果的阅读方法充分了解课文内容,熟知课文的结构,抓住对话中的关键词句记住主要的情节,为复述做好准备。怎样复述课文?借助表格梳理出来的主要内容,按照时间顺序复述。特别注意重要情节不要遗漏,最好是用自己的话把故事内容讲出来。

第三题,在梳理表格,按照表格有顺序地复述,对故事内容已经熟记于心的基础上,编者鼓励学生大胆尝试将故事中的角色对换,重新诠释这个故事,不仅能为五年级上册第三单元"创造性地复述故事"打下坚实的基础,而且能激发学生阅读的兴趣,树立学好语文的自信。

2.《漏》课后习题分析

第一题:默读课文,说说故事中的哪些内容你觉得最有意思。

第二题:选择喜欢的部分,和同学分角色朗读,体会故事的趣味。

第三题:借助下面的示意图和文字提示,按照地点变化的顺序,复述这个故事。(详见教材)

第一题要求学生交流最有意思的内容,其实就是让学生通过默读课文,重点抓住描写老虎和贼心理、动作的关键词句,体会到他们对"漏"的害怕,再通过讨论、交流,熟知故事的情节,能更好地复述课文。

第二题通过前面的交流学习,找出了最有意思的内容,再让学生自主选择内容复述,充分利用《慢性

子裁缝和急性子顾客》学会的分角色朗读的方法，注意语速、语调的变化，从而体会故事的趣味性。

第三题落实本单元的语文要素：了解故事的主要内容，复述课文。学生先借助示意图和文字提示把故事的主要内容记清楚，然后抓住每一部分中贼和老虎的心理、动作进行详细复述。

（二）单元典型性习题横向关联

《慢性子裁缝和急性子顾客》典型性课后习题：默读课文，填写下面的表格，再借助表格复述这个故事。

《漏》典型性课后习题：借助下面的示意图和文字提示，按照地点变化的顺序，复述这个故事。

《方帽子店》没有课后题，在阅读提示中让学生说说故事哪部分内容是你最意想不到的，再用自己的话复述这个部分。

《枣核》没有课后习题，阅读提示让学生用自己的话复述故事，试着续编故事。

分析本单元语文要素“了解故事的主要内容，复述故事”，依据课后习题编排，发现教材推荐了借助表格、借助示意图的方法，梳理故事的主要内容，这样就能按照顺序复述，重要情节也不会遗漏。《慢性子裁缝和急性子顾客》围绕本单元的语文要素，首先通过借助表格，抓住六要素即时间、地点、人物、起因、经过、结果的方法了解故事的主要内容。在了解、复述的过程中，要重点抓住表示故事发展的时间词和描写人物语言的句子。其次是怎样复述课文：借助表格梳理出的主要内容及其顺序复述，从而使复述有顺序，情节更完整。

在复述故事《漏》时，先画出故事内容的示意图，然后根据示意图进行复述，这样复述起来就更有条理，而且也不会遗漏主要情节。同样，在画示意图时，可以把影响故事发展的时间、地点、人物作为主要内容，再简单概括发生的事情，最后借助示意图复述故事。

三、落实语文要素的典型性习题教学活动设计示例

（一）典型性习题

以《慢性子裁缝和急性子顾客》课后第二题为例：默读课文，填写下面的表格，再借助表格复述这个故事。

时间	急性子顾客的要求	慢性子裁缝的反应
第一天		
第二天		
第三天		
又过了一天		

教学目标：默读课文，能从文中提取有关顾客的要求和裁缝的反应的信息，尝试借助表格复述故事。

教学重点：能从文中提取有关顾客的要求和裁缝的反应的信息，借助表格复述故事。

（二）教学设计

1. 活动一：学生自主阅读，完成表格

时间	急性子顾客的要求	慢性子裁缝的反应
第一天		

（1）熟读课文，提取关键信息，说清楚急性子顾客的要求（冬棉袄），以及慢性子裁缝的反应（说服顾客明年冬天取）。

（2）正确书写，完善表格。

（3）借助表格，尝试复述课文中有关第一天的内容。

（4）交流、总结方法：详细复述时，先要熟读课文，了解内容；再借助表格，提取信息；然后记住要点，详细讲述。复述时，要突出故事的趣味，不同人物可以用不同的神态和语气。

2. 活动二：细读课文，完成全部表格

（1）学生自主阅读，提取信息，分析归纳，填写表格。

时间	急性子顾客的要求	慢性子裁缝的反应
第一天		
第二天		
第三天		
又过了一天		

（2）组织小组交流汇报。

时间	急性子顾客的要求	慢性子裁缝的反应
第一天	冬棉袄	说服顾客明年冬天取棉袄
第二天	秋夹袄	爽快答应
第三天	夏短袖	点点头答应
又过了一天	春长袖	摇头拒绝

3. 活动三：复述故事

引导学生用复述“第一天”的方法，借助表格复述故事。

预期效果：学生紧扣课后习题，先整体感知，初步了解课文内容，再参照表格要求，聚焦到故事发生的第一天，锁定两个性格截然不同的人物之间发生的故事这部分，提取关键信息，最后工整书写，完成表格。通过学习活动，学生积累了填写表格的方法和经验。这样，不仅提高了学生快速阅读的能力，还提高了学生的思维和提取关键信息能力，快速判断和大胆取舍信息的能力，从而提升学生的语文素养。

思维路径：依据课后第二题“默读课文，填写下面的表格，再借助表格复述这个故事”设计教学活动，目的在于体现“帮扶”到“放手”的教学过程，教给学生详细的复述方法：了解课文内容、提取信息、完成表

格、借助表格复述。学生可以选择第一天发生的事情进行示范，然后用同样的方法，小组合作复述第二天的事情……最后借助表格复述全文，落实语文要素。

四、课后习题引导下的《慢性子裁缝和急性子顾客》教学活动设计

（一）教学目标

（1）分角色朗读课文第1~13自然段，能读出裁缝和顾客对话的语气，初步体会顾客和裁缝不同的性格特点。

（2）默读课文，能从文中提取顾客第一天的要求和裁缝的反应的信息，借助表格尝试复述第一天的故事内容。

（3）变换故事中主要人物的角色，发挥想象，讲故事。

（二）教学设计

1.活动一：交流导入

（1）组织学生讨论：如果“急性子”和“慢性子”在一起，会出现什么情况呢？

（2）整体感知，厘清故事情节。

①自主阅读。

②厘清课文叙述线索。请学生圈出表示时间的词：故事发生在冬天、第二天、第三天、又过了一天。

（3）小结：作者是按时间顺序写故事的。

2.活动二：学生自主阅读，完成表格

时间	急性子顾客的要求	慢性子裁缝的反应
第一天		

（1）熟读课文，提取关键信息。说清楚急性子顾客的要求（冬棉袄），以及慢性子裁缝的反应（说服顾客明年冬天取）。

（2）正确书写，完善表格。

（3）借助表格，尝试复述课文中有关第一天的内容。

（4）交流、总结方法：详细复述时，先要熟读课文，了解内容；再借助表格，提取信息；然后记住要点，详细讲述。复述时，要突出故事的趣味，不同人物可以用不同的神态和语气。

设计意图：借助课后第二题，通过填写表格，帮助学生了解每一天发生的事情，落实语文核心要素“借助表格详细复述课文”；在自主阅读的基础上，通过分角色朗读体会故事中人物的性格特点，抓住关键词理解课文内容，为学生详细复述搭建学习支架。

3.活动三：自主阅读，完成全部表格

（1）学生自主阅读，提取信息，分析归纳，填写表格。

时间	急性子顾客的要求	慢性子裁缝的反应
第一天		
第二天		
第三天		
又过了一天		

(2)组织小组交流汇报。

时间	急性子顾客的要求	慢性子裁缝的反应
第一天	冬棉袄	说服顾客明年冬天取棉袄
第二天	秋夹袄	爽快答应
第三天	夏短袖	点点头答应
又过了一天	春长袖	摇头拒绝

4. 活动四：复述故事

引导学生用复述“第一天”的方法，借助表格复述故事。

5. 活动四：分角色朗读

指名学生分角色朗读课文第1~13自然段，注意读出裁缝和顾客对话的语气。

(1)指导学生理解顾客的“急”：从“等不及”“性子最急”“噌的一下子”“不耐烦”“夹起布料就要走”等词语可以看出顾客的急性子。

(2)从顾客问裁缝“您准备让我什么时候来取衣服——秋天？夏天？春天？……”这句话中的三个问号和一个省略号可以体会顾客性子急。

(3)指导学生理解裁缝的“慢”。

(4)指导男女生分角色朗读。

温馨提示：读裁缝的话时，要注意句尾的语气词，语速要缓慢，语气要平稳。

设计意图：在自主阅读的基础上，学生通过分角色朗读，体会故事中人物的性格特点，抓住关键词了解故事主要情节，为详细复述做好准备。

6. 活动五：课后实践

课后尝试对换故事中人物的角色，发挥想象，讲故事。

预期效果：学生紧扣课后习题，先整体感知，初步了解故事内容，按照表格要求，聚焦到故事发生的每一天，提取关键信息，最后工整书写，完成表格，为详细复述故事搭建支架。学生通过分角色朗读，了解人物的性格特点，为详细复述做准备，最后按照表格详细复述。通过勾画、品读、感悟、表达这一系列语文活动，学生的语文素养提高了。

（彭水苗族土家族自治县第五小学校：张小顺）

四年级下册

教材整体分析

本册安排了八个主题单元，其中七个单元是以人文主题和语文要素双线结构组成的单元，其人文主题分别是"田园生活""科技天地""现代诗""动物朋友""儿童生活""美好品质""经典童话"。另外一个单元比较特殊：第五单元"学习按游览的顺序写景物"是一个习作单元，是围绕习作能力的培养编排的。

本册教材人文主题和语文要素的梳理如下：

单元	人文主题	语文要素	
		阅读	表达
一	田园生活	抓住关键语句，初步体会课文表达的思想感情	写喜爱的某个地方，表达出自己的感受
二	科技天地	阅读时能提出不懂的问题，并试着解决	展开奇思妙想，写一写自己想发明的东西
三	现代诗	初步了解现代诗的一些特点，体会诗歌表达的情感	合作编小诗集，举办诗歌朗诵会
四	动物朋友	体会作家是如何表达对动物的感情的	写自己喜欢的动物，试着写出特点
五	习作单元	了解课文按一定顺序写景物的方法	学习按游览的顺序写景物
六	儿童生活	学习把握长文章的主要内容	按一定顺序把事情的过程写清楚

续表

单元	人文主题	语文要素	
		阅读	表达
七	美好品质	从人物的语言、动作等描写中感受人物的品质	学习从多个方面写出人物的特点
八	经典童话	感受童话的奇妙，体会人物真善美的形象	按自己的想法新编故事

本册教材立足学生的全面发展，以语文核心素养为本，体现了课程性质，反映了课程理念。

如教材“现代诗”主题单元，选编了不同作家、不同风格的四篇中外现代诗歌作品，有冰心的短诗、艾青的《绿》、苏联作家叶赛宁的《白桦》、戴望舒的《在天晴了的时候》，本册教材还选编了古诗和文言文。这些课文从不同侧面展现了中华优秀传统文化的魅力，让学生理解、热爱中华文化，建立自觉、自信的文化意识。

本册教材选编了描写田园风光的以及表现戍边将士英勇威武的古诗，还选编了表现古人勤勉学习、坚持不懈的求学精神的古文。学生诵读经典，在中华文化的经典文本中口诵心惟、日积月累，积淀文化。通过对苏联诗人叶赛宁《白桦》的学习，学生初步理解不同地区、不同国家的优秀文化，懂得尊重和包容。通过对古诗、现代诗和古文的学习，学生体会到中华文化的人文精神，增强了文化自信，理解、认同、热爱中华文化。文化自信是一个长期的浸润过程，更是在浸润和对话中自主构建的过程。

“科技天地”和“儿童生活”侧重学生思维能力的训练和培养。学生对科学产生兴趣，激发想象力、创造力；学生在阅读时主动思考，提出问题并尝试解决，提升了思维能力，激发了习作兴趣，并乐于表达。

“田园生活”“动物朋友”“习作单元”“美好品质”“经典童话”这几个主题单元，使学生通过感受、理解、欣赏、评价语言文字及作品，获得较为丰富的审美经验。

核心素养的四个方面是一个整体。语言是重要的交际工具和思维工具，语言发展的过程也是思维发展的过程，二者相互促进。语言文字及作品是重要的审美对象，语言学习与运用也是培养审美能力和提升审美品位的重要途径。语言文字既是文化的载体，又是文化的重要组成部分，学习语言文字的过程也是学生文化积淀与发展的过程。在对语文课程的学习中，学生以语言为载体，思维能力、审美力、创造力、文化自信都在语言经验发展过程中得以实现。

第一单元
田园生活

一、第一单元整体分析

（一）整体描述

为了让学生感受到田园生活的美好，领略田园风光，体会农村儿童的乐趣，本单元以“田园生活”为主题编排了四篇课文：《古诗三首》精选了范成大、杨万里、辛弃疾的诗词，描绘出了古人或闲适而自在、或繁忙而充实的美好乡村生活；《乡下人家》描绘了农家不同时节里独特迷人的景致，带领儿童去感受那与城市风光截然不同的田园风景；《天窗》则写出了乡村儿童从天窗中获得想象的乐趣；《三月桃花水》是略读课文，展现了乡村田野的明丽风光；“日积月累”则选用了毛泽东的词，展现山间梅花不畏严寒、傲然独立的高贵品格。这些文章编排在一起，从不同角度展现了多彩的乡村生活，让现代儿童感受到乡村生活的淳朴、独特与美好。

（二）导语页

基于让学生在阅读中习得能力的终极目标，本单元导语页不仅提炼了单元人文主题“纯朴、美好的乡村生活”，还明确了本单元的语文训练要素“抓住关键语句，初步体会课文表达的思想感情”“写喜爱的某个地方，表达出自己的感受”。

（三）语文要素纵向关联

根据学生能力发展序列，《义务教育语文课程标准（2022年版）》对“抓关键语句”在中段的阅读要求：能联系上下文，理解词句的意思，体会课文中关键词句表达情意的作用。对“体会思想感情”的要求则体现在高段的阅读目标中：能初步把握文章的主要内容，体会文章表达的思想感情。本单元语文要素充分体现了中高段的衔接过渡。

在本单元中，“关键语句”是指直接表明写作目的，表达课文中心思想或作者感情、想法的句子。本单元也是小学统编版教材里首次出现“体会文章思想感情”这一语文要素的单元。

为了明确学生的学情起点，对比“抓关键语句”“体会思想感情”语文要素的纵向发展序列，详情如下：

表1 “抓关键语句”纵向关联

年段	单元	语文要素
三年级上册	第六单元	借助关键语句理解一段话的意思
三年级下册	第四单元	借助关键语句概括一段话的大意
四年级下册	第一单元	抓住关键语句，初步体会课文表达的思想感情
六年级上册	第六单元	抓住关键句，把握文章的主要观点

表2 “体会思想感情”纵向关联

年段	单元	语文要素
四年级下册	第一单元	抓住关键语句，初步体会课文表达的思想感情
	第三单元	初步了解现代诗的一些特点，体会诗歌表达的情感
	第四单元	体会作家是如何表达对动物的感情的
五年级上册	第四单元	结合资料，体会课文表达的思想感情
	第六单元	体会作者描写的场景、细节中蕴含的感情
五年级下册	第一单元	体会课文表达的思想感情
六年级下册	第三单元	体会文章是怎样表达情感的

从以上两个表格中，我们不难发现，“抓关键语句”和“体会思想感情”的要求，在教材中均是以逐步提升要求、环环相扣、螺旋上升的方式呈现的。三年级和四年级上册主要引导学生理解课文的意思、内容，四年级下册则更进一步，要求学生体会课文表达的思想感情。

部编版教材里，第一次提出“体会课文表达的思想感情”的目标要求是在本单元中。对于“体会课文表达的思想感情”这个训练点，统编教科书做了比较系统的安排。

通过分析这些语文要素以及相应的“交流平台”，我们会发现教材从“通过什么体会”和“体会到什么程度”两个方面，对怎么引导学生落实这一训练点进行了安排：

在“通过什么体会”方面，从四年级下册的“抓住关键语句”，到五年级上册的“背景资料”“场景、细节”，再到五年级下册的“综合运用”，最后到六年级下册的“不仅要体会感情，还要求关注文章是‘怎样表达情感的’”，难度不断加大。教学时，应充分理解编者意图，关注本次要素的训练侧重点，关注学生最近发展区，有针对性地设计教学活动。

本单元语文要素的落实，要特别关注“首次出现”这一特定时间，达到“初步体会”即可，哪怕学生体会不那么深刻，都应以鼓励为主。教学时切勿拔高要求，应重点关注学生能否找出关键语句，并借助关键语句初步体会，起到做铺垫、打基础的作用就可以了。

二、基于课后习题的语文要素落点分析

(一)语文要素在各板块的要求

下面我们重点来分析在本单元的教学中,“抓住关键语句,初步体会课文表达的思想感情”这一要素在每一课或每一板块的要素目标应该如何确立,如何引导学生通过有侧重、有梯度的学习将语文要素落实到教材各个板块中。

“交流平台”为我们提炼出三篇课文的关键词句,并总结出“特别能够表达作者的情感或想法”的句子,启发学生去比较、体会。

古诗词,借助注释来理解关键词,体会作者思想感情。

《乡下人家》借助泡泡语点明抓结尾处关键句来体会课文表达的情感。

《天窗》除了用课后习题点明需理解结尾的关键句,还借助泡泡语点明,阅读时也要关注并理解藏在课文中的关键句。

《三月桃花水》引导学生迁移运用抓关键句体会情感的阅读方法。

阅读教学的最终目的,是让学生通过经典文本的学习积累语言,习得运用语言文字的相关能力,最终学会表达交流。所以,我们在教学时,要注意本单元的“口语交际”与语文要素一脉相承,应把“口语交际”与前面“怎样抓关键语句”的练习相结合,运用方法助力口语的表达。

本单元的习作要求也应注意跟单元语文要素相互联系。从内容上看,本单元课文从“田园生活”的角度丰富了学生的认识和感受;从表达上看,阅读课文时抓关键语句初步体会思想感情,为学生在学习习作单元时如何表达感受提供了参考。

(二)课后习题的要素指向与活动分析

1.《古诗词三首》课后习题分析

第一题:有感情地朗读课文。背诵课文。默写《宿新市徐公店》。

第二题:读下面的诗句,说说你眼前浮现出了怎样的情景。

为了帮助学生正确理解古诗,并在学习中落实语文要素、掌握学习古诗的基本方法,本课设计了两道习题。第一题是古诗词教学的常规要求,与单元的语文要素有一定关联。只有抓住关键语句理解了诗意,体会到作者的思想感情,才能将作者的情感融入自己的朗读中,才有利于背诵和默写。而第二题中的“读诗句、浮现画面情景”的学习活动,既是二、三年级和四年级上册“边读边想象画面”的语文要素的复现和学生能力的提升,对理解诗词意境和体会作者表达的情感有帮助,同时是学生理解文本和体会思想感情的一个重要方法。所以,在教学中不能把两者割裂开来,而应将两题的要求进行整体分析,重新整合、设定目标,并围绕这一目标来进行教学活动设计。

2.《乡下人家》课后习题分析

第一题:朗读课文,想象画面。如果给课文配画,你觉得可以画几幅?试着给每幅画取个名字。

第二题:你对课文描写的哪一处景致最感兴趣?和同学交流。

第三题:读一读,再从课文中找出其他生动形象的句子,抄写下来。

第四题(选做)：你眼中的乡村景致是怎样的？用一段话写下来。

本课四道题目，引导学生围绕单元语文要素，从内容梳理到方法提炼，再到表达运用，从整篇的梳理到片段的赏析再到句子的呈现，层层递进、环环相扣，学生通过有层次的训练学习方法、习得能力。教学时，应综合考虑课后习题的训练要点和梯度来设计教学活动。

第一题，既有基础性要求——朗读课文、梳理课文主要内容，又有对"边读边想象画面"这一语文要素的复现和练习，还对本单元本课语文要素的达成做铺垫。学生通过"给课文配画"这一具体方法，梳理文章主要内容、概括描写要点。

在此基础上，第二题让学生谈自己最感兴趣的景致或画面，初步感受作者蕴含于文字中的感情。

第三题，学生品读文本，结合语言文字感受乡村生活的"独特、迷人、闲适"，体会作者蕴藏在字里行间的感情，并初步感受作者怎样用生动形象的语言将自己的喜爱、向往之情表达出来。

选做题就指向了表达，在前面三题的基础上带领学生仿照课文，用生动形象的语言写出自己眼中的乡村画面，表达对乡村景致的喜爱之情。

3.《天窗》课后习题分析

第一题：默读课文，说说天窗在哪儿，为什么要开天窗。

第二题：在什么情况下，小小的天窗成了孩子们"唯一的慰藉"？找出相关语句和同学交流，再有感情地读一读。

第三题：读句子，回答括号里的问题。

> 你想象到这雨，这风，这雷，这电，怎样猛厉地扫荡了这世界，你想象它们的威力比你在露天真实感到的要大十倍百倍。("扫荡"给了你怎样的感觉？为什么通过天窗感受到的风雨雷电的威力，比在露天真实感受到的要大十倍百倍？)
>
> 因为活泼、会思考的孩子们知道怎样从"无"中看出"有"，从"虚"中看出"实"。(结合课文，说说孩子们是怎样从"无"中看出"有"，从"虚"中看出"实"的。)

因为当下的孩子对"天窗"这一事物不够了解，为了让学生对"天窗"的外形、作用及它能带给当时的儿童怎样的乐趣和慰藉有一个形象的了解，编者设计了以上三道题。

本课第一题同样是常规性习题，梳理课文内容，明确天窗的外形和作用，主要指向课文第1~3自然段，引导学生思考前三段在文章结构上的作用。

课后第二题是和单元语文要素密切相关的典型性习题，旨在帮助学生落实语文要素，学习怎样寻找关键性语句，并结合关键句来梳理课文内容，体会作者表达思想感情的方法。在教学中，可以结合第三题，对"扫荡"、"无"到"有"、"虚"到"实"等关键词进行品析、理解，带领学生真切体会小小天窗给孩子们带来的无限的想象的乐趣，进而理解"为什么小小的天窗成了孩子们'唯一的慰藉'"这一对体会作者感情很有帮助的关键语句。

(三)单元典型性习题横向关联

帮助学生落实本单元的语文要素主要是借助泡泡语和课后习题来达成的。泡泡语和课后典型性习题编排如下：

有感情地朗读课文。(《古诗词三首》课后第一题)

我从这句话，体会到了课文表达的思想感情。(《乡下人家》泡泡语)

读一读，再从课文中找出其他生动形象的句子，抄写下来。(《乡下人家》课后第三题)

几场春雨过后，到那里走走，你常常会看见许多鲜嫩的笋，成群地从土里探出头来。
他们把桌椅饭菜搬到门前，天高地阔地吃起来。

文中两次提到小小的天窗是"唯一的慰藉"，从中可以体会到课文表达的思想感情。(《天窗》泡泡语)

在什么情况下，小小的天窗成了孩子们"唯一的慰藉"？找出相关语句和同学交流，再有感情地读一读。(《天窗》课后第二题)

有感情地朗读课文，体会优美的语言，读出作者对桃花水的喜爱和赞美之情。(《三月桃花水》课前导语)

《乡下人家》和《天窗》这两篇精读课文，都通过泡泡语提示了课文的关键语句。教学中，我们可以根据泡泡语的提示确定重点的教学内容，引导学生关注《乡下人家》的最后一段和《天窗》中两次出现"小小的天窗又是你唯一的慰藉"的段落。

针对本单元语文要素，找到关键词句后，怎样"借助关键语句，体会课文表达的思想感情"呢？这两课的课后题，给我们列出了抓关键语句体会思想感情的具体方法：联系上下文找出相关句子，有感情地朗读句子、抄写句子。教学时，我们就可引导学生用这样的方法来达成目标。

《乡下人家》在语言表达上很有特色。我们可以引导学生关注课后第二题，找出文中生动形象的句子，读一读，抄一抄，在读读写写中加深对结尾关键句的理解，感受乡下生活的独特、迷人，感受作者对惬意、舒适的田园生活的喜爱。

《天窗》一文，第二部分为全文的重点，结合课后第二题，我们就可以提醒学生抓住这句关键语句，引导学生联系上文找出相关句子，弄明白"在什么情况下，小小的天窗成了孩子们'唯一的慰藉'？"。(这道题的要求是在对《乡下人家》读、抄、理解的基础上，借助理解"唯一的慰藉"加深对内容的理解)通过品读体会、有感情地朗读相关句子，学生从文中感受想象的乐趣，并表述感知从"受限的现实生活"到"无限的想象世界"的过程，从而更好地理解结尾关键句，体会文章的思想感情。

略读课文《三月桃花水》，我们则要让学生关注导语，按要求进行练习。可以尝试让学生运用前面学到的寻找关键语句的方法，通过自主批注或小组合作的方式，找出本文能帮助理解思想感情的关键语句，再进行交流、朗读，从而体会作者对乡村田野明丽风光的喜爱之情，继续强化单元语文要素。

(四)课后习题其他语文要素分析

值得注意的是，本单元的词、句、段的运用与单元语文要素没有关系，但我们会发现，它与前面精读课文的课后习题有关联，这是为了让学生在反复练习中真正习得能力，掌握语文要素。

《古诗三首》里要求"说说你眼前浮现出了怎样的情景"，《乡下人家》则更进一步，"朗读课文，想象画面"，并要求学生给课文配画，给画取名字。"词句段运用"中加深了难度，要求学生能够用文字来描绘画面。这样，层层递进，指向了"想象画面"这一语文要素。

让我们来回顾一下，前几册教材对学生"想象画面"这一要素达成情况的要求：二年级上册，读诗句，想象画面；二年级下册，读句子，想象画面；三年级上册，朗读课文，一边读一边想象画面；四年级上册，边读边想象画面，感受自然之美；四年级下册，这次虽然没有明确出现在单元导语中，但通过课后习题和“语文园地”，这一要素得到了再次强化，并层层深入，提出了更高的要求，是一个螺旋上升的过程。我们可以得出这样一个结论：学生习得语文要素里某个知识点或能力的过程贯穿整个小学阶段。这也提醒我们在备课时，一定要关注课后习题和“语文园地”，甚至可以从中确定出本节课的某个教学目标。

具体来讲，教学《古诗三首》，引导学生抓住诗句中的关键词，联系上下文语境和生活，调用多种感官展开想象，进而理解诗意、把握内容、感受诗人当时的心境。然后，试着将想象中的情景和画面用语言表述出来。

《乡下人家》这篇课文最大的特点是很有画面感，引导教师抓住课后思考题，围绕“给课文配画，并给每幅画取个名字”这一要求进行教学活动，梳理课文结构；通过朗读课文与想象画面的结合，学生对宁静美好、充满生机的乡村生活有了更深的感受，对体会课文的思想感情也很有帮助。

而“词句段运用”则重在训练学生用自己的语言描绘画面，指向了写作方法的运用。教学时，我们应有侧重和不同的要求。

三、落实语文要素的典型性习题教学活动设计示例

（一）典型性习题

以《天窗》课后第二题为例：在什么情况下，小小的天窗成了孩子们“唯一的慰藉”？找出相关语句和同学交流，再有感情地读一读。

本题设计指向“抓住关键语句，初步体会课文表达的思想感情”的语文要素。教学时，应重在引导学生联系上下文，结合相关句子品读体会，有感情地朗读，体会文章的思想感情。

（二）教学设计

1. 活动一：借助泡泡语，直入教学重点

（1）关注泡泡语，找出文中两处重复出现的关键语句。

（2）换词法理解“慰藉”。

（3）梳理文章内容：课文写了哪两个场景来表现天窗是孩子们“唯一的慰藉”的？（第4~5自然段：下雨天；第6~7自然段：晚上）

2. 活动二：品析句子，感受慰藉

（1）什么情况下，小小的天窗成了孩子们“唯一的慰藉”？（下雨天出不去，被逼关在地洞似的屋子里；晚上不想睡，却被逼着上床去“休息”）

（2）第4、第6自然段并没有直接写天窗，写了什么？为什么这样写？（写了孩子们被关在黑屋子里，多么孤独、无聊、苦闷、无奈）

（3）“小小的天窗”是怎样慰藉孩子们苦闷的心的？梳理第5、第7自然段中看到的、想到的事物，感受天窗带来的乐趣，并填写表格。

场景	看到的事物	想到的事物	乐趣
下雨天	雨脚卜落卜落跳		
晚上	一粒星		
	一朵云		

(4)品词析句:“扫荡”给了你怎样的感觉？为什么通过天窗感受到的风雨雷电的威力,比在露天感受到的要大十倍百倍?

3.活动三:有感情地朗读,读出乐趣

预期效果:首先带领学生开展关注泡泡语、找出关键语句、梳理文章内容等学习活动,然后引导学生找出相关语句并品析,加深理解,再借助表格梳理引发作者想象的语句,有感情地朗读,感受小孩子从天窗里感受到的乐趣,去体会这样的乐趣给苦闷的孩子以怎样的慰藉。这样既能让学生感受想象的乐趣,又训练了学生借助关键语句有条理地表达的能力,再试着让学生用融入关键语句的句式(在……的时候,作者不能……,只能待在地洞似的小黑屋里,但因为有了小小的天窗,他看到……,就想到了……,这样神奇的、天马行空的想象给无聊的作者带来了……的乐趣)体会作者的思想感情。

思维路径:通过这一系列的教学活动,学生在理解本道题时的思维路径就更加清晰。首先要能找到“下雨时”“晚上睡觉”这两种情况,以及他们的苦闷;然后思考这时“小小的天窗”带给他们的想象的乐趣,而成为他们“唯一的慰藉”;最后在语言上就应该从这两个方面来建构,更完整、更清楚地表现作者真实的情感体验。

四、课后习题引导下的《乡下人家》教学活动设计

教学目标:(1)认识“构、冠”等10个生字,会写“构、饰”等15个生字,会写“屋檐、构成”等14个词语。(2)边读边想象画面,了解课文内容,能和同学交流自己喜欢的一处景致。(关联课后第一、第二题)(3)能抓住关键词句,初步体会作者对乡村生活的喜爱和赞美之情。(关联课后第二题)(4)积累文中生动形象的句子。(关联课后第三题)

教学重难点:能抓住关键语句,展开想象,体会课文所表达的思想感情。

(一)第一课时

1.活动一:朗读课文,整体感知

(1)出示一组农村生活图,学生介绍画面上的乡村景色。

(2)揭题质疑,讨论想要了解的问题。

(3)自由读文,疏通难点字词。

注意:教师引导学生借由这个过程,以生词代入句子朗读,感知每个自然段的内容。

2.活动二：多形式朗读课文，感知画面

(1)分段读、看图读或师生合作读课文，抓自然段重点句，感知画面。感知画面时，可带领学生抓住关键语句，补充介绍相关生活常识，引导学生展开想象，理解内容。

(2)带读第1、第2自然段，配画、起名。教师在学生描述画面的基础上，引导学生抓景物位置来提炼关键词，给场景配画、起名。如“屋前瓜架”“门前鲜花”。(也可变换起名方式，如抓景物特征起名“瓜藤攀爬图”“花艳竹翠图”)

(3)小组合作，迁移表达方法，给下文每个场景配画取名。

(4)全班交流，汇总整合，形成一幅完整的乡下人家风景图。

设计意图：课后第一题是对“想象画面”这一要素的落实提高。引导学生抓住文字想象画面、提炼关键词，为后面“词句段运用”中的“看图画，用文字来描绘画面”搭建了支架，做了铺垫。

3. 活动三：概述内容，厘清结构和顺序

(1)根据提示，概述课文内容。

乡下人家，屋前__________，门前__________，房前屋后__________。

夏天傍晚，人们在屋前_________，秋夜，_________。乡下人家，是那样_________、__________。

(2)聚焦中心句，把握课文结构。

①找出课文中心句，进行交流。

②结合课文内容说说对“独特”和“迷人”的初步理解。

(3)乡下景致如何“独特”“迷人”？默读课文，批注自己的感受和想法。

(4)课后挑战：图配文，选择文中最感兴趣的画面，画下来，并配上相应的文字。

设计意图：引导学生抓住方位词和时间词，厘清顺序，把握课文的主要内容，为课后选做题“介绍家乡景致”做好表达上的铺垫。完成课后第二题的初读感知，用批注和给图配文的形式让学生完成对课文主要内容的梳理。

(二)第二课时

1.活动一：挑选感兴趣的景致，表达感受

(1)教师引导学生谈一谈自己最感兴趣的景致，聊一聊自己觉得新鲜有趣的画面。

①教师指导方法：抓住关键语句，关注表达，想象画面，体会情趣。谈感受的过程中，教师根据学生回答，指导学生留心关注文中给你带来新鲜感的语句和生动形象的句子。如“鲜嫩的笋，成群地从土里探出头来”。

②结合插图，教师补充影像资料，丰富学生感知。

③关注新鲜有趣的表达方式，学生谈感受。

④教师和学生一起，通过批注、勾画等方式，小组内、师生间进行交流，体会“探出头”一词生动形象地写出了竹笋刚刚破土而出的动感画面，好像在好奇地打量着这美丽的春天，进而理解乡村生活的生机盎然。

⑤想象画面，教师指导学生朗读。

⑥提炼表达乡下人家的生活给自己的印象的词句。

(2)小结方法,合作学习。

①小组合作,圈画标记其他新鲜有趣的语句和画面,组内交流想法和感受。

②全班交流,引导有序有条理地表达。

③配乐朗读,感受作者的思想感情。

(3)拓展延伸,深化乡情。

①结合板书,回顾全文,总结感受。

②紧扣中心句,指导朗读。

设计意图:完成课后第二题和第三题前半部分,指导学生提炼表达,并初步引导学生学习抓住关键语句体会思想感情的方法。

2.活动二:积累表达

(1)教师启发学生谈一谈自己的乡下生活,看看还有哪些课文中没有写到的风景。

(2)学生摘抄描写得生动有趣的句子,结合平时的观察和印象试着写一写自己眼中的“乡下人家”片段。

设计意图:完成课后第三题的抄写部分以及选做题,带领学生学习方法、练习表达。在表达中,鼓励学生用课文中类似的生动有趣的表达形式,但不做全面要求。

预期效果:以上围绕本课几道课后习题所做的教学活动设计,从内容梳理到方法提炼,再到表达运用,关注了单元训练要点和梯度;从整篇的梳理到片段的赏析再到句子的呈现,层层递进、环环相扣。通过这样的教学活动,学生基本能够借助想象画面来梳理文章内容,然后抓住关键语句,积累生动语句,关注表达,体会情趣。有了前面的铺垫,学生写自己眼中的“乡下人家”片段时,就有了从内容到结构再到语言风格的可供借鉴的表达方法,多数学生便能借助这些支架完成选做题目了。

附:板书设计

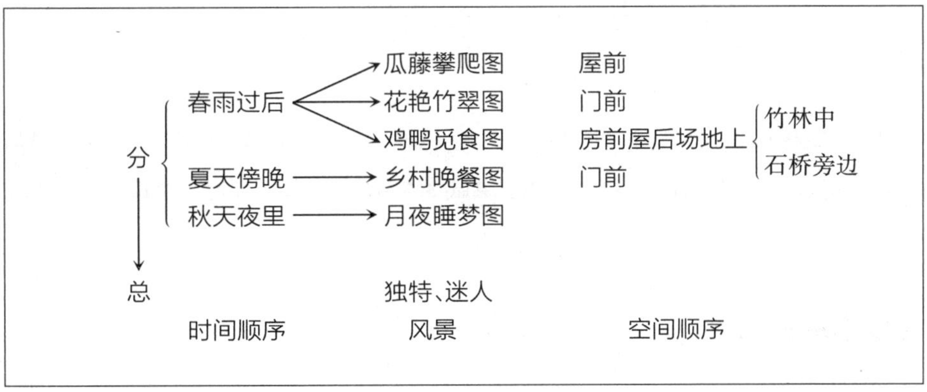

(彭水苗族土家族自治县第三小学校:冉建川)

第二单元
科技天地

一、第二单元整体分析

（一）整体描述

为了让学生在阅读时能提出问题，养成解决问题的习惯，本单元安排了四篇课文。《琥珀》这篇课文，作者根据琥珀的样子，展开合理的想象，让学生重点推测了它的形成过程。《飞向蓝天的恐龙》是一篇关于“鸟类起源于恐龙”假说的文章，主要让学生学习恐龙的一支向鸟类演化的过程。《纳米技术就在我们身边》介绍了纳米技术的含义及其应用，让学生了解前沿科技，拓宽学生的科学视野。《千年圆梦在今朝》是一篇略读课文，展现了中华民族追寻“飞离地球、遨游太空”飞天梦想的历程。

“口语交际”要求在收集新闻资料后，讲新闻、谈看法。“习作”则要求运用在课文和“语文园地”中学到的方法，写出自己的奇思妙想。

（二）导语页

为了增强学生主动提问的意识，养成阅读时积极思考、主动解决问题的良好习惯，导语页安排了本单元的语文要素：“阅读时能提出不懂的问题，并试着解决。”“展开奇思妙想，写一写自己想发明的东西。”

（三）语文要素纵向关联

对“提出问题”这一语文能力，《义务教育语文课程标准（2022年版）》在低段“梳理与探究”中提出的要求是“对周围事物有好奇心，能就感兴趣的内容提出问题，结合其他学科的学习和生活经验交流讨论，尝试提出自己的看法”，在中段阅读中提出的要求是“能对课文中不理解的地方提出疑问”。

本单元阅读要素主要是基于四年级上册第二单元“阅读时尝试从不同角度去思考，提出自己的问题”在阅读策略上的进一步要求，旨在增强学生主动提问的意识，养成阅读时积极思考、主动解决问题的良好习惯，成为积极主动的阅读者，逐渐形成基本的阅读技能。在提出问题的基础上，本单元还提出了“试着解决”的进一步要求。

二、基于课后习题的语文要素落点分析

(一)语文要素在各板块的要求

1.以问题教学为主线

本单元的教学是学习“问题解决型”的阅读方法和策略,教学中可以“问题”为切入点,将“提出问题、解决问题”贯穿整个教学活动过程,将提出问题、解决问题、深入理解文本有机融合,激发学生自主学习,从而掌握提出问题和解决问题的思路和方法,学会阅读,学会思考,学会解决问题。

2.有层次地落实要素

“语文园地”中的“交流平台”,总结了三种解决问题的方法:

一是联系上下文,并结合生活经验来解决问题;

二是通过查资料理解不懂的问题;

三是通过请教别人解决问题。

根据“交流平台”总结的方法,结合几篇课文的课后习题,我们就可以确定出每篇课文的教学目标和侧重点,将方法的落实分散到几篇课文的教学中。

第一篇精读课文《琥珀》,可以将目标定位为:让学生提出对理解本课内容有帮助的问题;联系上下文、结合生活经验尝试解决问题。

《飞向蓝天的恐龙》要求“写下问题,并试着解决”。

《纳米技术就在我们身边》课后习题的要求是“把问题提出来并与同学交流”。

略读课文《千年梦圆在今朝》,我们的教学重点定位为“让学生自主查找资料,自主交流”。

(二)课后习题的要素指向与活动分析

1.《琥珀》课后习题分析

第一题:默读课文,提出不懂的问题,并试着解决。如,课文为什么说“从那块琥珀,我们可以推测发生在几万年前的故事的详细情形”?

第二题:用自己的话说说这块琥珀形成的过程。

第三题:“推测”是什么意思?联系琥珀形成的过程,说说下面推测的依据是什么。

第四题:读下面的“阅读链接”,找出课文中的相关段落,体会它们在表达上的不同。

第一题直指单元语文要素:提出问题,并试着解决。在四年级上册提出问题、筛选问题的经验基础上,在教师指导下,全班交流、师生共学,试着解决问题。可重点关注课后第二题:琥珀的形成过程。这也是对全文内容的整体把握。具体教学中,建议抓住第一部分“松脂球形成的过程及其推测依据”和第二部分“琥珀形成的过程及其推测依据”,体会语言的生动。教师可以引导学生通过朗读第一和第二部分、联系上下文和结合生活经验理解等方法,尝试解决课后这一问题及延伸出来的其他问题。通过学习最后一个自然段,也就是第三部分,我们可以通过理解“推测”这个词,了解故事的由来。教师可先让学生说一说文中哪些内容是已知的,哪些是作者推测的,这样的交流可以让学生再次从整体上回顾课文内容,并且了解到文中的故事是作者根据琥珀形成的相关科学知识推测而来的。

在完成第二题时,教师引导学生抓住“推测”一词,说说作者推测的依据。这既是对课文内容的进一步理解,也可以初步引导学生关注说明文用词的准确性,为下一课《飞向蓝天的恐龙》的重点教学内容之一——体会说明文用词的准确性做铺垫。

第四题则关注了说明文的另一个要点:语言风格。通过对比“阅读链接”与课文相关内容,学生很容易感受到介绍性说明文与科学小品文两类文章不同的语言风格。本文描写小苍蝇、蜘蛛活动的句段,语言生动、形象,教学中可引导学生关注课文的语言表达特色。这是对五年级上册说明文单元里这一教学要点的前置练习,也给学生提供了五年级学习写说明文的范例。

2.《飞向蓝天的恐龙》课后习题分析

第一题:默读课文,把不懂的问题写下来,并试着解决。

第二题:假如你是一个解说员,会怎样简明扼要地介绍恐龙飞向蓝天,演化成鸟类的过程?

第三题:课文中的不少语句表达很准确,如“科学家们希望能够全面揭示这一历史进程”。找出这样的语句读一读,说说自己的体会。

第四题(小练笔):读一读,注意加点的部分,再照样子写一段话。

第一题,在前一课的基础上,提出了“把问题写下来”的要求。

结合“交流平台”提炼出的要点,教师引导学生筛选整理出最有价值的问题后再读课文,联系课文内容尝试自行解决,还解决不了的,请教他人帮助解决。

结合课后第二题,指导学生写下问题后,筛选出对理解课文内容最有帮助的、有价值的问题,重点厘清恐龙的一支飞向蓝天的演化过程。在前一课“尝试自主解决”要求的基础上,教师引导学生运用通过联系上下文和交流讨论的方式来解决问题。介绍时,学生作为解说员还要关注“简明扼要”的要求,这是在理解把握课文内容的基础上进行的概括性的、有条理的表达。

第三题虽未体现本单元语文要素,却呈现了说明文这一文体的重要要求:语言表达的准确性。这部分可在练习表达、介绍演化过程时进行指导。

小练笔与“词句段运用”第二题的目的一样,都是为习作提供方法指导,本习题用先总说、后分述的方式,从不同角度介绍事物。而“词句段运用”则重点训练在一个句子中用比较的说明方法,将不熟悉的事物与熟悉的事物做对比,突出事物的某个方面或特点。

3.《纳米技术就在我们身边》课后习题分析

第一题:朗读课文,把课文中的科技术语读正确。读了课文,你有什么不懂的问题?提出来和同学交流。

第二题:“纳米技术就在我们身边”“纳米技术可以让人们更加健康”,选择其中一句话,结合课文内容和查找的资料,说说你的理解。

第三题(选做):如果让你利用纳米技术,你会把它运用到生活中的哪些地方?发挥想象说一说。

第一题同样指向语文要素,用前一课的方法提出问题和同学交流,尝试解决。这是在教学生用“请教他人”的方法解决问题。由于纳米、纳米技术及其应用比较抽象,学生理解起来有一定的难度,那么我们就可以将解决问题的方法——查找资料与跟同学交流结合起来。这既是方法的融合,也是解决问题能力的提升点。

第二题以具体的句子和问题为例,引导学生用结合课文内容查找资料的方法来解决前面通过交流仍无法解决的问题。这也为略读课文《千年梦圆在今朝》要求学生自己查找资料来理解课文内容、解决问题做方法引领。

选做题则在学生阅读文本和查阅大量资料的基础上，激发学生想象和创造的兴趣，引导他们感受纳米科技的神奇，同时激励他们将科技发展与自身结合起来，在心中埋下一颗努力学习、积极创造美好未来的种子。

（三）单元典型性习题横向关联

默读课文，提出不懂的问题，并试着解决。如，课文为什么说“从那块琥珀，我们可以推测发生在几万年前的故事的详细情形”？（《琥珀》课后第一题）

默读课文，把不懂的问题写下来，并试着解决。（《飞向蓝天的恐龙》课后第一题）

读了课文，你有什么不懂的问题？提出来和同学交流。（《纳米技术就在我们身边》课后第一题）

“纳米技术就在我们身边”“纳米技术可以让人们更加健康”，选择其中一句话，结合课文内容和查找的资料，说说你的理解。（《纳米科技就在我们身边》课后第二题）

默读课文，说说中华民族千年的飞天梦是怎样逐步实现的。感兴趣的同学，可以查阅资料，了解我国在航天领域的最新成就。（《千年梦圆在今朝》课前导语）

承接四年级上册第二单元，围绕单元语文要素，本单元三篇课文的课后习题都有“提问题并解决”的要求：

《琥珀》的课后习题给出了“提出不懂的问题”的示范：“默读课文，提出不懂的问题并试着解决。”如，课文为什么说“从那块琥珀，我们可以推测发生在几千万年前的故事的详细情形”？这是承接四年级上册“提问策略”的语文要素，进一步引导学生提出有价值的问题。

《飞向蓝天的恐龙》课后习题要求“写下不懂的问题”，继续引导学生记录、梳理问题。

《纳米技术就在我们身边》课后习题要求“和同学交流”“结合课文内容和查找的资料”“说说你的理解”，给出了解决问题的几种方法。

略读课文《千年梦圆在今朝》，要求学生自主查阅资料解决问题，了解我国在航天领域的最新成就。教学时，组织学生默读课文，根据文中的时间线索，整体把握中华民族飞天梦的历程。接着，可以组织学生共同交流中华民族的飞天梦是怎样逐步实现的。交流时，可引导学生结合课文和查找的资料，从不同的角度发表自己的看法。最后，学生分享对我国航天领域最新成就的了解。

三、落实语文要素的典型性习题教学活动设计示例

（一）典型性习题

以《纳米科技就在我们身边》课后第一、第二题为例：

朗读课文，把课文中的科技术语读正确。读了课文，你有什么不懂的问题？提出来和同学交流。

“纳米技术就在我们身边”“纳米技术可以让人们更加健康”，选择其中一句话，结合课文内容和查找的资料，说说你的理解。

这两道题指向“提出问题，并试着解决”这一语文要素，并为达成目标搭建了两个方法支架：与同学交流；结合课文内容和查找的资料理解、表达。

（二）教学设计

1.活动一：朗读课文，把课文中的科技术语读正确

（1）学生自由朗读课文，要求读准文中的科技术语。

（2）教师随机抽查，检测科技术语是否读准确。

（3）学生交流科技术语的含义。

2.活动二：提出问题并交流

（1）学生针对课文提出问题，写下自己最想解决的两个问题。

（2）学生之间交流不理解的问题，利用课前收集的资料和自己的理解进行解答。

3.活动三：全班交流，理解课后第二题

（1）选择其中一句话，小组合作，结合课文内容和查找的资料谈一谈自己对其的理解。

（2）全班交流，梳理文本，解决问题。

（3）小结：结合前两课的学习，我们知道可以用联系上下文、请教他人、查找资料等方法来解决问题。

预期效果：围绕课后习题，教师引导学生在阅读中发现问题、提出问题，并与同学交流。小组合作，选择其中一句话，再次引导学生结合课文内容和查找的资料谈自己的理解。这样，学生自然就能归纳、总结出解决问题的几条路径：与他人交流、结合课文内容和查找的资料去理解和表达。

思维路径：有了课后题目的支架，通过上述学习活动，以及教师的引导，多数学生就能够学会提问，再结合课文和资料进行小组分享，从而学会解决问题。

四、课后习题引导下的《飞向蓝天的恐龙》教学活动设计

教学目标：（1）认识“钝、仅”等12个生字，会写“笨、钝”等15个字，会写“恐龙、笨重”等15个词语。（2）默读课文，能写下自己不懂的问题，并试着解决（关联课后第一题）。（3）能简要介绍恐龙演化成鸟类的过程（关联课后第二题）。（4）能体会课文准确的表达方法，学习用对比、列举的方式介绍事物（关联课后第三题和小练笔）。

教学重点：（1）写下自己不懂的问题，并试着解决。（2）简要介绍恐龙演化成鸟类的过程。

教学难点：能体会课文准确的表达方法，学习用对比、列举的方式介绍事物。

（一）第一课时

1.活动一：整体感知，提出问题，分类整理

（1）默读课文，提出问题，按字词、内容、写法、启示等类别整理并写下来。

（2）对于字词、与内容相关的知识部分的问题，通过查阅资料和工具书解决。

设计意图：根据单元要素，本课重点训练提出并写下问题，也就是对问题的再一次梳理和提炼。

2.活动二：小组交流，筛选问题

（1）小组合作，筛选整理出最有价值或有助于理解课文内容的问题。

（2）学习“交流平台”，梳理总结解决问题的方法。

3.活动三:细读课文,解决问题

(1)提取活动二中的两至三个问题写在黑板上。

(2)小组合作,选择其中一个或两个问题,默读课文,联系课文内容尝试解决,并做好批注。

(3)全班交流,借助课后第二题,重点厘清恐龙的一支飞向蓝天的演化过程。

①自读第4自然段,圈画出与恐龙向鸟类演化的主要阶段有关的内容。

②抓住关键语句梳理。

“世界上的第一种恐龙,大约出现在两亿四千万年前”;

“数千万年后,他的后代繁衍成一个形态各异的庞大家族”;

“其中,一些猎食性恐龙的身体逐渐变小”;

“最终能够主动飞行”;

“在奔跑过程中学会了飞翔”……

③总结、概括,完成演化流程图。

设计意图:本环节解决课后第二题,借助关键语句帮助学生进行文章重点内容的梳理,然后用流程图的形式输出,深化学生的认知。

(二)第二课时

1.活动四:我是小小解说员

(1)创设情境,争当小小解说员,向在博物馆参观的游客介绍恐龙向鸟类演化的过程。

(2)小组内练习,第一次反馈。

(3)关注课后第三题,学习说明文用词准确表达的方法。

①读“科学家们希望能够全面揭示这一历史进程”这句话,结合前面谈到的已经揭示的内容,说说为什么这里要用“全面揭示”一词,谈谈自己的体会。

②找一找文中还有哪些表达很准确的语句,交流自己的理解。

③小结:我们在介绍恐龙向鸟类演化的过程时,也要注意用语的准确性,并用一些能够体现条理的词句,让演化过程显得更清晰,让表达更清楚。

(4)再次讲解、介绍,小组选出代表并在全班交流。

设计意图:本活动解决课后第三题,用“争当解说员”的形式激起学生的表达欲望,然后关注说明文用词准确的表达方法,再运用,提升表达能力。

2.活动五:小练笔

(1)读片段,注意加点的部分,说说你有什么发现。

(2)交流小结,这段话在写作上有两个特点:

①先概括表达,再从不同的方面来具体介绍。

②从不同的角度用对比的方法分类写。

(3)小组交流,确定自己要介绍的事物或活动,完成学习单。

学习单

我要介绍的事物/活动	特点	我要介绍哪些方面	从什么角度对比写

(4)将学习单上的内容整理成一个完整的片段。

(5)交流评价。

设计意图：用先概括、再分类具体说明的方法介绍一种事物或活动，这既是本节课选做题的要求，也是为单元习作的段落表达做铺垫。用表格来梳理能让学生理清思路，为后面的文字表达降低难度。

预期效果：提出问题、梳理问题、对内容的整体感知、理解关键语句、词语的运用、片段的练写，层层递进，学生学会准确表达，学会用先概括再分类对比介绍的方法表达。

（彭水苗族土家族自治县第三小学校：冉建川）

第三单元
现代诗

一、第三单元整体分析

（一）整体描述

为了引导学生走进丰富多彩的诗歌世界，初步了解现代诗的一些特点，体会诗歌表达的情感。本单元编排了三篇精读课文、一篇略读课文、“综合性学习”活动和“语文园地”。四篇课文以学生熟悉的“母亲”和“自然”为中心意象，展现了现代诗饱含情感、想象丰富、语言表达独特等特点；“综合性学习”的主题是“轻叩诗歌大门”，要求“根据需要收集资料，初步学习整理资料的方法”。“语文园地”中的“交流平台”对现代诗的这些基本特点进行了回顾和梳理，帮助学生将零散的认知清晰化，使其初步了解现代诗的一些特点。

（二）导语页

诗歌，让我们用美丽的眼睛看世界。为了使学生初步了解现代诗的一些特点，本单元的语文要素是：初步了解现代诗的一些特点，体会诗歌表达的情感；根据需要收集资料，初步学习整理资料的方法；合作编小诗集，举办诗歌朗诵会。

这是统编版教材第一次集中编排现代诗，目的是培养学生学习现代诗的兴趣。人文主题中的“美丽的眼睛”，一是指用诗人的眼睛欣赏诗中美丽的世界，二是指用我们自己的眼睛欣赏世界的美丽，用发现美的眼睛写出美的诗。前者让学生阅读诗，后者让学生创作诗。在教学本单元时，教材要求“初步了解”，教学时不要对意象过度解读，不要探究诗歌表现手法，不要对独特的语言过度分析，要贴近儿童认知水平。

（三）语文要素纵向关联

统编版教材四年级下册第三单元编排的是与综合性学习相结合的现代诗，虽然现代诗在统编版教材中并非第一次出现，但以往都是以单篇课文的形式出现的。统编版教材对诗歌给予了高度重视，在小学12册教材中，学生从欣赏诗到创作诗循序渐进地学习。从教材的编排中不难看出，一二年级是由童谣、童诗和儿童诗组成，三四年级是由现代诗和寓言诗组成，五六年级是由散文诗和叙事诗组成，这样有梯度的安排有助于学生能力的发展和提升；诗歌在低段的语文要素是唤醒语言，中段的语文要素是体会特征，高段的语文要素是尝试品析。

表1　语文要素纵向关联梯度表

年段	形式	篇目	年段特点
一年级	童谣、儿歌、儿童诗	《一个接一个》《怎么都快乐》《夜色》	低段：唤醒语言
二年级	童谣、儿歌、儿童诗、科学诗	《植物妈妈有办法》《要是你在野外迷了路》《彩色的梦》《祖先的摇篮》	
三年级	现代诗、寓言诗	《听听，秋的声音》《池子与河流》	中段：体会特征
四年级	现代诗	《秋晚的江上》《花牛歌》《短诗三首》《绿》《白桦》《在天晴了的时候》	
五年级	无		高段：尝试品析
六年级	散文诗、叙事诗	《花之歌》《三黑和土地》	

由此可以看出，四年级是学习现代诗的重点阶段。四年级上册学习的《现代诗二首》包含《秋晚的江上》和《花牛歌》，是略读课文，要素是“反复朗读，说说诗中描绘了哪些景物，这些景物构成了怎样的画面”。两首写景的诗安排在写景单元中，要求也仅仅是读懂内容。此次以单元整组编排的形式呈现，旨在引导学生走进丰富多彩的诗歌世界。本单元也是继三年级上册童话单元、四年级上册神话单元之后的又一个文体单元。

阅读课程总目标第五条：学会运用多种阅读方法，具有独立阅读能力。有较为丰富的积累和良好的语感，注重情感体验，发展感受和理解能力。所以，在小学阶段让学生体会情感是一个重要的语文要素。统编版教材关于体会情感这一能力的训练采用由易到难、由浅入深的发展梯度。（见表2语文要素“体会思想感情”纵向关联）

表2　“体会思想感情”纵向关联

年段	单元	语文要素
四年级下册	第一单元	抓住关键语句，初步体会课文表达的思想感情
	第三单元	初步了解现代诗的一些特点，体会诗歌表达的情感
	第四单元	体会作家是如何表达对动物的感情的
五年级上册	第一单元	初步了解课文借助具体事物抒发感情的方法
	第四单元	结合资料，体会课文表达的思想感情
	第六单元	体会作者描写的场景、细节中蕴含的感情
五年级下册	第一单元	体会课文表达的思想感情
六年级下册	第三单元	体会文章是怎样表达情感的

(四)语文要素横向关联

本单元指向阅读的语文要素是“初步了解现代诗的一些特点,体会诗歌表达的情感”。在本单元的训练中,这一要素的落实也是有一定梯度的:三篇精读课文让学生学习方法,一篇略读课文让学生练习方法,在“语文园地”的“交流平台”中是总结方法。

表3 “初步了解现代诗的一些特点,体会诗歌表达的情感”横向关联

	精读课文	略读课文	语文园地
名称	《短诗三首》《绿》《白桦》	《在天晴了的时候》	“交流平台”
语文要素落实的途径	学习方法	练习方法	总结方法

本单元的另外两个要素是指向表达的。要落实这两个要素就要和“综合性学习”活动结合,这是对三年级下册综合性学习单元语文要素“收集传统节日的资料”的巩固和提升。本单元的“综合性学习”活动依托课文学习展开,与阅读教学相辅相成,分步推进:《短诗三首》课后的“活动提示”是本次综合性学习的启动阶段,要求学生通过多种途径收集喜欢的诗歌,做一个摘抄本;《白桦》课后的“活动提示”是本次综合性学习的推进阶段,要求学生试着写诗,表达出自己的感受;“综合性学习”是本次综合性学习的成果展示阶段,要求学生根据需要进一步整理资料,并通过合作编诗集、办诗歌朗诵会等方式展示成果。

二、基于课后习题的语文要素落点分析

(一)语文要素在各板块的要求

下面我们重点来分析在本单元具体教学中,“初步了解现代诗的一些特点,体会诗歌表达的情感”这一要素如何融入每一课或每一板块的教学目标之中,教材各个板块如何有侧重、有梯度地落实。

“交流平台”对现代诗的有节奏感、饱含真挚的情感、想象丰富、语言表达独特等特点进行了回顾和梳理,帮助学生将零散的认知清晰化,使其初步了解现代诗的一些特点。

《短诗三首》让学生通过反复朗读、背诵课文体会诗歌表达的情感。

《绿》让学生通过朗读和想象,体会诗人独特的感觉。

《白桦》让学生通过抓住韵脚,感受诗歌朗朗上口、富有韵律感的特点,以及抓关键词想象画面体会情感。

“综合性学习”活动依托课文学习展开,与阅读教学相辅相成,分步推进,进而落实要素“根据需要收集资料,初步学习整理资料的方法,合作编小诗集,举办诗歌朗诵会”。

(二)课后习题的要素指向与活动分析

1.《短诗三首》课后习题分析

第一题:反复朗读课文,体会诗歌的韵味。背诵课文。

第二题:“月明的园中,藤萝的叶下,母亲的膝上”,唤起了你怎样的感受?

第三题：朗读第2首诗，体会诗歌表达的情感，和同学交流。

第四题：第3首诗中的两个“风雨”有什么不一样？

前三道课后习题都与单元要素中“初步了解现代诗的一些特点，体会诗歌表达的情感”相关。第一首诗歌要求学生抓相同的结构短语进行朗读，感受诗歌的语言特点；抓“永不漫灭的回忆”想象画面，让学生体会对母亲的依恋和母爱的温馨。第二首诗歌要求引导学生抓三个字“光、香、响”反复朗读，感受诗歌押韵的特点。第四题引导学生结合自己的生活经验区分其内涵，从而感受母爱的无私和伟大。

2.《绿》课后习题分析

第一题：有感情地朗读课文。背诵课文。

第二题：这首诗表现的“绿”，是大自然的景象，更是诗人的感觉。说说“所有的绿就整齐地按着节拍飘动在一起”带给你怎样的感受。

第三题：艾青笔下的“绿”给我们留下了很多想象的空间，宗璞笔下的“绿”，又带给你怎样的感受？结合“阅读链接”说一说。

前两题要通过学生朗读与想象来体会诗人独特的表达，进而让学生感受到现代诗表达的特点，从两个作品体会到诗人对大自然的赞美之情。第三题旨在感受诗歌的特点，都写出了绿色的丰富和范围的广，都体现了对“绿”的喜爱之情，但散文描绘写实的景象，而诗更多的是表达诗人独特的感受。

3.《白桦》课后习题分析

第一题：有感情地朗读课文。

第二题：读一读，选择几个词语描述这棵白桦，说说它给你留下了怎样的印象。

洁白的流苏	灿灿的金晖	姗（shān）姗来迟的朝霞
晶亮的雪花	银色的光华	白雪皑皑（ái ái）的树枝

第三题（选做）：诗歌中常常写到一些植物，你知道哪些与植物有关的诗歌？摘抄你最喜欢的一首，和同学交流。

第一题帮助学生感受这首诗的节奏和韵律，体会诗歌的韵味，抓住“桦、花、洒、霞、华”等字入韵，感受诗歌朗朗上口、富有韵律感的特点。第二题借助图片想象画面，让学生感受白桦的高洁形象，再根据描绘白桦的词和白桦生长环境的词想象画面，把感悟和朗读有机结合，在读中体会形象。第三题是为后续合作编小诗集积累素材，此题要根据学情分层要求，有一定理解能力的学生可摘抄有一定象征意义的写植物的诗，其他学生就摘抄与植物相关的诗歌即可。

（三）单元典型性习题横向关联

本单元的语文要素主要是让学生借助朗读和想象画面来落实的。而与之相关的课后典型性习题编排如下：

《短诗三首》：(1)反复朗读课文，体会诗歌的韵味。背诵课文。(2)“月明的园中，藤萝的叶下，母亲的膝上”，唤起了你怎样的感受？(3)朗读第2首诗，体会诗歌表达的情感，和同学交流。

《绿》：(1)有感情地朗读课文。背诵课文。(2)这首诗表现的“绿”，是大自然的景象，更是诗人的感受。说说“所有的绿就整齐地按着节拍飘动在一起”带给你怎样的感受。

《白桦》:(1)有感情地朗读课文。(2)读一读,选择几个词语描述这棵白桦,说说它给你留下了怎样的印象。

本单元的语文要素是“初步了解现代诗的一些特点,体会诗歌表达的情感”。从这三篇精读课文的课后习题可以看出,让学生在朗读中感受诗歌的特点是非常重要的方法。三篇精读课文呈现了不同的特点:篇幅短小的诗和长诗,讲究韵律和不讲究韵律,想象奇特和表达独特。学生在朗读中感受诗歌朗朗上口、悦耳动听和有节奏感的特点,为后面创作诗起着引领作用。此外,学生还可以抓关键句,结合自己的生活实际想象画面去体会情感。

三、落实语文要素的典型性习题教学活动设计示例

(一)典型性习题

以《短诗三首》课后第二题为例:“月明的园中,藤萝的叶下,母亲的膝上”,唤起了你怎样的感受?

此题是与本单元阅读要素第一条“初步了解现代诗的一些特点,体会诗歌表达的情感”相关的典型习题。在教学中主要采用让学生朗读、想象画面和仿写来达成教学目标。

(二)教学设计

1.活动一:朗读《繁星(七一)》,读出韵味

这首诗没有韵脚,但也能读出韵味。教师在学生朗读时要重点指导:在破折号处要读出文中暗含的绵长思绪,为下文“永不漫灭的回忆”奠定基础,所以在读“这些事”时读得舒缓,并稍作停顿再读下句。读三组结构相同的短语时,要边读边想象画面,在读“中,上,下”三字后稍作停顿,给人留下想象的空间。这样在朗读中了解现代诗的特点——有相同的结构短语;读起来朗朗上口,悦耳动听,有节奏感。

2.活动二:想象画面,体会情感

抓住三句结构相同的短语,让学生体会这些事是指哪些事;引导学生想象在月明的园中、藤萝的叶上、母亲的膝上,诗人和母亲在做什么——联系学生的生活经验想象他们可能在讲故事、唱儿歌、数星星……从而感受到诗人对母亲的思念和对儿时快乐生活的怀念之情。

3.活动三:仿写诗句,唤起感受

在你的童年生活里,你和母亲有哪些永不漫灭的回忆呢?仿照写写:

这些事—— 是永不漫灭的回忆: (　　　　　　　)的(　　　　　　　), (　　　　　　　)的(　　　　　　　), (　　　　　　　)的(　　　　　　　)。

预期效果:通过朗读、边读边想象画面、仿写的学习活动,学生初步了解现代诗有节奏感、饱含真挚的情感的特点,激发学习现代诗的兴趣。

思维路径：通过这一系列的教学活动，学生在理解本道题时的思维路径就更加清晰。首先，学生要能关注标点符号和短语并朗读出韵味，然后借助诗歌想象画面，感受情感，引起同感，激发兴趣，最后在仿写中初步体会写诗的快乐。

四、课后习题引导下的《白桦》教学活动设计

教学目标：

（1）能认识本课“绣、潇”等8个生字，会写本课“桦、涂”等11个生字，会写“白桦、毛茸茸”等6个词语。

（2）能有感情地朗读这首诗，借助优美的词语想象画面，感受白桦的形象。（关联课后第一、第二题）

（3）了解现代诗的特点，感受诗歌的意境美，体会作者表达的情感。（关联课后第一题）

教学重点：借助优美的词语想象画面，感受白桦的形象。

教学难点：了解现代诗的特点，感受诗歌的意境美，体会作者表达的情感。

（一）第一课时

1.活动一：谈话引入，揭示课题

白桦，树干可达25米高，50厘米粗，有白色光滑像纸一样的树皮。白桦喜欢阳光，生命力强，在大火烧毁森林后，首先生长出来的经常是白桦，常形成大片的白桦林，是形成天然林的主要树种之一。这首诗歌的作者叶赛宁是苏联田园派诗人，他五岁开始阅读，八九岁就能写诗。1914年发表抒情诗《白桦》。

2.活动二：自读诗歌，感知特点

（1）抽学生初读诗歌，教师相机正音，并随文指导书写生字。

（2）反复朗读，体会声韵美。

（3）通过朗读这首诗，和前面所学的四首诗对比，你有什么新的发现？（从音韵和形式上感知现代诗的特点）

设计意图：完成课后第一题，落实“了解现代诗的一些特点，体会诗歌表达的情感”这一要素。

3.活动三：整体感知，明晰脉络

（1）这首诗共有几节？（4节）

（2）整首诗以白桦为中心意象，分两个部分来写。第一部分第1小节总述白桦的特点。第二部分第2~4小节具体描写白桦的美。其中第2小节描写白桦在雪中的美，第3小节描写白桦在朦胧、寂静环境中的美，第4小节描写白桦在朝霞映照下的美。

（二）第二课时

1.活动一：细读诗歌，想象画面，体会情感

（1）朗读第1小节，你眼前仿佛看见了怎样的白桦？（抓关键词，从“银霜”和“雪花”这两个词中，我们可以看出桦树通体洁白的特点）

(2)朗读第2~4小节,借助关键词想象画面。

(3)思考:第2~4小节中,诗人是如何具体写出白桦的美的?

①第2小节。

这是写的怎样的白桦?(雪中的白桦)

借助图片,感受白桦形象——毛茸茸的枝头,雪绣的花边,串串花穗,洁白的流苏。

从这一节中,你感受到了什么?(这一节作者极尽想象,赞美白桦在雪中傲然挺立。白桦枝头沾满了雪,似乎是给树枝绣上了白色的花边;一串串树枝交错着,像花穗绽放,像是流苏舞动:感受到了白桦高洁的美)

有感情地朗读此小节。

②第3小节。

这是写的怎样的白桦?(寂静中的白桦)

寂静中的白桦主要有什么特点?

"玉立"让你想到哪个词呢?(让我们想到"亭亭玉立"这个词,从这个词中我们可以看出白桦挺拔的美)

通过朗读把这种美表达出来。

③第4小节。

这是写的怎样的白桦?(朝霞中的白桦)

通过这一节你又从哪儿感受到白桦的美?(它像白雪皑皑的树枝又抹一层银色的光华。这句话中的白雪皑皑写出了树枝是白色的,白色的外面再抹了一层银光,那么耀眼,那么美丽！这句话不仅写出了白桦的颜色,还写出了光泽,感受到了白桦的光泽美)

有感情地朗读第4小节。

设计意图:完成课后第一题和第二题,落实"体会诗歌表达的情感"这一要素;通过抓住关键词,想象画面,搭建支架,体会情感。

2.活动二:选择词语,描述白桦,感受形象

(1)诗歌对白桦的描绘极为成功,既有形态上的描写,又有光泽的渲染,那么,这样高洁、挺拔的白桦生长在怎样的环境中?(找出关键词"朦胧的寂静中,灿灿的金晖里,姗姗来迟的朝霞")

(2)请你选择几个词语描述一下这棵白桦(参考课后第二题的词,还可选文中的其他词),并将它们串联起来说说白桦给你留下了怎样的印象。

设计意图:完成课后第一题和第二题,深入落实"体会诗歌表达的情感"这一要素;通过抓住关键词,想象画面,搭建支架,体会情感。

3.活动三:补充资料,体会情感

(1)白桦不仅很美,而且不畏严寒。俄罗斯以它为国树,俄罗斯人民喜欢白桦的美丽和高洁,这也是这个国家民族精神的象征。所以诗人既有对白桦的喜爱和赞美,也有对国家民族精神的赞扬。

(2)朗读全诗,表达对白桦的喜爱和赞美之情。(可采用引读、分节读、师生读或者男女生读等形式)

4.活动四:分层选做,丰富摘抄的诗

(1)鼓励学生收集以植物为题材的现代诗,丰富自己摘抄的现代诗歌的类型,为后续合作编小诗集积累素材。

(2)对于有一定理解能力的学生，鼓励其摘抄有一定象征意义的写植物的诗，鼓励其他学生摘抄与植物相关的诗即可。

设计意图：基于课后题、选做题设计，为“综合性学习”活动提供材料。

附：板书设计

白桦
看到　　想到　　情感
丰富的想象　　具有韵律美

预期效果：以上围绕本课课后习题的教学活动，关注了单元训练要点和梯度，从朗读感受到想象画面，层层递进、环环相扣。通过这样的教学活动，学生基本能够抓住关键语句想象画面，体会作者表达的情感。

（彭水苗族土家族自治县第一小学校：张春岚）

第四单元
动物朋友

一、第四单元整体分析

（一）导语页

从单元导语页，我们知道本单元以“动物朋友”为主题。本单元指向阅读的语文要素是“体会作家是如何表达对动物的感情的”。这一要素在第一单元“初步体会课文表达的思想感情”的基础上，对学生又提高了要求，强调不仅要体会文章所表达的情感，还要关注是如何表达的。本单元指向习作的语文要素是“写自己喜欢的动物，试着写出特点”。和以往描写动物的习作不同的是，本单元习作创设了三种不同的情境，并鼓励学生自己创设情境，根据需要进行表达。这一独特的编排方式，旨在让学生根据不同的交际和表达需要，明确习作的目的和对象，选择不同的内容和方式进行表达，从而使学生的表达有强烈的对象意识。

（二）整体描述

本单元以“动物朋友”为人文主题，编排了三篇精读课文《猫》《母鸡》《白鹅》。老舍先生在《猫》一文中，描写了不同时期猫的形象：猫长大后性格古怪，满月时十分可爱。围绕“古怪”和“可爱”，作者通过具体的事例表现了猫的性格相对的多组特点。《母鸡》是老舍先生的又一作品，作者以对母鸡情感态度变化为线索，描写了母鸡“负责、慈爱、勇敢、辛苦”，塑造了一位“伟大的母亲”的形象。《白鹅》语言质朴、幽默，丰子恺先生运用对比和反语的表现方法，紧紧围绕白鹅的“高傲”进行描写，好像一幅生动有趣的漫画。

（三）语文要素纵向关联

统编版教材每个单元的语文要素都是环环相扣的体系结构中的一环，因此要重视要素之间的关联，厘清目标序列。《义务教育语文课程标准（2022年版）》第二学段的课程目标要求是能初步把握文章的主要内容，体会文章表达的思想感情；能复述叙事性作品的大意，初步感受作品中生动的形象和优美的语言，关心作品中人物的命运与喜怒哀乐，与他人交流自己的阅读感受。第三学段的课程目标要求在阅读中了解文章的表达顺序，体会作者的思想感情，初步领悟文章的基本表达方法；在交流和讨论中，敢于提出自己的看法，做出自己的判断。

表1 “体会作家是如何表达对动物的感情的”纵向关联

年段	单元	语文要素(体会思想感情)
四年级下册	第一单元	抓住关键语句，初步体会课文表达的思想感情
	第三单元	初步了解现代诗的一些特点，体会诗歌表达的情感
	第四单元	体会作家是如何表达对动物的感情的
五年级上册	第一单元	初步了解课文借助具体事物抒发感情的方法
	第四单元	结合资料，体会课文表达的思想感情
	第六单元	体会作者描写的场景、细节中蕴含的感情
五年级下册	第一单元	体会课文表达的思想感情
六年级下册	第三单元	体会文章是怎样表达情感的

从表中以及《义务教育语文课程标准(2022年版)》对第二、第三学段的要求可以看出，让学生体会文章的思想感情是阅读教学的一个重点，也是一个难点，主要放在第二学段的四年级和第三学段进行学习与训练，重点放在第三学段学习。而本单元的语文要素是基于四年级下册第一单元“抓住关键语句，初步体会文章表达的思想感情”进行学习的。可见这一单元语文要素的学习并不是“零起点”。所以在本单元的学习中，可以指导学生对文章表达的思想感情的方法进行实践与运用。第一单元的语文要素，将教学的重点指向体会表达怎样的思想感情，而第四单元的语文要素是学习“如何表达”，要重点揣摩写作方法。

(四)语文要素横向关联

统编版教材的使用要以语文要素为统领，树立整体教学观。这种整体教学观不仅体现在要清晰地了解语文要素纵向的发展脉络，还体现在要了解单元内部之间的关联，要统整每一课的训练侧重点、三篇精读课文的学习方法、“交流平台”的总结方法、习作的练习方法。(见表2)

表2 “体会作家是如何表达对动物的感情的”横向关联

	精读课文	语文园地
名称	《猫》《母鸡》《白鹅》	“交流平台”
语文要素落实的途径	学习方法	总结方法
单元内容横向关联——训练梯度 →		

“交流平台”集中体现了本单元学习方法的指导与运用。第四单元的“交流平台”指出了要学习作家运用“明贬实褒”的方法表达对小动物的喜爱之情，还要鼓励学生将阅读与生活联系起来，在语言表达中

能运用这种方法抒发情感。

第四单元中的三篇课文在落实单元阅读要素时也承担着不同的任务。《猫》这篇课文，作者在字里行间流露出对猫的喜爱之情，如把“小脚印”亲切地称为“小梅花”；通过丰富的事例表面上说猫的缺点“贪玩、胆小、冷漠”，实际上暗含着喜爱之情。在本课的学习中，重点让学生初步体会“正话反说”的作用。《母鸡》一课，作者着重写了自己对母鸡由“厌”到“敬”的情感态度变化，运用了先抑后扬的写法。在教学中，可以引导学生关注在语言表达上前后形成对比的语句，体会前面的“抑”目的是突出后面的“扬”，前面的“讨厌”，更显得后面“敬佩”的可贵。《白鹅》这篇课文，作者从鹅的叫声、步态和吃相三个方面细致地描摹了白鹅“高傲”的特点。描写白鹅的步态和叫声时，与狗、鸭进行对比；写吃相时，称之为“鹅老爷”，着重描写了人“侍候”鹅的场面。妙趣横生的描述，幽默的表达，体现了反语在表达情感方面的独特作用。教学时，从单元整体的角度进行教学内容的选择和构建，把握这一课的训练点在整个单元训练系统中所处的位置及发挥的作用。

二、基于课后习题的语文要素落点分析

（一）语文要素在各板块的要求

下面我们重点分析“体会作家是如何表达对动物的感情的”这一要素是如何融入每一课或每一板块的要素目标之中的，在教材各个板块中是如何有侧重、有梯度地落实的。

“交流平台”让学生学习作家运用“明贬实褒”的方法表达对小动物的喜爱之情，还鼓励学生将阅读与生活联系起来，在语言表达中能运用这种方法抒发情感。

《猫》让学生通过初步体会“正话反说”感受作者对猫的喜爱之情。

《母鸡》让学生通过先抑后扬的写法感受作者对母鸡由“厌”到“敬”的情感态度变化。

《白鹅》让学生通过对比、妙趣横生的描述、幽默的表达，感受反语在表达情感方面的独特作用。

本单元习作要求也跟单元语文要素紧密联系。从内容看，本单元课文从“作家笔下的动物”的角度提供了如何抓住动物的特点的学习支架；从表达看，阅读课文时体会作家是如何表达对动物的感情的，为习作时如何写自己喜欢的动物，试着写出特点提供了参考。

（二）课后习题的要素指向与活动分析

1.《猫》课后习题分析

第一题：默读课文，说说课文围绕猫的可爱讲了哪几层意思？

第二题：举例说说可以从哪些地方看出作者非常喜欢猫，再把你的体会有感情地读出来。

第三题（小练笔）：读一读，体会这段话的表达特点，再照样子写一写。

> 说它老实吧，它的确有时候很乖。它会找个暖和的地方，成天睡大觉，无忧无虑，什么事也不过问。可是，它决定要出去玩玩，就会出走一天一夜，任凭谁怎么呼唤，它也不肯回来。

第四题：对比阅读，体会不同作家对猫的喜爱之情。

前三题都与本单元的语文要素相关。第一题引导学生抓住文中“猫的性格实在有些古怪”和“满月

的小猫们就更好玩了”这两个总起句，就知道课文写了两层意思，同时初步领悟作者的表达方法。第二题引导学生围绕描写具体事例的重点语句体会。如：把猫当作任性又可爱的孩子，怎么呼唤也不肯回来；说猫“老实又贪玩”“贪玩但尽职”这些惹人喜爱的举止；还有“吧、呀、呢”语气词的运用。这些都能感受到作者对猫的关心与喜爱，从而对作者“明贬实褒”的表达方式获得感性的认识。第三题是读写结合，让学生运用“明贬实褒”这种表达方法进行迁移练习。第四题是比较阅读，体会不同作者对猫的喜爱之情的不同表达方法。《猫》用“明贬实褒”的表达方法，夏丏尊以大家对猫的态度来让人感受到他对猫的喜爱，周而复通过细致观察，对猫的外形、神情、动作的生动描写让人感受到他对猫的喜爱。

2.《母鸡》课后习题分析

第一题：默读课文，画出“我”对母鸡的态度前后变化的句子，说说为什么有这样的变化。

第二题：老舍先生用词很严谨，他写母鸡“负责、慈爱、勇敢、辛苦”，母鸡真的就是这样。结合课文内容说说。

第三题：《猫》和《母鸡》都是老舍先生的作品。比一比，说说两篇课文在表达上有哪些相同和不同之处。

前两题与语文要素相关。第一、第二题用找关键句的方法把握文章主要内容，并通过引导学生找过渡段来找到作者不敢再讨厌母鸡的原因。在初步了解作者态度变化的原因后，学生用批注的方法来感受作者怎样写母鸡“负责、慈爱、勇敢、辛苦”的。第三题旨在让学生通过比较同一作家表达对动物喜爱之情的异同，学习在文章结构安排、语言表达和情感表达上的不同方法。

3.《白鹅》课后习题分析

第一题：朗读课文，体会语言的趣味。

第二题：课文里有许多表现鹅高傲的词语，如“引吭大叫”“傲然”“架子十足”。找一找，分类抄下来，再体会作者是如何把“高傲”写清楚的。

叫声：____________________
步态：____________________
吃相：____________________

第三题：把鹅和鸭的步调进行比较有什么好处？把鹅称作“鹅老爷”，你从中体会到什么？

第四题：读下面的“阅读链接”，和课文《白鹅》比一比，说说两位作家笔下的鹅有什么共同点，再体会两篇文章表达上的相似之处。（详见教材）

第一、第二题都指向对语言的提炼，本课语言活泼、诙谐、准确，富有情趣，让学生从中体会到作者对白鹅的喜爱之情。第三题通过步调比较和称作“鹅老爷”体现鹅的高傲，这也是“明贬实褒”的写法。这样用反语的方法来写，洋溢着作者对白鹅的喜爱之情。第四题比较两篇文章的相似之处，可以引导学生围绕篇章结构、表达方法分小组进行合作探究，用填写表格的形式自主解决问题。

（三）单元典型性习题横向关联

本单元的语文要素是“作家是如何表达对动物的感情的”，而与之相关的课后典型性习题编排如下：

《猫》：

1.举例说说可以从哪些地方看出作者非常喜欢猫，再把你的体会有感情地读出来。

2.小练笔：读一读，体会这段话的表达特点，再照样子写一写。

3.对比阅读，体会不同作家对猫的喜爱之情。

《母鸡》：

1.默读课文，画出“我”对母鸡态度前后变化的句子，说说为什么有这样的变化。

2.老舍先生用词很严谨，他写母鸡“负责、慈爱、勇敢、辛苦”，母鸡真的就是这样的，结合课文内容说说。

3.《猫》和《母鸡》都是老舍先生的作品，比一比，说说两篇课文在表达上有哪些相同和不同之处。

《白鹅》：

1.把鹅和鸭的步调进行比较，这样写有什么好处？把鹅称作“鹅老爷”，你从中体会到什么？

2.读下面的“阅读链接”，和课文《白鹅》比一比，说说两位作家笔下的鹅有什么共同点，再体会两篇文章表达上的相似之处。（详见教材）

这三篇课文的课后习题都重点关注了对表达特点的梳理，不难看出三篇文章都用到了“明贬实褒”的写法，表达了对动物的喜欢之情。但三篇文章又有不同之处；《猫》通篇都在写猫的可爱，表达了作者由衷的喜爱；《母鸡》用前后对比加深对母爱的赞美；《白鹅》则用幽默风趣的反语来写对鹅的喜爱之情。本单元通过这些典型性习题的编排，让学生从多方面学习作家是如何表达对动物的情感的。

三、落实语文要素的典型性习题教学活动设计示例

（一）典型性习题

以《猫》课后第二题为例：举例说说可以从哪些地方看出作者非常喜欢猫，再把你的体会有感情地读出来。

此题是与本单元阅读要素第一条“体会作家是如何表达对动物的感情的”相关的典型习题。在教学中主要采用让学生朗读、抓住关键词句的方法来达成教学目标。在教学时，要先让学生感受作家独特的表达方法，感受作者对猫的喜爱之情，最后才能把体会到的这种喜爱之情读出来。

（二）教学设计

1.活动一：整体感知

默读课文，整体感知老舍笔下的猫有什么特点，圈出关键词。

学生圈出“可爱”一词后，教师提问：围绕猫的可爱，作者写了几层意思？

让学生用抓住关键句的方法，找出“猫的性格实在有些古怪”“满月的小猫们就更好玩了，腿脚还不稳，可是已经学会淘气”这两个句子，梳理出两层意思：猫的性格古怪和满月的猫淘气。

2.活动二:深入感知

教师提问:猫的古怪表现在哪几个方面?作者怎么写出古怪的猫让人觉得可爱的?

抓住"老实又贪玩""贪玩但尽职""温柔可亲与一声不出""胆小又勇猛"这些描写猫的矛盾点的词语,感受到猫性格古怪,同时又有种种惹人喜爱的举止情态,如"蹭、伸、跳、踩"的动作以及丰富多样的叫声;作者还巧妙运用"吧、呀、呢"这样的语气词,写出了对猫的喜爱之情。

3.活动三:对比朗读,体会喜爱

教学时,可以把几个语气词去掉后和原文对比朗读,体会作者着急、疼爱的心情,进一步理解作者对猫的关心和喜爱,从而对作者"明贬实褒"的表达方式有深刻的体会。

第二部分里饱含作者情感的语句比比皆是,这里可放手让学生自己去找,提问学生从哪些地方感受到作者对猫的喜爱之情,并读一读。

预期效果:通过找出并圈画关键词句,对比朗读的学习活动,学生就能感受到作者对猫的喜爱之情,从而对作者"明贬实褒"的表达方式有所知晓。

思维路径:通过这一系列的教学活动,学生在理解本题时的思维路径就更加清晰,首先要能找到猫可爱的特点,然后找到"古怪、淘气",最后找到语气词,用"去词对比"的方法体会作者对猫的关心和喜爱,从而对作者"明贬实褒"的表达方式有了深刻的体会。

四、课后习题引导下的《母鸡》教学活动设计

教学目标:

(1)能运用自主识字的方法认识"疙、瘩"等9个生字,读准多音字"恶",会写"讨、厌"等15个生字,会写"理由、心事"等10个词语。

(2)能通过默读课文,了解"我"对母鸡态度的前后变化,思考并交流变化原因,感受作家表达的情感。(关联课后第一题)

(3)通过自主阅读、圈画批注等方法,感受母鸡的"负责、慈爱、勇敢、辛苦",体会作者用词的严谨。(关联课后第二题)

(4)通过对比《猫》和《母鸡》两篇课文在表达上的异同,体会作家表达情感的不同方法。(关联课后第三题)

教学重点:从描写母鸡的词语中感受母鸡作为一个母亲的形象,体会母爱的伟大。

教学难点:通过对比《猫》和《母鸡》两篇课文在表达上的异同,体会作家表达情感的不同方法。

(一)第一课时

1.活动一:整体感知,了解感情

(1)借助资料袋,了解作者。

导语:上节课我们学习了老舍的《猫》,发现他的语言风格非常独特,他是杰出的语言大师,大家可以翻到"资料袋",我们来一起走近作家老舍。

(2)关注课题,激发阅读兴趣。

过渡:老舍这位杰出的语言大师,又会怎样来写母鸡呢?请大家自主阅读课文,说说老舍对母鸡是

怎样的态度。

(3)自由读课文,要求把字读准,把句子读通顺,理解词义。

2.活动二:自主阅读,了解感情

(1)请大家默读课文,画出作者对母鸡态度前后变化的句子,体会感情。(①我一向讨厌母鸡。②我不敢再讨厌母鸡了)

(2)思考:老舍先生为什么一向讨厌母鸡?请学生快速阅读文章第1~3自然段,说说作者讨厌母鸡的原因。

阅读第1自然段,抓住“嘎嘎”“没完没了”“如怨如诉”等字词,体会母鸡的叫声令人讨厌;阅读第2自然段,抓住“趁其不备”“狠狠”等词,体会母鸡的欺软怕硬;阅读第3自然段,抓住“发了狂”“恨不能”“这点儿”等词体会母鸡的居功自傲。

设计意图:完成课后第一题,用阅读、圈画、批注的活动让学生梳理并感知课文主要内容。

(二)第二课时

1.活动一:复习导入

复习课文,听写词语:讨厌、反抗、可恶、成绩、警戒、预备。同桌之间互相检查。

2.活动二:圈画批注,体会感情

思考:让老舍先生如此讨厌的母鸡,等到它有了鸡雏之后,为什么老舍先生不敢再讨厌它了?围绕“我不敢再讨厌母鸡了”这一感受,边读边圈画,批注关键词句,思考并交流作者不敢再讨厌母鸡的原因。

①教师引导学生感知母鸡的特点,明白不讨厌母鸡的直接原因。教师指定学生回答,并出示课文中描写母鸡的词“负责、慈爱、勇敢、辛苦”。教师引导学生感受因为母鸡有了一群鸡雏,成为鸡母亲后的伟大,是一位英雄。

②教师请同学们再读第9自然段,看看作者用了哪些词来评价母鸡,圈一圈、读一读。(板书:负责、慈爱、勇敢、辛苦)

③小结:是呀!这是一只负责、慈爱、勇敢、辛苦的母鸡。

3.活动三:批注品读,体会感情

重点选择第5~8自然段中的一个自然段,细细品读,并说一说:你是从文中的哪些词句中感受到母鸡的这些特点的?

交流第5自然段时,能抓住“挺着脖儿”“警戒”等词句,体会母鸡的负责;交流第6自然段时,能发现两处对比手法,即对小雏鸡和母鸡样子的对比,以及母鸡对公鸡前后态度的对比,体会母鸡的勇敢;交流第7自然段时,能抓住一系列动词,如“啄食”“掘地”等词,体会母鸡的辛苦。

设计意图:完成课后第二题,用批注感受的形式让学生完成对课文主要内容的梳理和感知,体会作者的情感。

4.活动四：借助表格，体会表达

（1）借助表格，体会作者是如何表达对母鸡的感情的。

对象	感情变化	原因
母鸡	一向讨厌	叫声难听
		欺软怕硬
		居功自傲
	不敢讨厌	负责
		慈爱
		勇敢
		辛苦

（2）借助表格，通过对比阅读，体会同一作家表达的异同点。

类别		《猫》	《母鸡》
不同点	结构特点	总分构段（前详后略）	总分构段（前略后详）
	语言风格	明贬实褒	态度变化
	情感表达	通篇喜爱	前后对比
相同点		口语化的语言，生活事例，表达对动物的喜爱和赞美。	

附：板书设计

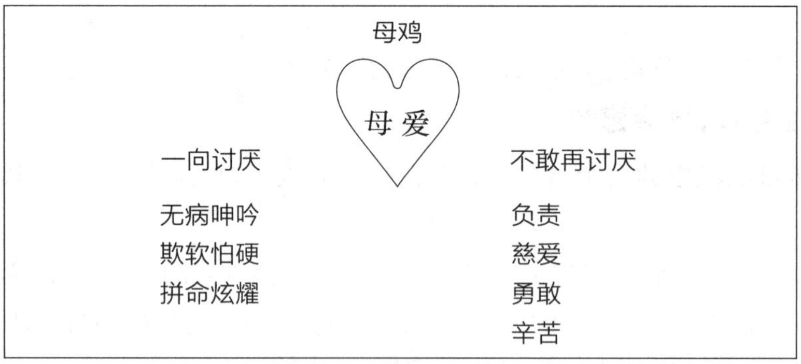

预期效果：以上围绕本课几道课后习题的教学活动设计关注了单元训练要点和梯度，从内容梳理到方法提炼，从整篇的梳理到片段的赏析再到句子的呈现，层层递进、环环相扣。通过这样的教学活动，学生基本就能够圈画关键词句、梳理文章内容，然后抓住关键语句体会作者情感，借助表格对比，学习和感受写法。

（彭水苗族土家族自治县第一小学校：张春岚）

第五单元
习作单元

一、第五单元整体分析

(一)整体描述

为了让学生了解和掌握按照游览顺序写景物的方法,并运用到习作实践中去,本单元课文围绕“学习按一定顺序写景物的方法”安排了两篇精读课文《海上日出》《记金华的双龙洞》,两篇习作例文《颐和园》《七月的天山》,以及“交流平台”“初试身手”和“习作”。

《海上日出》按照太阳变化的顺序,写了日出前、日出时、日出后的变化过程,展示了日出这一伟大的奇观,字里行间洋溢着作者热爱大自然和追求光明的思想感情。《记金华的双龙洞》按照游览的先后顺序记叙了作者去金华双龙洞途中看到的风光以及双龙洞的奇景,表达了作者对祖国山川景物的热爱。习作例文《颐和园》,按照游览顺序描写了长廊、万寿山和昆明湖的景色;《七月的天山》按照游览顺序描绘了天山夏天的奇异风光。本单元的课文都以优美的文字介绍了祖国的自然风光,条理清楚,能够唤起学生对游览经历的细腻感知,有利于学生学习按照游览顺序描写景物的方法。

(二)导语页

为培养学生描写景物的能力,本单元围绕着“妙笔写美景,巧手著奇观”这一主题安排了两个语文要素:了解课文按一定顺序写景物的方法;学习按游览的顺序写景物。

(三)语文要素纵向关联

为继续培养学生描写景物的能力,同时学习按一定顺序写景物的方法,引导学生留心观察自然,留心身边的美,激发学生对祖国锦绣河山的热爱之情。本单元的阅读要素是“了解按照一定顺序写景物的方法”,表达要素是“学习按游览的顺序写景物”。“按一定顺序写景物的方法”可以是时间先后顺序,地点、空间变化顺序,也可以是上下、远近等观察顺序,在描写景物特点上有颜色、形状的不同等。这需要学生细致观察。在四年级上册,已经学写了“向同学推荐一个好地方”,要求写清楚推荐的理由,初步学会了通过观察来描写一处景物、介绍一个景点。这次,是第一次学习“按游览的顺序写景物”,侧重通过学写游记，强调“移步换景”，有顺序地写多处景物。而在五年级上下册，对写景的要求则更高。在教学时，注意阅读教学和写作教学相结合，突出本单元“按照一定顺序写景物的方法”，落实本单元的语文要素。

“学习按游览的顺序写景物”纵向关联表

年段	单元	话题	语文要素
四年级上册	第一单元	推荐一个好地方	推荐一个好地方，写清楚推荐理由
四年级下册	第五单元	游____	学习按游览的顺序写景物
五年级上册	第七单元	____即景	学习描写景物的变化
五年级下册	第七单元	中国的世界文化遗产	搜集资料，介绍一个地方

二、基于课后习题的语文要素落点分析

（一）语文要素在各板块的要求

本单元的语文要素“了解课文按一定顺序写景物的方法；学习按游览的顺序写景物”在每一课或每一个板块间应该如何有侧重地分配落实？具体分析如下：

两篇精读课文《海上日出》《记金华的双龙洞》，描写的对象不一样，却都有明确的写作顺序，便于学生借助课文，学习“按一定顺序写景物的方法”；“交流平台”结合两篇精读课文对写游记进行回顾、梳理，在交流的情境中，让学生明白可以按照游览顺序来写，也可以按照景物变化顺序来写；“初试身手”让学生尝试运用学到的方法来练习表达，帮助学生初步掌握按照顺序写景物的方法，为单元习作做准备；“习作例文”为学生习作提供范例，继续体会写法，为习作服务；单元习作是“游______”，要求学生选择印象深刻的一个地方，按照游览的顺序写下来，并写出特点。在《海上日出》《记金华的双龙洞》中学习“了解课文按一定顺序写景物的方法”，在“初试身手”中初步实践，在“习作例文”中强化按一定顺序写景物的方法、写法，在单元习作中，将这个单元学到的按照顺序写景物的方法迁移运用，本单元的要素逐层逐步地落实，各课各个板块都承担着不同的目标任务。

（二）课后习题的要素指向与活动分析

关注课后习题，有助于准确定位单篇课文的教学目标。围绕单元语文要素，每篇课文教学的重点是不一样的，一课一得，避免教学时走弯路，提高教学的有效性，完成本单元的要素训练。

1.《海上日出》课后习题分析

第一题：默读课文，说说海上日出的景象。

第二题：读句子，注意加点的部分，想想这样写有什么好处。

> 太阳好像负着重荷似的一步一步，慢慢地努力上升，到了最后，终于冲破了云霞，完全跳出了海面，颜色红得非常可爱。

第三题(选做):有兴趣的同学可以去看看日出,结合自己的体会,说说课文描写日出的精彩之处。

第一题要求学生在感知课文内容的基础上,了解日出时的景象发生了哪些变化,初步了解按照太阳变化顺序写景的方法,引导学生学会观察景物的变化,落实本单元的语文要素。

第二题旨在通过抓关键词“努力上升”“冲破云层”“跳出海面”,揣摩按景物位置的变化顺序写景的表达特点,把日出的过程写清楚。有了第一题的整体感知后,再一边感悟景物的变化一边了解写景的方法,是从学会按照景物变化顺序观察到按照景物变化顺序写景的升级,有效落实了“了解按一定顺序写景物的方法”。

选做题指向口头表达,鼓励学生结合生活实际,把文本内化为学生自己的感受和体会,从而学习文中更多的表达方法。

2.《记金华的双龙洞》课后习题分析

第一题:默读课文,厘清作者游双龙洞的顺序,再把下面的路线图补充完整。

路上→(　　)→(　　)→(　　)→(　　)→出洞

第二题:读由外洞进内洞的部分,体会作者是怎样把孔隙的狭小和自己的感受写清楚的。

第一题要求根据课文内容,厘清作者游览双龙洞的路线图,帮助学生梳理游览的路线,了解课文的写作顺序,为学生习作实践提供表达支架。

第二题在第一题厘清游览顺序的基础上,再来体会作者是怎样写清孔隙“狭小”的特点和亲身经历的感受的,帮助学生理解可以把某些印象深的或比较特别的景物作为重点来写的方法。

3.“初试身手”课后习题分析

第一题:星期天,你要带一位同学参观植物园。根据下面的示意图,画出参观路线,再按顺序说一说。(示意图详见教材)

第二题:观察附近的一处景物,和同学交流看到了什么,再试着按一定的顺序写下来。

第一题要求依托书中提供的情景读图,确定入口和出口,画出路线图,借助《记金华的双龙洞》一文中的过渡句,说清楚位置的变化和参观的过程。

第二题强调观察“一处景物”,如校园一角、公园里的游乐园或者花坛、中秋节的圆月等有什么变化。动笔之前先交流写什么,按照怎样的变化顺序写,通过谈话打开学生的思路,再动笔练习,并选取典型的作品进行简单讲评(不一定修改,要指出问题),为单元习作做准备。同时,还要注意“初试身手”与“习作”的联系和整合,对于在“初试身手”中发现的问题,在“习作”时要有针对性的指导,并结合“习作例文”的学习,为单元习作服务。

4.《颐和园》课后习题分析

默读课文,画出起过渡作用的句子,体会作者是怎样把游览的顺序写清楚的。

课后习题提示了按游览顺序写景物的特点。关注文中过渡句,体会作者是怎样使用恰当的过渡句把游览的顺序写清楚的,并借用过渡句梳理作者的游览路线。教学时,要注重引导学生研究例文是怎么写的,可全文使用,也可使用片段或过渡性的语句,不强求教学的完整性;在学生“习作”之前指导使用或在“习作”之后帮助解决典型问题都可,灵活运用于整个“习作”教学活动中。

5.《七月的天山》课后习题分析

第一题:默读课文,说说作者是按怎样的顺序写天山的,你是从哪些语句看出来的。

这一题从不同角度点明按顺序写景的方法：有层次、有条理地写景；重点景物用比喻、排比等修辞手法进行描写。注重引导学生学习借助表示地点转换的语句，厘清写景的顺序。

（三）单元典型性习题横向关联

单元典型性习题也就是直接关联本课教学目标，落实单元要素的习题。本单元的课文围绕语文要素“了解课文按一定顺序写景物的方法”安排了如下典型性习题：

读句子，注意加点部分，想想这样写有什么好处。（《海上日出》课后第二题）

> 太阳好像负着重荷似的一步一步，慢慢地努力上升，到了最后，终于冲破了云霞，完全跳出了海面，颜色红得非常可爱。

默读课文，厘清作者游双龙洞的顺序，再把下面的路线图补充完整。（《记金华的双龙洞》课后第一题）

> 路上→（　　）→（　　）→（　　）→（　　）→出洞

《海上日出》按照太阳的变化顺序，从日出时的颜色、光亮、位置等方面进行描写，着力刻画了太阳在海面下、出现小半边脸、跳出海面、发出光芒四个画面，条理清楚，特点突出。《记金华的双龙洞》按照游览顺序，依次介绍了洞口、外洞、孔隙、内洞，并抓住个人感受着力描写孔隙狭小的特点。两篇课文描写的对象不同，却都有着明确的写作顺序，便于学生借助课文，学习“按照一定顺序写景物的方法”。

《海上日出》的习题旨在引导学生抓住关键词，揣摩按顺序写景物的表达效果，《记金华的双龙洞》的习题旨在让学生通过补充作者的游览路线，梳理文章线索，学习按照游览顺序写景的方法。这些习题不仅是对课文重点内容的归纳，也体现了教学目标。教学目标融入阅读教学环节中，习题给出了恰当的支架把语言的建构与运用渗透到每篇课文中。前者是基础，后者是目标，循序渐进，分层落实单元语文要素。

（四）其他课后习题的语文要素分析

并不是每一道课后习题都与单元语文要素有直接的关联，有的可能是其他单元要素的复现，有的可能是其他学段的要素提升，也有可能是为今后的要素学习做铺垫。在本单元中，没有直接指向单元要素的习题，又该如何理解。

《义务教育语文课程标准（2022年版）》中，第二学段（3~4年级）的阅读目标提出体会课文中关键词句表情达意的作用，第三学段（5~6年级）的阅读目标提出推想有关词句的意思，辨别词语的感情色彩，体会表达的效果。从体会关键词的表情达意的作用，到辨别词语的感情色彩、体会表达效果，在对语言的理解上呈现出了上升的发展趋势，也是在为后续体会作者的思想感情，领悟表达方法做铺垫。

《海上日出》课后习题要求“注意加点词语，想想这样写的好处”，不但可以从中发现日出变化的顺序，而且还能从“冲破、跳出”两个词语体会到日出的动态美。这个训练点除了是落实本单元的语文要素，也是对“体会课文中关键词句表情达意的作用”这一其他单元要素的复现和提升。

《记金华的双龙洞》第二题中，要求“体会作者是怎样把孔隙的狭小和自己的感受写清楚的”，也是抓住文中的关键词“并排仰卧”“贴着船底”等体会孔隙狭小的特点。体会表情达意不仅是本单元语文要素的重点，而且是中段阅读目标的训练点之一，是为今后训练“辨别词语的感情色彩，体会表达的效果”这一要素做准备。

三、落实语文要素的典型性习题教学活动设计示例

（一）典型性习题

以《海上日出》课后第二题为例：读句子，注意加点的部分，想想这样写有什么好处。

> 太阳好像负着重荷似的一步一步，慢慢地努力上升，到了最后，终于冲破了云霞，完全跳出了海面，颜色红得非常可爱。

本习题属于“对应教学目标类”。本单元阅读教学目标要求“了解课文按照一定顺序写景物的方法”。“努力上升”“冲破云霞”“跳出海面”等词，生动形象地写出了太阳位置发生变化的顺序，使得海上日出动态变化的过程更加清楚、具体，引人遐想，充满了画面感，让人感受到日出上升的艰难和缓慢。在教学过程中，教师应紧扣教学目标，依托本习题进行教学活动设计，让学生在读、思、悟中学习“了解课文按照一定顺序写景物的方法”。

（二）教学设计

1.活动一：默读课文

默读课文，找出描写日出变化的语句。

（1）预设1：天空还是一片浅蓝，颜色很浅……

（2）预设2：果然，过了一会，在那个地方出现了太阳的小半边脸……

（3）预设3：太阳好像负着重荷似的一步一步，慢慢地努力上升……

小结：作者通过颜色、光亮、位置等方面写出了日出的变化。

2.活动二：默读句子

默读描写日出变化的句子，思考作者是怎样把日出变化写清楚的，勾画出关键词。

3.活动三：学生交流与朗读

（1）组织学生交流：一边感悟景象变化，一边了解写法。

①颜色变化，抓住关键词：天空一片浅蓝、一道红霞、红是真红、红得可爱。

引导学生发现颜色由浅到深的变化。

②光亮变化：从“没有亮光”到“发出夺目的亮光”。

③位置变化：努力上升、冲破云霞、跳出海面。

（2）讨论：你从“努力上升、冲破云霞、跳出海面”体会到了什么？这样写有什么好处？

（3）小结：这几个词语准确描写了太阳升起来时位置的变化，把日出的过程写得清楚、具体。

（4）指导朗读。

预期效果：通过找出描写日出变化的语句，发现日出颜色、光亮、位置等方面发生的变化，初步感受

景物的变化顺序;聚焦这几个日出变化的句子,提炼日出变化的几个关键词,然后进行词句的品析和分享,让学生在读、思、悟中学习“了解课文按照一定顺序写景物的方法”。

思维路径:通过这一系列的教学活动,学生从找一找描写日出变化的句子,到发现句子中描写日出变化的关键词,从句到词的这一思考过程中,加深了对按照一定顺序写景物的方法的理解。最后对关键词的赏析,则是在理解的基础上,增强了体会写景的表达方法,从而也提升了语言的审美能力。

四、课后习题引导下的《记金华的双龙洞》教学活动设计

(一)教学目标

(1)能认识“浙、簇”等6个生字,会写“浙、罗”等15个字,会写“杜鹃、气势”等15个词语。

(2)能厘清作者的游览顺序,了解按照游览先后顺序写景的方法。(关联课后第一题)

(3)感受双龙洞各处景物的特点,了解课文是如何把重点景物写清楚的。(关联课后第二题)

(二)教学设计

1.活动一:初读课文,理清思路

(1)揭示课题。谈话导入;出示溶洞的照片欣赏。

(2)默读课文,厘清游览顺序。

①读生字词语,读准字音,读通句子。

②默读课文,想想作者分别写到过哪些地方,画出相关句子,并在图上填一填。

路上→(　　)→(　　)→(　　)→(　　)→出洞

(3)交流分享,厘清文章思路。这篇课文主要写了什么?填一填作者的游览顺序。

路上→(洞口)→(外洞)→(孔隙)→(内洞)→出洞

(4)指导书写。

设计意图:完成课后第一题,主抓表示地点的名词,厘清作者的游览顺序,把握课文的主要内容,为“了解按照游览先后顺序写景的方法”做铺垫。

2.活动二:学习移步换景的写法

抓住重点段落,发现移步换景的写法,感知景物特点。

(1)请学生读第2~3自然段,思考作者一路上看到了哪些景物,画出关键语句。预设:映山红、油桐、沙土、山、溪流。

(2)读读描写这些景物的句子,说说感受。

小结:作者每走一处,景物都随之发生变化,人在走,景在变,就是移步换景。

(3)自由读第4~7自然段,想想作者游览了哪些地方,这些地方有什么特点,圈出关键词句,然后与同桌一起研讨,并完成下表。

作者走到了哪里	这里有什么特点

(4)分享交流,说出体现特点的相关语句,并说说这些景物的特点。

作者走到了哪里	这里有什么特点
洞口	宽
外洞	宽大
孔隙	窄小
内洞	黑、奇、大

小结:抓住景物的主要特点来描写是关键。

设计意图:完成课后第二题,在厘清游览顺序的基础上,通过勾画发现不同景点的不同特点,以及不同景点留给作者的不同感受,让学生学习抓住景物的主要特点进行表达的方法。

3.活动三:深入研读

深入研读重点景物,了解作者是如何把重点景物写清楚的。

(1)作者写了这么多地方,哪一处给你留下了深刻的印象?

(2)自由朗读第5自然段,思考:作者乘船从孔隙中穿过是什么滋味?看看作者是如何把孔隙窄小的特点写清楚的。

①请学生交流,教师相机梳理:先写能穿过的小船只能两个人并排仰卧,没法容第三个人;再写自己一个人通过孔隙时候的感受。

②指读:“虽说是孔隙……船就出来了。”

③提问:两个人并排仰卧,宽一米左右,为什么课文中称之为“孔隙”呢?

④读读下面的句子,想一想:作者乘船穿过孔隙时,有什么感受?

出示句子:“眼前昏暗了,可是还能……挤压……稍微……准会……”

预设1:孔隙窄小,乘船过去很不容易,写出了通过时,作者感觉很“险”。

预设2:其实这段水路不长,但让人觉得船走了好久好久。

……

小结:作者除了按照游览顺序写出了自己一路上的所见所得,还详细描写了孔隙以及乘船通过孔隙时的特别感受,让我们也感同身受,并留下了深刻的印象。

(3)引导学生根据作者游双龙洞的经历,说说我们在写游记的时候要注意什么。

①按照游览顺序写,移步换景。

②印象深刻的景物重点写,写出特点和自己的感受。

设计意图:完成课后第二题。课后第二题非常明显地提示了学生在写景时,要学会抓住重点景物的主要特点进行描写,并且要把重点景物和感受写清楚。本板块主要通过思考和交流的方式让学生学会按照游览顺序写景,同时写出印象深刻的景物的特点和自己的感受,学习按一定顺序写景物的方法。

4.活动四:试写印象深刻的景物

写写印象深刻的一处景物,注意按照游览的顺序,先写看到的,再写感受到的,要写出景物的特点。

设计意图:这一板块是习作单元的重点。学语文,就是为了服务于我们的生活。通过本课的学习,学生可以通过试着写写印象深刻的景物。本次的试写旨在发现问题,以便在“习作例文”或单元习作中改进,不要拔高要求。

(彭水苗族土家族自治县第二小学校:任翠)

第六单元
儿童生活

一、第六单元整体分析

（一）导语页

为了继续提升学生把握文章主要内容的能力，本单元从儿童生活的角度出发，以“深深浅浅的脚印，写满成长的故事”为主题，编排了两个语文要素：学习把握长文章的主要内容；按一定顺序把事情的过程写清楚。

（二）整体描述

为了提高学生的阅读概括能力、提取主要信息和整体把握文章内容的能力，本单元围绕“成长的故事”主题编排了《文言文二则》，精读课文《小英雄雨来（节选）》，略读课文《我们家的男子汉》《芦花鞋》，四篇课文展示了不同时代少年儿童的成长故事，展现了不同人物的特点和品质。

《文言文二则》选编了“囊萤夜读”和“铁杵成针”两个经典故事，揭示了只有坚持不懈地勤奋学习才能取得成功的道理；《小英雄雨来（节选）》用序号表示每个部分，讲述了抗战时期，晋察冀边区少年雨来为了掩护交通员李大叔，机智勇敢地同鬼子做斗争的故事；《我们家的男子汉》有三个小标题，用三个小片段写了作者家里的小男子汉成长的过程，表现了他的可爱和坚强独立；《芦花鞋》用空行的方式，写了少年青铜在冬日贩卖芦花鞋的故事，表现了他的善良质朴和家庭责任感。“口语交际”的话题是“朋友相处的秘诀”，旨在引导学生主动参与集体讨论，学会记录、整理信息，能够清楚、有条理地汇报小组意见。

（三）语文要素纵向关联

本单元的阅读目标是“学习把握长文章的主要内容”。“能初步把握文章的主要内容”在小学语文阅读能力中属于分析概括能力，在这一能力的训练形成过程中，提取信息的能力、做出解释的能力和整体把握的能力都能得到培养。

关于把握文章的主要内容的阅读要求，三年级上册提出借助关键语句“理解一段话的意思”，三年级下册要求借助关键词“概括一段话的意思”。从理解到概括,有梯度地建构了学生的语言能力。四年级上册四单元提出“了解故事的起因、经过、结果,学习把握文章的主要内容”,并要求复述故事的过程,四年级上册七单元提出“关注主要人物和事件,学习把握文章的主要内容”,本单元提出“学习把握长文章的主要内容”。从句、段到篇的内容把握,形成了螺旋上升的学习梯度,遵循了学生的学习规律。

到了五、六年级,关于对文章内容的把握,在之前学习的基础上,要求又有所提高,从把握内容要点到加深理解,从把握文章的主要观点到把握名著的主要内容,都在不断地提高要求,强化阅读的有效性。

在学习本单元时,由于是第一次接触长文章,应该注重指导学生快速默读,学习用列小标题的方法来把握课文的主要内容。

“学习把握长文章的主要内容”纵向关联表

年段	语文要素	方法
三年级上册	理解一段话的意思	运用多种方法理解难懂的词语;借助关键语句
三年级下册	概括一段话的意思	运用多种方法理解难懂的词句;借助关键语句
四年级上册	把握文章的主要内容	了解故事的起因、经过、结果;关注主要人物和事件
四年级下册	把握长文章的主要内容	给每个部分列小标题
五年级上册	把握内容要点	根据要求梳理信息
五年级下册	加深对课文内容的理解	了解人物的思维过程
六年级上册	把握文章的主要观点	读小说,关注情节、环境,感受人物形象;抓住关键句
六年级下册	了解名著的主要内容	借助作品梗概了解主要内容;就印象深刻的人物和情节交流感受

习作目标是要求“按一定顺序把事情的过程写清楚”。四年级上册提出“写一件事,把事情写清楚”“记一次游戏,把游戏过程写清楚”“写一件事,能写出自己的感受”等要求。本次习作是对这三个要求的综合运用,既要按一定的顺序写,又要把事情的过程写清楚,还要写出对这件事情的体会和感受,写作要求越来越有难度。

二、基于课后习题的语文要素落点分析

(一)语文要素在各板块的要求

本单元的语文要素是“学习把握长文章的主要内容”。虽然学生从三年级开始,就在逐步训练对句、段、篇内容的把握,但这是第一次要求学生把握长文章的主要内容。那么,在教学中,我们就应该有梯度地找准每一篇课文或者板块的教学目标,落实单元要素。

《文言文二则》引导学生借助注释、插图以及和现代文的共通之处来读懂内容。

《小英雄雨来(节选)》尝试让学生带着问题快速默读课文,学习给每个部分列小标题的方法来把握长文章的主要内容。

《我们家的男子汉》让学生尝试快速默读课文,运用给每个部分换小标题的方法来把握长文章的主

要内容。

《芦花鞋》要求默读课文，引导学生迁移运用列小标题的方法把握长文章的主要内容。

“交流平台”紧扣语文要素，以学生相互交流的形式，梳理、总结把握长文章主要内容的方法。

值得提醒的是，在单元教学时，精读课文用于学习把握长文章的方法，略读课文则关注运用把握长文章内容的方法，每课承载的功能是不一样的。教师需要充分解读课后习题，准确把握每篇课文的教学目标，为单元语文要素的落实服务。

（二）课后习题的要素指向与活动分析

落实单元要素，就要学会关注单元课文课后习题，才能有梯度、有层次地把握本单元的语文要素，根据学生的学习设计相应的学习活动。

1.《文言文二则》课后习题分析

第一题：正确、流利地朗读课文。背诵《囊萤夜读》。

第二题：借助注释，理解课文中每句话的意思。

第三题：照样子，根据课文内容填一填。（泡泡语提示：用这样的方法，我能更好地学习文言文）

胤工勤不倦。　（疲倦）
家贫不常得油。（　　）
世传李太白读书山中，未成，弃去。（　　）

本文的课后习题与本单元的语文要素没有直接的关联。从三个题目中可以发现，在背诵积累的基础上，还强调理解文言文的方法，可以借助注释理解每句话的意思。同时，文中有些词语的意思和现代文的意思基本一致，学生能感受文言文与现代文的相同之处，消除学习文言文的畏惧心理。在教学时，可以引导学生先回顾学习文言文的方法，巩固已有的学习经验；接着让学生充分朗读，把课文读正确，读流利，读好句中的停顿；再引导学生借助注释、插图以及其和现代文的共通之处读懂内容；最后在理解的基础上背诵。

2.《小英雄雨来（节选）》课后习题分析

第一题：为什么说雨来是小英雄？带着这个问题，尝试用较快的速度默读课文。

第二题：给其他五个部分列出小标题，再说说课文的主要内容。

①游泳本领高	④
②	⑤
③	⑥

第三题：课文中多次写到还乡河的景色，找出来读一读，再说说写这些景色有什么作用。

课后第一题，要求带着“为什么说雨来是小英雄”的问题，用较快的速度默读课文。带着问题阅读，在四年级上册也提到过，这种阅读方法可以避免学生阅读的盲目性，增强阅读的针对性，是阅读教学的一种策略，特别适合阅读长文章。关于阅读的策略，本文的两个泡泡语中有所提示：“读完这部分，停下来想一想”“回头看看前面的内容”，都是在教学生学习阅读长文章的方法，感知课文内容，为把握长文章的主要内容奠定基础。所以在教学第一课时，应该结合课后第一题，重在引导学生结合泡泡语中的提示,带着问题快速默读全文,了解雨来被称为“小英雄”的原因。

课后第二题列举了第一部分的小标题后要求给其他五个部分列出小标题,再说说课文的主要内容。本习题旨在教会学生通过列小标题来把握长文章主要内容的方法,落实单元语文要素。

课后第三题与本单元的语文要素没有直接的关联,但是文中三处对还乡河景色的描写,能从侧面烘托故事情节的曲折发展和人物的心情。让学生读一读,发现环境描写的作用,为以后的学习奠基。

3.《我们家的男子汉》阅读提示分析

课前导语:尝试用较快的速度默读课文。结合课文中的小标题,说说为什么称这个孩子为“男子汉”,作者对他有着怎样的情感。还可以给每个部分换个小标题。

本文是略读课文,重在将精读课文《小英雄雨来(节选)》一文中习得的阅读长文章的方法进行迁移运用。一是尝试用较快的速度默读课文,借助小标题了解每部分的主要内容;二是知道课文从不同的角度写出了这个孩子是个“男子汉”,体会作者表达的情感,并尝试给每个部分换个小标题。

4.《芦花鞋》阅读提示分析

课前导语:默读课文,为每个部分列出小标题,再和同学交流印象最深的内容。

本文是一篇略读课文,旨在进一步明晰长文章的阅读方法,通过快速默读课文内容、为每个部分列小标题的方法,来巩固把握长文章的主要内容,并能通过交流印象深刻的内容体会芦花鞋既美又实用的特点,以及青铜一家人在苦难面前乐观坚强的态度、互助互爱的亲情。

(三)单元典型性习题横向关联

本单元围绕语文要素“学习把握长文章的主要内容”编排了如下典型性习题:

给其他五个部分列出小标题,再说说课文的主要内容。(《小英雄雨来(节选)》课后第二题)

①游泳本领高	④
②	⑤
③	⑥

尝试用较快的速度默读课文。结合课文中的小标题,说说为什么称这个孩子为“男子汉”,作者对他有着怎样的情感。还可以给每个部分换个小标题。(《我们家的男子汉》学习提示)

默读课文,为每个部分列出小标题,再和同学交流印象最深的内容。(《芦花鞋》课前导语)

这三个课后习题都提出了用列小标题把握课文主要内容的阅读要求,提示了把握长文章主要内容的方法。《小英雄雨来(节选)》一文要求照样子列出小标题,一方面是列出例子给学生参考,有学习支架来降低难度,从而学习列小标题的方法,另一方面是想让学生学习概括每个部分的内容,侧重点在学习。《我们家的男子汉》一文试着给每个部分换小标题,有了列小标题的基础,在本文中要求通过换小标题的方式训练学生的概括能力,降低了难度。

《芦花鞋》一文要求为每个部分列出小标题,把握课文主要内容。

由于这个单元是整个小学阶段第一次要求把握长文章的主要内容,在安排课时目标时应顺应学生的学习规律,从照样子学习列小标题到换小标题,最后试着独立为每个部分列出小标题,充分利用学生的认知,循序渐进,分层教学。而学习列小标题的目的就是在教会学生把握每个部分的主要意思来了解课文的主要内容,从而落实本单元的语文要素。

（四）其他课后习题的语文要素分析

本单元仍有不直接关联本单元语文要素的课后习题，但这类课后习题却承担了学习、整理、回顾其他单元的单元语文要素的功能。

《义务教育语文课程标准（2022年版）》中，第二学段（3~4年级）的阅读目标提出初步学会默读，第三学段（5~6年级）的阅读目标提出默读有一定速度，这是对默读方法的不同要求，呈现了由易到难的训练梯度。

三年级上册要求初步学习默读课文，做到不出声，不指读，本单元要素虽然没有提出快速默读的要求，但在课后习题中却有体现。《小英雄雨来（节选）》课后第一题“带着这个问题，尝试用较快的速度默读课文”，针对本单元全是长文章的特点，要求带着问题，尝试用较快的速度默读课文，既是对以前默读方法的回顾，也是对以后五年级上册阅读策略单元“学习提高阅读速度的方法”的学习做准备。所以，在教学时，本单元对默读的要求也只能是尝试快速默读，如果不能做到快速默读，也只能是以鼓励为主。

本单元，从《小英雄雨来（节选）》课后第一题“带着这个问题，尝试用较快的速度默读课文”到《我们家的男子汉》阅读提示“尝试用较快的速度默读课文”也体现了快速默读方法的梯度要求和由扶到放的学习过程，充分遵循了本年段学生的认知规律。

值得提醒的是，本单元《文言文二则》的课后习题，学习要素的序列性要和四年级上册《王戎不取道旁李》联系起来理解。从四年级上册《王戎不取道旁李》课后第二题“结合注释，用自己的话讲讲这个故事”，以及本单元《文言文二则》“借助注释，理解课文每句话的意思”来看，从讲故事到理解每句话的意思，理解难度加深是显而易见的，同样承担了其他年段要素的学习和提升任务。

三、落实语文要素的典型性习题教学活动设计示例

（一）典型性习题

以《小英雄雨来（节选）》课后第二题为例：

给其他五个部分列出小标题，再说说课文的主要内容。

①游泳本领高	④
②	⑤
③	⑥

本习题属于“对应教学目标类”。本单元的阅读教学目标是“学习把握长文章的主要内容”，本课时的教学目标之一是“能用列小标题的方式把握课文内容”。本习题给学生列举了第一部分的小标题“游泳本领高”，可见列小标题可以是对这部分内容的概括，也可以关注主要人物和事件。通过列小标题的方法，本单元“学习把握长文章的主要内容”阅读要素得到落实。

（二）教学设计

1.活动一：快速默读课文

快速默读课文，用以前学过的“关注人物事件”的方法把握每一部分的主要内容。小组交流汇报。

2.活动二:学习列小标题

请学生回顾第一部分的内容,观察小标题范例“游泳本领高”,发现小标题的特点。

小结:能通过关注主要事件概括这部分的主要内容,语言简洁。

3.活动三:默读浏览,尝试列小标题

(1)请学生快速默读课文第二至六部分,照样子给这五个部分列小标题。(给予充足的思考时间)

(2)交流自己列的小标题,并阐述原因。

预设:

第二部分:上夜校读书、雨来酷爱读书

第三部分:鬼子来扫荡、掩护交通员李大叔、雨来被抓

第四部分:与鬼子斗争、智勇斗鬼子、不屈的雨来

第五部分:雨来牺牲了、乡亲们哭雨来、怀念雨来

第六部分:雨来没有死、机智脱险、雨来成功逃跑

请学生说说列小标题的理由:比如为什么以“鬼子来扫荡”为题?因为雨来听到了爸爸妈妈的谈话,还让妈妈去姥姥家传递消息,让民兵集合。

小结方法:列小标题的方法有两个,第一个是关注主要事件和人物,概括这部分的主要内容,要求语言简洁;第二个是选用文中重点语句,使用两三个字或者五六个字来概括。

4.活动四:完善小标题

让学生修改自己不满意的小标题。由于学生是第一次列小标题,要求不能过高,尊重学生的接受度,主要以鼓励为主。

5.活动五:根据小标题讲故事

根据小标题把每个部分的主要意思连起来,说说课文的主要内容。教师借机引导点拨,让学生说得更清楚。

预期效果:通过观察分析课后第二题示例的小标题“游泳本领高”发现,可以关注人物或者事件,用简洁的语言来概括主要内容,初步形成一定的概括能力,然后鼓励、引导学生尝试自己独立给其他部分列小标题,训练学生的理解能力和语言组织能力,提升表达能力。比如第四部分,学生可能有不同的表达,“与鬼子斗争、智勇斗鬼子、不屈的雨来”,但教学时要以鼓励为主,尊重学生表达的差异。把每个部分的小标题连起来说一说,就是本文的主要内容,完成了语言的建构。

思维路径:把握长文章的主要内容,这也是归纳和表达能力的训练点,需要一定的思考过程。学生通过完成课后第二题,从而发现列小标题的特点,有了借鉴和学习的基础,就容易多了,降低了学习的难度,把握长文章的主要内容就变得更为轻松。

四、课后习题引导下的《我们家的男子汉》教学活动设计

(一)教学目标

(1)认识“徽、谜”等13个字,读准多音字“强、吭”。

(2)能用较快的速度默读课文,结合文中的小标题把握课文主要内容,体会作者的情感。(关联课前阅读提示)

(二)教学设计

1.活动一:初读课文,把握主要内容

(1)快速默读课文,读准字音,读通句子。

(2)读读课文题目、学习提示与开头部分,提出自己的问题。

预设1:我们家的男子汉是谁?

预设2:课文是从哪些方面来写"男子汉"的?

预设3:为什么称一个孩子是"男子汉"?

2.活动二:联系小标题,说说课文的主要内容

(1)带着问题——为什么称这个孩子为"男子汉",用较快的速度默读课文,一边读一边思考,围绕小标题,作者列举了哪些细节和事例?边默读边批注。

(2)用填写表格的方式梳理课文内容。

(3)学生自主学习。

(4)小组内交流。

(5)全班交流,借助表格,围绕小标题说说课文的主要内容。

小标题	细节或事例
他对食物的兴趣	
他对独立的要求	
他面对生活挑战的沉着	

设计意图:关联阅读提示,带着问题——为什么称这个孩子为"男子汉",用较快的速度默读课文,围绕小标题说说课文的主要内容。教师引导学生抓住文中的细节和事例,用表格的方式梳理课文内容,在整体感知的基础上,为后面换小标题、体会情感做铺垫 。

3.活动三:结合事例,体会作者感情

(1)思考作者为什么会称这个小男孩为"男子汉"。

①快速默读课文,结合小标题,从文中找出表现"男子汉"特质的内容。圈画批注。

②引导学生联系自己的生活说一说。

预设1:当我对他说"不吃青菜会死的"的时候,他便吃了,吃得很多。他为了能活下去,做自己不愿意做的事情,能改变自己,这是男子汉的特点。

预设2:"他不愿意让人牵他的手",从他挣扎的状态,可见他想要独立的愿望很强,这是男子汉的特点。

预设3 :在托儿所,他能够迅速地熟悉起来,开始交朋友、打架。可见他能够勇敢地面对生活环境的变化,这是男子汉的特点。

(2)在文中找一找能够表达作者情感的句子,读一读,说一说自己体会到了什么。

小结:体会到作者对小"男子汉"的理解、关爱和赞赏,对小男孩成长过程的细致入微的关注,以及对能够见证这种成长的欣喜与自豪之情。

设计意图：关联阅读提示，说说为什么称这个孩子为“男子汉”，作者对他有着怎样的情感。圈画批注，结合文中的小标题，联系生活实际说“男子汉”的特点，为体会作者的情感搭建理解的支架。

4.活动四：回顾课文，尝试换小标题

（1）回顾《小英雄雨来（节选）》列小标题的方法。

小结：引用课文词语，引用人物语言，关注主要人物和主要事件等。

（2）读一读三个小标题，说说每一个小标题是怎样列出来的。

小结：是对每个部分的内容进行概括而来的。

（3）试着给三个部分换小标题。先小组交流，然后全班汇报交流。

预设：对吃饭有兴趣、买山楂片与换橘子水、上托儿所与爬窗上车、勇敢地开口、接受这个事实、不吃青菜会死的、我自己说等。

（4）把换的小标题连起来再说说课文的主要内容。

设计意图：关联阅读提示，给每个部分换个小标题 。通过回顾《小英雄雨来（节选）》列小标题的方法，给三个部分换小标题。在复习回顾的过程中，迁移运用列小标题的方法，把换的小标题连起来再说说课文的主要内容 ，以完成本课时的目标，落实单元把握长文章主要内容的要素。

（彭水苗族土家族自治县第二小学校：任翠）

第七单元
美好品质

一、第七单元整体分析

(一)整体描述

为了引导学生仔细研读文本,发现人物品质是如何通过人物的言行表现出来的,并能受到人物美好品质的感染,这个单元以“美好品质”为主题编排了《古诗三首》《“诺曼底号”遇难记》《黄继光》《挑山工》四篇课文。

其中《芙蓉楼送辛渐》一诗中,王昌龄送别辛渐,托辛渐给洛阳亲友报个平安,传达自己依然坚持操守的信念。《塞下曲》塑造了一个勇敢机智的边塞将军的形象,表达了诗人对戍边将领的赞赏之情。《墨梅》是一首题画诗,是诗人为自己所画的墨梅而题写的,全诗表达了诗人不与世俗同流合污的坚贞纯洁的品格。

《“诺曼底号”遇难记》讲述了一个惊心动魄、感人至深的故事:主人公哈尔威船长在一次猝然而至的海难关头,勇于决断,沉着指挥,忘我救人,最终以身殉职。

《黄继光》主要讲述了在上甘岭战役中,黄继光为夺下597.9(重要高地)冒着枪林弹雨摧毁敌人的火力点,最后用自己的胸膛堵住了敌人的枪口,献出了宝贵的生命。这一惊天动地的壮举,充分表现了抗美援朝志愿军战士大无畏的英雄气概和爱国主义精神。

《挑山工》讲述了“我”在登泰山时碰到一位挑山工,发现他虽然身挑重物,走的路程比游人多一倍,但速度并不慢,总是不声不响从游人身边走过——又悄悄地走在前头去了。他这种抛却杂念、不断攀登的精神给人以向上的力量。

从这四篇课文在单元内的编排顺序上来看,其教学也是有梯度的,延续了精读课文学习方法,略读课文练习方法,习作运用方法,“交流平台”总结方法的编排思路。

(二)导语页

本单元阅读要素指向“从人物的语言、动作等描写中感受人物的品质”,表达要素则聚焦“学习从多个方面写出人物的特点”。

(三)语文要素纵向关联

在本单元中,“从人物的语言、动作等描写中感受人物的品质”主要是引导学生细读文本,理解人物的品质是如何通过人物的言行表现出来的,并从中受到熏陶。四年级上册学习了“通过人物的动作、语言、神态体会人物的心情”,重在体会情感,而本单元侧重感受人物的品质。

纵观小学语文教材,我们会发现本单元的语文要素前后关联、螺旋上升。“感受人物形象”这一语文要素在各年段的要求如下:

“感受人物形象”纵向关联表

年段	单元	语文要素
四年级上册	第六单元	通过人物的动作、语言、神态体会人物的心情
四年级下册	第七单元	从人物的语言、动作等描写中感受人物的品质
五年级下册	第四单元	通过课文中动作、语言、神态的描写,体会人物的内心
六年级上册	第四单元	读小说,关注情节、环境,感受人物形象
六年级下册	第四单元	关注外貌、神态、言行的描写,体会人物品质

分析上面的表格,我们可以看到,“感受人物形象”由简单的体会心情到走进人物的内心,呈现出由易到难、由表及里、层层递进的关系。为了落实“从人物的语言、动作等描写中感受人物的品质”,我们要引导学生利用学过的“抓关键语句”的方法,勾画描写人物的语言、动作的语句,并尝试简单批注。

二、基于课后习题的语文要素落点分析

(一)语文要素在各板块的要求

教学中,“从人物的语言、动作等描写中感受人物的品质”这一要素在每一课应该如何确立,如何有侧重、有梯度地落到实处,我们要结合课文的具体内容予以分析。

“交流平台”采用举例说明的方式,出示《“诺曼底号”遇难记》《黄继光》中典型的描写语言、动作的语句,总结从语言和动作描写中感受人物品质的阅读方法。

《古诗三首》要求学生借助注释理解诗句意思,在层层深入的朗读中,感受诗人的志向和精神品格。

《“诺曼底号”遇难记》利用课后习题引导学生抓住主人公的行为描写,体会人物的品质。

《黄继光》引导学生抓住描写人物语言、动作的语句,感受人物的英雄气概。

《挑山工》除了梳理挑山工是怎样登山的,还聚焦挑山工的语言,联系上下文,让学生感悟其中蕴含的哲理。

“语文园地”的“识字加油站”“日积月累”与单元主题一脉相承,补充了关于人物品质的词语和名言,拓宽学生视野,提升语文素养。

(二)课后习题的要素指向与活动分析

1.《古诗三首》课后习题分析

第一题:有感情地朗读课文。背诵课文。默写《芙蓉楼送辛渐》。

第二题:说说下面诗句的意思,再想想这些诗句表现了怎样的精神品格。

洛阳亲友如相问,一片冰心在玉壶。
欲将轻骑逐,大雪满弓刀。
不要人夸好颜色,只留清气满乾坤。

2.《“诺曼底号”遇难记》课后习题分析

第一题:朗读课文,读好人物的对话。

第二题:“诺曼底号”遇难时,哈尔威船长是怎么做的?你从中感受到他怎样的品质?

第三题:哈尔威船长的英雄壮举,让你对生命有了怎样的体会?

本单元共五道课后习题,虽各有侧重,但内在联系紧密,从不同的角度培养学生的语文能力,提升语文素养。

第一题是古诗教学的常规题,重在引导学生入情入境地朗读,整体感受古诗的韵味,朗读是古诗教学的重要方法,应贯穿始终。

第二题“说诗句意思,思考精神品格”的学习活动,引导学生运用在本册第一单元学到的抓关键词理解意思的方法,辅之课文插图、生活经验等,说清楚诗句的意思。在此基础上,引导学生走进作者内心,补充相关历史背景,从而全面思考诗人借助诗歌表达的高尚品质。

学生在诗歌的学习中,朗读与理解是合二为一的,两者不能割裂,充分朗读是理解的前提,而深入理解也能更好地促进朗读。

第三题“读好人物对话”的学习活动,我们可以分两步进行,先引导学生关注“哪个男人胆敢抢在女人前面,你就开枪打死他”等重点对话,体会船长既坚守原则,又能智慧有效地处理问题,保证大家顺利逃生;接着分角色朗读,体会对话的简短有力,读出画面感,读出急迫感。我们还要引导学生总结方法,借助提示语中的关键词体会人物情感并读好对话,没有提示语的,应设身处地想象人物对话时的心情、神态及动作,再读好对话。

第四题是与单元语文要素紧密相连的典型性习题,重在引导学生抓住哈尔威船长的语言、动作描写等,体会人物的精神品质。学习中,可以先让学生自主阅读,圈画批注有关语句,写出阅读感受,再进行小组交流,最后教师以重点语句为依托,从对比、对话、动作三个方面感受人物品质,理解课文主旨。

第五题是一个开放性的问题,重在指向学生的个人感悟,引导学生在理解课文内容的基础上联系自己的情感体验,简单地说说对生命的认识;或者引导学生依据学过的课文、熟知的人物,结合哈尔威船长的行为,谈谈生命的价值和意义,最后积累关于生命感悟的名言。

（三）单元典型性习题横向关联

本单元围绕语文要素“从人物的语言、动作等描写中感受人物的品质”安排了以下课后习题：

《古诗三首》课后第二题：说说下面诗句的意思，再想想这些诗句表现了怎样的精神品格。（见第241页）

《“诺曼底号”遇难记》课后第二题：“诺曼底号”遇难时，哈尔威船长是怎么做的？你从中感受到他怎样的品质？

略读课文《黄继光》课前导语：读一读，找出课文中描写语言、动作的语句，说说从中体会到了他怎样的英雄气概。

通过分析这些习题，发现每篇课文对语文要素的落实各有侧重，体现了教材的层次性与发展性。

《古诗三首》安排了《芙蓉楼送辛渐》《塞下曲》《墨梅》，旨在引导学生积累经典诗歌，感受诗歌表现的精神品格，是落实单元语文要素的初步尝试。教学时，在充分朗读的基础上，一方面可以引导学生走进诗人的内心世界，再补充一些历史背景，了解诗人高洁的品格；另一方面通过想象诗歌描绘的独特画面，感受英雄气概；最后引导学生联系上下文、结合生活经验等，体会诗句表现的精神品格。

《“诺曼底号”遇难记》是雨果创作的经典短篇小说，课文较长，共45个自然段，其中第10~40自然段是全文的重点，主要写哈尔威船长在危急时刻沉着冷静地指挥大家逃生，在写作上有鲜明的特色。课后第二题“‘诺曼底号’遇难时，哈尔威船长是怎么做的？你从中感受到他怎样的品质？”紧扣单元语文要素“从人物的语言、动作等描写中感受人物的品质”，教学时，可以让学生自主阅读，圈画语句，批注感受，在小组内交流，最后教师从“抓对比、抓对话、抓动作”三个方面帮助学生深入理解课文内容，感受人物品质。

略读课文《黄继光》的导语中，提示了进行单元语文要素练习的方法：从描写人物语言、动作的语句中，体会人物的英雄气概。教学时，通过自主批注或小组合作的方式，找出课文中描写黄继光的语言、动作的语句，再交流感受，最后有感情地朗读，从而感悟人物的英雄气概，进一步强化单元语文要素。

“交流平台”引导学生回顾本单元的阅读方法，谈谈阅读的收获，旨在对本单元的学习内容和方法进行梳理和回顾，鼓励学生在课外阅读中推荐人物描写的精彩片段，自主批注，运用“从人物的语言、动作等描写中感受人物的品质”的阅读方法。

统观这些课后习题，既有开放的提示，也有具体的指向，既提示学生自主学习，又提倡在相互交流中提高认识。从方法渗透到自主运用，体现了由扶到放、循序渐进的教学理念。

（四）课后习题其他语文要素分析

《“诺曼底号”遇难记》的第一题“朗读课文，读好人物的对话”虽然与单元语文要素没有直接的联系，却着眼于学生朗读能力的提升。《义务教育语文课程标准（2022年版）》明确指出，小学中段要用普通话正确、流利、有感情地朗读课文。从一年级下册八单元的“读好多个角色的对话”，到二年级上册五单元的“分角色朗读，读出不同的语气”，教材反复提及阅读能力训练。本课的对话段落较多，我们应该先引导学生梳理船长的话，了解对话内容，感受语言的简洁有力，从中体会人物的品质。

“词句段运用”中“用学过的修改符号，修改下面这段话”是对三年级上册三单元、三年级下册四单元学习的“改正、增补、删除、对调、移动”等的复习，引导学生回顾，自主尝试修改，并思考修改的理由，最后小组讨论，汇报交流，养成修改的好习惯。

分析上面的题目，我们不难发现，有的知识或能力即使没有在单元导语中明确出现，教材也会在课后习题及“语文园地”中再次强化，针对不同学段提出更高的要求。因此，在备课时我们不仅要研读单元语文要素，也得关注课后习题、“语文园地”，以便更好地设计教学活动。

三、落实语文要素的典型性习题教学活动设计示例

（一）典型性习题

以《“诺曼底号”遇难记》课后第二题为例：“诺曼底号”遇难时，哈尔威船长是怎么做的？你从中感受到他怎样的品质？

本题设计指向单元语文要素“从人物的语言、动作等描写中感受人物的品质”。教学时，应引导学生关注人物的对话、行为，以及当时的场景描写，找对比，通过朗读、小组交流，感悟人物品格。

（二）教学设计

1.活动一：根据课后题目，聚焦“救人”部分

（1）学生朗读课文，快速梳理课文内容，按“夜航、遇险、救人、牺牲”把课文分成四个部分。

（2）学生自读课文第10~40自然段，勾画哈尔威船长的语言。

（3）理解“吼喝”的意思，想想在怎样的情况下人们会大声吼喝。

2.活动二：品析句子，感悟品质

（1）“诺曼底号”刚刚遇难时，船长做了什么？

①引导学生抓住关键语句，感受乘客的极度恐慌。（从“奔跑”“尖叫”“哭泣”等词语，感受当时场面的混乱，人们的惊恐万状）

②聚焦船长的话，联系学生生活实际进行追问：生活中你见过什么人在什么情况下“吼喝”过？你从“吼喝”的内容中感受到了什么？学生边读边思考，感受哈尔威船长的镇定、威严。

③对比朗读，体会船长心系他人、忠于职守的高尚品质。

（2）救生艇放下后，船长又做了什么？

①梳理内容，船长说了几次话，分别说了什么？（船长一共说了八次话，前六次是了解情况，第七、八次是安排人们到小艇上，并授予大副开枪的权利）

②从这些对话中，你感受到了什么？（时间紧迫，容不得仔细商量；船长的镇定、果断，处理事情的智慧）

③运用多种方式，读好人物的对话。

（3）结合插图，感悟形象。

①引导学生关注第34自然段，圈画哈尔威船长的动作。

②理解“巍然屹立”的含义，从中你感受到船长的什么？（镇定自若）

3.活动三:有感情地朗读,感受品质

预期效果:首先通过梳理文章内容,找出重点段落,抓住关键词语品读;然后引导学生聚焦场景描写,找对比,从人物的语言进行品析,加深理解,交流品析后,有感情地朗读;最后结合课文插图,找出描写动作的语句,感悟人物形象。这样就帮助学生学会感受人物品质的方法,即抓住人物在特定的场景中表现出来的语言、动作等典型性行为,体会人物的品质,同时训练学生借助关键语句有条理地进行表达。

思维路径:经过三个环节的教学活动,学生理解本道题时的思维路径更加清晰。首先抓遇难时的场景描写,人们的惊恐万分对比船长的沉着镇定;接着抓对话,简短有力的语言凸显当时情况的紧迫,体现船长的冷静智慧;最后抓动作"巍然屹立",体会船长的镇定自若。在此基础上,引导学生用"'诺曼底号'遇难时,人们……哈尔威船长……当救生艇放下后,人们……船长……救援工作井然有序,船长……"的句式表达。这样就能更完整、更全面地把自己的感受说清楚。

四、课后习题引导下的《"诺曼底号"遇难记》教学活动设计

(一)教学目标

(1)朗读课文,读好人物的对话。(关联课后第一题)

(2)能找出描写哈尔威船长言行的语句,说出从中感受到的人物品质。(关联课后第二题)

(3)能结合哈尔威船长的英雄壮举,试着说说自己对生命的体会。(关联课后第三题)

(二)教学重难点

教学重点:从人物的语言、动作等描写中感受船长高尚的品质。

教学难点:结合船长的英雄壮举,谈谈对生命的体会。

(三)教学设计

1.活动一:拟定小标题,概括主要内容

(1)学生自读课文,按照故事的起因、经过(发展、高潮)、结果将文章分成四部分。

(2)提炼小标题:大雾夜航、海难发生、组织救援、赞扬英雄。

(3)学生根据小标题,概括课文的主要内容。

设计意图:课文篇幅较长,需要学生快速厘清文章脉络,结合第六单元"学习怎样把握长文章的主要内容"的方法,先拟定小标题,再以此为支架,说说课文的主要内容。这样既复习运用了把握长文章主要内容的方法,又能引导学生准确把握文章重点。

2.活动二:聚焦典型场面,感受人物品质

(1)默读课文第10~40自然段,圈画相关语句,批注自己的感受。

(2)学习第11自然段。海难发生后,诺曼底号船上是一番怎样的景象?请用书中的原句回答。

学生1:一刹那间……一片混乱。

学生2:海水哗哗往里灌,汹涌湍急,势不可当。

学生3:轮机火炉被海浪呛得嘶嘶地直喘粗气。

(3)这场灾难来得如此突然,海水势不可当,转眼间轮船就会沉没,人们就会葬身鱼腹,情况万分紧急,死亡让人们害怕。指导朗读,读出人们的紧张、惊恐和形势的危急。

(4)学习课文第14自然段。

当救生艇放下后,人们又怎么样呢?请找出原句读一读。

学生1:大家一窝蜂拥了上去……险些把小艇都弄翻了。

学生2:整个人群因为……乱得不可开交。

教师:大难临头,逃生的欲望让人失去了理智,求生的本能使人们乱得不可开交。指导朗读。

教师:有时灾难可怕,人类的自私自利更可怕,这样乱下去,船会怎样?(下沉)人会怎样?(葬身大海)会导致船毁人亡的结局。

(5)感悟船长的行为及品质。

①教师:乱得不可开交的场面,竟然变得井然有序,谁起了至关重要的作用?教师板书——哈尔威船长。正因为哈尔威船长改变了这一切,所以作者雨果给了他非常高的评价。教师指导学生齐读"在英伦海峡上,没有任何一个船员能与他相提并论"。

②默读课文第11~40自然段,思考哈尔威船长的哪些做法给你留下了深刻的印象。请勾画出来,并进行批注。(学生自学)

③交流汇报。三幅画面:船长大声吼喝,船长与船员简短的对话,船长和船一起沉没。

图片一:

A."吼喝"的意思是什么?船长是在什么样的情况下吼喝的?

B.谁愿意来当船长吼一下。指名读。

C.船长看到人们惊慌失措、乱作一团,想要救人们于危难中,下了第一道命令,读——

D.对比人们的惊恐万分,你感受到了什么?

图片二:

A.当人们发疯一样拥向小艇,乱得不可开交时,船长与船员有了这样一段对话,齐读。

B.从这段对话中,你了解到哪些信息呢?

生1:情况紧急,船即将沉没。

生2:20分钟足够逃生,让大家看到希望。

生3:船长下了两道命令。

C.有人说船长的命令不近人情,你怎么看呢?

师:这个命令看似不近人情,却体现了对六十个生命的负责与珍惜,同时展现的是一位有着钢铁般意志的船长处变不惊、沉静果敢的优秀品质。

D.分角色朗读,读好人物的对话。

设计意图:完成课后第一题的朗读任务,为落实单元语文要素"抓住人物语言感受人物的品质"奠定基础,入情入境地朗读能帮助学生更好地理解课文内容。

图片三:

A.找出描写船长动作的词语"巍然屹立""纹丝不动",理解词语的含义。从中你体会到了什么?(船

长的镇定自若、视死如归）

B.指导朗读。

（6）引导学生用"'诺曼底号'遇难时，人们……哈尔威船长……当救生艇放下后，人们……船长……救援工作井然有序，船长……"的句式表达对人物精神品质的整体感受。

设计意图：完成课后第二题，引导学生学习"从人物的语言、动作等描写中感受人物的品质"的方法，落实单元语文要素。体会人物的语言、动作等，感受人物的英雄壮举，为深入理解生命的意义做好铺垫。

3.活动三：学习"牺牲"部分，感悟生命的意义

（1）默读课文第41~45自然段，思考：哪些地方给你留下了深刻的印象？为什么？

哈尔威船长一个手势也没有做……徐徐沉进大海。

学生1：我读出了船长的视死如归。

学生2：船长觉得救出了所有人，他终于尽到了自己的责任。

（2）哈尔威船长镇定指挥，连见习水手克莱芒也考虑到了，难道他真的把自己忘了吗？他有没有逃生的机会呢？（学生谈看法）

（3）创设情境朗读。

教师："诺曼底号"不仅承载着哈尔威船长的责任，也承载着他的梦想，他甘愿与船一起沉没。只见……（读）

教师：那些被救出来的老人、孩子、妇女……他们热泪盈眶，凝视着英伦海峡上悲壮的一幕。只见……（读）

（4）教师总结：人固有一死，或重于泰山，或轻于鸿毛。哈尔威船长沉着果敢、恪尽职守、心系他人，用自己的生命，成就英雄壮举，铸就伟大灵魂。他的精神值得我们学习，永远值得传颂。

（5）推荐阅读雨果的其他作品，感受人物的"人格美"。

设计意图：完成课后第三题，通过学习交流，引导学生树立正确的价值观和生命观。推荐阅读，进一步落实单元语文要素。

素养导向：基于课后习题的教学活动设计，能帮助学生快速理解课文内容，落实单元训练要点。从梳理长篇课文的主要内容，到品析重点句子，综合表达能力的训练，层层递进，步步提升，体现了教学的整体性和梯度化。通过这样的教学活动，学生就能学会从人物的语言、动作等描写中感受人物品质的基本方法，养成在以后的阅读中主动关注的思维习惯。

（彭水苗族土家族自治县第二小学校：舒敏亚）

第八单元
经典童话

一、第八单元整体分析

(一)整体描述

为了让学生感受童话的奇妙,体会人物真善美的形象,本单元编排了《宝葫芦的秘密(节选)》《巨人的花园》《海的女儿》三篇课文。《宝葫芦的秘密》是我国作家张天翼的作品,课文节选的是原作的开头部分,写王葆从小爱听宝葫芦的故事,希望得到一个无所不能的宝葫芦。《巨人的花园》是英国作家王尔德的作品,写了巨人的花园原本是一片寒冬景象,孩子们的到来给花园带来了春天,也使巨人变得温暖。《海的女儿》是丹麦作家安徒生的作品,课文节选的是文章的开头部分,写了小人鱼非常渴望看到人类世界。这些优秀的童话作品的学习符合学生年龄特点,能激发学生的阅读兴趣。

(二)导语页

为了让学生感受童话神奇有趣的想象,初步感受作品中人物生动的形象和优美的语言。本单元阅读要素指向“感受童话的奇妙,体会人物真善美的形象”,表达要素则聚焦“按自己的想法新编故事”。

(三)语文要素纵向关联

本单元的语文要素是“感受童话的奇妙,体会人物真善美的形象”,教学初就需要先引导学生了解童话的特点——不仅充满了丰富而又神奇的想象,更塑造了无数真善美的故事人物形象。与三年级上册第三单元“感受童话丰富的想象”的要求相比,本单元还提出了通过奇妙的想象体会人物形象的要求。

“感受丰富的想象”纵向关联表

年段	单元	语文要素
三年级上册	第三单元	感受童话丰富的想象
三年级下册	第五单元	走进想象的世界,感受想象的神奇
四年级上册	第四单元	感受神话中神奇的想象和鲜明的人物形象
四年级下册	第八单元	感受童话的奇妙,体会人物真善美的形象

统观小学语文教材，我们会发现在三年级上册和四年级下册先后出现了童话故事文体单元，但是阅读要素的要求各有侧重，具体如下：

从上面的表格可以清晰地看到，“感受丰富的想象”是小学中段必备的语文素养，贯穿了整个中段的学习，不断提升学生的语文感悟能力。其中，三年级上册第三单元重在“感受童话丰富的想象”，四年级下册八单元侧重“感受童话的奇妙，体会人物真善美的形象”，两个要求紧密相连，又有明显的梯度。除此之外，四年级上册第四单元就神话故事的学习，提出了“感受神话中神奇的想象和鲜明的人物形象”的语文要素训练点，与前面的两个语文要素一脉相承，又有明显的文体特征。这样的编排既体现了统编版教材的整体性，又体现了其富有层次和梯度的特点，学生能力循序渐进，日益增长。

二、基于课后习题的语文要素落点分析

（一）语文要素在各板块的要求

教学中，针对单元语文要素“感受童话的奇妙，体会人物真善美的形象”的具体落实，结合课文内容，如何确定教学目标，我们逐一分析。

《宝葫芦的秘密（节选）》通过问题“王葆为什么想得到一个宝葫芦”引导学生感受宝葫芦的神奇和王葆天真、调皮的形象。

《巨人的花园》以环境变化为线索，让学生在朗读中想象画面，抓住巨人的语言、动作、神态等体会巨人的形象。

《海的女儿》利用阅读提示引导学生从“奇妙之处”和“人物印象”两个角度自主阅读，在思考交流中感受童话的奇妙，分享对最小的海公主的印象。

“交流平台”紧扣单元语文要素，先总说童话的特点，再以课文为例，引导学生在课文学习的基础上，回顾、交流童话的阅读方法“既可以体会丰富奇妙的想象，也可以感受人物真善美的形象”，并提示在以后的学习中注意体会和运用。

本单元的“习作”是新编故事，采用举例说明的方式揭示了故事新编的具体方法，在《宝葫芦的秘密（节选）》《巨人的花园》的课后习题中安排了创编故事和填补空白的想象练习，以此为支架，单元习作就更具有操作性，体现了阅读与表达的有机统一。

（二）课后习题的要素指向与活动分析

1.《宝葫芦的秘密（节选）》课后习题分析

第一题：默读课文，说一说王葆为什么想得到一个宝葫芦。

第二题：奶奶给王葆讲了哪些故事？选一个，根据已有内容创编故事，讲给同学听。

第三题（选做）：当王葆真的得到了一个宝葫芦时，他逐渐认识到靠宝葫芦不劳而获，带给他的不是幸福，而是烦恼。这是怎么回事呢？感兴趣的同学可以读读《宝葫芦的秘密》这本书。

2.《巨人的花园》课后习题分析

第一题：朗读课文，边读边想象画面。

第二题：说说巨人的花园发生了哪些变化，巨人又有什么转变。

第三题（小练笔）：发挥想象，把孩子们在巨人的花园里尽情玩耍的情景写下来。

本单元共设置了六道课后习题，既各有侧重又联系紧密，从不同的角度培养学生的语文能力，提升语文素养。

第一题让学生快速默读课文，整体把握课文内容，形成对课文相对完整的认识，引导学生从“奶奶讲的故事中，宝葫芦非常神奇”和“王葆在学习、生活中经常遇到麻烦，渴望得到宝葫芦解决问题”这两个方面交流，提取课文要点，学会概括主要内容。

第二题中“根据已有内容创编故事”的学习活动，从阅读到表达，为单元习作奠定基础。文中关于宝葫芦的故事情节简单，为创编留有很大的空间，但对于四年级的学生而言，仍有一定的难度。学习中，可以在集中阅读第17~19自然段的基础上，让学生挑选最感兴趣的部分展开想象。

第三题是一道选做题，在完成课文的教学后，可以让读过《宝葫芦的秘密》的学生说一说，或教师向大家介绍一下这本书，以此激发学生阅读长篇童话的兴趣。学生阅读完整本书后，教师组织讨论：王葆最终放弃了宝葫芦，为什么？如果是你，你愿意放弃吗？通过这样的形式强化对人物形象的认识，加深对作品主题的理解。

第四题“边读边想象画面”的学习活动，让学生充分朗读课文后，引导学生重点想象三个画面：有孩子玩的花园、巨人赶走孩子后的花园、孩子们回来后的花园，体会每幅画面有什么不同，将学生的注意力聚焦在巨人身上，为感悟人物形象做铺垫。

第五题在完成想象画面的学习活动后，以花园景色的变化为线索，抓住巨人的语言、动作、神态，感悟巨人的转变过程，体会巨人的内心世界。体会过程中，鼓励学生大胆发表自己的想法，尊重每个孩子的独特体验。在大家的交流与分享中，学生对人物形象的认识也会逐步加深。

第六题是一次小练笔，引导学生在学习课文后，发挥想象把孩子们在巨人的花园里尽情玩耍的情景写下来，可以让学生结合生活大胆想象，先口头表达再写下来，以加深对人物形象和童话主题的认识。同时，这种填补空白的想象练习，可以作为单元习作的学习支架，使阅读与表达有机结合。

（三）单元典型性习题横向关联

本单元围绕语文要素“感受童话的奇妙，体会人物真善美的形象”，编排了以下课后习题：

《宝葫芦的秘密（节选）》课后第一题：默读课文，说一说王葆为什么想得到一个宝葫芦。

《巨人的花园》课后第二题：说说巨人的花园发生了哪些变化，巨人又有什么转变。

略读课文《海的女儿》课前导语：说说你觉得奇妙的地方，再和同学交流那位最小的公主给你留下的印象。

通过分析这些习题，发现每篇课文对语文要素的落实各有侧重。《宝葫芦的秘密（节选）》重在利用问题引发思考，在感受宝葫芦神奇的同时调动学生的生活经验，展开想象，感受王葆的童真。《巨人的花园》引导学生在阅读中梳理花园发生的变化，以此体会巨人的转变，从而感悟人物形象。《海的女儿》重在运用前面学到的阅读方法，体现教材的层次性与发展性。

在教学《宝葫芦的秘密（节选）》时，围绕课后题“王葆为什么想得到宝葫芦”，教师先引导学生默读课文，整体感知：一是传说故事中的宝葫芦特别神奇，“一得到了这个宝葫芦，可就幸福极了，要什么有什么”；二是王葆渴望得到宝葫芦来解决问题。在初步把握课文的主要内容后，抓住“课文的开篇”“奶奶讲的故事”“王葆的幻想”感受童话的奇妙。

《巨人的花园》课后第二题紧扣单元语文要素“感受童话的奇妙，体会人物真善美的形象”，以环境的变化为线索，让学生说说课文描写了哪些画面，在整体上把握课文内容。在此基础上，学生充分朗读课文，边读边想象画面，找到花园的变化，抓住巨人的语言、动作、神态体会巨人的内心世界，感悟人物形象。

《海的女儿》在学习提示中明确了学习本课的方法和任务，是对两篇精读课文学习方法的巩固练习。教师组织学生回顾本册第六单元学习的阅读方法，快速默读课文，梳理课文写了哪些内容，在此基础上，学生自主阅读，勾画觉得奇妙的地方，并进行小组交流，丰富自己的阅读感受，最后集体汇报交流对最小的海公主的印象，采用“最小的海公主给我的印象是……从课文的……我体会到的。”这样的句式进行表达，鼓励学生用自己的语言描述，进一步强化单元语文要素。

“交流平台”引导学生回顾本单元的阅读方法，谈谈阅读的收获，旨在引导学生对本单元的学习内容和方法进行梳理，交流童话的特点，在读童话时注意体会奇妙的想象，感受人物的形象。鼓励学生交流以前学过或课外阅读过的童话，加深认识。

（四）其他课后习题的语文要素分析

认真分析课后习题，我们会发现，除了与单元语文要素紧密相连的典型性习题外，还有几道题目前延后展，各有侧重，具体分析如下：

《宝葫芦的秘密（节选）》课后第二题：根据已有内容创编故事。三年级上册第三单元学习过“试着自己编童话，写童话”，学生具备编写童话故事的初步能力，在此基础上，本单元练习“根据已有内容创编故事”，再到六年级上册第四单元的“创编生活故事”，这样层层递进地呈现，体现了教材的系统性和整体性，促进学生语文素养的逐步提升。

教师教学时，在学生学习课文后，鼓励其挑选自己感兴趣的部分展开想象：谁？在哪里得到了宝葫芦？宝葫芦给他带来了哪些变化？交流时可以引导学生模仿文中“奶奶”“王葆”的对话进行创编。这样的训练也为单元表达要素的落实奠定了基础。

《巨人的花园》课后第一题“读课文想象画面”，小练笔“发挥想象，把孩子们玩耍的情景写下来”，这两道题目都指向“想象画面”。回顾教材：二年级上册“读诗句，想象画面”；二年级下册“读句子，想象画面”；三年级上册“朗读课文，一边读一边想象画面”；四年级上册“边读边想象画面，感受自然之美”……在本册教材中，虽然没有在单元导语中明确出现“想象画面”这一语文要素，但是“想象画面”的训练却在课后习题中不断重现，得以提升。由此我们不难看出，语文要素中的某个知识点或能力训练点贯穿于整个小学阶段，呈现循序渐进、螺旋上升的特点。因此，我们在备课时需要更多地关注课后习题，从课后习题出发设计教学活动。

教师教学时，引导学生重点想象三个画面：有孩子玩的花园，巨人砌墙、赶走孩子后的花园，孩子们回来后的花园，让学生在朗读中感受花园的变化，从而聚焦巨人的形象。学生通过朗读体会孩子们和巨人一起玩耍时的快乐，并结合自己的生活展开想象，用语言描绘玩耍的情景，体会与人分享的喜悦和幸福。

三、落实语文要素的典型性习题教学活动设计示例

（一）典型性习题

以《巨人的花园》课后第二题为例：说说巨人的花园发生了哪些变化，巨人又有什么转变。

本题指向单元语文要素“感受童话的奇妙，体会人物真善美的形象”。教学时，通过朗读引导学生想象重点画面，感受拟人化手法赋予童话的奇妙，在环境变化中聚焦巨人的语言、动作、神态，感悟巨人的转变，体会巨人的形象。

（二）教学设计

1.活动一：朗读课文，聚焦花园的变化

(1)默读课文，思考：巨人的花园最初是什么样的呢？孩子们被赶走后，花园变成了什么样子？最后，孩子们回来了，这时候的花园又是什么样的呢？(勾画相关语句，和同学交流)

(2)汇报“巨人不在时，花园的景象”。

学生1：巨人没有回来时，花园特别可爱。

学生2：巨人没有回来时，花园里长满了青草，开遍了野花，小鸟时时歌唱。

学生3：这时候的花园充满了生机、活力以及自由。

(3)围绕“可爱”一词，想象青草、花朵、桃树、小鸟的表现，指导学生有感情地朗读第2自然段。

(4)对比学习“巨人砌墙赶走孩子们”和“孩子们偷溜进花园，春天回来了”两部分。

①抓住关键句“单单在巨人的花园里，仍旧是冬天的景象”，想象花园里的情景。

②请你采访一下花园里的小鸟、桃树、花，为什么小鸟不肯歌唱，桃树忘了开花，花儿宁愿躲起来睡觉呢？用低沉的情绪朗读，表现小鸟、桃树、花难过的心情。

③抽学生朗读第11自然段，感悟“孩子们回来后，花园重新焕发生机、美丽的景象”。

④对比朗读第7自然段和第11自然段。

2.活动二：梳理巨人的转变过程

(1)想一想：巨人的花园发生变化的原因是什么？(巨人赶走了孩子们)

(2)勾画出巨人赶走孩子们的相关语句。理解“叱责”的意思(严厉地批评)，试着演一演巨人赶走孩子们的情景。巨人赶走孩子们后，还做了什么？(砌墙、挂告示牌)

(3)当巨人的花园一直是寒冷、凄凉的冬天时，他说了什么？从中你体会到了什么？(疑惑不解、盼望春天的急切心情)

(4)当巨人看见一个小男孩爬不上树时，他说了什么？此时的心情怎样？(后悔、醒悟)他又是怎么做的呢？(悄悄地走，轻轻地抱)从中你体会到了什么？(对孩子的爱与呵护)

(5)巨人的花园成了孩子们的乐园，展开想象，说一说孩子们和巨人尽情玩耍的景象。

3.活动三：感悟巨人的形象

(1)引导学生理解巨人发生转变的原因：孩子们的到来带给花园的奇特景象让巨人震动；小男孩碰不到树枝的无奈、失落令巨人后悔并进行反思；感激的亲吻让巨人恍然大悟“快乐应当与大家分享”。

(2)聚焦巨人"我有许多美丽的花,可孩子们却是最美丽的花"这句话,说说自己的理解。

(3)总结巨人的形象:由最初的冷漠、自私到和善、无私的转变。

预期效果:首先利用课后习题中的问题"巨人的花园发生了哪些变化"直接引入对课文的学习,学生经过默读、自学后,快速地开展聚焦三个重点画面的学习活动,整体把握课文的语文要素。接着通过对比学习、朗读,想象不同的画面,感受拟人化赋予童话的奇妙,落实单元语文要素"感受童话的奇妙"。最后抓住花园变化的原因"巨人赶走了孩子们",梳理巨人的转变过程:冷漠、自私—疑惑不解、期盼—后悔、善良—和善、无私,继续落实"体会人物真善美的形象"的单元训练点,提升学生的语文学习能力。

思维路径:经过三个环节的学习活动,学生理解本道题时的思维路径更加清晰,首先找到花园环境变化的三个突出场景,感受童话的奇妙,接着抓住巨人的语言、动作、神态,感悟巨人发生了怎样的转变,最后思考巨人发生转变的原因,以课文最后一句话为切入点,理解文章的主题,体会巨人的形象。同时,训练学生用"起初,花园……自私的巨人赶走孩子们后,花园……巨人十分疑惑:春天为什么来得这么迟呢?一天,巨人发现……他十分后悔,于是……从此,巨人和孩子们……"的句式表达。这样的思维步骤、语言建构能帮助学生快速、准确地把握这道习题的主旨。

四、课后习题引导下的《巨人的花园》教学活动设计

(一)教学目标

(1)朗读课文,边读边想象花园奇幻的景象。(关联课后第一题)

(2)能说出花园发生的变化和巨人的转变,体会巨人的形象。(关联课后第二题)

(3)能发挥想象,把孩子们和巨人在花园里一起玩耍的情景写下来。(关联课后小练笔)

(二)教学重难点

想象花园奇幻的景象,体会巨人的形象。

(三)教学设计

1.活动一:自主学习,初步感知

(1)自由读课文,小组合作学习生字、新词。

出示生字课件,激发学生的学习兴趣。(重点指导书写"砌""牌")

(2)汇报自学情况。

①说说通过自学掌握了哪些生字,交流记忆方法。

②词语的理解。(学生说说自己的理解,教师总结)

用找近义词的方法理解"柔嫩""丰硕"的意思。

(3)朗读课文,说说你从文中了解了什么?

设计意图:让学生通过自主学习掌握本课的生字、新词,为学习课文打好基础,同时培养自学能力。

2.活动二:默读课文,梳理结构

(1)学生默读课文,思考:课文可以分成几个部分?每个部分主要写了什么?

第一部分(第1~2自然段):巨人回来前,花园可爱而快乐。

第二部分(第3~9自然段):巨人回来后赶走了孩子们,花园充满凄凉,没有了生机。

第三部分(第10~15自然段):巨人发现原因后,改变了自己的做法,欢迎孩子们回来,花园又充满快乐。

(2)课文是按什么顺序写的?找出自己最感兴趣的地方多读几次。(故事的发展顺序)

(3)同桌互相说一说,课文主要讲了一个什么故事?

设计意图:整体感知课文,学习把握课文主要内容。

3.活动三:品读课文,感悟花园的美

(1)巨人没有回来前,花园是怎样的景象呢?教师出示:"园里长满了柔嫩的青草,草丛中到处露出星星似的美丽花朵。还有十二棵桃树,春天开出淡红色和珍珠色的鲜花,秋天结出丰硕的果子。"

(2)看到这样的花园,你想说些什么?

(3)想象孩子们在花园里会做些什么游戏呢?

(4)有感情地朗读,读出花园的美丽,孩子们玩耍的快乐。

4.活动四:品词析句,体会变化

(1)花园为什么发生了变化?(巨人赶走了孩子们)

(2)巨人是怎么赶走孩子们的,他说了什么,做了什么?勾画相关语句。

(3)理解"叱责"的意思,根据课文内容想象巨人在叱责孩子们的时候是什么样子的,并指导朗读。

(4)说一说巨人是个怎样的人。(自私、冷漠、任性)

(5)巨人叱责孩子们后,花园的景色发生了怎样的变化。(勾画相关的语句并读一读)

(6)想象一下,如果你是小鸟、桃树或花儿,为什么不肯歌唱,会忘了开花,只想着睡觉呢?试着用自己的话说一说。

(7)没有了孩子们的花园是怎样的,巨人得到快乐了吗?

(8)后来是什么让花园重新焕发生机呢?(孩子)此时,巨人说了什么?(我多么自私啊!现在我明白为什么春天不肯到这儿来了。孩子们,花园现在是你们的了!)

(9)巨人终于醒悟了,他拆除围墙,迎来春天。请想象花园的景色。此时此刻,你想对巨人说些什么呢?

设计意图:活动三、活动四紧扣单元语文要素"感受童话的奇妙,体会人物真善美的形象",落实课后习题一、二的学习,感受童话故事的奇妙,大胆想象画面,以花园的环境变化为线索,体会巨人的转变。

5.活动五:读写结合,感悟主题

(1)巨人把花园给了孩子们,巨人的生活变得怎么样了呢?他还那样孤独寂寞吗?(巨人不再孤独,因为有了孩子们的陪伴)朗读课文第14~15自然段,感受巨人和孩子们的快乐。

(2)发挥想象,把巨人和孩子们尽情玩耍的情景写下来。

猜猜巨人陪孩子们玩了哪些游戏?

学生1:巨人陪孩子们玩捉迷藏的游戏,让孩子们藏在他的身后。

学生2:巨人陪孩子们玩拔河游戏,让孩子们把他的手臂当成绳子来拔。

学生3:巨人让孩子们爬上他的肩膀,抱着他的脖子,坐在他的肚子上滑滑梯,一定很好玩!

(3)这时候,你想把哪些词语送给巨人呢?(善良、宽容、无私、大方、友善、充满爱心……)

(4)聚焦“我有许多美丽的花,可孩子们却是最美丽的花”这句话,体会巨人和孩子们在一起的快乐和幸福。

(5)联系生活,举例说说“与人分享的快乐”。

(6)拓展名言“赠人玫瑰,手有余香”。

设计意图:学生通过有感情地朗读课文,感受巨人和孩子们一起玩耍的快乐;联系生活展开想象,落实课后小练笔的任务;把阅读与习作有机统一,以读促写,读写结合,深化对文章主题的理解。

素养导向:基于课后习题的教学活动设计能帮助学生快速理解课文内容,落实单元训练要点。从梳理文章结构到品析重点句子,从体会写作手法到感悟文章主题,以读促写的小练笔训练,层层递进,步步提升,体现了教学的整体性和梯度化。经过这样的教学活动,学生就能充分认识童话的特点,在阅读中学习体会人物真善美的形象,养成主动思考的思维习惯。

(彭水苗族土家族自治县第二小学校:舒敏亚)

五年级下册

教材整体分析

本册安排了八个主题单元，教师可结合主题及语文要素进行单元整合教学。其中有五个“双线组元”的普通单元，分别是“童年往事”“家国情怀”“思维火花”“异域风情”“幽默智慧”五个主题。为了让学生感受名著魅力，拓展语文知识并运用于实践，另外还安排了三个特殊单元，分别是以“古典名著”为主题的文体单元，以“汉字之美”为主题的综合性学习单元，以“学习人物描写的基本方法”为主题的习作单元。

本册教材人文主题和语文要素的梳理如下：

单元	人文主题	阅读要素	习作要素
一	童年往事	体会课文表达的思想感情	把一件事的重点部分写具体
二	古典名著	初步学习阅读古典名著的方法	学习写读后感
三	汉字之美	感受汉字的趣味，了解汉字文化；学习搜集资料的基本方法	学写简单的研究报告
四	家国情怀	通过课文中动作、语言、神态的描写，体会人物的内心	尝试运用动作、语言、神态描写，表现人物的内心
五	习作单元	学习描写人物的基本方法	初步运用描写人物的基本方法，具体地表现一个人的特点
六	思维火花	了解人物的思维过程，加深对课文内容的理解	根据情境编故事，把事情发展变化的过程写具体
七	异域风情	体会静态描写与动态描写的表达效果	搜集资料，介绍一个地方
八	幽默智慧	感受课文风趣的语言	看漫画，写出自己的想法

由上表可知，本册教材内容紧紧围绕核心素养，体现了课程性质，反映了课程理念。

综合性学习单元主题“汉字之美”，通过“汉字真有趣”和“我爱你，中国汉字”两个综合性专题活动，传承中华优秀文化，激发学生对中华文化的认同，让学生在语文学习中爱上中国汉字、热爱中华文化、继承和发扬中华优秀传统文化，关注和参与当代文化生活，树立文化自信。古典名著单元，第一单元、第四单元的《古诗三首》和第八单元的《杨氏之子》也是如此，着力于继承和发扬中华优秀传统文化、提升文化自信，引导学生发现祖国语言文字之美，初步了解传统文化的博大精深和中华文明的辉煌，促使学生爱上中华文化，为最终形成一定的文化底蕴打下基础。《人物描写一组》《祖父的园子》《月是故乡明》则让学生在此基础上，由一篇文章引出一本名作，让学生感受中华经典著作中各色人物形象，了解中国不同时代、不同地域、不同阶层的人物风貌。而“家国情怀”单元，则重在继承和弘扬革命文化和社会主义先进文化。通过初步了解人类文明优秀成果，力争让学生形成比较开阔的文化视野。这些都是“树立文化自信”核心素养在教材中的具体体现。

“思维火花”和“幽默智慧”单元侧重学生思维能力的训练和培养，通过了解主人公的思维过程、学习幽默智慧的表达等活动，引导学生在语文学习过程中，进行联想想象、分析比较、归纳判断，培养他们勇于探索创新、积极思考的习惯。

“古典名著”“异域风情”“童年往事”“汉字之美”单元，通过带领学生感受、理解、欣赏、评价语言文字及作品，让学生获得较为丰富的审美经验。习作单元和每单元的“习作”练习及“口语交际”，则要培养学生运用语言文字表现美、创造美的能力。这就是“审美创造”核心素养在教材中的体现。

当然，语文是一门学习、运用国家通用语言文字的综合性、实践性课程。语言的运用要借助上述主题、具体课文和“习作”及“口语交际”来实现。在课文的教学和各种实践活动中，我们要重视学习和运用语言，在语言的发展过程中发展思维，在语言的学习和运用中培养审美能力和提升审美品位，在学习语言文字的过程中完成文化积淀与发展语言能力。

第一单元
童年往事

一、第一单元整体分析

（一）整体描述

本着激发学生阅读和体验生活的兴趣的目的，本单元以“童年往事”为主题编排了四篇课文，分别是《古诗三首》《祖父的园子》《月是故乡明》《梅花魂》。课文重在引导学生走进不同的童年生活，品味童年生活，关注童年生活，体会浓浓的情意。通过三、四年级的学习，学生已经掌握了一些体会思想感情的方法，本单元的语文要素在学生已有能力的基础上，继续加强体会“课文表达的思想感情”的训练。对于体会课文的思想感情，四篇课文有不同方法，有“课后题、课前阅读提示”的引导，有“交流平台”的梳理和总结，有“词句段运用”的练习活动。

为了引导学生习得能力并能实践运用，语文要素也落实到习作之中，进行训练和巩固；“把一件事的重点部分写具体”的同时，引导学生体会他人的童年生活，然后对照关注自己的成长历程，将印象深刻的事写清楚、具体，表达自己的真情实感。读与写的结合，使语文要素落地。

（二）导语页

导语页就是教学的导向。带领学生读取单元导语可以获取本单元的人文主题和语文要素（教学目标）。导语页用冰心的一句话“每个人都有自己的童年往事，快乐也好心酸也好，对于他都是心动神怡的最深刻的记忆”引入本单元的人文主题——“童年往事”。本单元的语文要素“体会课文表达的思想感情”和“把一件事的重点部分写具体”都安排在导语页中。虽然在统编版教材中，以“童年”作为人文主题的单元很多，可以说每个年级都有涉及，但每个都有所区别，要带领学生细细去挖掘。此处“往事”一词凸显了本单元选文以回忆性文章为主的特点，在低段体会“童年往事快乐”的基础上增加了一份忧愁。

（三）语文要素纵向关联

本单元阅读训练要素是“体会课文表达的思想感情”，是学生在低段习得一定的能力的基础上才可以实现的。小学中段学习到的：抓关键词句的方法，体会思想感情（四年级下册第一、第三单元）；借助具体事物抒发感情（五年级上册第一单元）；结合资料，体会课文表达的思想感情（五年级上册第四单元）；体会作者描写的场景、细节中蕴含的情感（五年级上册第六单元）。教材在编排上循序渐进，在已有的基础上进行强化，阶梯式推进，充分尊重学生认知发展规律。从低段借助“想象”，到中段“边读边想”，以及抓人物、神态、关键词，再到高段的“场景和细节”，再到本单元的语文要素，去掉了“初步”两个字，对学生一步步提出更高的要求。

“体会课文表达的思想感情”纵向关联表

年段	单元	阅读要素
四年级下册	第一单元	抓住关键语句，初步体会课文表达的思想感情
	第三单元	初步了解现代诗的一些特点，体会诗歌表达的情感
五年级上册	第一单元	初步了解课文借助具体事物抒发感情的方法
	第四单元	结合资料，体会课文表达的思想感情
	第六单元	体会作者描写的场景、细节中蕴含的感情

二、基于课后习题的语文要素落点分析

（一）语文要素在各板块的要求

本单元每个板块是怎样落实“体会课文表达的思想感情”这一语文要素的？在学生的学习活动中，语文要素要如何达成，达成的目标和要求又是什么？如何引导学生进行有梯度、有侧重地学习？单元各板块的设计，都是为了落实语文要素而编排。结合这一特点，我们一起来分析。

本单元“交流平台”以“学习伙伴”的形式带领学生总结了三种方法，落实“体会课文表达的思想感情”这一语文要素。它们分别是抓重点语句、充分想象和有感情地朗读的方法，来体会文中想要表达的思想感情。教学时，为了让学生心中有目标、学习有方法，建议教师事先熟悉“交流平台”罗列、总结的方法，进行资源整理，形成整体构建，以单元为单位进行教学。

《古诗三首》通过抓重点诗句，想象画面，体会诗中儿童生活的乐趣。

《祖父的园子》不仅要抓重点句子去体会文中情感，还编排了“阅读链接”板块，学生能体会在同一作品中作者也会有不同的思想感情。

《月是故乡明》和《梅花魂》都是借物抒情，体会文中表达的思乡情感。

“口语交际”板块“走进他人的童年生活”，利用学过的方法，如“从他人的言行中”也可以体会到思想感情，又是一个落实语文要素的板块。

“习作”板块“那一刻，我长大了”紧扣“童年往事”主题，关联单元语文要素。学生在有了阅读体验的基础上，结合自己的生活体验，在初步掌握“体会思想感情”的方法的基础上，再进行习作训练，习作的内容、表达都会更加丰满。

(二)课后习题的要素指向与活动分析

1.《古诗三首》课后习题分析

第一题:有感情地朗读课文。背诵课文。默写《四时田园杂兴》(其三十一)。

第二题:读下面的诗句,说说你眼前浮现出怎样的画面,体会其中的乐趣。

童孙未解供耕织,也傍桑阴学种瓜。
稚子金盆脱晓冰,彩丝穿取当银钲。
牧童归去横牛背,短笛无腔信口吹。

第三题(选做):根据古诗内容,展开想象,选择其中一首改写成短文。

本课三首古诗富有童真童趣,贴近部分儿童生活,即使不熟悉乡村儿童生活乐趣的学生也能通过文字所描述的场景进行迁移,感受诗中儿童的无限乐趣。基于此,本课安排了三道课后习题,以古诗的形式去体会童年的乐趣。

第一题有感情地朗读、背诵和默写,是本课的基础要求。第二题是抓住重点诗句,进行充分想象,体会诗中儿童生活的乐趣,本题可以看作是教学的重难点。第三题为选做题,可理解为小练笔。

三道课后习题通过读、抓关键语句和想象画面的方法,分别落实"体会思想情感"这一语文要素。第一题是体会思想感情要素的基础;第二题抓诗句,想象画面,更深层次地进行情感体会;第三题在情感体验的升华下,进行二次创作,可以检验学生情感体会得如何。教师教学时应该结合起来,把题目中的语文要素分析清楚,有梯度地进行教学设计。

2.《祖父的园子》课后习题分析

第一题:默读课文,说说祖父的园子里有些什么,"我"和祖父在园子里做了什么。

第二题:读下面的句子,体会"我"的内心感受,再从课文中找出类似的句子,和同学交流。

凡是在太阳下的,都是健康的、漂亮的。拍一拍手,仿佛大树都会发出声响;叫一两声,好像对面的土墙都会回答似的。
黄瓜愿意开一朵花,就开一朵花,愿意结一个瓜,就结一个瓜。若都不愿意,就是一个瓜也不结,一朵花也不开,也没有人问它。

第三题:读下面的"阅读链接",说说你对课文有什么新的体会,再有感情地朗读课文。(详见教材)

为了让学生从内容理解到方法学习,再到情感体会一步步有层次地进行练习并习得能力,三道课后习题通过默读、讨论、分享等方式,引导教师设计教学活动,学生进行学习活动。从全面的课文内容理解,到抓重点语句进行情感体会,由全面到局部,从初读课文到研读句子,层次分明,细致明确地落实语文要素。

第一题是用默读和说说的方式进行课文梳理,把握课文基本框架,初步把握课文内容,为后面体会思想感情做基础铺垫。

第二题是根据关键句子"体会文中作者的内心感受"来落实语文要素。运用方法体会感情后,放手让学生自主体会其他语句中的思想感情,再进行分享,由扶到放,学习路径清晰。

第三题的“阅读链接”是作品的结尾部分，不仅能增加学生的阅读量，而且能帮助学生深化课文阅读，落实语文要素，并进一步引导读整本书。在教学中，我们可以带领学生用课文中学到的体会情感的方法，再次体会“阅读链接”里的内容。

（三）单元典型性习题横向关联

本单元的语文要素主要是借助课后习题和阅读提示进行落实和深化。为了帮助学生落实单元语文要素，习得语文能力，本单元安排了两篇精读课文，每篇课文后面都编排了三道课后习题。课后习题的设计都是由浅入深，层层推进，由简单到复杂。课后习题的要求更为细化、明确，对于提升学生的听说读写能力、提升语文综合素养具有重要的作用。关注单元课文习题之间的关联有助于教师教学活动的统一安排和设计。

课后典型性习题编排如下：

（1）读下面的诗句，说说你眼前浮现出怎样的画面，体会其中的乐趣。（《古诗三首》课后第二题）

童孙未解供耕织，也傍桑阴学种瓜。
稚子金盆脱晓冰，彩丝穿取当银钲。
牧童归去横牛背，短笛无腔信口吹。

（2）读下面的句子，体会“我”的内心感受，再从课文中找出类似的句子，和同学进行交流。（《祖父的园子》课后第二题）

凡是在太阳下的，都是健康的、漂亮的。拍一拍手，仿佛大树都会发出声响；叫一两声，好像对面的土墙都会回答似的。
黄瓜愿意开一朵花，就开一朵花，愿意结一个瓜，就结一个瓜。若都不愿意，就是一个瓜也不结，一朵花也不开，也没有人问它。

（3）默读课文，说说作者由月亮想到了哪些往事，抒发了哪些感受。（《月是故乡明》阅读提示）

（4）默读课文，说说课文写了外祖父的哪几件事，表现了他怎样的感情。（《梅花魂》阅读提示）

以上列举的典型性习题，从本单元的课后习题和阅读提示中梳理得来。每道题的设计都离不开学生读的活动，不难看出，语文的基本能力的训练即是“读”。借助朗读和默读活动，学生可以初步体会“文中表达的思想感情”。

《古诗三首》和《祖父的园子》两篇课文的典型性习题，通过带领学生朗读关键诗句和语句，可以初步体会文中作者的感情。《月是故乡明》和《梅花魂》两篇课文的阅读提示，都有对“默读课文”和“说说”活动的引导，学生通过对课文故事的梳理，从细节中体会文中表达的情感。

每个典型性习题通过“读”的活动，进行关联性教学，帮助落实语文要素。但每个习题在体会文中思想感情上的方法有所区别。《古诗三首》课后第二题，让学生读关键诗句，重在想象画面，去体会古代儿童生活的乐趣。《祖父的园子》课后第二题，也是读关键语句，可引导学生借助对具体事物的细节描写获得情感体验。另外，此题还多了两个训练要求，让学生在文中“找相关句子”和“交流”。寻找类似的语句进行交流，可以是对句子的品读，也可以说明是如何体会到情感的。“找”和“交流”的活动更是对方法的灵活运用和强化，能使学生进一步体会文中的思想感情，强化单元语文要素。

三、落实语文要素的典型性习题教学活动设计示例

(一)典型性习题

以《祖父的园子》课后第二题为例:读下面的句子,体会“我”的内心感受,再从课文中找出类似的句子,和同学交流。

凡是在太阳下的,都是健康的、漂亮的。拍一拍手,仿佛大树都会发出声响;叫一两声,好像对面的土墙都会回答似的。

黄瓜愿意开一朵花,就开一朵花,愿意结一个瓜,就结一个瓜。若都不愿意,就是一个瓜也不结,一朵花也不开,也没有人问它。

本题设计指向“抓住关键句子,初步体会作者的内心感受”的语文要素。教学时,应重点引导学生品读体会,再结合相关句子强化思想感情的体会。

(二)教学设计

1.活动一:默读第15~19自然段,直入教学重点

(1)初读:作者描写了太阳底下的哪些事物?请勾画出来。(动物:蚯蚓、蝙蝠、鸟、虫子、蝴蝶。植物:花、倭瓜、黄瓜、玉米。其他事物:太阳、土墙、白云)

(2)教师引导学生再次勾画出喜欢的事物的相关句子。勾画的句子一定要含有课后习题中的两句话,以及类似的句子。例如:花开了,就像睡醒了似的。鸟飞了,就像在天上逛似的。虫子叫了,就像在说话似的。

教师在开展活动时,需要将两个问题同时列出。学生在进行活动时分开勾画,保证对事物名称的勾画到位,句子勾画完整。

(3)学生再次朗读自己喜欢的句子,同桌之间互相说一说喜欢的理由是什么。学生认真品读勾画的句子,思考喜欢的理由,再同桌交流。此环节,教师要留足品读时间,同时给予学生五分钟的思考时间。教师可以把握时间节点,有效组织品读、思考和交流三个活动。

设计意图:勾画事物名称,让学生体会祖父园子的丰富多彩,有不同的事物可以进行描写。勾画喜欢的句子,重视培养学生的审美能力,尊重学生有不同想法,鼓励学生的个性发展。品读关键语句和关联的句子,交流自己的内心感受,为后面体会“我”的感受做铺垫,也是为了建立作者和读者之间的情感纽带。

2.活动二:说说文中“我”的感受

(1)同桌交流:互相交流自己喜欢的句子,分享自己体会到的作者感受。

(2)展示分享:请两组学生(每组两名)上台,一名学生展示、分享自己对作者情感的体会,另外一名学生可做补充说明。

(3)拓展延伸:再次朗读全文,找出类似的句子,说一说“我”的感受。(例句:这榆树在园子里的西北角上,来了风,榆树先呼叫,来了雨,榆树先冒烟。太阳一出来,榆树的叶子就发光了,他们闪烁得和沙滩上的蚌壳一样)

教师以课后习题的句子为例进行引导和总结;对于学生的分享教师持鼓励意见,可以以板书的形式梳理学生在体会文中思想感情时的方法。教师引导学生找出全文的相关句子,学生必须独立运用前面的方法进行勾画和描述,以建构整体思维。学生先读出自己喜欢的句子,再进行交流,把自己的情感融入课文中去体会作者的情感。

设计意图:交流和分享活动的设计在于让学生去亲身体验,参与其中才能得到体会。说说文中"我"的感受,必须通过朗读,把自己想象成课文中的事物,才能品出关键语句的细致描写,最后体会到作者的感情。

预期效果:通过找出事物和关键语句,品读喜欢的语句(包括课后习题的关键句)等系列学习活动,学生在品析语句,加入自己情感的同时也加深了对课文的理解,再借助朗读交流活动,细细品味作者的内心感受。课文中"仿佛、好像……"等句子后面的内容写的是"我"的感受。大树和土墙不会自己发出声响,不会回应,但"我"认为他们会,说明在"我"眼中这些都是自己的好朋友,从中体会到"我"爱园子中的一切。看见园子植物自由生长的态势,体会到了一种自由自在、无拘无束的感觉。通过事物的具体描写,让学生抓住细节,细细品味一番作者的快乐童年。

思维路径:通过读、勾画、交流和分享等一系列活动,很好地完成了课后习题对朗读、体会、寻找类似句子、说一说这四个的要求。通过整合,零散的信息在学生的头脑中形成一个逻辑框架,再以"我还找到文中××句子→细致描写了××事物的××方面→曾经也在××地方看见过、经历过或感受过→我想作者也会……"的模式放手让学生自己分析相关语句含有的作者情感。当然,模式是固化的,学生在描述时,教师应该灵活评价,学生的答案合理即可,不要以此模式固化学生思维的横向发展,这只是一个语言建构的借鉴。

四、课后习题引导下的《祖父的园子》教学活动设计

教学目标:

(1)准确默读课文,初识文中大意,概括主要内容。(关联课后第一题)

(2)熟读课文,想象祖父园子的生活场景,体会"我"在园子的自由自在的心情,感受童年生活的乐趣。(关联课后第二题)

教学重点:体会作者从哪些情景表现"我"的内心感受。学习作者用心感受生活,真实地表达情感。

教学难点:领悟作者如何表现"我"在园子里的心情的表达方法。

(一)第一课时

1.活动一:初读课文,把握主要内容

(1)默读课文,提出问题:祖父的园子里有些什么?"我"和祖父在园子里做什么?"我"有哪些感受?

(2)组织学生交流,教师根据学生发言归类板书。

答案预设:

景物:昆虫、花草、大榆树……

活动:摘花、拔草、铲地……

感受:开心、自由……

2.活动二:朗读全文,体会文中"我"的感受

(1)学生朗读课文,勾画自己喜欢的句子,并说出理由。

(2)交流讨论,梳理文中描写景物的句子。

句子一:"凡是在太阳下的,都是健康的、漂亮的。拍一拍手,仿佛大树都会发出声响;叫一两声,好像对面的土墙都会回答似的。"

①让学生朗读句子并思考:这几句话表达了什么样的思想感情?

②组织交流活动:你是怎样体会到"我"的内心感受的?(体会思想感情的方法并交流)

③学生用喜爱之情,再现情景,再读句子。(教师指导)

句子二:"黄瓜愿意开一朵花,就开一朵花,愿意结一个瓜,就结一个瓜。若都不愿意,就是一个瓜也不结,一朵花也不开,也没有人问它。"

让学生自读句子,再上台朗读并说一说感受。(教师相机引导)

追问:你为什么会有这样的感受?引导学生关注"……愿意……就……"的语言形式,思考课文为什么这样写。

(3)教师小结:这两个例子中,课文都将思想寄托在园子的景物中。阅读时,要注意从独特的表达方式中体会课文的思想感情。

(4)巩固运用,朗读体会:引导学生自主朗读,反复体会景物中蕴含的思想感情。(教师放手让学生自由体会,适当即可,不可过多解释说明)

设计意图:让学生带入自我情感,充分想象画面。训练学生的朗读能力,找到典型句子。学生在训练中逐步提高口语表达能力、想象能力,情感态度也会体现在朗读中。

(二)第二课时

教学内容:课后第三题——读"阅读链接",说说你对课文有什么新的体会,再有感情地朗读课文。

此题是课文的相关链接,选自《呼兰河传》的结尾部分,可以从课前、课中、课后来设计任务。课前布置学生收集《呼兰河传》的相关资料,例如:作者简介、写作背景、主要内容等。课中,教师可设计活动,梳理学习方法,提高学生的学习兴趣,为学生阅读整本书埋下伏笔。课后,是延展性学习,学生积极去阅读《呼兰河传》,关注整本书,体会情感。课中环节的活动设计如下:

1.活动一:读"阅读链接"

(1)学生默读"阅读链接",获取信息,做好标记。

(2)反馈活动。教师请学生谈一谈获取到的信息,允许学生回答时有碎片化的内容,同时让学生进行补充说明。

学生答案预设:

故事发生的地点在呼兰河,同时是"祖父园子"的所在地。

知道了作者是以回忆的方式写故事的,文中出现了很多"也许"。

我读到了作者长大后没有回过园子……

设计意图:初识内容大意,了解作者写作的背景及意图。打开学生话匣子,让学生积极参与活动。

2.活动二：体会情感

（1）教师用心范读，学生静心倾听。

（2）学生用情朗读，体会作者情感，勾出让你动情的词句。

（3）反馈活动：教师请2~3名学生进行朗读，教师对学生的读书活动进行评价。

（4）教师总结：此段为《呼兰河传》的结尾部分，蕴含的思想感情与课文表达的情感有所不同——原本依恋、热爱的事物消失，鲜活、自由的事物萧条了。

（5）教师追问：为什么我们看来满是快乐、自由的故事，小说结尾却表达了“并没有什么优美的故事”？文中描写的各种景物中蕴含的只是简单的喜悦吗？园子中的各种活动，仅仅是在表达“我”对祖父的依恋和热爱吗。（学生自由回答问题，互相补充，教师指导）

设计意图：每个学生都有独特的情感体会，也会读出不同的意境。让学生充分地自由朗读，以读代讲。

3.活动三：再次品读课文，对比感情

（1）自由朗读：学生自主选择重点语句和段落进行朗读。

（2）分享朗读：小组成员（6人），每个人读出喜爱的段落或语句，读后分享自己的想法。

（3）小组推荐：小组进行朗读评比，选出优秀朗读者（1人），小组总结朗读要点和体会到的情感。

（4）展示。小组的优秀朗读者到台上深情朗读并谈看法。教师找到适当时机进行点评，并与在“阅读链接”中体会到的情感对比，课文中描写的各种美好事物，同时蕴含着“我”的伤感之意。注意体会美好与伤感交织的深刻意味。

（5）推荐阅读《呼兰河传》，开展阅读交流会。（课后阅读）

设计意图：活动为再次体会课文情感而设计，重在比较课文和选文的情感，再次体会作者不同的心境，让学生与作者产生共鸣，开启正确的朗读模式。朗读时，学生的情感代入可能不够准确，教师一定要适当引导，情入境才可悟得情。

预期效果：学生在默读活动中，可以初步知道链接内容的大意，训练其读取信息的能力。但仍然有部分学生获取的信息较少，此时教师通过反馈、总结活动，让学生把碎片信息进行整合，有利于培养学生的逻辑思维、整合信息的能力。学生在反馈时，会遗漏很多信息，比如“动物、植物想象的画面来自课文中”“作者还留念童年的生活”……教师要耐心地引导学生大胆猜测，不要过于急迫地给出所谓的正确答案。我们大胆培养学生猜测，预设读整本书的欲望，让学生尽可能地多去挖掘其中的深意。“阅读链接”是课文的延展性学习，也是“三位一体”阅读的一个体现。学生在充分体会文中的情感后，会产生更浓厚的兴趣去阅读更多相关的文章。编排者抓住学生的学习热情，继续以“阅读链接”的形式体会不同情感，从而进入课外学习——继续翻阅《呼兰河传》。关联性阅读——从课内一篇文章的学习到相关阅读的“链接”学习，到整本书的阅读学习，有利于培养学生的阅读兴趣，让学生养成自主、积极阅读的习惯。

（彭水苗族土家族自治县第一小学校：王娇娥、周春燕）

第二单元
古典名著

一、第二单元整体分析

（一）单元内容编排

人文主题	语文要素	课 文	名 著	作 者	节 选
古典名著	初步学习阅读古典名著的方法	精读：《草船借箭》	《三国演义》	【元末明初】罗贯中	第四十六回
		精读：《景阳冈》	《水浒传》	【元末明初】施耐庵	第二十三回
		略读：《猴王出世》	《西游记》	【明】吴承恩	第一回
		略读：《红楼春趣》	《红楼梦》	【清】曹雪芹	第七十回

（二）整体描述

为了激起学生阅读古典名著的兴趣，初步感知古典名著的魅力，学习阅读古典名著的方法，本单元以“古典名著”为主题，有梯度地节选了四篇经典名著中的内容。

《草船借箭》的故事，节选自《三国演义》第四十六回，是《三国演义》第四十六回的白话故事改编版。故事讲述诸葛亮神机妙算，知天文识地理，巧妙地利用各方因素以出人意料的方式“造”了十万支箭。白话版故事和跌宕的情节激起学生阅读古典名著的兴趣，梳理故事六要素。

《景阳冈》的故事，节选自《水浒传》第二十三回，故事表现了武松的机智、勇敢，尤其是“智”斗老虎的场面描写扣人心弦，凸显了武松不仅武艺高强，更有一颗“智慧”的头脑。教师引导学生尝试用猜读和跳读的方法理解文言故事中难理解的词。

《猴王出世》的故事，节选自《西游记》第一回。名著《西游记》深入孩子心，是孩子的谈话焦点。本课讲述孙悟空出世的经过，以及找到“新天地”时的喜悦，生动地描绘了机智活泼、勇于挑战的“美猴王”形象，通过关注人物的神态、动作、语言等感知人物形象。

《红楼春趣》的故事，节选自《红楼梦》第七十回，题目由编者自拟。本课以文言和白话相结合的方式描写“众人”放风筝的场景，展示了人物的不同性格，再以“贾宝玉”为主线串联全文，详略得当、条理清晰，旨在让学生关注线索，感知人物形象。

（三）导语页

本单元导语页，左上角编排单元人文主题——古典名著，品读精读词句（观三国烽烟，识梁山好汉，叹取经艰难，惜红楼梦断），以精练的语言形式总结四本名著的内容精髓。安排在导语页的右下角的语文训练要素有两个：初步学习阅读古典名著的方法；学习写读后感。

（四）语文要素纵向关联

为培养学生掌握阅读名著的方法，形成一定的阅读能力，本单元编排的语文要素是“初步学习阅读古典名著的方法”。这一语文要素的纵向关联图如图1所示：

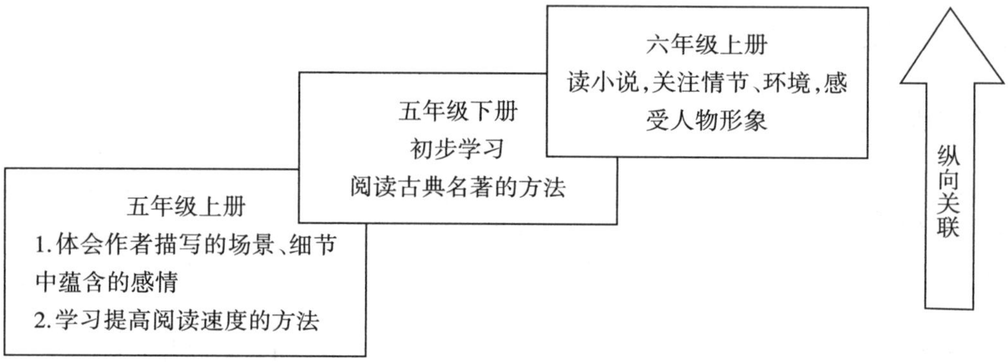

语文要素纵向关联图

从教材编排体系来看，五年级上册学生已掌握了“在场景和细节中体会感情”的阅读方法。五年级下册在已有的基础上，安排阅读经典名著，再次巩固训练语文要素“初步学习阅读古典名著的方法”。六年级上册则安排了小说单元，让学生明白“读小说，应关注情节、环境，感受人物形象”的语文要素。

从本单元的内容安排上来看，四篇课文都是在特定的场景中塑造了鲜明的人物形象。联系起来思考，这一单元的语文要素起到了“桥梁”的作用，即联结了五年级上册“在场景和细节中体会情感”的阅读方法和六年级上册阅读小说的方法。因而，落实这一单元的语文要素重在让学生感受名著中人物的性格特点，如足智多谋的诸葛亮、智勇双全的武松、勇敢无畏的孙悟空、率性痴情的贾宝玉，学生需在品读语言文字的过程中加以体会。这也恰恰是阅读名著最重要的方法。联系课后题和“语文园地”中的“交流平台”，可以发现教材还介绍了阅读名著的其他方法，如根据上下文猜测语句的意思，借助背景资料进行理解等。总而言之，抓住“体会人物性格”这一主要阅读方法之后，还应综合运用其他阅读方法，加深对文本内容的理解，培养学生阅读名著的能力。

二、基于课后习题的语文要素落点分析

（一）语文要素在各板块的要求

本单元的主题是“古典名著”，语文要素是“初步学习阅读古典名著的方法”。这个要素在哪些板块中有涉及？具体要求又是什么？我们对此进行了以下梳理：

“语文园地”中的“交流平台”，对阅读方法进行了梳理和总结，每篇课文都有落实语文要素。提示合理利用阅读方法，可以帮助学生理解古典名著。《猴王出世》列举的阅读方法是引导学生联系上下文猜测语句的意思；《景阳冈》课文中有“查资料”阅读方法的运用。另外，还归纳、总结了很多阅读名著的方法，例如观看电影、电视等方法，提高学生的阅读兴趣。

“语文园地”中“词句段运用”的第一部分，运用和积累词语，再次列举了一些文中难懂的词语。可将这部分内容融入《景阳冈》这一课的学习中，带领学生利用猜词法理解词语意思。第二部分列举了课文中的相关句子，引导学生联系上下文理解词语意思，根据具体描述猜人物，也渗透了阅读方法的运用。

统编版教材单元整合，整体建构，整合资源，备课先备“语文园地”。“交流平台”可以梳理教学目标，总结学习方法，落实语文要素。“词句段运用”再次巩固练习，为教学提供一条清晰的路线。

《草船借箭》借助课后习题，提醒学生紧抓描写人物特点的语句，了解人物形象。

《景阳冈》借助课后习题，点明学生利用学过的阅读方法，去理解难懂的词。例如：联系上下文理解、猜一猜等方法。课后习题资料袋，帮助学生厘清人物关系，提醒学生了解人物形象还可利用查找资料的方法。

《猴王出世》的教学中，学生可以对阅读提示进行分析、解读，从中获取学习目标，选取适当的方法进行自学。“遇到不明白的地方，可以猜猜大致的意思”，再次让学生运用前面精读课文学到的猜词法自行阅读课文。

《红楼春趣》借助阅读提示，说明教学本课时“能大致读懂”意思即可，难懂的词语可不做具体解释。

“口语交际”的主题是“怎么表演课本剧”。因为观看影视作品也是学生学习古典名著、帮助理解文本内容的一个很好的方法，所以表演课本剧对帮助学生理解课文内容、体会人物形象有很大助益。怎么表演课本剧？文中梳理了表演课本剧的步骤（选课文→分角色→怎么演），其中选课文体现了本单元的主题，一定要是学过的名著或经典课文——大家都看得懂才有演的价值。角色的分配直接决定孩子们是否能读懂人物形象，人物逼真的表演，取决于阅读的深度。合理利用阅读方法使孩子理解透彻，课本剧是一个反馈学习情况的好方法。

“快乐读书吧”的主题是“读古典名著，品百味人生”，在于阅读方法的运用，引导学生把语文要素落实到课外阅读中。

（二）课后习题的要素指向与活动分析

1.《草船借箭》课后习题分析

第一题：默读课文，按照起因、经过、结果的顺序，说一说故事的主要内容。

第二题：读下面的语句，回答括号里的问题。课文中还有一些体现人物特点的语句，画出来和同学交流。

> 诸葛亮说：“怎么敢跟都督开玩笑？我愿意立下军令状，三天造不好，甘受重罚。”周瑜很高兴，叫诸葛亮当面立下军令状，又摆了酒席招待他。（三天造十万支箭这么难，诸葛亮为什么主动立下军令状？他立下军令状后，周瑜为什么很高兴？）

第三题：读课文前，你对课文中的人物有什么了解？读课文后，你对哪些人物有了进一步的了解？

你还想了解《三国演义》中的哪些故事?

第四题:读"阅读链接",找出课文中对应的段落。(详见教材)

为了帮助学生进行古典名著的起步阅读,本课安排了四道课后习题,这些习题的安排由简单到复杂,由全面到局部。

第一题的设计思路针对全文内容,教师在设计活动时,注意把握第一题的重点作用。我们要引导学生运用前面学段学到的方法来把握文章的主要内容。

第一题中的"按照起因、经过、结果的顺序,说一说故事的主要内容",落实的语文要素是"把握文章的主要内容"。

第二题是要设计学习活动,引导学生抓住描写人物语言、动作和神态的句子,根据各种行为推测人物内心的想法,也是本单元需要掌握的语文能力——利用阅读方法读名著。

第三题是课前调动学生的已知,从自发到课程化,加深对名著的认识与思考,获得阅读的成就感。教师设计活动时,在学生说出人物的形象特征后应该进一步追问怎么去了解的,获取生活中还有哪些更好的阅读方法。所以这道题可以顺势打开学生的思路,归纳、总结更多的阅读方法。

第四题是"阅读链接",节选的是《三国演义》的原著,以文言文的形式出现。在学生学习了本课的基础上进行对比阅读,体会文言文的语言特点。

2.《景阳冈》课后习题分析

第一题:默读课文,遇到不懂的词语,如"梢棒、筛酒",可以猜一猜意思。

第二题:按照故事的发展顺序,把下面的内容补充完整,再说说故事的主要内容。

喝酒　→(　　　　)→(　　　　)→(　　　　)

第三题:用自己的话详细讲述武松打虎的部分,可以加上适当的语气、表情和动作。

第四题:对课文中的武松,人们有不同的评价。你有什么看法?说说你的理由。

武松真勇敢,"明知山有虎,偏向虎山行"。
武松很要面子,有些鲁莽,不听别人善意的劝告。

学生在小学阶段第一次接触大段的文言长文,课后习题给我们提供了设计学生学习活动的思路和步骤。课后安排了四道习题,每道题都有不同的教学要求。

第一题直接指向语文要素,利用阅读方法"猜词法"进行难懂词语的理解。这道题只是列举了一种阅读方法,更明确的目的在于提醒学生还有更多的阅读方法。

第二题训练学生抓关键词语,梳理文章的主要内容。虽然指向语文要素的训练,但整体感知课文可以帮助学生理清思路,整理碎片信息,利于学生逻辑思维的形成。

有了第二题的基础,第三题的学习就十分顺畅,同样借助关键词语进行梳理,最后进行表达。不同的是要进行详细的讲述,需要"加上适当的语气、表情和动作"。把武松打虎的部分详情说明,是为第四题评价人物做铺垫。

第四题则是评价题,从多种角度评价人物形象,使人物形象立体化;重在训练学生从多个角度思考问题,多元化评价人物,关注学生思维广度的发展;及时配备资料袋,激发学生灵感,做好人物评价。

（三）单元典型性习题横向关联

本单元的语文要素主要是借助课后习题来落实的，有关联的课后典型性习题编排如下：

默读课文，按照起因、经过、结果的顺序，说一说故事的主要内容。（《草船借箭》课后第一题）

按照故事的发展顺序，把下面的内容补充完整，再说说故事的主要内容。（《景阳冈》课后第二题）

喝酒 →（ ）→（ ）→（ ）

用自己的话说一说石猴是怎么出世的，又是怎么成为猴王的。（《猴王出世》阅读提示）

以上三道题，重在训练孩子们的归纳能力，概括文中的主要内容。题目设计路径都是学生通过读文章，用方法进行归纳、概括，最后说一说。每道题归纳主要内容的方法也有所不同，有按照事情的“起因、经过、结果”进行概括的（《草船借箭》课后第一题），也有用关键词进行主要内容的概括的（《景阳冈》课后第二题）。

默读课文，遇到不懂的词语，如“梢棒、筛酒”，可以猜一猜意思。（《景阳冈》课后第一题）

默读课文，遇到不明白的语句，可以猜猜大致的意思，然后继续往下读。（《猴王出世》阅读提示）

读读课文，能大致读懂就可以。（《红楼春趣》阅读提示）

以上四道题来自本单元的不同课文，但是有共同的训练要素，就是引导学生初步掌握阅读古典名著的方法。对于学生理解难懂的词句，可一步步指导学生利用猜测、联系上下文、查资料、观看影视等方法进行古典名著的阅读。为了克服学生读古典名著的畏难心理，明确要求学生如有读不懂的词句可以忽略，大致理解即可（《红楼春趣》阅读提示）。这也是阅读古典名著的方法，利于培养学生阅读古典名著的兴趣。这四道课后习题的设计路径十分统一，每道题目的活动都是先读课文，其次寻找方法，最后理解词句意思。

读下面语句，回答括号里的问题。课文中还有一些体现人物特点的语句，画出来和同学交流。（《草船借箭》课后第二题）

诸葛亮说：“怎么敢跟都督开玩笑？我愿意立下军令状，三天造不好，甘受重罚。”周瑜很高兴，叫诸葛亮当面立下军令状，又摆了酒席招待他。（三天造十万支箭这么难，诸葛亮为什么主动立下军令状？他立下军令状后，周瑜为什么很高兴？）

用自己的话详细讲述武松打虎的部分，可以加上适当的语气、表情和动作。（《景阳冈》课后第三题）

对课文中的武松，人们有不同的评价。你有什么看法？说说你的理由。（《景阳冈》课后第四题）

读后和同学交流：宝玉给你留下了什么样的印象？（《红楼春趣》阅读提示）

这四道题的训练要素是引导学生“体会人物的形象”。虽然导语页中没有将其列入主要的语文要素，但读古典名著、品人物形象是十分重要的。《草船借箭》课后第二题，方法是读语句，从人物的行为中推测人物心理，体会诸葛亮和周瑜的形象。《景阳冈》课后第三题，方法是重朗读，借助语气、表情和动作深刻体会武松的形象，为第四题多角度评价人物形象做情感渲染。《红楼春趣》的阅读提示，在描述“宝玉”形象时，文中能找到相关句子印证。

三、落实语文要素的典型性习题教学活动设计示例

(一)典型性习题

以《景阳冈》课后第一题为例:默读课文,遇到不懂的词语,如“梢棒,筛酒”,可以猜一猜意思。

本题设计指向“初步学习阅读古典名著的方法”的语文要素,列举了用“猜测法”进行难懂词的理解。

(二)教学设计

在教学活动之“整体感知,疏通字词”板块中,我们可以这样引导:

1.活动一:默读课文,初识大意

(1)自学:默读课文,遇到不懂的词语做上标记,猜一猜这些词语的大致意思。

(2)互相学:与同桌相互说一说这篇课文的主要内容。

说明:此活动注重学生的参与和表达,教师不点评和检查。

2.活动二:展示难懂词语,习得解词方法

(1)教师列举难懂的字词,要求学生字正腔圆地读准字词。(如筛、抡、簌簌、霹雳、枉、送、吓唬、咆哮、耻笑、血泊、酥软、请勿自误、谋财害命、踉踉跄跄)

(2)博古通今,理解意思。引导学生说说是如何读懂不太明白的词语的。

答案预设:

换词理解:筛了一碗酒(斟)

联系上下文:但凡客人来我店中(凡是)

借助图画理解:吊睛白额大虫(眼睛上翘、额头上有花纹的老虎)

分字解词:但有过往客商可于午、未三个时辰,结伙成队过冈。请勿自误。(请不要伤害、耽误自己)

教师总结,梳理方法:我们在读《水浒传》这样带有文言特色的小说时,可以借助书中的图画、换词、分字解词、联系上下文、猜一猜等方法来读懂不太明白的词句。

3.活动三:方法练习,理解其他难懂词语

(1)自解:学生运用方法,理解自己勾画的难解词语。(例如:稍棒、筛酒、发落、杖限等)

(2)他解:前后4个伙伴合作探究,讲一讲自己运用了什么方法去理解勾画的难解词语。

设计意图:通过合作学习,帮助学生熟练方法,选择方法理解字词,再次熟悉课文内容。随后在训练口语表达环节中,学习到同学解词的方式方法。查漏补缺,相互学习,为理解课文打下基础。

预期效果:学生的学习活动是为了达到目标而设计的,本单元的语文要素是让学生学习读古典名著的方法。围绕这一要素,设计了三个学习活动去落实语文要素,每个活动都有寻找难解词语的环节。通过“教师举例”“自己勾画”“同学交流”三个环节全面找出课文难懂的词句,教师提前梳理理解难解词语的方法,利于学生掌握读古典名著的方法。“他解”环节,可以从同学的口中获得更多难解词、更多解词的方法,可以打破学生心中古典名著难读的观念,是趣味读古典名著的引子活动。

思维路径:通过这几个活动,学生理解本道题时的思维路径就更加清晰。首先要找到文中的难解词,如果寻找中有所遗漏,再通过“教师举例”“同桌合作”的环节进行补充,全面搜索课文中的难解词句。

然后利用教师梳理的方法去理解难词意思，让学生品味古典名著简洁的语言背后蕴藏的情感，获得一些读经典名著的乐趣。

四、课后习题引导下的《景阳冈》教学活动设计

教学目标：

(1)正确、流利、有感情地朗读课文。读准难懂词句，理解意思。(关联课后第一题)

(2)速读课文，把握并概括文章的主要内容，厘清文章写作顺序。(关联课后第二题)

(3)抓重点语句体会武松的性格特点及作者是用什么方法来塑造人物形象的。学习全面地看待人物形象。(关联课后第三、第四题)

教学重点：抓住重点语句体会武松的性格特点，体会人物形象，学习全面地看待人物形象。

教学难点：作者是如何塑造武松这一英雄形象的。

(一)第一课时

1. 活动一：扫除障碍，整体感知

(1)自由默读全文，勾出不能理解的词语。

(2)学生汇报不能理解的词语，例如“梢棒、筛酒”等。

(3)请学生互相帮助理解，解答难解词语的意思，说出解词的方法。

设计意图：本活动的设计灵感来自课后第一题，详细流程可参照典型性习题活动。为理解课文扫清障碍，让学生学会勾画很多不能理解的词语，应该让学生之间交流解答，需要点拨时教师再指导。教师可采用追问形式，让学生梳理理解词语的方法。最终，引导学生总结出一些理解难解词语的方法。

2. 活动二：抓关键词，梳理主要内容

(1)教师提问：谁在喝酒？他在景阳冈做了什么？教师指示学生默读课文，勾画相关语句，学生默读课文后，用简单的句子回答反馈。

(2)完成课后二题，并根据第二题提供的思路填空(如下)，最后学生汇报做题情况，教师进行肯定评价。

喝酒→(上冈)→(打虎)→(下冈)

(3)梳理内容。

①学会回顾文章的主要情节，并根据课后第二题提炼的词自主梳理主要内容。

②互动：同桌之间相互交流。

③自讲：教师出示板书，学生借助板书用简单的话再说一说故事的主要内容。板书如下：

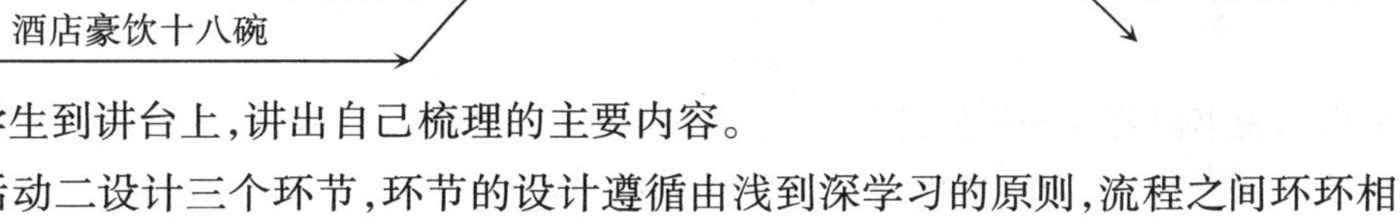

④展示：请学生到讲台上，讲出自己梳理的主要内容。

设计意图：活动二设计三个环节，环节的设计遵循由浅到深学习的原则，流程之间环环相扣。学生

完成任务的要求也不一样,前面两个环节要求所有学生完成,为后面第三个环节做铺垫。环节三里的提炼和梳理流程,只有部分学生能把故事梳理得较全面,少部分学生只能梳理局部内容,故事讲起来可能不够全面,教师不应做强硬的要求。

(二)第二课时

1.活动一:品味经典,培养阅读兴趣

(1)找一找:学生勾画喜欢的段落,适当添加动作进行朗读表演。

(2)学生上台自编自导课文片段(如武松喝酒、醉后上冈、武松打虎等)。其他学生进行优点点评,肯定学生的表演,提高学生的阅读兴趣。(时间允许的情况下,教师在此环节还可以结合"口语交际"中的"怎么表演课本剧"进行设计)

(3)再品再演。

教师提问:谈谈你为何喜欢这段课文?

学生1:喜欢课文中的心理描写,体会人物心情。(学生用恰当的语气和表情表演:武松读了印信榜文,方知端的有虎。预待发步再回酒店里来,寻思道:"我回去时,须吃他耻笑,不是好汉,难以转去"存想了一回,说道:"怕甚么!且只顾上去,看怎地!")

学生2:喜欢名著用词准确、精练,特别是武松打虎这一自然段的动词。(学生加上动作进行朗读表演:武松将半截棒丢在一边,两只手就势把大虫顶花皮揪住,一按按将下来……武松把左手紧紧地揪住顶花皮,偷出右手来,提起铁锤般大小拳头,尽平生之力,只顾打……)

(4)教师总结:名著将武松的形象刻画得栩栩如生,让我们看了心生激动,想继续研读。作者运用了多种表现手法对人物进行刻画,如语言描写、心理描写、动作描写等,特别是在动词的运用上,精准而生动,把武松打虎时的惊心动魄场面渲染得淋漓尽致。同学们在课后继续研读,体会古典名著给我们带来的朗读乐趣吧!

设计意图:课内设计活动引导学生趣读古典名著,重视指导学生学习方法,为课后大量阅读古典名著提供方法支架,使学生能够独立自主地尝试阅读。课内的朗读氛围可延伸到课外。

2.活动二:尝试说书,延伸阅读

(1)创设情境,理解说书。

①教师播放一段说书人的视频,提问:看了这段视频,请说出他从事的是哪个职业?他又在干什么?

②学生观看视频并回答:这是一个说书人在茶馆里说书。

③教师出示说书人的画面并交代任务:如果你是小小说书人,你准备怎么向大家讲述武松打虎的故事呢?

(2)方法指引,学生实践。

①全班讨论、交流说书的方法。

②总结:"入情入境"法,把自己当作故事中的人物;"添油加醋"法,讲述的时候要用适当的语气、表情和动作。

③教师出示说书内容——武松打虎。

④学生练习:前后四人为一组进行练习,组内成员对故事进行完善。小组推荐一名"说书人"在班级

内开展说书比赛。每个小组推选一名评委进行打分。

⑤颁奖总结:教师点评,以小组为单位进行奖励。

设计意图:方法的提供,能帮助学生理清思路,顺利说书,训练学生思维能力。小组讨论流程,是为提高每个学生的口语表达能力而设计,表达不全面时可通过倾听他人的发言进行补充。展示和颁奖流程,激起学生斗志,是趣读古典名著的引子活动。"方法指引,学生实践"环节,是创设情境复述故事,让学生再次整体感知"武松打虎"的过程,体会武松这一人物形象,为后面的辩论活动打开一扇窗户。

(2)引入辩论,正确评价。

①教师出示课后习题,并提问:对于课文中的武松,人们有不同的评价。你有什么看法?说说你的理由。(如武松真勇敢,"明知山有虎,偏向虎山行";武松很要面子,有些鲁莽,不听别人善意的劝告,虎口逃生,只是侥幸)

②学生自主思考同学们分享的观点,想一想自己赞成哪一方的观点。

③分组:武松勇敢组(正方),武松鲁莽组(反方)。分组后,学生组内讨论,收集整理论点和论据。

④辩论:开展小型辩论会。选出辩论主持人1人,正、反方辩手各4人。(3人陈述论点,提供论据;1人总结陈词)

⑤教师总结:辩论会精彩纷呈,正、反方陈述的事实让武松的人物形象更丰满。预知武松其他故事,可再细细品读《水浒传》。

(3)拓展阅读,延伸课外活动。

①教师利用资料袋,出示《水浒传》人物名片。学生结合电视剧、课文及图画等资料简要介绍人物。

②教师鼓励学生阅读《水浒传》中的其他经典篇目。

设计意图:让学生利用课内习得的方法,阅读经典名著,多元、立体地感受其他人物形象,增加阅读量,实现质的飞跃。

素养导向:本课有四道课后习题,根据课后习题的提示设计了教学活动。活动设计关注语文要素,单元训练要点,活动层次清晰、环环相扣、松紧有度。每个活动设计了环节,每个环节设计了流程,梳理学生实践的基本任务。这样,学生基本就能够抓关键语句梳理文章内容,通过心理描写、动作描写等体会人物形象。有了前面的铺垫,学生自主朗读古典名著时就自然地形成了一套方法,多数学生就能借助这些支架完成阅读。

(彭水苗族土家族自治县第一小学校:王娇娥、周春燕)

第三单元
汉字之美

一、第三单元整体分析

为了让学生感受中国汉字文化的源远流长、博大精深,激起学生热爱中国汉字的感情,促进学生树立大语文观,将语文的学习贯穿到课内课外各种活动中,学中玩,玩中习得能力,提升学生动手操作能力、资料收集能力、筛选与整理资料的能力、活动策划能力、合作协调能力和其他核心素养,教材编排了本单元的综合性学习。本单元是统编版小学语文教材第一次以单元整组的方式编排的综合性学习单元,编排方式与其他单元不同,教与学的时间较长,活动开始前要充分激发学生的学习兴趣,打开学生思路。"活动建议"对本次活动的内容和任务进行提示,认真阅读、梳理有助于学生从整体上把握本次综合性学习活动。"阅读材料"是学生开展活动的参考,要让学生根据需要使用。要精心组建学习小组,指导学生制订活动计划,将活动过程分成若干环节,给学生更多自主参与和实践的机会,培养学生搜集整理资料的能力和合作协调能力。

二、《汉字真有趣》教学活动设计

教学目标:

(1)感受汉字的趣味,产生对汉字的热爱之情。

(2)了解搜集资料的基本方法。

(3)能搜集字谜,开展一次猜字谜活动;能搜集体现汉字趣味的资料,开展一次趣味汉字交流会。

(一)第一阶段:活动准备

1.活动一:交流前言和"活动建议",初步了解活动任务

(1)引导交流,谈话激趣。

(2)浏览整个单元,了解单元结构。

(3)细读"活动建议",了解活动任务。

2.活动二:借助阅读材料,打开活动思路

(1)指导使用“阅读材料”。

①提示使用“阅读材料”的方法。

②提示“阅读材料”的阅读方法。

(2)自主阅读“阅读材料”。

(3)交流反馈发现和收获。

预设1:《字谜七则》谜面从字形和字义等方面给了提示,七则谜语形式不一样,有文字谜、画谜、故事谜等种类。

预设2:歇后语巧妙地利用了汉字谐音的特点,前半部分是引子,后半部分像谜底,利用后半部分的谐音来表达意思,幽默风趣,含义深刻。

预设3:《有趣的形声字》介绍了形声字的造字方法,“风”等字的演变过程。

(4)讲解活动任务,打开活动思路。

3.活动三:组建活动小组,制订活动计划

(1)引导学生组建活动小组。

①提出组建小组的要求。

②学生自由组建小组。

(2)指导学生制订小组活动计划。

①提示制订活动计划的要求和步骤,确定小组成员分工。

②小组讨论活动时间、流程、展示形式等。

③讨论并写好活动计划。

④出示活动计划范例,引导学生修改、整理活动计划。

设计意图:本次综合性学习历时较长,活动开始前要充分调动学生的学习热情,引导学生关注汉字的广泛应用,让学生对汉字产生浓厚兴趣,同时为后面的活动打开思路。

(二)第二阶段:搜集整理资料

1.活动一:借助图表,搜集资料

(1)指导学生如何搜集资料。

预设:明确要搜集什么资料,再通过请教他人、网络搜索或者查找图书等方式搜集资料,最后把有用的资料整理记录下来。

(2)自主阅读教材中的图表,交流从中获得的方法和启示。

预设:要根据需要的资料内容,寻找相应类别的图书,根据书名和目录判断有没有需要的资料;网络搜索时要输入关键词;请教他人要选择好对象,事先思考好问题。

(3)示范用网络搜索资料和用图书查找资料的方法。

(4)各小组按计划搜集资料。

(5)交流并解决搜集资料过程中遇到的问题。

2.活动二:整理资料

(1)小组内交流,熟悉搜集的所有资料。

(2)引导学生根据计划的要求以及展示的击破点,对资料进行梳理。

设计意图:本阶段的主要任务是指导小组制订计划,各小组尝试讨论活动计划中的各项内容,根据范例记录下来,再在教师的指导下完善。活动过程中,教师要充分给予学生参与和实践的机会,培养学生的合作协调能力。

(三)第三阶段:展示交流

1.活动一:猜字谜

(1)师生共同确定猜字谜活动的形式。

形式一:揭榜式。将收集的字谜写在纸条上,将纸条张贴到墙上,能猜出的同学“揭榜”。

形式二:课间猜字谜。利用课间时间,出示字谜,同学抢答。

形式三:用一节课集中猜字谜。

(2)开展猜字谜活动。

2.活动二:交流趣味汉字

(1)师生小组讨论趣味汉字交流活动的形式。

(2)小组按汉字内容分类展示。

(3)展示后进行互评,评出优秀展示小组。

(4)小结本次活动。

设计意图:交流展示的主要目的是让学生分享学习所得,体验成就感,同时梳理活动经验和方法,为下一阶段的活动做铺垫。交流展示始终以学生为主体,把更多的时间和空间交给学生,教师适时点拨。

预期效果:实践活动通过活动准备、潜心实践、协同探究、展示交流等环节,以学生的高度参与和实践为主轴,把更多的时空交给学生,让学生体验过程,感受成就,达成提高行动能力、合作协调能力、综合实践能力的目的。

三、《我爱你,汉字》教学活动设计

活动目标:

(1)能了解一些关于汉字历史和现状的知识,增强对汉字文化的自豪感,树立规范使用国家通用语言文字的意识。

(2)能围绕汉字的历史、汉字书法或其他与汉字有关的内容搜集资料;能调查用字不规范的情况,写简单的研究报告。

(一)第一阶段:活动准备

1.活动一:谈话激趣,感受、欣赏汉字艺术

(1)谈话激趣,感受汉字的有趣和神奇。

(2)出示课文插图,启发思考:一个汉字就是一幅画,一个汉字就是一段历史。

(3)学生交流。预设:匾额、剪纸、印章、扇面。

2.活动二:阅读活动建议,明确活动任务

(1)自主阅读“活动建议”,明确活动任务。

(2)组织学生交流,明确注意事项。

预设1:围绕汉字历史、汉字书法或其他与汉字有关的内容搜集资料,开展简单的研究活动。

预设2:调查街头招牌、同学作业等生活中用字不规范的情况,开展简单的研究活动。

预设3:写一份简单的研究报告。

3.活动三:阅读“阅读材料”,打开活动思路

(1)提出阅读要求,预设下列问题。

①从阅读材料中,你了解到汉字的哪些历史?

②借助阅读材料,你对汉字艺术有了哪些了解?

③一份简单的研究报告包括哪几个部分?

(2)组织学生交流。

(3)教师小结,启发学生打开活动思路,继续围绕汉字开展研究活动。

4.活动四:完善学习小组分工,制订活动计划

(1)对上次活动组建的学习小组进行完善,明确分工,强化合作。

(2)小组讨论,制订活动计划,明确活动时间、地点、内容、步骤以及成员分工等。

预设:要完成一项研究,首先要确定研究的问题,再选择合适的研究方法,要搜集资料,还要把资料总结出来,最后形成结论,写出研究报告。

设计意图:以完成一份简单的研究报告为总目标设计本阶段活动,以阅读材料为依托,通过小组活动了解汉字的历史及文化内涵,增强学生对汉字的热情,为下一步学习做铺垫。

(三)第三阶段:开展研究

1.活动一:分组活动,反馈信息

(1)学生分组活动,教师适时跟进指导。

(2)学生反馈信息,教师了解资料搜集情况。

预设1:在对汉字历史、汉字书法的资料搜集中遇到的困惑。

预设2:有关书法家的资料搜集情况。

预设3:在对街头广告、招牌用字不规范的资料搜集过程中遇到的困惑。

(3)小组交流。

2.活动二:整理资料

(1)组织学生交流搜集的资料。

(2)指导学生整理资料。

(3)学生交流资料整理情况。

设计意图:通过搜集资料和实地调查两种途径开展研究,再按照写研究报告的思路指导小组整理资料,同时渗透研究报告的写作方法,整个活动设计力求起到承上启下的作用。

(四)第四阶段:撰写并展示研究报告

1.活动一:了解研究报告的格式和内容

(1)教师出示研究报告的格式。

(2)教师出示研究报告的内容,一般包括问题的提出、研究方法的选择、资料整理、得出研究结论等内容。

2.活动二:学习研究报告的写法

(1)拟标题。

(2)结构安排。

(3)明确各部分的写法。

3.活动三:撰写研究报告

(1)教师给出研究报告的写作要求。

(2)学生自行尝试撰写研究报告,教师巡视指导。

(3)学生自主修改。

(4)全面完善研究报告。

设计意图:研究报告是本次学习活动的最终成果,学生以范例为支架,以前期搜集整理的资料为素材完成研究报告的撰写。

4.活动四:展示研究报告

(1)讨论展示研究报告的形式。

预设1:开展一次研究报告展览。

预设2:编撰一期研究报告专刊。

预设3:举办一次研究成果推广会。

(2)开展研究成果展示活动。

(3)总结评价。

设计意图:以多种形式的评价活动让学生进一步明确写好研究报告的方法,修改完善研究报告。

预期效果:在这次活动中,教师带领学生以完成一份研究报告为主要任务,以阅读材料为桥梁,以范例为支架,引导学生通过实地调查和搜集、整理资料,完成研究报告。以具有梯度的教学设计激发学生的学习兴趣,将学习活动逐步推进,以小组合作促进学困生的进步,最终达成了解中国汉字,感受汉字魅力,热爱祖国传统文化,能进行初步的调查研究、资料整理以及撰写简单研究报告的教学目标。

(彭水苗族土家族自治县第五小学校:卢伟)

第四单元
家国情怀

一、第四单元整体分析

(一)整体描述

为了让学生感受古今人物的家国情怀,将一颗爱国的种子种在学生心里,教材编排了“家国情怀”单元,导语以林则徐的名言“苟利国家生死以,岂因祸福避趋之”概括了本单元人物共同的精神追求。围绕这样的人文主题来编排、组织单元学习内容,意在让学生在家国情怀的熏陶中甘担责任、勇于担当。人文主题既是单元学习要落实的教学目标之一,又为单元学习活动创设了特定的学习情境,提醒学生把历史的声音留在心里,不忘过去,突出了语文工具性的同时也凸显了人文性。本单元在落实“家国情怀”人文教育的同时,也落实了具体的语文训练要素:通过课文中动作、语言、神态的描写,体会人物的内心;尝试运用动作、语言、神态描写,表达人物的内心。 本单元编排了四篇课文、“习作”及“语文园地”。精读课文分别是《古诗三首》(王昌龄的《从军行》、王维的《送元二使安西》和陆游的《秋夜将晓出篱门迎凉有感》)、《青山处处埋忠骨》《军神》,略读课文《清贫》。教材在学生对课文的学习中,在“习作”以及“语文园地”各项练笔的操练中落实人文主题与语文要素。

(二)语文要素纵向关联

表 1 “通过课文中动作、语言、神态的描写,体会人物的内心”纵向关联

年段	单元	阅读要素
四年级上册	第六单元	学习用批注的方法阅读,通过人物的动作、语言、神态体会人物的心情
四年级下册	第七单元	从人物的语言、动作等描写中感受人物的品质
五年级上册	第六单元	体会作者描写的场景、细节中蕴含的感情
五年级下册	第四单元	通过课文中动作、语言、神态的描写,体会人物的内心
六年级下册	第四单元	关注外貌、神态、言行的描写,体会人物品质

表2 “尝试运用动作、语言、神态描写,表现人物的内心”纵向关联

年段	单元	表达要素
四年级上册	第二单元	写一个人,注意把印象最深的地方写出来
四年级下册	第七单元	学习从多个方面写出人物的特点
五年级上册	第二单元	结合具体事例写出人物的特点
五年级下册	第四单元	尝试运用动作、语言、神态描写,表现人物的内心
	第五单元	初步运用描写人物的基本方法,具体地表现一个人的特点

梳理表1,我们发现,四年级上册第六单元“体会人物的心情”的具体目标是“学习用批注的方法阅读;通过人物的动作、语言、神态体会人物的心情”;四年级下册第七单元“感受人物的品质”的具体目标是“从人物的语言、动作等描写中感受人物的品质”;五年级上册第六单元“体会作者蕴含的情感”的具体目标是“体会作者描写的场景、细节中蕴含的感情”;本单元的“通过课文中动作、语言、神态的描写,体会人物的内心”;六年级下册第四单元“体会人物品质”的具体目标为“关注外貌、神态、言行的描写,体会人物品质”。它们都引导学生关注人物的动作、语言、神态等细节描写,但各阶段有着不同的目的和要求。这一阅读训练要素,大致可以分为三类:一是体会人物心情或者内心;二是感受或者体会人物品质;三是体会作者表达的感情。

体会人物内心、感受人物品质、体会作者感情这三者之间是有关联的。学生在学习中,通过体会人物的内心,能够进一步感受人物的品质,从而感受作者倾注在文中的情感。虽然这种逻辑并不严谨,但是在排列上又有内在的秩序性,我想这也是这三个阅读训练要素被分别安排在四年级上册、四年级下册和五年级上册的原因。“体会人物心情/内心”的阅读训练,分别出现在四年级上册和五年级下册。四年级上册的阅读训练要素表述为:“学习用批注的方法阅读;通过人物的动作、语言、神态体会人物的心情。”五年级下册的阅读训练要素表述为:“通过课文中动作、语言、神态的描写,体会人物的内心。”对比两册的阅读训练要素,我们可以发现两者之间的不同。第一,四年级上册的表述中有“学习用批注的方法阅读”,五年级下册则省去这一表述,这说明学生对于“批注”这一方法已经掌握,不再需要重复学习。但是,两册的表述都同样凸显了文本意识,强调以文本为依据。这也告诉我们,批注仍然是我们引导学生从文本中寻找信息的重要方法,学习五年级下册第四单元的时候,仍然需要运用和进一步掌握“批注”的方法。第二,在表述中,措辞从四年级上册的“心情”到五年级下册的“内心”,体现了学生学情的变化和能力的提升。“心情”指的是某一种处境下的心理状态,而“内心”所指则更加丰富,可以是一段时间内人物的不同心情,可以是人物的心情变化轨迹。这从第十课《军神》课后第四题、“语文园地”的“交流平台”和“词句段运用”中可以看出来。

梳理表2,我们发现,在四年级时,对于学生习作方法的表达只是要求用“多种方法”写出人物特点即可,不指定必须是哪几种;在五年级下册则明确要求学生运用动作、语言、神态这三种描写表现人物的内心。首先,这是对本单元语文阅读要素的回应,体现了读写结合的原则。同时,相比四年级的习作训练,本次习作对表达的难度显然有了梯度的提升,学生对于动作、语言、神态三种描写方法都必须掌握,并且这些描写都服务于表现人物内心。因此,让学生“尝试运用动作、语言、神态描写,表现人物的内心”是本单元的又一个核心目标。

二、基于课后习题的语文要素落点分析

(一)课后习题的设计意图及教学要点分析

1.《古诗三首》课后习题分析

第一题:有感情地朗读课文。背诵课文。默写《从军行》《秋夜将晓出篱门迎凉有感》。

第二题:借助注释,说说下面诗句的意思,再想想它们表达了诗人怎样的感情。

黄沙百战穿金甲,不破楼兰终不还。
遗民泪尽胡尘里,南望王师又一年。
白日放歌须纵酒,青春作伴好还乡。

第一题强调朗读,指导背诵,指向阅读方法,首先让学生反复朗读,做到读得正确、流利,读出节奏感。其次,在朗读时,要注意引导学生体会诗人所表达的情感,最后,指导学生用朗读的方式表达出来。

第二题的设计目的是帮助学生抓住关键词句,通过想象人物的动作、语言、神态等细节,体会诗中人物和诗人内心的情感。教学时,可提醒学生借助注释,抓住“终不还”,想象将士们的神态、动作、语言,深切体会将士们的坚定深沉的誓言和豪情壮志,体会戍边将士及诗人的内心;以“泪尽”为着眼点,通过想象“遗民”的动作、神态,体会北方人民一年又一年地眼望南方,一次又一次失望的悲愤痛切,体会“遗民”及诗人的内心;紧紧抓住“从”“向”“下”“向”四个动词,体会诗人内心的情感。

将两道课后习题融合,通过指导学生想象诗歌中人物的神态、动作、语言,深切体会人物内心,再让他们带着这样的情感品读背诵,体会诗中人物及诗人的内心,将本单元语文要素高度关联并落实。

2.《青山处处埋忠骨》课后习题分析

第一题:默读课文,说说课文的两个部分分别写了什么内容。

第二题:从课文中找出描写毛主席动作、语言、神态的语句,体会他的内心世界,再有感情地朗读课文。

第三题:在抗美援朝战争中,无数英雄儿女为了保家卫国浴血奋战,他们被称为“最可爱的人”。查找资料,结合这些人物的故事,说说你对“青山处处埋忠骨,何须马革裹尸还”的理解。

第一题旨在整体感知课文,梳理文章主要内容。教学时必须引导学生紧紧抓住毛主席的神态、语言、动作,体会毛主席收到电报后的巨大悲痛和强忍悲痛最终做出把毛岸英葬在朝鲜这一决定时的艰难和痛苦。突出毛主席具有凡人感情、伟人情怀的主题,才能厘清课文两个部分的内容。

第二题明确指向本单元核心要素,是本课教学活动的主要着眼点。教学时,要引领学生关注一系列的神态、动作描写,通过情景再现和有感情地朗读、批注感受等形式,体会毛主席在签字时内心的艰难挣扎与痛苦,体会毛主席对爱子的思念与不舍。

第三题既是对本文相关内容和人文主题的拓展,又是在引领学生通过查资料的方法了解抗美援朝这段历史中涌现出来的无数英雄人物,同时能加深对文中毛主席这一人物形象内心情感的理解。以了解历史人物事迹体会人物内心和博大胸怀,依然紧扣语文要素。

第三题是第二题的拓展和升华,也是对方法与技能的学习和语文核心素养的落地,同时关联了本册

教材第三单元综合性学习的语文要素，巩固了查找、收集、整理资料的方法。

3.《军神》课后习题分析

第一题：朗读课文，注意读出人物说话的语气。

第二题：沃克医生是怎么发现刘伯承是军人的？后来为什么称他为“军神”？

第三题：从下面的句子中体会刘伯承的内心，再有感情地朗读。

病人微微一笑，说：“沃克医生，你说我是军人，我就是军人吧。”

病人一声不吭，他双手紧紧抓住身下的白床单，手背青筋暴起，汗如雨下。他越来越使劲，崭新的白床单居然被抓破了。

第四题：从课文中找出对沃克医生动作、语言、神态的描写，体会他的内心变化，再以他的口吻讲讲这个故事。

为了让学生充分理解本文内容，再次练习通过对人物动作、语言、神态的描写来品析人物内心变化的方法，本课课后习题紧密联系又层层递进，从初步感知到内容分析、语句赏析，再到尝试运用方法来表达，最终达到理解文本、练习方法并习得阅读方法的目标。课文对人物的语言描写较多的是沃克医生，在朗读时要根据人物心情、情感的变化读出不同的语气，边诵读边体会人物内心。沃克医生发现刘伯承是军人，是因其神态、动作、语言；称他为军神，也因其神态、动作、语言。朗读时思考，思考时朗读，引导学生通过人物的神态、动作、语言了解人物，体会内心。以沃克医生的口吻讲述故事，讲述故事时仍然要求落点在人物的动作、语言、神态上。

4.《清贫》阅读提示分析

阅读提示：默读课文，说说你从方志敏的自述中体会到他怎样的品质，再和同学交流你对“清贫”的理解。

阅读提示旨在引导学生通过描写方志敏和国民党士兵的语言、动作、神态的语句，体会人物的心理活动，并交流对“清贫”的理解。阅读提示指向学生方法与技能的学习与运用，尝试通过课文中动作、语言、神态的描写，运用习得的方法和技能，体会人物的内心。

5.“词句段运用”习题分析

第一题：读下面的句子，体会人物的内心，再选择一种情景，照样子写一写。

从见到这封电报起，毛主席整整一天没说一句话，只是一支接着一支地吸着烟。
黄继光愤怒地注视着敌人的火力点，他转过身来坚定地对营参谋长说：“参谋长，请把这个任务交给我吧！”
将军看了看他们桌子上的罐头，喉咙哽了一下，说：“同志们……”停了一下，又说：“孩子们，　我给大家分菜，每人一筷子。”
焦急地等人　　　期待落空　　　久别重逢

第二题：下面的句子写出了人物与平时不同的表现，体会它们的表达效果，照样子说一说。

手术台上，一向从容镇定的沃克医生，这次双手却有些颤抖，他额上汗珠滚滚，护士帮他擦了一次又一次。
平时遇到不顺心的事我都能一笑而过，可是这件事让我实在无法释然，胸口总像是被什么堵住了似的，白天心神不宁，晚上也无法入睡。

第一题安排了三个例句，引导学生在领悟人物的内心时是可以从外在的动作、神态、语言中感知到的，在阅读时要抓住关键的字、词去体会人物的内心。运用这样的方法，尝试照样子写一写，抓住人物的动作、语言、神态，表现人物“焦急地等人”“期待落空”“久别重逢”。从朗读、体会到动手写作，从阅读要素过渡到落实习作要素，读写结合，提升学生语文核心素养。

第二题依然安排了两个例句，引导学生将人物与平时的表现进行对比，目的是更加突出主题，起到强调、烘托的作用，增加表达效果。本题是阅读要素的拓展，更是习作要素的铺垫。

(二)单元典型性习题横向关联

本单元典型性习题编排如下：

(1)《古诗三首》课后第二题：借助注释，说说下面诗句的意思，再想想它们表达了诗人怎样的感情。

(2)《青山处处埋忠骨》课后第二题：从课文中找出描写毛主席动作、语言、神态的语句，体会他的内心世界，再有感情地朗读课文。

(3)《军神》：

①从下面的语句中体会刘伯承的内心，再有感情地朗读。

病人微微一笑，说：“沃克医生，你说我是军人，我就是军人吧。”
病人一声不吭，他双手紧紧抓住身下的白床单，手背青筋暴起，汗如雨下。他越来越使劲，崭新的白床单居然被抓破了。

②从课文中找出对沃克医生动作、语言、神态的描写，体会他的内心变化，再以他的口吻讲讲这个故事。

(4)“语文园地”：

①读句子，体会人物的内心，再选择一种情景，照样子写一写。

从见到这封电报起，毛主席整整一天没说一句话，只是一支接着一支地吸着烟。
黄继光愤怒地注视着敌人的火力点，他转过身来坚定地对营参谋长说：“参谋长，请把这个任务交给我吧！”
将军看了看他们桌子上的罐头，喉咙哽了一下，说：“同志们……”停了一下，又说：“孩子们，我给大家分菜，每人一筷子。”
焦急地等人　　期待落空　　久别重逢

②下面的句子写出了人物与平时不同的表现，体会它们的表达效果，照样子说一说。

手术台上，一向从容镇定的沃克医生，这次双手却有些颤抖，他额上汗珠滚滚，护士帮他擦了一次又一次。
平时遇到不顺心的事我都能一笑而过，可是这件事让我实在无法释然，胸口总像是被什么堵住了似的，白天心神不宁，晚上也无法入睡。

本单元的课后典型性习题紧紧围绕“通过课文中动作、语言、神态的描写，体会人物的内心”这一语

文要素，点面结合，横向铺陈，梯度推进，引导学生逐层深入地习得方法，学会运用。

《古诗三首》课后第二题提醒学生“借助注释，说说下面诗句的意思，再想想它们表达了诗人怎样的感情”，引领学生通过抓关键词、想象画面的方法理解诗句内容，体会人物心情；《青山处处埋忠骨》课后第二题让学生“从课文中找出描写毛主席动作、语言、神态的语句，体会他的内心世界”，为学生明确了体会人物内心世界的支架、方法和途径。《军神》课后第二题则直接把重点句子列出，指导学生抓住文中重点语句体会人物内心，从人物动作、语言、神态的变化中提取人物心理变化的链条，感受人物的心情变化。“词句段运用”则在体会人物内心的基础上，让学生借助支架照样子仿写，并将人物与平时的表现进行对比，突出主题，增强表达效果。这些题目指引学生从“体会人物心情”“体会人物内心”到“感受人物的心情变化”“照样子写一写”，既是单元内的语文要素的线性发展，更是核心素养的梯度推进，最终指向习作要素——“尝试运用动作、语言、神态描写，表现人物的内心”。

三、落实语文要素的典型性习题教学活动设计示例

（一）典型性习题

以《青山处处埋忠骨》课后第二题为例：从课文中找出描写毛主席动作、语言、神态的语句，体会他的内心世界，再有感情地朗读课文。

（二）教学设计

1. 活动一：默读课文找词语

默读课文，找出描写毛主席动作、语言、神态的语句，并用不同的符号勾画。

（1）深度自读，找准描写毛主席动作、语言、神态的语句，使用不同符号勾画。

（2）同桌交流，自查勾画情况。

2. 活动二：研读句子，体会内心世界

研读描写毛主席动作、语言、神态的句子，体会他的内心世界。

（1）引导学生关注动作和神态细节：“用食指按着紧锁的眉头”写出了毛主席皱眉的细微表情，写出了毛主席食指按住眉头的动作；从这些细节里体会毛主席内心充满悲痛和无奈，他心里可能在想：“岸英真的回不来了吗？”

（2）引导学生抓住语言描写体会人物内心：“岸英！岸英！”毛主席就是这样连续不断地、低声地呼唤爱子的名字，那份情是毛主席对毛岸英无限的父爱，在这情不自禁的喃喃自语中，包含着多少眷念与不舍。

（3）引导学生联系上下文，通过细读品味人物的语言、动作、神态，体会人物内心情感。启发学生思考（毛主席当时在想……还可能在想……也可能在想……）：想到这些，我们一定能感受到毛主席对儿子深深的爱，也一定能感受到毛主席痛失爱子无比悲痛的心情。带着这样的情感朗读，读出毛主席的内心世界。

设计意图：紧扣《青山处处埋忠骨》课后第二题，紧扣本单元语文要素，入情入景，声情并茂，通过对人物的语言、动作、神态描写体会毛主席的内心世界。

预期效果：引导学生深度自读，用横线勾画描写毛主席动作的语句，用波浪线勾画描写毛主席语言的语句，用双横线勾画描写毛主席神态的语句，思考这样的动作、语言、神态的引发事由（有什么内心情感才会有这样的动作，才会说出这样的话，才会有如此神态），进而走进毛主席的内心世界。学生通过这样的沉浸式体验，紧紧抓住人物的动作、语言、神态描写，体会毛主席的内心。学生学习运用此方法领悟人物情感、提升阅读能力，为"尝试通过人物的动作、语言、神态描写表现一个人的特点"搭建支架，既学会了学习方法，又能借助这个支架完成习作练习。

四、课后习题引导下的《军神》教学活动设计

（一）教学目标

（1）正确、流利、有感情地朗读课文，分角色朗读课文。

（2）理解沃克医生称刘伯承为"军神"的原因。

（3）理解描写人物动作、语言和神态变化的词句，体会刘伯承的坚强意志。学习老一辈无产阶级革命家为了实现革命理想坚定刚毅、勇于战胜一切困难的伟大精神。

（二）教学设计

1.活动一：创设情境，初读感知，厘清脉络

（1）教师介绍人物及背景，导入并板书课题。

（2）学生自读课文，厘清脉络。

2.活动二：合作探究，体会人物内心，感受人物品质

（1）自读课文并思考：文中哪句话最能体现沃克医生对刘伯承的敬佩？

（2）学生质疑：为什么称刘伯承为"军神"？教师引导学生厘清文章脉络。

设计意图：紧扣课后第一题，勾画描写刘伯承语言、动作、神态的句子，引导学生反复朗读，读出人物的语气，为教学课后第二题做铺垫。

3.活动三：合作探究，感悟体会

（1）教师：沃克医生发现刘伯承是军人，并称他为"军神"，是通过刘伯承在医治过程中的动作、语言、神态进行判断的。请同学们找出描写刘伯承动作、语言、神态的语句。

（2）小组讨论：沃克医生是怎么发现刘伯承是军人的？后来为什么称他为"军神"？

（3）根据小组讨论的结果出示相应句子，并理解、体会句子。

设计意图：以学习单的形式显现课后第二题，同时完成第三题，勾画描写刘伯承语言、动作、神态的句子，引导学生在读出人物语气的基础上体会人物的内心，带着人物的心情再读，感受人物品质。

4.活动四:自主学习,体会人物内心变化

(1)勾画批注描写沃克医生动作、语言、神态的语句,同桌交流。

(2)抓重点句,一边诵读一边感知沃克医生的内心变化。

设计意图:此活动既完成了课后第四题,落实本单元语文要素,也为"语文园地"中"词句段运用"教学做准备,同时关联本单元习作要素。

5.活动五:讲述故事,升华情感

(1)分角色朗读,再现故事内容。

(2)以作者或沃克医生的口吻讲述故事。

(3)小结。

预期效果:以上设计摒弃繁琐的面面俱到,将整个教学活动指向语文要素的学习。上面几个教学活动,引导学生勾画、圈点、批注、朗读,紧扣人物的动作、语言、神态描写,在探究和实践中体会人物内心,感受人物品质,注重情感体验,发展学生的感受和理解能力,提升独立阅读能力。学生通过这些活动,基本就能达到运用这些方法体会人物内心的目标,并将其逐渐运用到类似文章的阅读学习中,并尝试表达。

(彭水苗族土家族自治县第五小学校:卢伟)

第五单元
习作单元

一、第五单元整体分析

（一）整体描述

本单元是习作单元，人文主题是“众生百相”，语文要素是“学习描写人物的基本方法”。为了让学生对描写人物的方法从了解阶段进阶到掌握阶段，并在后面的习作表达中能实操运用，教材围绕这一主题安排了《人物描写一组》《刷子李》两篇精读课文，“交流平台”“初试身手”，两篇习作例文《我的朋友容容》《小守门员和他的观众们》和“习作”等教学内容。精读课文选取文学经典名段，旨在让学生学习大作家们描写人物的方法；“交流平台”和“初试身手”，则带领学生从片段练起，为“习作”打好基础；“习作例文”则选取同龄人的文章或与学生生活贴近的内容，给学生提供运用阅读教学中学到的方法进行习作的范例。各项内容之间环环相扣，体现出整体性和综合性的单元架构。

（二）语文要素纵向关联

《义务教育语文课程标准（2022年版）》对“感知人物形象”在不同的学段有不同的要求：第一学段要求对感兴趣的人物和事件有自己的感受和想法；第二学段关心作品中人物的命运和喜怒哀乐，具体感受作品的人物形象和语言；第三学段要求能描述自己印象最深的场景、人物细节并说出感受，能初步鉴赏文学作品。

表1 “感知人物形象”纵向关联

年段	单元	语文要素
四年级上册	第六单元	通过人物的动作、语言、神态体会人物的心情
四年级下册	第七单元	从人物的语言、动作等描写中感受人物的品质
五年级下册	第四单元	通过课文中动作、语言、神态的描写，体会人物的内心
六年级上册	第四单元	读小说，关注情节、环境，感受人物形象
六年级下册	第四单元	关注外貌、神态、言行的描写，体会人物品质

低段写人的文章较少，但仍然关注人物形象；四年级开始明确提出让学生关注人物形象，学生基本掌握了感知人物形象的方法。高段的学习，是在之前的学习经验基础上的进阶。本单元集中关注人物的形象描写，聚焦写作方法，把阅读经验与实践表达有机结合。由“感知”到“描写”的转变，是学生身份由“读者”到“作者”的转变。表述转换了角度，但方法还是以前学过的方法。

二、基于课后习题的语文要素落点分析

（一）语文要素在各板块的要求

“学习描写人物的基本方法”这一语文要素在每一板块的训练侧重点有所不同。

“交流平台”引导学生联系单元所学的内容，为我们梳理、总结出表现人物特点的基本方法。

《人物描写一组》通过多种方法表现人物的特点，重在让学生学习动作、外貌、神态等描写，体会其表达效果。

《刷子李》重在引导学生学习描写周围人的反应，学习间接描写人物特点的方法。

习作例文《我的朋友容容》重在一步步带领学生学习用典型事例表现人物特点的方法。

习作例文《小守门员和他的观众们》侧重学习用外貌、动作、神态描写来表现不同人物的特点。

“初试身手”和“习作例文”是让学生运用表现人物特点的方法。

表2　单元内容横向关联

内容	语文要素	作用
《人物描写一组》	渗透分解的语文要素	呈现规律
《刷子李》	多种方法表现人物的特点	从阅读中学习表达方法
“语文园地”	用多种方法以及对周围人的反应的描写来表现人物的特点	梳理、总结表达方法
“习作例文”：《我的朋友容容》	选用典型事例，用多种方法表现人物的特点	进一步体会方法，积累经验
“习作例文”：《小守门员和他的观众们》	用多种方法表现不同人物的特点	进一步体会方法，积累经验
“初试身手”	初步尝试运用多种方法写身边的人	初步尝试运用方法
“习作”：《形形色色的人》	选取典型事例，运用多种方法具体表现人物的特点	呈现本单元的学习成果

（二）课后习题的要素指向与活动分析

1.《人物描写一组》课后习题分析

第一题：默读课文，说说三个片段中的人物分别给你留下了什么印象，你是从哪些语句体会到的。

第二题：举例说说三个片段分别用了哪些描写人物的方法，结合课文中的语句，体会这些方法的表达效果。

第一题引导学生从具体描写的语句中把握人物的特点。第二题指向提高学生对“描写人物的基本方法”的认识。对于描写人物的基本方法，学生并不陌生，我们在低段写人的文章中就关注了人物形象，从四年级开始明确提出让学生关注人物形象，学生已经基本掌握了感知人物形象的方法。高段的学习，是为了提高学生对描写人物方法的认识，体会其表达效果。在这篇文章中具体引导学生结合三个片段中的具体语句，试着梳理、提炼一些描写人物的基本方法，并体会其表现人物特点的效果。

2.《刷子李》课后习题分析

第一题：默读课文，结合课文内容，说说刷子李这个人物的特点。

第二题：画出描写刷子李和曹小三的语句，体会课文是怎么写出刷子李的特点的。

本课课后习题依然围绕“学习描写人物的基本方法”进行设计。第一题引导学生结合课文的具体内容，体会刷子李的人物特点。第二题引导学生通过品读具体描写刷子李和曹小三的语句，进一步了解描写人物除了有直接描写人物的特点的方法外，还有通过描写周围人的反应间接描写人物的特点的方法。

3.《我的朋友容容》课后习题分析

课后习题：默读课文，结合批注，想一想课文是怎么写容容这个人的，这样写有什么好处。

这道题旨在引导学生结合例文的四处批注，进一步思考例文写人的方法除了描写动作、语言、神态外，还可以通过典型事例来表现人物的特点，同时体会这些方法的表达效果。教学时提醒学生结合旁批的提示，找出相关内容来体会描写人物特点的方法并进行交流，将方法内化于心。

4.《小守门员和他的观众们》课后习题分析

课后习题：默读课文，说说课文是怎样通过对小守门员和观众们的外貌、动作或神态的描写，表现出人物的不同特点的。和同学交流，哪个人物给你的印象最深。

这一题旨在引导学生进一步体会通过描写不同人物各具特色的外貌、神态、动作等具体表现人物各自特点的方法，并交流对人物的印象。在教学“习作例文”时，不必像精读文那样详细分析文本，可提醒学生自主关注旁批提示，结合相关语句，学习描写人物的基本方法并进行交流，同时为本次习作做铺垫。

（三）单元典型性习题横向关联

本单元课后习题的编排紧扣语文要素，一步一步落实语文要素。

《人物描写一组》课后第二题：举例说说三个片段分别用了哪些描写人物的方法，结合课文中的语句，体会这些方法的表达效果。

《刷子李》课后第二题：画出描写刷子李和曹小三的语句，体会课文是怎么写出刷子李的特点的。

《我的朋友容容》：想一想课文是怎么写容容这个人的，这样写有什么好处。

《小守门员和他的观众们》：说说课文是怎样通过对小守门员和观众们的外貌、动作或神态的描写，表现出人物的不同特点的。

为了让学生反复进行方法训练、习得能力，这几篇文章的课后习题都指向提高对“描写人物的基本方法”的认识。《人物描写一组》是通过多种方法来表现人物的特点，明白这些方法有什么表达效果。《刷子李》除了用多种方法表现刷子李的特点，还从侧面加入了曹小三的反应来表现刷子李的特点。《我的朋友容容》抓住了容容取报纸的不易和给我寄信的典型事例，在事例中通过对容容的动作、神态、语言的描写来表现容容忠于职守、天真可爱的特点。《小守门员和他的观众们》是一个进阶，让学生学习描写人物时要抓住不同人物的特色,从外貌、动作、神态等来描写。这几道题虽然都是学习“描写人物的基本方法”,但每一课对于不同方法的学习又有所侧重。

三、落实语文要素的典型性习题教学活动设计示例

(一)典型性习题

以《刷子李》的课后第二题为例:画出描写刷子李和曹小三的语句,体会课文是怎么写出刷子李的特点的。

本题指向抓住人物描写的语句,“学习描写人物的基本方法”的语文要素。教学时,可引导学生关注描写人物的语句,通过朗读、品析、交流等手段体会这些方法的表达效果。

(二)教学设计

1.活动一:唤醒旧知

(1)教师要求学生回忆《人物描写一组》,并思考:学到了哪些方法来表现人物的特点?

(2)默读课文,画出描写刷子李的语句,思考:作者是如何通过描写刷子李的外貌、动作等来表现他的技艺高超的?

①学生默读课文第3~11自然段,找出描写刷子李的语句。抓住刷子李的穿着独特、动作娴熟、语言自信,以及刷墙的效果来体会他的技艺高超。

②学生交流找出的句子。

2.活动二:梳理曹小三的感情变化

(1)学生默读课文第3~11自然段,找出描写曹小三情感变化的语句。

(2)学生交流找出的相关语句。教师根据学生的反馈相机板书。(半信半疑—崇敬—质疑—崇敬)

3.活动三:探寻情感变化的原因,感受高超的技艺

(1)教师引导学生思考:作者把曹小三的心理变化写得这么具体,这和表现刷子李的技艺高超有什么关系?

(2)学生自读课文,找到曹小三情感变化的原因。

(3)学生交流。

(4)再读描写曹小三情感变化及其原因的句子,思考并交流:从曹小三的两次质疑和两次崇敬中,你感受到了什么?曹小三是如何印证的,结果如何?

(5)联系起初的质疑,想象曹小三当时的心理活动:曹小三发怔发傻,他当时会想些什么?

设计意图:抓住直接描写刷子李的语句来体会人物的特点,再找出描写曹小三看师傅刷墙时的句子,以及由此产生的心理变化的语句,从侧面感受刷子李技艺高超的特点,从而学习描写人物的方法,完成《刷子李》的课后第二题。

预期效果:联系旧知,回忆上节课刚学习的《人物描写一组》的方法,然后引导学生带着这种方法研读直接描写刷子李的语句,体会人物特点,再聚焦描写曹小三的语句,梳理曹小三的情感变化,最后,探

寻曹小三情感变化的原因,侧面感受刷子李的技艺高超,体会其表达效果。通过这样的学习,相信学生对描写人物的方法有了进一步的体会。

思维路径:通过一系列的教学活动,学生回答这道题时,思路就比较清晰了。他们首先找到直接描写刷子李的句子,体会刷子李穿着独特、语言自信、刷墙效果好等特点,从而感受到他的技艺高超,再找出描写曹小三的感情变化的句子,探寻曹小三情感变化的原因,从侧面感受刷子李的技艺高超。学生从这两方面去建构语言,更深入地学习人物描写的方法。

四、课后习题引导下的《人物描写一组》教学活动设计

教学目标:

(1)结合三个片段中描写人物的语句,说出人物的特点。(关联课后第一题)

(2)知道可以通过描写人物的动作、外貌等表现人物的特点,并能体会其表达效果。(关联课后第二题)

教学重点:

(1)结合三个片段中描写人物的语句,说出人物的特点。

(2)知道可以通过描写人物的动作、外貌等表现人物的特点,并能体会其表达效果。

(一)第一课时

1.活动一:谈话导入,回忆人物描写的方法

(1)教师引导学生回忆《军神》一课:我们学到了哪些表现人物特点的方法?(板书:人物)

(2)教师补全课题,明确学习目标。

2.活动二:反馈预习情况,明确描写方法

(1)检测本课的生字词。

(2)教师提问:文章的三个片段主要写了哪些人物?每个片段分别运用了哪种描写方法来表现主要人物的?文中的主要人物分别给你留下了什么印象?

(3)组织学生交流。

(4)根据片段采用的不同的描写方法进行归类,学习第一个和第三个片段。

设计意图:通过提问,学生初步了解描写人物的方法,并尝试根据不同的描写方法进行归类学习。

3.活动三:指导学习《摔跤》,知道动作描写的作用

(1)引导学生梳理摔跤比赛的过程,然后点名交流。

①教师引导学生思考他们是怎么摔跤的,圈画出描写小嘎子和小胖墩动作的词,同时想象画面。

②交流反馈。点名同学上台表演文中的摔跤场景——一位同学读文章内容,两位同学分别扮演文中的小嘎子和小胖墩,表演的同学要注意演出人物的动作。教师提问:你觉得他们的表演是否贴近文章内容?是怎么做到的?(预设:抓住了文中描写人物动作的词语)

③小结:这一部分内容通过对人物动作的描写,让我们身临其境地观看了一场摔跤比赛。可见,对人物动作的描写可以生动地再现场景。

(2)引导学生再读课文，体会动作描写对突出人物特点的作用。

①指导学生阅读文章，体会小嘎子的机灵。教师提问：这场摔跤比赛是谁引发的？小嘎子选择的是哪种比赛方式，为什么？他在比赛中是怎样表现的？(教师根据学生的反馈相机板书：蹦来蹦去、钩)教师指导学生朗读相关语句，体会小嘎子的机灵，然后小结。(从小嘎子的一连串动作中，我们能感受到他的机灵。可见，动作描写能突出人物的特点)

②指导学生阅读文章，体会小胖墩儿的沉着。教师提问：通过刚才对描写小嘎子表现的语句的品读，你觉得这场比赛谁更有可能获胜？实际上是谁获胜呢？教师引导学生读文章，并圈出小胖墩儿的动作，请学生交流小胖墩给你留下了怎样的印象(板书：小胖墩)，然后思考小胖墩为什么会赢(相机板书：塌着腰、合了裆、别、推)，最后学生分角色朗读课文。

③总结：通过对第一个片段的学习，我们知道了通过描写人物的动作可以生动地再现情景，也可以突出人物的特点，机灵的小嘎子和沉着的小胖墩儿跃然纸上。

设计意图：带领学生抓住关键语句体会人物的特点，从而让他们感受动作描写的表达效果。

4.活动四：再次体会动作描写的作用

(1)学生阅读《两茎灯草》。

(2)学生画出描写严监生动作的语句，说说他是在什么情况下做出这些动作的。

(3)组织学生交流。

(4)让学生分角色朗读，揣摩严监生的心情，体会人物特点。

①学生分角色朗读，揣摩严监生的心情。(焦急、气恼)

②教师引导学生从严监生的动作、心情中，感受并概括他的特点。(吝啬)

(5)小结：从这个片段中，我们同样能感受到动作描写对刻画人物的作用，几个动作把严监生极度吝啬的性格刻画得入木三分。

设计意图：将两篇同是以动作描写为主的片段放在一起学习，让学生感受两篇文章的描写方式也略有不同，《摔跤》侧重于对一组动作的描写，《严监生》则是侧重于对典型动作的描写。教师指导学生学习，体会不管是哪种动作描写，都有突出人物特点的作用。

(二)第二课时

1.活动一：复习导入，回忆人物动作描写的作用

(1)教师引导学生回忆《摔跤》《两茎灯草》，复习动作描写的作用。

(2)全班交流动作描写的作用。

2.活动二：体会描写外貌的作用

(1)再次学习课文的第二个片段——《他像一棵挺脱的树》，关注文中描写外貌的句子。

①教师提问：外貌描写包含哪些内容？(容貌、身材、穿着、神态、仪态……)

②教师提问：作者侧重描写了祥子的哪些方面？(板书：穿着、身材、相貌)

(2)指导学生学习第一段描写“穿着”和“身材”的部分。

①学生默读课文，用自己的话说说祥子的身材和穿着。

②教师提问：这样的身材给你留下什么印象？

③结合插图,学习描写祥子穿着的内容。教师提问:从祥子的穿着上,你知道他是做什么的吗?(车夫)

④小结:通过这一部分的学习,我们知道了外貌描写可以交代人物的身份。

(3)指导学生学习描写“相貌”的部分,体会其作用。

①学生自由朗读课文第2自然段,思考:祥子给你留下了怎样的印象?(结实硬棒)

②学生再读第2自然段,说一说是从哪里看出祥子的结实的。

③学生通过朗读,进一步体会祥子的结实硬棒。

④小结:通过外貌描写,祥子结实健美的样子给我们留下了深刻的印象。

设计意图:引导学生抓住描写祥子外貌的句子,了解描写人物外貌不仅包括长相和身材,还有穿着、仪态等;通过抓住关键语句体会描写外貌的方法的作用。

3.活动三:词句段运用提前练

(1)小结:通过两节课的学习,我们重点学习了两种表现人物特点的方法——动作描写和外貌描写,还知道了它们的作用。如果我们平时要记录某个人物的特点,也可以根据人物的状态合理选用这些描写方法。

(2)布置作业:课间十分钟,观察一位同学,看看他有哪些表现。

设计意图:好作文都是攒出来的,学生刚刚学到了这个方法,就让他们学以致用,为后边“习作”打基础。

预期效果:这两节课都紧扣语文要素来学习描写人物的方法,体会其表达效果。这两节课都是先让学生抓住描写人物的关键语句,学习描写人物的方法,体会这种方法的作用。《摔跤》和《严监生》从动作描写的角度去体会表达效果。学生抓住描写人物动作的句子,勾画描写动作的词,通过演绎模拟场景,体会动作有突出人物的特点以及让人有身临其境之感。而《他像一棵挺脱的树》则是抓住描写祥子穿着、身材、长相的句子,去体会祥子的身材特点、人物身份,从而体会外貌描写的作用。

思维路径:通过三个片段的学习,学生对人物描写的方法有了进一步的认识,对动作描写和外貌描写的作用有了深入的体会。对于回答这两个课后题,相信学生应该能够抓住相关句子建构语言,从而完整地表述人物描写的方法和相关的作用。

(彭水苗族土家族自治县第三小学校:黄怡)

第六单元
思维火花

一、第六单元整体分析

（一）整体描述

为了引导学生树立结合实际思考问题的意识，知道要根据具体情况选择恰当的解决问题的办法，将思维训练融入语文学习，本单元围绕“思维火花”这一主题选编了三篇涉及古今中外的文章，分别是《自相矛盾》《田忌赛马》《跳水》，展现了思辨与智慧。此外，还安排了想象类习作《神奇的探险之旅》以及“语文园地”（包括“交流平台”“词句段运用”“日积月累”），旨在训练学生发散思维进行思路探究，并尝试将思维过程用语言和文字进行梳理并表达出来。

（二）导语页

从导语页中，我们明确了本单元的主题是“思维火花”，语文要素是“了解人物的思维过程，加深对课文内容的理解”“根据情境编故事，把事情发展变化的过程写具体”。

（三）语文要素纵向关联

为了在教学中训练学生的思维能力，引导他们关注思维过程和路径，教材很多单元都编排了相关的训练内容。要素的前半句“了解人物的思维过程”，指的是当遇到具体问题时，通过观察并分析当时的客观条件，用适宜的对策解决问题的思路历程。不同的年段有不同的要求。

表1　语文要素纵向关联

年段	单元	语文要素
三年级下册	第一单元	试着一边读一边想象画面
	第五单元	走进想象的世界，感受想象的神奇
四年级上册	第一单元	边读边想象画面，感受自然之美
五年级上册	第三单元	创造性地复述故事；缩写故事
五年级下册	第四、第五单元	围绕人物表现来了解人物内心和特点
	第六单元	了解人物的思维过程

小学阶段，学生的思维发展过程主要表现为从直觉思维到形象思维，再由形象思维到抽象思维（逻辑思维）过渡。比如三年级下册第一单元阅读训练要素是“试着一边读一边想象画面”，第五单元“走进想象的世界，感受想象的神奇”，四年级上册第一单元“边读边想象画面，感受自然之美”，这些都是在提升学生的形象思维能力。五年级上册第三单元要求将“创造性地复述故事”与“缩写故事”同时进行，则体现了抽象思维。五年级下册第四单元、第五单元通过描写人物的表现来了解人物内心和特点，本单元是“了解人物的思维过程”，这个过程显然又提高了要求，课文的学习从内容层面进入思维层面，从而培养学生的逻辑思维能力，提升思维品质。

后半句“加深对课文内容的理解”，有关“理解文章的内容”这一范畴的阅读训练要素，统编版教材根据学生的认知发展规律，做出了循序渐进的设计安排。

统编版教材从中段就开始有计划地安排“理解课文内容”的训练要素，整体呈现循序渐进、螺旋式上升的特点。因此在学习时一定要注意前后勾连，有意识地引导学生运用学过的方法。比如四年级上册第七单元的“导语”中，明确提出“关注主要人物和事件，学习把握文章的主要内容”的学习要求。在单元“交流平台”中，则以对话的形式，对把握文章的主要方法做了归纳总结。四年级下册第六单元则提出“学习怎样把握长文章的主要内容”的学习要求。

二、基于课后习题的语文要素落点分析

（一）语文要素在各板块的要求

单元课程总目标第四条：在发展语言能力的同时，发展思维能力，学习科学的思想方法，逐步养成实事求是、崇尚真知的科学态度。这一目标与本单元的语文要素十分吻合，并在每一课得到落实。

《自相矛盾》，应引导学生抓住有的人问的话：“以子之矛陷子之盾，何如？”推测他当时的想法。思考“其人弗能应也”的原因，从而加深学生对这个寓言故事的理解，提升学生的思维能力。

《田忌赛马》，让学生分析孙膑为什么要让田忌安排这样的出场顺序，再引导他们画出对阵图分析。学生在理解课文内容的同时获得他们善于分析的思维品质。

《跳水》，让学生分析船长的办法好在哪里，从而推断船长面临问题时思考的过程，仍然是对学生思维的训练。

“交流平台”带领学生梳理、总结思考问题的方法。整个单元紧扣阅读要素，培养学生遇到问题时结合实际情况分析、解决问题的能力。

（二）课后习题的要素指向与活动分析

1.《自相矛盾》课后习题分析

第一题：正确、流利地朗读课文。背诵课文。

第二题：联系上下文，猜测加点字的意思。

誉之曰：“吾盾之坚，物莫能陷也。”

其人弗能应也。
不可同世而立。

第三题：想一想“其人弗能应也”的原因是什么？

第四题：用自己的话讲讲这个故事。

这是一篇文言文，与白话文相比，读起来稍显拗口，学习这样的文章应引导学生以读为主，首先尝试读准字音，读通语句，读出节奏，再在教师的带领下理解、感悟，最后达到熟读成诵、积累语言的目的。这就是第一题设计的目的。

学习文言文常用的方法是多读，借助注释、插图、工具书来帮助理解。课后第二题给我们学习文言文提供了新的思路，那就是联系上下文猜测加点字的意思，旨在提高学生整体感知的能力。

第三题重点应放在如何引导学生分析这个人说话前后矛盾的原因上，从而明白其中的道理，把阅读指向学生生活。

第四题是用自己的话说一说这个故事，引导学生在讲述中厘清故事的脉络，练习表达，训练逻辑思维。

这几道题的设计体现了环环相扣、螺旋上升的编排特点。小学生学习文言文应该以读为主，在熟读的基础上理解文本。第二题就给学生提供了理解文本的思路。在学生自主理解的基础上，再引导他们去分析卖矛人尴尬境地的原因，从中明白道理。有了这样的铺垫，学生在理解的基础上用自己的话来讲这个故事就容易多了，同时体现了学生由浅入深的思维过程。

2.《田忌赛马》课后习题分析

第一题：默读课文，用自己的话讲讲田忌赛马的故事。

第二题：连一连，把齐威王和田忌赛马的对阵图标画出来。说一说，孙膑为什么要让田忌这样安排马的出场顺序？

齐威王	田　忌
上等马	上等马
中等马	中等马
下等马	下等马

第三题（选做）：历史上有许多运用谋略取得胜利的故事，找一找相关资料，和同学交流。

第一题，通过学生自主默读课文，在学生了解课文内容后，尝试用自己的话讲述故事，提升学生的思维能力。

第二题用画图法指导学生推测文中思维方式的方法，感知解决问题的思维模式，引导学生认真调查研究、分析实际情况、统筹全局、运用智慧，通过这样的模式解决问题。

课后选做题，让学生查找运用谋略取得胜利的相关资料。像这样的历史故事有很多。这道题旨在将学生从课内引向课外，拓宽学生的知识面，培养学生搜集资料、整理资料的能力，提高学生的思维能力。

3.《跳水》课后习题分析

第一题:默读课文,想想故事的起因、经过和结果,把下面的内容填写完整,再讲讲这个故事。

水手拿猴子取乐—(　　　)—(　　　)

第二题:课文多次描写水手们的"笑",把相关的语句找出来,说说这几次"笑"与故事情节发展的联系。

第三题:在那个危急时刻,船长是怎么想的?他的办法好在哪里?和同学交流。

第一题首先让学生朗读,借助提示厘清文章脉络、把握故事情节。在此基础上,引导学生结合情节变化体会事物产生变化时的内在联系。最后让他们按照脉络有序复述故事,构建故事形态。

第二题首先引导学生抓住关键语句体会水手的笑和孩子情绪变化的内在联系,帮助学生了解孩子是怎样一步步走向绝境的,再提醒学生感知推动情节发展的逻辑关系。

第三题以问题形式引导学生推测船长的思维过程,体会课文内容,再通过感知解决问题的思维模式,即认真调查研究—分析实际情况—统筹全局—运用智谋,帮助学生了解思维过程、初步形成正确的思维习惯。

三道题目由表及里、由浅入深,帮助学生认识文中人物的思维过程,逐渐形成正确的思维习惯。

(三)单元典型性习题横向关联

想一想:"其人弗能应也"的原因是什么?(《自相矛盾》课后第三题)

连一连,把齐威王和田忌赛马的对阵图标画出来。说一说:孙膑为什么要让田忌这样安排马的出场顺序?(《田忌赛马》课后第二题)

齐威王	田　忌
上等马	上等马
中等马	中等马
下等马	下等马

在那个危急时刻,船长是怎么想的?他的办法好在哪里?和同学交流。(《跳水》课后第三题)

这些课后题都是围绕人文主题"思维火花"来设计的,紧扣语文要素"了解人物当时的思维过程"来编排的。在实际教学中,都是让学生在把握课文内容的基础上,进一步了解文中人物解决问题的思维过程,培养学生对文章的整体把握能力和根据具体情况思考问题、解决问题的意识,课文的学习从内容层面进入思维层面,从而培养学生的逻辑思维能力,提升思维品质。

三、落实语文要素的典型性习题教学活动设计示例

(一)典型性习题

以《田忌赛马)课后第二题为例:连一连,把齐威王和田忌赛马的对阵图标画出来。说一说:孙膑为什么要让田忌这样安排马的出场顺序?

齐威王	田　忌
上等马	上等马
中等马	中等马
下等马	下等马

这道题是让学生通过画对阵图来推演孙膑为什么这样安排马的出场顺序，深入了解人物的思维过程，从而在面临问题时学会分析当时的情况，再选择合适的办法去解决。

（二）教学设计

1. 活动一：梳理人物关系，厘清课文结构

（1）学生自读课文，文中写了哪些人物，他们之间有什么关系？

（2）思考：课文哪几个自然段写了田忌与齐威王赛马？

（3）全班交流。

设计意图：学生自读课文，梳理人物之间的关系，把握课文的结构。

2. 活动二：借图说清田忌获胜的原因

（1）教师：孙膑从一个“门客”最终成为齐威王的“军师”，这与他为田忌献策赢得赛马紧密相关。孙膑为什么要这样安排马的出场顺序？（学习第二段孙膑观察几场赛马之后的发现）

（2）默读课文第10~14自然段，结合课后题连一连齐威王和田忌赛马的对阵图，再组织学生交流赛马的过程，探讨他们的对阵方式。

①让学生说一说田忌比赛获胜的原因，再让学生画另外几种对阵图，比如田忌的上等马对齐威王的上等马，田忌的中等马对齐威王的下等马，田忌的下等马对齐威王的中等马等几种情况，通过对比发现怎样的顺序才能赢得比赛。

②小结：这样安排马的出场顺序，是齐威王没有想到的。

③让学生朗读第10~14自然段，读出齐威王好奇的语气。

（3）教师追问：是谁给田忌出谋划策的？

（4）小结：这一切正是孙膑的主意，是他让田忌刻意安排了马的出场顺序，才使得田忌稳稳获胜。可见，孙膑在这次比赛中起着关键的作用。

设计意图：本环节借助课后习题中的对阵图画出不同的对阵方式，了解孙膑的思维路径，厘清赛马的过程，明白了孙膑为什么要这样安排马的出场顺序，从而突出孙膑这一人物在赛马中的关键作用。

3. 活动三：再次体会田忌赛马获胜的原因

（1）学生自读第3~13自然段，思考：孙膑给田忌献计以后，田忌前后的态度是怎样的？

预设：

①孙膑说用他的方法就有把握让田忌获胜，田忌一开始有些不明白，后来决定信任孙膑，全听他的。

②第一场比赛田忌输了以后，他不动声色，一点也不着急。

③第二场比赛田忌赢了后只是微微一笑。

④第三场比赛田忌赢了后满意地笑了。

(2)引导学生联系上文思考:一开始田忌决定“全听”孙膑的,其原因究竟是什么?(田忌很赏识他,孙膑胸有成竹)

(3)学生再读孙膑的话,说说从哪些语句中可以看出他“胸有成竹”。(保证、请放心、一定能)

(4)引导学生再次思考:田忌赢得这次比赛除了调换马的出场顺序外,还有什么原因?(田忌对孙膑的信任以及自己的不露声色)

(5)让学生再次朗读孙膑与田忌的对话,体会田忌在比赛中的态度变化。

(6)学生思考:齐威王虽然输了比赛,但他赢得了什么呢?(学习最后一个自然段)(他虽然输了比赛却赢得了贤才)

(7)学生思考:学到了这里,你觉得孙膑是一个怎样的人?

设计意图:引导学生抓住人物的关键语句来读懂人物的内心。体会田忌在比赛中的态度变化,进而知道田忌对孙膑的信任也是赢得比赛的重要原因。学生在了解人物思维过程的同时加深对文本的理解,从而提升思维能力。

预期效果:自读课文,梳理人物的关系,厘清故事的结构。抓住孙膑多次观察以后发现的情况,重点学习他们对阵的内容,通过画不同对阵的图示等活动去深入探索人物思考的过程;再次深入文本,了解田忌赢得比赛除了调换马的出场顺序之外还有哪些原因。通过这样的学习,相信学生有了解决问题的意识——遇到问题—分析当时的情况—选择合适的办法来解决问题,从而提高思维能力。

思维路径:学生抓住人物之间的关系,梳理课文的结构。以课后对阵图为抓手,学生画出了不同的对阵方式,知道只有这样对阵才有可能赢得比赛。然后借助赢得比赛的对阵图建构语言,相信学生能够说清楚赛马的过程,明白孙膑为什么要这样安排马的出场顺序。

四、课后习题引导下的《跳水》教学活动设计

教学目标:

(1)认识“肆、枪”等6个生字,会写“艘、航”等11个字。

(2)梳理故事的起因、经过和结果,把握文章大意。

(3)能说出水手们的“笑”对推动故事情节发展的作用。

(4)能说出船长所用办法的好处。

(5)能按故事的起因、经过和结果,讲述故事内容。

教学重难点:梳理故事的起因、经过和结果,把握文章大意。能说出船长所用办法的好处。能说出水手们的“笑”对推动故事情节发展的作用。

(一)第一课时

1.活动一:读课文,厘清事情的发展顺序

(1)自读课文,读准字音,读通句子。

(2)检测生字词的学习情况。

(3)借助课后第一题厘清故事的起因、经过和结果。

①文中有哪些人物? 用一句话说清楚在这些人物之间发生的事。

②组织学生交流,概括人物之间发生的事。

③根据学生的交流板书:猴子逗孩子生气、孩子追猴子遇险、船长逼孩子跳水。

(4)引导学生依据内容要点,厘清事情的发展顺序。

设计意图:课后第一题为学生提供了把握文章主要内容的思路,借助提示以及例子提炼重点信息,帮助学生梳理清楚课文的大意,进而厘清文章叙述的顺序。

2.活动二:体会水手们的笑与猴子和孩子之间的联系

(1)课文多次描写水手们的“笑”,默读课文,把相关语句找出来。

(2)面对水手们笑,猴子的行为有哪些变化?快速浏览课文,找出相关语句。

(3)全班交流。

(4)勾画文中描写猴子动作的词,说说你的体会。

(5)孩子的心情有着怎样的变化呢?让学生再次默读课文,抓住孩子动作和神态的变化体会他当时的心情,分别用词语概括出来,在文中做好批注。

(6)全班交流描写孩子心情变化的语句。

只有那个孩子哭笑不得。

孩子却气得脸都红了。

孩子气极了。

孩子听到叫声往下一望,两条腿不由得发起抖来。

(7)对于不同的心情变化,我们可以用哪些词来概括呢?(尴尬、恼怒、暴怒、害怕)

(8)说说水手们的“笑”与故事发展的联系。

设计意图:抓住水手们的笑与猴子行为变化的联系,进而让孩子们找出描写男孩心情变化的语句;采用做批注的方式,概括出孩子心情变化的过程,并以此为线索找到水手们的笑与故事情节发展之间的联系。这一教学过程的设计,体现了指导学生进行恰当批注的方法,训练了学生的概括能力和语言运用能力。

3.活动三:梳理本课的学习内容

结合板书,师生共同总结本课学习重点:通过以上学习,我们了解了事情的起因、经过、结果,还采用做批注的方式梳理孩子心情的变化,并说出变化的原因,了解了孩子遇险的经过,知道了水手们的笑推动了情节的发展。

设计意图:教师引导学生回顾本课的学习内容及主要学习方法,既是对课堂知识的巩固,又为孩子讲述故事打下坚实的基础。

(二)第二课时

1.活动一:回顾上节课的学习,复述孩子遇险的经过

抓住孩子心情的变化说清楚孩子遇险的经过。

设计意图:回顾上节课所学,复述孩子遇险的经过,为后边讲清楚这个故事做铺垫。

2.活动二:联系事情的“结果”,说出船长所用办法的好处

(1)孩子面临着怎样的处境?(学习第4自然段,找到相关句子,体会当时孩子面临的处境非常危险)

(2)在那个危急时刻,船长是怎么想的?他的办法好在哪里?(小组合作学习)

①学生思考:船长是怎么想的?教师组织全班学生交流,师生共同提炼并梳理信息,推断船长逼孩子跳水时的想法。

分析孩子的处境:孩子心惊胆战,只要一失足直摔到甲板上就没命了。即使他走到横木那头,拿到了帽子也难以回转身来。

分析当时的客观条件:海面风平浪静,船上有二十多个勇敢的水手,自己手里有枪,如果逼孩子跳水,在水手们的救助下还会获得一线生机。

结合船上的各种情况来分析,拿枪逼孩子跳水是唯一可行的办法。

小结:要了解人物内心的想法,必须关注他当时观察到的具体情况。

②引导学生思考:作者为什么没有把船长的这些想法写出来?(体现了情况的危急,以及船长的沉着、机智、果断)

③师生相继读描写船长言行的句子,读出船长的沉着、机智、果断。

学生:孩子只要一失足直摔到甲板上就没命了。

教师:向海里跳!快!不跳我就开枪了!

学生:即使他走到横木那头,拿到了帽子也难以回转身来。

教师:向海里跳!快!不跳我就开枪了!

学生:有个人吓得大叫了一声,孩子听到叫声往下一望,两条腿不由得发起抖来。

教师:向海里跳!不然我就开枪了!一!二!

学生:孩子心惊胆战,站在横木上摇摇晃晃的,没听明白他爸爸的话。

教师:向海里跳!不然我就开枪了!一!二!

(3)引导学生结合孩子获救的结果,感受船长所采用的办法的好处。

设计意图:故事的结尾部分是本文的叙述重点,也是落实“了解人物思维过程,加深对课文内容的理解”这一单元语文要素的关键所在。教学时,学生小组合作学习,从不同的角度去分析、揣摩船长的思维过程,进而引导学生了解“跳水”这一办法是唯一可行的。同时提出质疑:那作者为什么不把这一想法写出来呢?进而感受作者表达的精妙。

3.活动三:交流学习心得,讲述故事

(1)教师提问:学了这篇课文,你有什么收获?(遇到问题,要根据具体情况,确定解决问题的方法)

(2)作者为什么要以跳水为题呢?(以课文的重点内容为题)

(3)先和同桌讲讲这个故事,再随机抽学生上台讲故事。

设计意图:这一个单元的语文要素就是让学生“了解人物的思维过程,加深对课文内容的理解”,通过学习让学生明白遇到问题要根据具体情况确定解决问题的方法,通过提问、讲故事等加深学生对这一方法的认识,从而提高学生的思维能力。

预期效果:结合课后习题,先通过流程图的方式帮助学生梳理文章内容,再找出描写水手的句子,了解描写水手们的笑推动了故事情节的发展,让学生明白船长在此时面对的艰难处境,为描写他果断而正确的决策做好了铺垫。带领学生关注船长的思维过程时,重点关注他是如何想的,让学生将他的想法放在特定的故事情节中进行分析,可以通过小组合作学习来碰撞思想的火花,分析当时孩子面临的处境以及客观条件,从而突破本课的重难点,知道船长的办法是唯一可行的。通过这样的学习,相信学生在遇到问题时就应该知道要根据具体情况确定解决问题的方法。最后,讲故事活动训练了学生的思维发散性和创造性。

思维路径:学生通过学习,知道了文中男孩的艰难处境;通过小组的合作学习,探索清楚船长的想法;结合“交流平台”建构语言,相信学生能够从不同的角度表述船长的想法,并且知道船长的办法是唯一可行的。完成学习后,学生对文本有了深入的理解,便能够讲清楚这个故事。

(彭水苗族土家族自治县第三小学校:黄怡)

第七单元
异域风情

一、第七单元整体分析

（一）整体描述

审美教育是新课标对小学语文教学提出的一个新课题、新要求。为了让学生感受美丽的自然风光，学习写景文习作的基本方法，每册教材都编排有写景文。本单元围绕“异域风情”选编了两篇精读文，体裁都是散文，《威尼斯的小艇》和《牧场之国》；一篇略读文《金字塔》，由散文《金字塔夕照》和非连续性文本《不可思议的金字塔》组成，两则短文都在写金字塔，但文体不同，表达方式也不同。在这三篇课文中，作者利用静态、动态描写的方法充分展现了水城威尼斯独特的风光，描写了荷兰安闲的牧场，介绍了古老的埃及金字塔，呈现出一幅幅动人的画卷，让学生在感受不同异域风情的基础上学习课文描写景物的方法。

（二）导语页

本单元的人文主题是“异域风情”，阅读要素是“体会静态描写和动态描写的表达效果”，习作要素是“搜集资料，介绍一个地方”。

本单元带领学生跟随美国著名作家马克·吐温的步伐欣赏水上城市威尼斯的风光，小艇独特的魅力，体会作家笔下威尼斯的动静之美；与捷克作家卡雷尔·恰佩克一起走进荷兰的碧绿草原，在课文静态描写和动态描写中感受牧场中宁静、安详的生活。

（三）单元要素纵向关联

1. 阅读要素

“体会静态描写和动态描写的表达效果”旨在培养学生的文学作品鉴赏能力。《义务教育语文课程标准（2022年版）》关于阅读总目标的要求有：具有独立阅读的能力，注重情感体验，有较丰富的积累，形成良好的语感。学会运用多种阅读方法。能初步理解、鉴赏文学作品，受到高尚情操与趣味的熏陶，发展个性，丰富自己的精神世界。从分段培养目标看，低段“理解词句的意思”，中段“体会词句表情达意的作用”，高段“了解文章的表达顺序，领悟文章的基本表达方法”，这种鉴赏能力的培养是有梯度的。而本单元的阅读要素“体会静态描写和动态描写的表达效果”，对于写景类作品的文学品鉴能力发展也是有梯度的。

表1 “体会静态描写和动态描写的表达效果”纵向关联

年段	单元	阅读要素
三年级下册	第一单元	试着一边读一边想象画面
四年级上册	第一单元	边读边想象画面
五年级上册	第七单元	初步体会课文中的静态描写和动态描写
五年级下册	第七单元	体会课文中静态描写和动态描写的表达效果

2. 习作要素

“收集资料，介绍一个地方”是本单元的习作要素，旨在培养学生的书面表达能力。这种能力的培养，在课标的阶段性要求中有不同的侧重点。低段要求写自己想说的话，写想象中的事物，写出自己对周围事物的认识和感想。中段要求写见闻、感受和想象，注意表现自己觉得新奇有趣的或印象最深、最受感动的内容。高段要求内容写具体、感情真实，能根据习作内容表达的需要分段表述；收集资料，介绍一个地方。

“收集资料”指向策略、手段，统编版教材利用“综合性学习”进行有梯度的安排：四年级下册第三单元的语文要素是根据需要收集资料，初步学习整理资料的方法；让学生尝试创作自己的诗歌；合作编小诗集，举办诗歌朗诵会。五年级下册第三单元要求学会通过“查找图书、网络搜索、请教别人”去搜集资料，本单元则要求运用这些方法，介绍一个地方。“介绍一个地方”指向写景，这种习作能力的培养在统编版教材中进行了有梯度的安排。

表2 “收集资料，介绍一个地方”纵向关联

年段	单元	习作要素
三年级上册	第六单元	习作时试着围绕一个意思写
四年级下册	第三单元	根据需要收集资料，初步学习整理资料的方法
	第五单元	学习按游览的顺序写景物
五年级上册	第七单元	学习描写景物的变化
五年级下册	第三单元	学习搜集资料的基本方法
	第七单元	收集资料，介绍一个地方

通过分析，我们不难发现，阅读要素指向培养学生对写景类作品的鉴赏能力，学会静态和动态描写的方法，在“综合性学习”中学会收集资料的方法、策略。这其实是为本单元写作要素做的铺垫，由此使阅读要素和习作要素互为关联。教学时，应充分理解编者意图，有针对性地设计教学活动。

二、基于课后习题的语文要素落点分析

（一）语文要素在各板块的要求

阅读要素“体会静态描写和动态描写的表达效果”，在单元教学内容中是如何分解和落地的。对此，每篇课文的课后习题都做了安排，“语文园地”中的“交流平台”做了梳理。

“交流平台”帮助学生梳理了课文《威尼斯的小艇》《牧场之国》中的动态和静态描写内容，并引导学生明确静态和动态描写的作用——“能够呈现景物独特的魅力”。

《威尼斯的小艇》通过引导学生体会作家笔下的威尼斯的动、静之美，让他们体会并学习静态描写和动态描写的表达效果。

《牧场之国》重点引导学生体会荷兰牧场的自由、悠闲、宁静之美，进一步巩固体会静态描写和动态描写的表达效果。

《金字塔》则指引学生体会在第一则短文《金字塔夕照》中运用的方法，体会夕照下金字塔的静态美。

本单元习作则是以课文内容为范例，让学生运用静态和动态描写的方法进行习作练习，使得习作要素的落地有了路径和策略。

（二）课后习题的要素指向与活动分析

1.《威尼斯的小艇》课后习题分析

第一题：默读课文，说说课文围绕小艇写了哪些方面的内容。

第二题：体会作家笔下威尼斯的动、静之美，再有感情地朗读课文。

第三题：读下面这段话，说说小艇有哪些特点，再体会加点部分的表达效果。

威尼斯的小艇有二三十英尺长，又窄又深，有点儿像独木舟；船头和船艄向上翘起，像挂在天边的新月；行动轻快灵活，仿佛田沟里的水蛇。

第四题：读下面的“阅读链接”，想想在描写威尼斯时，三位作家的表达方法有什么相似之处。（详见教材）

第一题引导学生通过梳理课文内容，了解威尼斯的概况及小艇的特点，明白小艇对于威尼斯的重要性。

第二题体现单元阅读要素，让学生通过朗读和品味，体会作家笔下威尼斯的动、静之美，即是体会静态描写和动态描写的表达效果。

第三题是引领学生抓关键词，了解小艇的特点，体会比喻修辞手法的妙用，教会学生体会句子表达效果的方法。

第四题通过比较三位作家描写威尼斯时在表达方法上的相似之处，训练学生提炼表达方法的能力，加深对威尼斯的了解，进一步感受这座水上名城的魅力。

2.《牧场之国》课后习题分析

第一题：有感情地朗读课文。

第二题：作者眼中“真正的荷兰”是什么样的？作者为什么反复强调“这就是真正的荷兰”？

第三题:作者笔下的牛、马、羊等动物别有一番情趣,如,“牛犊的模样像贵妇人,仪态端庄”。找出这样的句子,读一读,再把它们抄下来。

第一题旨在引导学生理解课文内容,体会荷兰牧场的宁静之美、牧场动物的生活情趣,学生能带着这种理解进行有感情的朗读。悟读结合,以读促悟。

第二题通过让学生关注关键句,了解荷兰牧场的特点,进而体会荷兰牧场的自由、悠闲、宁静之美,落实了语文要素;揣摩修辞手法的反复运用,体会作者对荷兰牧场安宁、美好、和谐生活的赞美,加深对荷兰牧场的印象。

第三题是优美语句的积累,意在通过朗读、摘抄等形式提高学生对语句的品鉴能力,积累范例,并在今后的表达中迁移运用。

3.《金字塔》阅读提示分析

第一题:默读下面两篇短文,说说你对金字塔有了哪些了解。(详见教材)

第二题:两篇短文用了不同的方式写金字塔,你更喜欢哪一种?说说你的理由。

第一题意在让学生了解课文内容,让学生通过阅读文本,提炼文中信息,了解金字塔的相关信息。

第二题旨在了解散文和非连续性文本的表达特点,在对比阅读中帮助学生认识两篇短文的差异:《金字塔夕照》一文,侧重帮助读者通过语句想象画面,直接体会作者对事物的情感,落实语文要素;《不可思议的金字塔》一文,侧重为读者提供丰富而明晰的信息。

(三)单元典型性习题横向关联

本单元围绕语文要素“体会静态描写和动态描写的表达效果”安排了这样的典型性课后习题:

体会作家笔下威尼斯的动、静之美,再有感情地朗读课文。(《威尼斯的小艇》课后第二题)

作者眼中“真正的荷兰”是什么样的?作者为什么反复强调“这就是真正的荷兰”?(《牧场之国》课后第二题)

作者笔下的牛、马、羊等动物别有一番情趣,如,“牛犊的模样像贵妇人,仪态端庄”。找出这样的句子,读一读,再把它们抄下来。(《牧场之国》课后第三题)

两篇短文用了不同的方式写金字塔,你更喜欢哪一种?说说你的理由。(《金字塔》课前导语)

认真分析课后习题后发现,单元课文对于阅读要素的落实具有一定的层次性和相关性。两篇精读课文重在教给学生方法,《威尼斯的小艇》引导学生体会作家笔下威尼斯的动、静之美,再有感情地朗读课文,任务指向很明确。《牧场之国》,作者眼中“真正的荷兰”是什么样的?作者为什么反复强调“这就是真正的荷兰”?学生读懂了作者眼中的荷兰,自然也能体会到荷兰牧场的宁静之美和动物的情趣描写,从而体会到静态和动态描写的表达效果。该课对于阅读要素的落实相对隐晦。两篇课文的任务驱动不一样,但对学生语言文字的品鉴能力的培养目标是相同的,编者从不同角度教会学生体会静态描写和动态描写的表达效果。《金字塔》则在第一则短文《金字塔夕照》中运用静态描写的方法,体会夕照下金字塔的静态美。

围绕阅读要素“体会静态描写和动态描写的表达效果”,在“语文园地”的“交流平台”中对本单元的学习进行梳理、总结,明确了“恰当地运用静态描写和动态描写,能够呈现景物独特的魅力”。在“语文园地”的“词句段运用”中,第一题“下面的句子分别写出了景物的动、静之美,读一读,再选择一个情景,照样子写一写”，积累优美语句，意在提高学生对语句的品鉴能力，并仿照范例进行小练笔，为本单元的习作任务做铺垫。

三、落实语文要素的典型性习题教学活动设计示例

（一）典型性习题

以《威尼斯的小艇》课后第二题为例：体会作家笔下威尼斯的动、静之美，再有感情地朗读课文。

本题指向语文要素“体会静态描写和动态描写的表达效果”。教学时，应重在引导学生勾画动态和静态描写的句子，有感情地朗读，然后体会其表达效果。

（二）教学设计

1.活动一：默读课文，自主勾画，体会表达效果

（1）默读课文第2自然段，思考：课文中哪些内容让你读的时候有一种静的感觉，哪些地方又给你动的感觉？读读相关的句子，再说一说这样写的好处。

（2）组织学生交流。（静的感觉：船头和船艄向上翘起，像挂在天边的新月。动的感觉：行动轻快灵活，仿佛田沟里的水蛇）

抓关键词句：独木舟、新月、水蛇。体会小艇的特点“窄、翘、灵活”，进一步了解小艇。“窄、翘”是小艇的外形，是静态描写；“灵活”则是小艇的动态描写。

（3）提问：这样一静一动的描写好在哪里？（联系课文第1自然段。静态描写，体现小艇独特的外形特点与威尼斯的纵横交错的水道相适应，而动态描写则写出了小艇的灵活便捷、速度快）

设计意图：本单元的阅读要素是“体会静态描写和动态描写的表达效果”，学生已经在五年级上册第七单元学习了“初步体会课文中静态描写和动态描写”，知道什么是静态和动态描写。因此，学生是能找出静态和动态描写的句子的。设计该环节符合学情，同时也符合学生的生活经验，达到了引导学生体会景物的静态和动态描写的表达效果。抓关键词句体会句子的表达效果则是学生学习语文的常用方法。

2.活动二：迁移运用，自主阅读体会

（1）默读课文第3~4自然段，体会静态和动态描写的表达效果。

①学习第3自然段，抓关键语句。

“皮垫子软软的像沙发”，静态描写，写出了乘坐的“舒适”感受。

“我们打开窗帘，望望耸立在两岸的古建筑，跟来往的船只打招呼，有说不完的情趣。”动态描写，写出了乘坐感受：充满情趣。

②学习第4自然段，抓关键语句。

“速度极快”“操作自若，毫不手忙脚乱”“总能左拐右拐地挤过去”“速度非常快”“还能急转弯”。动态描写，写出了船夫驾驶技术好，展现出威尼斯的美和活力。

“两边的建筑飞一般地倒退，我们的眼睛忙极了，不知看哪一处好。”动态描写，写出了乘坐小艇的情趣。

③体会船夫驾驶技术好与“小艇成为主要交通工具”之间的关系。(正因为小艇是主要的交通工具,船夫经常驾驶小艇,才练就了高超的本领)

设计意图:指导学生读懂课文,迁移运用第2自然段所学的方法,抓关键语句,体会静态和动态描写的表达效果。学会联系全文内容,读懂文章内容之间的因果逻辑关系,渗透作者谋篇布局的写作意图,为习作能力的提升打下基础。

预期效果:通过自主勾画、抓关键语句等学习活动,引导学生从描写小艇的外形特点、小艇行驶等内容中体会静态描写和动态描写的表达效果。关键句“船头和船艄向上翘起,像挂在天边的新月”,这是静态描写,利用比喻的修辞手法写出了小艇“窄、翘”的外形;关键句“行动轻快灵活,仿佛田沟里的水蛇”,这是动态描写,利用比喻的修辞手法写出了小艇行动灵活的特点。静态描写写出了小艇独特的外形特点与威尼斯纵横交错的水道相适应,而动态描写则写出了小艇的灵活便捷、速度快。学生通过对以上关键句的品读、理解、分析,既能学会如何找静态和动态描写的句子,又能掌握运用静态和动态描写表达效果的方法。

思维路径:通过这一系列的教学活动,学生理解本道题时的思维路径就更加清晰,首先要能找到静态和动态描写的句子,其次是抓关键语句结合修辞手法体会静态和动态描写的表达效果,最后是学以致用、学法迁移,构建学方法、用方法的思维路径。

四、课后习题引导下的《牧场之国》教学活动设计

教学目标:

(1)认识“毡、犊”等7个生字,会写“仪、眺”等6个字,会写“仪态、端庄”等9个词语。

(2)学习课文第2~4自然段,理解“这就是真正的荷兰”这句话的含义,体会荷兰牧场的宁静之美。

(3)有感情地朗读课文,能体会文中描写牛、马、羊等语句的情趣,并摘抄积累。

(4)学习第5~6自然段的内容,理解“这就是真正的荷兰”这句话的含义,体会其表达效果。

(5)有感情地朗读课文,体会荷兰牧场的宁静之美。

(一)第一课时

1.活动一:默读课文,整体感知

(1)揭示课题。

(2)学习课文生字词。

(3)默读课文,梳理课文结构。

(4)课文依次描写了哪些牧场景象?勾画文中反复出现的句子,初步思考其作用。

2.活动二:体会“这就是真正的荷兰”的含义

(1)学习第2自然段,体会“这就是真正的荷兰”的含义,感受荷兰牧场的宁静之美。

①默读第2自然段,思考:“这就是真正的荷兰”中的“这”指什么?

②组织学生分享交流。(“这”指的是牧场上牛群的生活……)

③勾画关键词句,体会描写了牛群的什么样子。(牛群吃草专注,站立不动。牛犊像贵妇人,仪态端

庄。老牛似家长，无比威严）从中感受到了什么？（牛群吃草的宁静、神态安详，生活舒适……）

④学生边读第2自然段边想象画面，读出“宁静、舒适、安详”。

⑤从第2自然段中，感受到“真正的荷兰”是怎样的？（宁静、舒适、安详……）

⑥小结：作者用丰富的语言把牛群吃草，牛犊、老牛的样子写得生动传神，让我们感受到了荷兰牧场的宁静与安详。

设计意图：围绕“这就是真正的荷兰”这句话，通过对这句的探究，感受到荷兰牧场的特点，体会这句话的含义。同时，运用抓关键词句的方法，体会静态描写的表达效果。

（2）学习第3自然段，体会“这就是真正的荷兰”的含义，感受荷兰牧场的自由。

①默读第3自然段，思考：“这就是真正的荷兰”中的“这”指什么？

②组织学生分享交流。（“这”指的是牧场上骏马自由的生活……）

③勾画关键词句，体会骏马的特点和生活。（骏马的特点是膘肥体壮，骏马生活在自由的王国中）

从中感受到了什么？（骏马的自由、无拘无束……）

④学生边读第3自然段边想象画面，读出“自由、无拘无束”。

⑤从第2自然段中，感受到“真正的荷兰”是怎样的？（自由、无拘无束……）

⑥小结：学习第2~3自然段，先找出“这”在文中指的是什么，然后运用抓关键词句的方法体会事物的特点，获得对牧场的感受。（作者用丰富的语言把牛群吃草，牛犊、老牛的样子写得生动传神，让我们感受到了荷兰牧场的宁静与安详，最后明白“真正的荷兰”的含义）

（3）学生自主学习第4自然段，体会“这就是真正的荷兰”的含义。（家畜：羊、猪。家禽：鸡。生活悠然自得、安闲……）

3.活动三：布置作业

抄写生字词。

（二）第二课时

1.活动一：体会荷兰牧场的宁静之美

（1）学习第5~6自然段，体会“这就是真正的荷兰”的含义，感受荷兰牧场的宁静之美。

①默读第5自然段，说说写了荷兰牧场哪些场景。（傍晚，人们挤牛奶、运牛奶；夜晚，整个天地暗下来，沉睡的牲畜）

②思考：“这就是真正的荷兰”中的“这”指什么？（“这”指的是牧场傍晚和夜晚时分的场景）

③勾画关键词句，从中感受到了什么？（从“严肃沉默”“一片寂静”“不叫喊吆喝”“默默无言”“舒缓平稳地行驶”“沉睡的牲畜”感受到天地暗下来后牧场宁静的样子）

④从第5自然段中，感受到“真正的荷兰”是怎样的？（人与动物和谐相处，整个牧场静谧祥和）

⑤学生边读第5自然段边想象画面，读出“宁静、祥和”。

2.活动二：介绍背景，总结提升

（1）引导学生回顾全文，说一说“这就是真正的荷兰”这句话的含义。

（2）教师介绍背景，引导学生思考：真正的荷兰还是什么样的？

出示资料：卡雷尔·恰佩克是捷克著名作家，他在亲身经历了给人类带来深重灾难的第一次世界大战之后来到荷兰旅行,沿途看到秀美的风光和人民安居乐业的景象,有感而发写下了本文。

(3)引导思考:“这就是真正的荷兰”这句话在文中一共出现了多少次?为什么反复强调这句话?(“这就是真正的荷兰”这句话在课文中出现了四次,表达了作者对荷兰牧场上宁静、自由、和谐、祥和的生活的赞美)

(4)齐读课文,再一次感受荷兰牧场的宁静、自由、安闲、和谐。

设计意图:抓关键句“这就是真正的荷兰”,围绕关键句中的关键词“这”厘清所指内容。从“牛群吃草专注,站立不动”“牛犊像贵妇人,仪态端庄”“老牛似家长,无比威严”“骏马膘肥体壮,生活自由”“羊、猪、鸡悠然自得”,天地暗下来后牧场“严肃沉默、一片寂静、不叫喊吆喝、默默无言、舒缓平稳地行驶、沉睡的牲畜”等内容的描写中,感受荷兰牧场的宁静、舒适、安详之美。

3.活动三:布置作业

摘抄课文中描写牛、马、羊等动物别有情趣的句子。

预期效果:通过学生的自主勾画,抓关键语句等学习活动,学生从描写牧场牛、马、羊、猪、鸡等动物和夜晚牧场的情景等内容中体会静态描写的表达效果。关键句“这就是真正的荷兰”,提醒学生围绕关键句中的关键词“这”厘清所指内容。学生通过品读“牛群吃草专注,站立不动”“牛犊像贵妇人,仪态端庄”“老牛似家长,无比威严”“骏马膘肥体壮,生活自由”“羊、猪、鸡悠然自得”,天地暗下来后牧场“严肃沉默、一片寂静、不叫喊吆喝、默默无言、舒缓平稳地行驶、沉睡的牲畜”等内容,感受荷兰牧场的宁静、舒适、安详之美。这样的教学活动,既关注了单元训练要点和梯度,又注重了学法迁移,学生通过抓关键语句能找准静态和动态描写。最后,学生品悟句子,体会静态和动态描写的表达效果,培养了学生对文字的鉴赏能力。

(彭水苗族土家族自治县森林希望小学:黄伟)

第八单元
幽默智慧

一、第八单元整体分析

（一）整体描述

关注学生思维训练、语言表达是统编版教材的一大特色，基于训练学生的思维能力，引导学生关注思维过程的目的，本单元围绕“幽默智慧”这一人文主题，编排了两篇精读课文，包括一篇文言文《杨氏之子》，一篇散文《手指》；另外编排了一篇略读课文《童年的发现》，意在让学生体会课文极具趣味性的语言，激发学生学习语言的热情和兴趣，进一步提升学生的语言品鉴能力。

（二）导语页

本单元的人文主题是“幽默智慧”，阅读要素是“感受课文风趣的语言”，习作要素是“看漫画，写出自己的想法”。

本单元旨在让学生在阅读中体会到不同的语言风格带来的不同感受，认识到语言表达多姿多彩的魅力。风趣的语言除了生动有趣、使人发笑之外，往往还能让读者在一笑之余有所回味。

（三）语文要素纵向关联

1. 阅读要素

“感受课文风趣的语言”旨在培养学生的语言能力。《义务教育语文课程标准（2022年版）》关于阅读的总目标有：在发展语言能力的同时，发展思维能力，激发想象力和创造潜能。逐步养成实事求是、崇尚真知的科学态度及掌握科学的思想方法。课程标准还分别在各年段也确定了相应的发展目标。低段：诵读儿歌、童谣和浅近的古诗，展开想象，获得初步的情感体验，感受语言的优美。中段：能复述叙事性作品的大意，初步感受作品中生动的形象和优美的语言，关心作品中人物的命运和喜怒哀乐，与人交流自己的阅读感受。高段：能借助词典阅读，理解词语在语言环境中的恰当意义，辨别词语的感情色彩，体会其表达效果。

在本单元中，“感受课文风趣的语言”引导学生感受语言的机智、风趣、幽默，从“感受语言的优美”到

“感受语言的生动”，再到本单元“感受风趣的语言”，统编版教材为了让学生由表及里、由浅入深地关注语言表达，习得运用语言的能力，对此进行了系统的安排：

表1 “感受课文风趣的语言”纵向关联

年段	单元	阅读要素
三年级上册	第一单元	关注有新鲜感的词语和句子
	第七单元	感受课文生动的语言，积累喜欢的语句
三年级下册	第一单元	试着一边读一边想象画面，体会优美生动的语言
四年级上册	第三单元	体会文章准确生动的表达
五年级下册	第八单元	感受课文风趣的语言

通过以上分析，本单元再次聚焦语言，让学生感受语言的风趣，对语言感受能力的要求进一步提高。这种语言品鉴能力的培养是有梯度的。弄清了这一点，教学时就能有针对性地设计教学活动。

2. 习作要素

“看漫画，写出自己的想法”是本单元的习作要素，旨在培养学生看图写文的能力。《义务教育语文课程标准(2022年版)》的习作的总目标有：能具体明确、文从字顺地表达自己的思想。要求学生能根据生活的需要，运用常见的表达方法。各年段有不同的侧重点，低段：对写话有兴趣，写自己想说的话。中段：能不拘形式地写下见闻、感受和想象，注意表现自己觉得新奇有趣的或印象最深、最受感动的内容。高段：懂得写作是为了自我表达和与人交流。统编版教材根据各年段的不同要求，也进行了系统安排。

表2 “看漫画，写出自己的想法”纵向关联

年段	单元	习作要素
三年级上册	第七单元	留心生活，把自己的想法记录下来
三年级下册	第二单元	把图画的内容写清楚
四年级上册	第八单元	写一件事，能写出自己的感受
四年级下册	第八单元	按自己的想法新编故事
五年级上册	第八单元	根据表达的需要，分段表述，突出重点
五年级下册	第八单元	看漫画，写出自己的想法

通过以上表格分析，我们不难发现，教材针对学生习作能力的训练是有梯度的，从把图画的内容写清楚，写出自己的感受，到看图画写清楚自己的感受，还要写出自己从中受到的启示。以此，明确了学生习作能力的基础和发展点。教学时，应充分理解编者的意图，有针对性地设计学生的学习活动。

二、基于课后习题的语文要素落点分析

(一)语文要素在各板块的要求

本单元围绕“感受课文风趣的语言”安排了两篇精读课文、一篇略读课文,“口语交际”“习作”“语文园地”,形成了以语文要素为线索的“感受幽默,传递幽默,表达幽默”的整体编排结构。精读课文的课后习题、略读课文的课前提示,明确语文要素要求,需要学生感受幽默;“口语交际”要求学生传递幽默;“习作”需要学生表达幽默;“语文园地”中的“交流平台”对语文要素做了梳理;“语文园地”中的“词句段运用”让学生体会语句的表达特点并进行仿写,学习把事物比作人或把人比作事物来写的方法,提高表达的趣味性。

《杨氏之子》是一篇文言文,描写了主客双方围绕姓氏展开的一场巧妙对话;课后思考题,朗读好主客间的对话,感受杨氏之子的机智,感受对话中的幽默。

《手指》一文,用拟人化的手法和趣味盎然的语言,把五个性格各异的手指形象写得活灵活现。课后思考题引导学生朗读课文内容,体会语言的风趣。

《童年的发现》则是以儿童的视角描述“我”九岁时发现胚胎发育规律的有趣过程,俏皮的语言和幽默的自我调侃令人忍俊不禁。课前提示要求教师引导学生体会课文的有趣,交流感受。

“口语交际”中的《我们都来讲笑话》,让学生传递笑话。

“习作”是《漫画的启示》。本单元的习作要求是“看漫画,写出自己的想法”,选编了华君武的两幅漫画:一幅是一人正给小树苗浇水,另一人坐在小树苗下等着乘凉,讽刺不劳而获、坐享其成的不良思想和不顾事物发展规律的荒唐行为;另一幅讽刺了社会上无视规则、不遵守社会公德的人。漫画是一种具有讽刺性或幽默性的图画。与之前的看图写话相比,本次习作对学生的思辨能力提出了更高的要求,在读懂图意的基础上,不仅要把漫画的内容写清楚,更要写出自己从中受到的启示。

“交流平台”引导学生对本单元语文要素落实情况做梳理、总结。

“词句段运用”让学生体会语句的表达特点并进行仿写,学习把事物比作人或把人比作事物来写的方法,提高表达的趣味性。

经过以上分析,可发现本单元的两篇精读课文指向学习方法,略读课文重在练一练、用一用,学方法、用方法。通过学习三篇课文,学生在体会语言优美和生动的基础之上习得了品鉴能力。“交流平台”梳理总结,“口语交际”“习作”“词句段运用”指向表达。前面是阅读,后面是表达。在阅读中感受语言的机智、风趣、幽默,在表达中进行运用,这也从根本上体现了读写一体化、读写并重的理念。我们在教学中,完全可以通过以读促写、读写结合等活动来达成让学生进行幽默的表达的目标。

(二)课后习题的要素指向与活动分析

1.《杨氏之子》课后习题分析

第一题:正确、流利地朗读课文,读好下面的句子。背诵课文。

孔指以示子曰:“此是君家果。”
儿应声答曰:“未闻孔雀是夫子家禽。”

第二题:借助注释了解课文的意思,说说从哪里可以看出杨氏之子的机智。

第一题旨在读通课文,了解课文内容,通过让学生朗读主客间的对话,初步感受对话中的机智和幽默。

第二题引导学生借助注释,理解文本内容,明白杨氏之子的机智,以此落实语文要素。

很明显,第一题读懂对话,理解对话的意思,这是为第二题明白杨氏之子的机智奠定基础。

2.《手指》课后习题分析

第一题:默读课文,结合课文内容,说说五根手指各有什么作用。

第二题:课文的语言很风趣,如,“他永远不受外物冲撞,所以曲线优美,处处显示养尊处优的幸福”。找出类似的语句体会一下,再抄下来。

第三题:作者笔下的大拇指和食指分别让你想到了生活中的哪些人?和同学交流。

第四题(小练笔):仿照课文的表达特点,从人的五官中选一个,写一段话。

第一题旨在通过熟读课文,疏通文本,让学生梳理文章结构,了解课文内容,为感受语言的风趣夯实基础。

第二题引导学生感受语言的风趣,意在提高学生对语句的品鉴能力,积累范例,并在今后迁移运用。

第三题由手指联想到生活中的人,意在帮助学生进一步理解本文所阐明的道理,体会作者的写作意图,并启发学生在学习课文后联系现实生活进行思考。

第四题意在引导学生学习运用“把事物当作人来写,把事物当作其他事物来写”的表达方法。感受语言的风趣是学生初次接触的语言表达方法,因此,在仿写的时候,无须要求学生语言幽默化。

3.《童年的发现》课前提示分析

第一题:人为什么会在梦中飞行,人究竟是从哪里来的?

第二题:“我”经历了怎样的探究过程?结果怎么样?

第三题:找出你觉得有趣的部分,说说自己的感受。

第一题旨在让学生带着问题自主阅读课文,疏通文本,梳理结构,把握课文主要内容。

第二题重在让学生细读课文,理解课文内容,梳理探究的过程,从中体会“我”的想象力与执着的精神。

第三题让学生交流自己的“发现”,分享探究的乐趣,其目的是确保学生探究的热情。

(三)单元典型性习题横向关联

本单元围绕语文要素“感受课文风趣的语言”安排了这样的典型性课后习题:

借助注释了解课文的意思,说说从哪里可以看出杨氏之子的机智。(《杨氏之子》课后第二题)

课文的语言很风趣,如,“他永远不受外物冲撞,所以曲线优美,处处显示养尊处优的幸福”。找出类似的语句体会一下,再抄下来。(《手指》课后第二题)

找出你觉得有趣的部分,说说自己的感受。(《童年的发现》课前导语)

认真分析课后习题,发现单元课文对于阅读要素的落实具有一定的层次性和相关性。《杨氏之子》旨在让学生感受并读懂对话中的幽默与机智,《手指》让学生感受语言的风趣并积累风趣的语言,《童年的发现》则是需要学生自己找出风趣的语言,并说出感受。很明显,两篇精读课文皆在教会学生如何感受语言的风趣。学习第一篇后，学生有了感知语言风趣幽默的基础，第二篇则需学生进行初步运用，勾画并感知风趣幽默的语言，然后积累。而略读课文《童年的发现》则是需要学生运用在前面两课学习的方法找出风趣的语言，并能说出语言的风趣之处。三篇课文体现了“教、学、用”三位一体的阅读策略。

目标确定了，便是学生学习策略的选择。本单元的语文要素是感受课文风趣的语言。教学中要在尊重学生真实阅读体验的基础上分享从哪些语句中感受到了风趣，再引导学生发现作者是怎样做到让语言风趣的。对表达形式和方法的了解，实际上是对作者言语思维方式的“解密”。《杨氏之子》运用谐音；《手指》运用类比；《童年的发现》运用自我调侃的方法和策略。言语思维路径的清晰化能发现蕴涵在言语表达中的思维智慧，促进学生言语思维能力的发展。为了让学生对课文中的风趣语言有更加深切的体验，教师在教学中要充分联系学生的生活和阅读经验，创造丰富的机会让学生感受风趣语言中蕴含的思维智慧。

三、落实语文要素的典型性习题教学活动设计示例

（一）典型性习题

以《杨氏之子》课后第二题为例：借助注释了解课文的意思，说说从哪里可以看出杨氏之子的机智。

本题指向语文要素“感受课文风趣的语言”。教师在教学时，首先引导学生正确、流利地朗读课文，然后借助课文注释理解课文内容，最后勾画对话，感受语言的风趣。

（二）教学设计

1.活动一：初读感知，了解大意

（1）指导学生读准“诣、禽”两个生字，能正确、流利地朗读课文。

（2）借助注释读懂课文，并能围绕课文中的主要人物做简单交流。

（3）读好课文中句子的停顿，能概括课文的主要内容。

2.活动二：品悟语言，感受人物的机智

（1）勾画出杨氏之子与孔君平之间的对话，反复朗读并体会其意思。

（2）思考：杨氏之子只说了一句话，为什么说他“甚聪慧”？

（3）出示关键句，全班朗读交流。

孔指以示儿曰：“此是君家果。”

儿应声答曰：“未闻孔雀是夫子家禽。”

①提问：为什么孔君平说杨梅是“君家果”？（“杨氏之子”姓杨，“杨梅”第一个字也是“杨”，因此杨梅是杨家的果子。杨氏子—杨梅—君家果）

②举一反三：根据上面的推理，理解“孔雀是夫子家禽”的意思。（“孔君平”姓孔，“孔雀”第一个字也是“孔”，因此孔雀是孔家的鸟。孔君平—孔雀—夫子家禽）

“未闻孔雀是夫子家禽”，没有听说孔雀是孔家的鸟。

（4）引导学生思考：杨氏之子的回答妙在何处？“甚聪慧”具体表现在哪里？

①体会孔君平说“此是君家果”时的语气。(孔君平是和孩子逗趣、开玩笑)

②杨氏之子面对孔君平的玩笑,怎么回应的?(孩子也和孔君平开了类似的玩笑)

③孩子的回答是快,还是慢?从文中哪里知道的?从中感受到什么?(从“应声答曰”看出孩子马上做出了回答,从中感受到他头脑聪明,反应较快。同时,也说明孩子听懂了“君家果”是孔君平用姓氏在和他开玩笑,所以马上把“孔雀”和客人联系起来,巧妙地将计就计,可见其虽然年幼但思维敏捷。所以开篇说杨氏之子“甚聪慧”)

④引导学生思考“未闻孔雀是夫子家禽”,杨氏之子到底要表达什么意思?提示学生可用“因为……所以……”的句式回答。(没听说孔雀是您孔家的鸟,所以杨梅也不是我杨家的果子。杨氏之子将计就计,同时用姓氏反驳,巧妙有趣。所以开篇说杨氏之子“甚聪慧”)

设计意图:正确、流利地朗读课文,是学生理解课文内容的基础。学生能读懂两人的对话之间的言外之意、弦外之音,就得聚焦文本,聚焦人物对话,抓住关键词抽丝剥茧。因此,课后第一题是课后第二题的基础,两个学习任务引导学生层层递进地学习课文,在交流品读中多角度感受杨氏之子的“甚聪慧”。

预期效果:教学时,首先正确、流利地朗读课文,然后借助课文注释理解课文内容,最后勾画出杨氏之子与孔君平之间的对话,反复朗读并体会其意思。引导学生思考:一是杨氏之子只说了一句话,为什么说他“甚聪慧”?二是杨氏之子的回答妙在何处?“甚聪慧”具体表现在哪里?这样既能感受到杨氏之子的机智,又能体会其语言中的风趣幽默。

思维路径:通过这一系列的教学活动,学生理解本道题时的思维路径就更加清晰,首先要能正确、流利地读课文,其次是抓对话,思考对话之间的言外之意、弦外之音,感受语言的风趣。

四、课后习题引导下的《手指》教学活动设计

教学目标:

(1)认识“拇、弦”等13个生字,读准多音字,会写“拇、搔”等15个字,会写“拇指、接触”等9个词语。

(2)读懂课文,认识五指的特点,了解作者的表达方法。体会课文语言的风趣,并摘抄积累。

(3)把握文章主旨,懂得“团结才有力量”的道理。

(4)能仿照课文的表达特点,从人的五官中选一个,写一段话。

(一)第一课时

1.活动一:初读课文,整体感知

(1)揭示课题。

(2)学习课文中的生字词。

(3)默读课文,梳理课文结构。课文先总体说五根手指各有不同姿态、性格,然后具体描写了五根手指的作用和特点,最后总结出只要五根手指团结一致就根根有用、根根有力量的道理。整篇文章采取的是“总分总”的结构。文中的中心句是“一只手上的五根手指,各有不同的姿态,各具不同的性格,各有所长,各有所短”。

2.活动二:感受语言的风趣幽默

(1)学习第2自然段,勾画觉得风趣幽默的语言。

①勾画描写大拇指姿态和特点的句子并交流。姿态:身体矮而胖,头大而肥,构造简单,比人家少一个关节。特点:形状不美、最能吃苦、任劳任怨、不讨巧……

②作者塑造了一个什么样的大拇指形象?(憨态可掬、老实敦厚、吃苦耐劳)

③小结:作者利用拟人的修辞手法,把大拇指描写成一个身体矮而胖、头大而肥的人物,语言风趣而幽默。

(2)联系生活,展开联想。出示句式,引导学生交流。

大拇指让我联想到了(环卫工人),因为(吃苦耐劳)。

小结:联想到了无私奉献的人,他们吃苦在前,享受在后。

(3)引导学生体会写法。

①体会第2自然段在写法上的特点。(先概括提出观点,然后通过几个例子说明)

②思考:作者描写大拇指时,用了哪些修辞手法?(比喻、拟人、排比等修辞手法)

③小结:作者写大拇指姿态不美,是抓住体形、头形和构造三个方面来写的;写吃苦耐劳、默默奉献,是用先概括后举例的方法来写的。作者运用比喻、拟人、排比等修辞手法,使得课文语言风趣幽默,读起来趣味盎然,描写的大拇指形象生动。

(4)学生自主学习第3自然段,勾画觉得风趣幽默的语言。

①勾画描写食指姿态和特点的句子并交流。(姿态:可不如其他三指窈窕,都是直直落落的强硬的线条。特点:工作复杂、机敏、敢于探险……)

②思考:作者塑造了一个怎样的食指形象?(勤奋卖力,不怕受伤、牺牲的形象)

③小结:作者利用拟人的修辞手法,把食指描写成一个身体直直落落,勤奋卖力,机敏,不怕受伤、牺牲的人物,语言风趣而幽默。

(5)联系生活,展开联想。出示句式,引导学生交流。

食指让我联想到了(军人),因为(不怕牺牲)。

3.活动三:引导学生体会写法

(1)体会第3自然段在写法上的特点。(先概括提出观点,然后通过几个例子说明)

(2)思考:作者描写食指时,用了哪些修辞手法?(比喻、拟人、排比等修辞手法)

(3)小结:作者写食指姿态不窈窕、直直落落,抓住体形、工作类型和机敏三个方面来写的;写工作复杂、敢于探险、不怕受伤和牺牲,是用先概括后举例的方法来写的。作者运用比喻、拟人、排比等修辞手法,使得课文语言风趣幽默,读起来趣味盎然,描写的食指形象生动。

(4)学生合作学习第4~5自然段,了解其他三指的特点。

①出示自学要求:勾画描写食指姿态和特点的句子并交流。思考作者塑造了一个怎样的大拇指形象。小组汇报交流。

②联系生活,展开联想。出示句式,引导学生交流。

________指让我联想到了________________,因为________________。

③引导学生体会写法。

④全班学习汇报交流。

设计意图:立足文本,学生反复研读课文、勾画重点词句,了解手指的外形、特点、作用,明白语言风趣幽默的原因在于作者运用拟人、比喻、排比的修辞手法;指导学生由手指联想到生活中的人,对生动有趣的语言中蕴含的道理理解得更深刻;和学生一起提炼写法,使得学生既读懂了课文又明白了道理,还落实了语文要素“感受课文风趣的语言”。

(二)第二课时

1.活动一:把握文章主旨,明白团结才有力量的道理

(1)齐读第6自然段,说一说作者对五根手指的态度。(作者觉得五根手指各不相同,但却没有爱憎之分)

(2)教师提问:作者写手指,实际上是想表达什么道理?(作者是想表达人们只要团结在一起就会有力量的道理)

(3)指导学生联系生活,说说对这个道理的理解和体会。

(4)小结:五指的形状、功用各不相同,如果他们彼此孤立,便谁也不能很好地发挥作用;反之,如果大家心往一处想,劲往一处使,那么就很有力量。手指如此,生活中的人也如此。俗话说得好“众人拾柴火焰高”。

2.活动二:拓展延伸、迁移运用

(1)过渡:手指是身体的器官,平平无奇,但作者运用大量的拟人、比喻、排比的修辞手法将其姿态和特点写得生动有趣,语言风趣幽默。我们模仿这种写法,选取身体任意一个器官,进行片段练习。

(2)写法指导。

①写出器官的外形、特点、作用。

②采取先概括后具体的写法,运用拟人、比喻、排比等修辞手法,使得描写生动有趣。

③确定主题(是想表扬它,还是讽刺它?),在写作之前想好内容和表达的中心。

(3)学生选择片段进行练习,教师相机指导,提示学生拟好提纲,用词恰当、语句通顺。

(4)抽查学生的习作,并交流。评价标准:用词是否恰当,语句是否通顺;写法是否符合先概括后具体的顺序,修辞手法的运用情况如何,语言是否生动有趣、幽默,文章中心、主旨是否明确。

(5)小组交流,互评。

(6)自主修改。

(7)课堂总结,布置作业。

设计意图:通过拓展延伸、迁移运用,从阅读活动中学习表达,然后在习作练笔中练习方法,最终达到运用的目的。

预期效果:以上围绕本课课后习题的教学活动设计关注了语文要素,引导学生从文本的熟悉到内容的理解,再到重点词句的品悟,循序渐进;了解手指的外形、特点、作用,明白语言风趣幽默的原因在于作者运用拟人、比喻、排比的修辞手法;指导学生由手指联想到生活中的人,对生动有趣的语言中蕴含的道理有更深刻的理解;和学生一起提炼写法,使得学生既读懂了课文,更明白了道理,同时落实了语文要素“感受课文风趣的语言”。

(彭水苗族土家族自治县森林希望小学:黄伟)

六年级下册

教材整体分析

全册教材共安排了六个主题单元，其中有三个单元是以人文主题和语文要素双线结构组成的，分别是“民风民俗”“理想信念”“科学精神”。第二单元是以题材编排的“外国文学名著”单元，第三单元“表达真情实感”是围绕习作能力的培养编排的习作单元，第六单元“难忘小学生活”是综合性学习单元。除此之外，还单独编排了一个古诗词诵读板块，收录了十首经典诗词，作为小学阶段诗词诵读的补充。

本册教材双线组元内容编排如下：

单元	人文主题	阅读要素	习作要素
一	民风民俗	分清内容的主次，体会作者是如何详写主要部分的	写作时注意抓住重点，写出特点
二	外国文学名著	借助作品梗概，了解名著的主要内容	学习写作品梗概
三	习作单元	体会作者是怎样表达情感的	选择合适的内容写出真情实感
四	理想和信念	关注外貌、神态、言行的描写，体会人物品质；查阅相关资料，加深对课文的理解	习作时选择适合的方式进行表达
五	科学精神	体会文章是怎样用具体事例说明观点的	展开想象，写科幻故事
六	难忘小学生活	运用学过的方法整理资料	策划简单的校园活动，学写策划书

由上表可知，本册教材内容紧紧围绕核心素养，体现了课程性质，反映了课程理念。

如教材中，“民风民俗”单元选用了《北京的春节》《腊八粥》《古诗三首》《藏戏》这几篇课文，激发学生对中华民俗文化的认同，热爱中华文化，继承和发扬中华优秀传统文化，关注和参与当代文化生活，树立文化自信。第四单元《古诗三首》、第五单元《文言文二则》、后面的“古诗词诵读”单元，着力于继承和发扬中华优秀传统文化、提升文化自信，引导学生发现祖国语言文字之美，初步了解传统文化的博大精深和中华五千年的灿烂文明，促使学生爱上中华文化，为形成一定的文化底蕴打下基础。“理想和信念”单元重在继承和弘扬革命文化和社会主义先进文化，通过对英雄人物形象的分析理解，力争让学生形成正确的价值观和开阔的文化视野。这些都是树立文化自信这一核心素养在教材中的具体体现。

本学期作为小学与初中的衔接阶段，为了与初中内容接轨，安排了两篇议论文：《为人民服务》和《真理诞生于一百个问号之后》，还安排了辩论的口语交际内容，侧重学生思维能力的训练和培养，通过初步了解议论文的写作思路、学习简单的论证方法、深入分析作者写作逻辑、进行小组辩论赛等活动，引导学生在语文学习过程中提升其信息提取、资料收集和整理、准确表达观点并证明自己的观点、抓住对方漏洞进行有理反驳的能力。而“科学精神”单元则培养学生养成大胆想象、勇于探索创新、养成积极思考的习惯。

“民风民俗”“外国文学名著”“习作”单元的美文，以及“古诗词诵读”单元，注重在语文学习中，通过带领学生感受、理解、欣赏、评价语言文字及作品，让学生获得较为丰富的审美经验，并培养学生在生活中发现美、感受美的审美能力。习作单元、每单元的“习作”和“口语交际”，以及“综合性活动”中制作成长纪念册、写毕业赠言、毕业活动策划和实施，则培养学生运用语言文字表现美、创造美的能力。这就是“审美创造”这一核心素养在教材中的体现。

当然，语文更是一门学习并实践国家通用语言文字的综合性、实践性课程。语言的运用要借助上述主题、课文、“习作”及“口语交际”来实现。在课文的教学和各种实践活动中，我们要重视对语言的学习和训练，在其过程中发展思维，在语言的学习和运用中培养审美能力和提升审美品位，在学习语言文字的过程中完成文化的积淀。

第一单元
民风民俗

一、第一单元整体分析

（一）整体描述

为帮助学生体会民族文化的博大精深，感受中华传统习俗中蕴含的人情美、文化美，第一单元围绕“民风民俗”人文主题，编排了课文、“语文园地”和“习作”三个方面的内容，有精读课文老舍的《北京的春节》、沈从文的《腊八粥》《古诗三首》和略读课文《藏戏》，其中古诗分别为韩翃的《寒食》、王建的《十五夜望月》和《古诗十九首》中的《迢迢牵牛星》。课文安排详略得当，中心突出，体裁和题材不同，但都充满了浓郁的民俗风情，有着深厚的文化内涵。“交流平台”引导学生交流分清文章主次的意义以及如何根据表达的需要安排内容详略，体现了单元编排上的整体性。习作话题是“家乡的风俗”，要求学生根据自己的表达需要确定习作的重点内容，体现了从阅读到表达的有序过渡。

从横向看，板块各自承担不同功能：三篇精读课文学习方法；略读课文练习方法；“交流平台”梳理、总结方法；习作运用方法。

（二）导语页

基于让学生在阅读中习得能力的终极目标，单元导语页提炼了人文主题“百里不同风，千里不同俗”；明确了两个语文要素：一是指向阅读的“分清内容的主次，体会作者是如何详写主要部分的”，二是指向表达的“写作时注意抓住重点，写出特点”。

（三）语文要素纵向关联

1. 阅读要素

根据六年级学生年段学习特点，《义务教育语文课程标准（2022年版）》中对阅读教学提出了明确要求：在阅读中揣摩文章的表达顺序，体会作者的思想感情，初步领悟文章基本的表达方法。本单元的语文要素“分清内容的主次，体会作者是如何详写主要部分的”，正是为了训练学生达成课标这一要求。纵观统编版语文教材，就“表达内容的组织安排”这一语文要素，教材各年级都有相关安排：

表1 “分清内容的主次，体会作者是如何详写主要部分的”纵向关联

年段	单元	阅读要素
三年级下册	第三单元	了解课文是怎么围绕一个意思把一段话写清楚的
	第七单元	了解课文是从哪几个方面把事物写清楚的
四年级上册	第四单元	了解故事的起因、经过、结果，学习把握文章的主要内容
	第七单元	关注主要人物和事件，学习把握文章的主要内容
四年级下册	第六单元	学习把握长文章的主要内容
五年级上册	第八单元	根据要求梳理信息，把握内容要点
六年级上册	第五单元	体会文章是怎样围绕中心意思来写的
六年级下册	第一单元	分清内容的主次，体会作者是如何详写主要部分的

从表格上可以清晰地看到，本单元的学习是在学生已经学习过的“如何把握文章主要内容、如何把握内容要点、怎样围绕中心意思来写”等要素基础上的延伸，语文要素的训练安排体现了统编版教材螺旋上升的序列性特点。

2.表达要素

表2 “习作时注意抓住重点，写出特点”纵向关联

年段	单元	表达要素
三年级下册	第三单元	收集传统节日的资料、交流节日的风俗习惯，写一写过节的过程
五年级上册	第八单元	根据表达的需要，分段表述，突出重点
五年级下册	第一单元	把一件事的重点部分写具体
六年级上册	第一单元	习作时发挥想象，把重点部分写得详细一些
六年级下册	第一单元	习作时注意抓住重点，写出特点

从以上表达要素体系可以看出：本单元与三年级下册第三单元的表达训练要素在素材内容上十分相似，都是关注传统民俗，但在学生的能力要求上有所提升，形成了“从清楚到具体，再到有重点、有特点”的螺旋上升趋势。五年级上册第八单元要求“根据表达的需要，分段表述，突出重点”；五年级下册第一单元“把一件事的重点部分写具体”；六年级上册第一单元“习作时发挥想象，把重点部分写得详细一些”。学生通过以往的练习已经学会如何分段把过程写清楚，并突出重点，把重点部分写具体、详细，可以说，学生已经掌握基本的写作方法。本次习作要素中的“抓住重点”，是在巩固的基础上提升要求，“写出特点”才是本次表达的最终目标。

二、基于课后习题的语文要素落点分析

（一）语文要素在各板块的要求

本单元教材中，“分清内容的主次，体会作者是如何详写主要部分的”这一要素在单元课文《北京的春节》《腊八粥》中提供了学习范例，课后习题直接引导学生把握详略安排及其效果，学习这一方法。“交流平台”引导交流分清文章主次的意义以及如何根据表达需要安排详略；《藏戏》引导学生借助导读提示在阅读时要分清内容的主次，体会作者是如何详写主要部分的；单元习作引导学生运用抓住重点写出特点的方法进行写作。

（二）课后习题的要素指向与活动分析

1.《北京的春节》课后习题分析

第一题：默读课文，想想课文是按照怎样的顺序写老北京人过春节的，哪几天写得详细，哪几天写得简略，再讨论一下这样写的好处。

第二题：找出课文中描写孩子们过春节的部分读一读，再说说你是怎样过春节的。

第三题：读下面的句子，注意加点的词语，体会老舍“京味儿”语言的特点。

孩子们喜欢吃这些零七八碎儿，即使没有饺子吃，也必须买杂拌儿。他们的第二件事是买爆竹，特别是男孩子们。恐怕第三件事才是买玩意儿——风筝、空竹、口琴等，和年画。
腊月和正月，在农村正是大家最闲在的时候。

第四题：下面的“阅读链接”也写了过春节的事情，读一读，想想与老舍笔下的春节有什么不同，和同学交流。（详见教材）

本课共四道课后练习。第一题直指本单元语文要素，可让学生从写作顺序入手了解内容，然后分清详略安排并体会其中的好处；第二题在于让学生找出写孩子过春节的段落，再引导学生回忆自己平常过春节时的情景，进行即兴的口语表达；第三题在于引导学生从文本的语言表达中，体会北京话的特点，感受不一样的地方文化；第四题的阅读链接是斯妤对闽南除夕系列习俗的回忆，展现了南方地区人们过年的情景，旨在丰富学生对不同地区春节风俗的了解，正所谓“十里不同风，百里不同俗”。同时，在帮助学生拓展阅读的基础上，及时训练学生结合自己的生活经验进行口头表达，将阅读与表达巧妙结合。

2.《腊八粥》课后习题分析

第一题：朗读课文，一边读一边想象八儿的馋样儿。

第二题：课文主要写了等粥和喝粥两部分内容，说说哪部分写得详细，哪部分写得简略，想想这样写有什么好处。

第三题：“花生仁脱了它的红外套，这是不消说的事。锅巴，正是围了锅边成一圈。”像这样细腻描写八宝粥的句子，课文中还有一些，找出来读一读，和同学交流自己的感受。

第四题（小练笔）：作者笔下的腊八粥让人垂涎欲滴。再读读课文第1自然段，照样子写一种你喜爱的食物。

本课共四道课后练习题。第一题在于带领学生运用“一边读一边想象”的方法读懂课文内容,重在体会八儿的馋。第二题直指本单元阅读要素,作者详写等粥,略写喝粥,这样写更能表现腊八粥好喝;引导学生梳理文中主要安排了等粥和喝粥两个素材来表现腊八粥好喝;通过品读、对比分析,让学生探究作者为什么这样写,以及这样写的好处。第三题是带领学生通过朗读细腻描写腊八粥的句子,感受作家语言的生动。第四题为小练笔,让学生在学习了课文第一段的表达方法后,从不同的视角(外观、配料、制作过程、香气、感受)抓住美食的特点,表达对美食的喜爱之情,从而落实单元表达要素。

3.《古诗三首》课后习题分析

第一题:有感情地朗读课文。背诵课文。

第二题:结合牛郎织女的故事,说说《迢迢牵牛星》表达的情感。

第三题:《十五夜望月》中的“不知秋思落谁家”委婉地表达了思念之情。在你读过的古诗词中,还有哪些类似的诗句?和同学交流。

第四题(选做):这三首诗分别与哪些传统节日有关?还有一些古诗也写到了传统节日和习俗,查找资料了解一下。

本课共四道课后练习题。第一题指向积累与朗读。第二题指向体会古诗表达的情感,是对五年级阅读要素“体会课文表达的思想情感”的巩固。第三题指向表达,引导学生明白表达内心时可以直接表达,还可以委婉表达,比如“谁言寸草心,报得三春晖”等。选做题是让学生收集与传统习俗相关的古诗词,加强对古诗的积累。教师可以提前准备五年级上册已经学过的《乞巧》和《九月九日忆山东兄弟》等古诗,以备教学之用。

(三)单元典型性习题横向关联

本单元的语文要素的落实主要借助精读课文的课后习题、略读课文的导读提示和“交流平台”达成。

默读课文,想想课文是按照怎样的顺序写老北京人过春节的,哪几天写得详细,哪几天写得简略,再讨论一下这样写的好处。(《北京的春节》课后第二题)

课文主要写了等粥和喝粥两部分内容,说说哪部分写得详细,哪部分写得简略,想想这样写有什么好处。(《腊八粥》课后第二题)

小练笔:作者笔下的腊八粥让人垂涎欲滴。再读读课文第1自然段,照样子写一种你喜爱的食物。(《腊八粥》课后第四题)

默读课文,说说藏戏有什么特色,作者是从哪几个方面写的。(《藏戏》阅读提示)

第一、第二题都是在引导学生了解课文中的详略安排及好处;第三、第四题是让学生在学会分清详略的基础上进行方法的运用;“交流平台”则引导学生交流分清文章主次的意义以及如何根据表达的需要安排详略,体现了单元编排的整体性。

在教学《北京的春节》一文时,我们首先可以引导学生初读课文后按顺序厘清文章不同时间点所对应的民俗活动,然后结合具体语段,分清哪几天写得详细,哪几天写得简略,揣摩作者详写了哪些部分,重点突出了哪些民俗活动的特点,从而分清课文内容的主次,最后回顾全文,思考作者为什么这样安排详略,进一步体会主次分明的好处。

《腊八粥》围绕腊八粥，先详写了等粥，又简略写了吃粥，详略得当，共呈现了四个生动的场景。教学时，可让学生从题目“腊八粥”入手，初步把握课文内容，明确课文主要写了等粥和喝粥两件事；在此基础上，引导学生找出等粥过程中描写八儿语言、动作、神态的语句，梳理出盼粥、分粥、猜粥、看粥几幅画面中八儿内心活动的变化，体会作者怎样借助人物的所见所闻所想，侧面写出腊八粥的美味诱人；最后引导学生关注作者是怎样将传统节日美食腊八粥与人物活动自然地联系在一起，把主要部分写详细的。

略读课文《藏戏》，我们则要关注课前导语，引导学生带着问题自主阅读，了解藏戏的特色以及作者是从哪几个方面写的。学生通过交流讨论，体会课文选取的这几个方面内容最具代表性，更能突显藏戏特色，从而达到在阅读中进行方法练习的目的。

小练笔是引导学生仿写，可以放在第1自然段的学习之后，也可以放在全文学习之后，为本单元的“习作”奠定基础。

三、落实语文要素的典型性习题教学活动设计示例

（一）典型性习题

以《北京的春节》课后第二题为例：默读课文，想想课文是按照怎样的顺序写老北京人过春节的，哪几天写得详细，哪几天写得简略，再讨论一下这样写的好处。

教材分析：《北京的春节》是老舍先生创作的一篇散文，按照时间顺序列举了老北京人过春节的系列习俗，时间跨度大，内容丰富。课文安排有序、详略得当。总体可分三个部分：过年前的准备、过年时的热闹和春节结束。

教学目标：了解课文的表达顺序，把握详略安排及其效果。

（二）教学设计

1.活动一：初读课文，整体感知

（1）快速浏览课文，明确北京的春节从什么时候开始，什么时候结束。

（2）勾画出文中表示时间的词语，找出隐含的时间。（时间顺序：腊八—小年—除夕—正月初—正月十五—正月十九）

2.活动二：再读课文，厘清脉络

（1）再读课文，找出春节里的各个时间节点，人们的系列活动或习俗。（活动：熬腊八粥、买杂拌儿、节前忙碌、放鞭炮、吃糖、除夕守岁、拜年、逛庙会）

（2）师生共同制作表格，厘清课文写作顺序，并结合相关活动，按顺序完整说一说北京人是怎样过春节的。

3.活动三：梳理对比，分清详略

（1）梳理对比几个时间节点的活动，厘清楚哪几天写得详细，哪几天写得简略，在文中相应部分把详略情况标注出来。

（2）重点学习写腊八、腊月二十三、除夕、初一、十五这几个时间节点的相关段落，圈画写风俗特点的

语句,并交流批注,体会作者是如何详写的。

(3)找出课文写得比较简略的部分,并思考:这些部分的写法和腊八、腊月二十三、除夕、正月初一、正月十五这几个时间节点的写法有什么不同。(风俗特点突出的日子重点交代了人们的活动,其他日子一笔带过,甚至把几天的时间、事情都合在一起写,写得比较概括)

(4)交流小结:有详有略的安排能突出最具特色的民生活动,给人留下深刻的印象。

预期效果:教学时借助文中关键的时间词及人们相应的活动,引导学生以小组合作的方式梳理课文脉络,对比各个时间节点人们活动的详略安排,目的在于让学生由整体入手,把握课文主要内容,厘清文章写作顺序,初步明确课文的详略安排,并通过圈画、批注交流详写部分,了解作者是如何详写的,体会详略安排得当的好处。这样围绕课后习题的活动设计,相信能很好地落实本单元语文要素。

思维路径:通过整体感知到厘清脉络再到分清详略三个教学活动,学生理解本道题的思维路径会更加清晰。首先找出描写北京过春节的各个时间节点及人们的系列活动或习俗,明确文章的写作顺序;再通过梳理、对比分清文章的详略,并借助交流批注体会文章详略安排的好处。前两个教学活动的内容非常直观,第三个教学活动的内容从交流、批注后的心理体会上表达,真实表达内心感受。

四、课后习题引导下的《腊八粥》教学活动设计

(一)教学目标

(1)朗读课文,把握课文内容,能分清详略并体会详略安排的效果。(关联课后第一题)

(2)能找出细腻描写腊八粥的句子,与同学交流感受。(关联课后第一题)

(3)能仿照课文第1自然段,写一种自己喜爱的食物,写出其特点及对它的喜爱之情。(关联课后小练笔)

(二)教学重难点

(1)把握课文内容,能分清详略并体会详略安排的效果。

(2)能仿照课文第1自然段,写一种自己喜爱的食物,写出其特点及对它的喜爱之情。

(三)教学设计

1.活动一:导入课文,走进“腊八”

(1)老舍先生在《北京的春节》一课中提到了“在腊八那天,家家都熬腊八粥”,回忆一下文中是怎样介绍腊八粥的。

(2)介绍沈从文的小说《腊八粥》。

(3)初读课文,整体感知。

2.活动二:把握主要内容,分清主次

(1)默读课文,边读边圈画,思考:围绕腊八粥,作者主要叙述了什么事?(围绕腊八粥主要写了等粥和喝粥两件事)

(2)再读课文对比哪部分写得详细,哪部分写得简略,对于详写的部分,作者写了哪些令人印象深刻的场景?(等粥写得详细,喝粥写得简略。等粥部分概括为盼粥、分粥、猜粥和看粥四个部分)

(3)初尝腊八粥,感受美味。

①读课文第1自然段,交流读后的感受。

②教师梳理总结:这段话中,先写了腊八粥给人的总体印象——甜甜的、腻腻的,接着写了腊八粥的食材、制作过程等,人们对粥的喜爱之情隐含其中。

③读一读第1自然段,边读边体会字里行间腊八粥的声、色、味,以及人们对腊八粥的喜爱。

设计意图:完成第一题,在把握文章主要内容的基础上,通过梳理、对比,分清文章详略的安排,并初步感受这样写的好处。

3.活动三:品读等粥,体会作者是如何详写主要部分的

(1)品读八儿盼粥的段落(第2~8自然段),画出写腊八粥美味、诱人的相关语句。

(2)全班交流:描写八儿的语句("一个人进进出出灶房"写出了八儿很兴奋的心情;"眼睛可急红了""要哭的样子""妈,妈,要到什么时候才……""那我饿了"等句子写出了八儿盼粥时急切的心情;"叹气"一词,衬托出等粥人的心情)

(3)思考:课文的题目是"腊八粥",为什么用大量笔墨来描写八儿的言行、神态?(描写馋粥的八儿的言行、神态,更能突出腊八粥的美味。八儿越馋,越能说明腊八粥吸引人)

(4)小结:作者借助人物反应,描绘了一幅妙趣横生的腊八节生活画卷。

(5)小组学习交流描写八儿分粥、猜粥、看粥的相关段落。思考作者怎样将人与粥结合在一起,详写主要部分的?

(6)学习喝粥部分,体会文章谋篇布局的妙处。

(7)探究作者表达的主要意思。

①出示课文第1自然段,引导关注"小孩子""大孩子""老孩子"这些童趣的称谓,提出问题:在腊八节,只有八儿一个人期盼腊八粥吗?

②小结:之所以把等粥部分写得详细,是因为这部分能把这种期待和喜爱之情表现得很充分。

4.活动四:仿写,练习表达

(1)学生谈一谈自己喜爱的食物有哪些,并说说理由。

(2)仿照课文第1自然段,写一写自己喜爱的食物。要求抓住食物的特点来写,可从食物的材料、味道、做法等方面去写,尽可能写出对食物的喜爱之情。学生完成初稿后交流。

设计意图:完成第二题,在学生了解课文主要内容、分清主次的基础上进行小练笔,落实方法的运用,也为单元习作做好准备。

预期效果:本课教学时重点引导学生抓住人物动作、语言、神态等方面感受人物的心理变化,体会八儿一家的其乐融融,初读后抓住"作者围绕腊八粥讲了一件什么事?"展开话题,进而引导学生感受八儿的人物性格特点。在学习完《北京的春节》一课后,学生对详略的把握应该比较轻松,重点放在感悟详写的好处和仿写练笔上,更好地落实语文要素。

(彭水苗族土家族自治县第二小学校:孙雪琴)

第二单元
外国文学名著

一、第二单元整体分析

(一)整体描述

为引导学生踏上体悟外国文学的魅力之旅,尝试从单篇走向整部作品的阅读,本单元围绕“外国文学名著”编排,安排了课文、“口语交际”“语文园地”和“习作”四个部分。选编的三篇课文是长篇小说的节选,分别是《鲁滨逊漂流记(节选)》《骑鹅旅行记(节选)》和《汤姆·索亚历险记(节选)》。第一篇精读课文是英国作家丹尼尔·笛福的经典之作《鲁滨逊漂流记》,是一部回忆录式的冒险小说,内容由梗概和节选组成,为后面单元习作提供范例。略读课文《骑鹅旅行记(节选)》是1909年诺贝尔文学奖获得者、瑞典女作家塞尔玛·拉格洛芙的作品片段。《汤姆·索亚历险记》被誉为美国最伟大的儿童文学作品,作者是美国著名作家马克·吐温,本篇课文为其节选内容,本单元主要引导学生在阅读外国名著、感受名著魅力的同时,尝试运用学到的方法感受小说人物形象。“口语交际”是同读一本书,在班级内开展读书交流活动。

“语文园地”包括“交流平台”“词句段运用”和“日积月累”三个方面的内容,这三个部分需要引导学生把本单元学到的方法进行梳理,并在“词句段运用”里进行片段练习,给学生提供练习的机会。“交流平台”和“快乐读书吧”则归纳了一些阅读外国名著的基本方法。“快乐读书吧”推荐学生阅读世界名著《鲁滨逊漂流记》《骑鹅旅行记》《汤姆·索亚历险记》《爱丽丝漫游奇境》。

(二)导语页

为帮助学生更好地阅读外国名著,本单元明确了语文要素“借助作品梗概,了解名著的主要内容”“就印象深刻的人物和情节交流感受”,提出了习作要求“学习写作品梗概”。

(三)语文要素纵向关联

1.阅读要素

本单元的阅读要素“借助作品梗概,了解名著的主要内容”“就印象深刻的人物和情节交流感受”,这两条指向的都是学生学习阅读名著的方法。这是在五年级上册“我爱读书”、下册“中国古典名著”学习基础上的一个提升,目的是引导学生读好书、读整本书,进一步扩展读书的视野,从中得到异域文化的精华。另外,名著通常内容复杂,学生把握主要内容有难度,梗概是对作品的浓缩和概括,借助读作品梗概是降低把握主要内容难度的好方法。教材在六年级上册的小说单元安排了“感受小说人物形象”的训练,本单元是在此基础上增加了感受内容情节,强调感受之后还要交流,体现了训练的层次性、能力的发展性。

2.表达要素

本单元指向表达的语文要素是“学习写作品梗概”。梗概,就是对作品内容的浓缩和概括,了解作品梗概是帮助学生把握名著主要内容的方法之一。写好梗概,要引导学生解决两个重难点:提炼主要内容和进行表达。写梗概是学生第一次接触的习作类型,《鲁滨逊漂流记(节选)》一课给学生提供了梗概的范例,可以帮助学生了解梗概,为习作做铺垫,且与三年级上册第六单元“习作时,试着围绕一个意思写”、三年级下册第八单元“了解故事主要内容,复述故事”、四年级上册第八单元“了解故事情节,简要复述课文”、五年级上册第八单元“阅读时注意梳理信息,把握内容要点”等要求息息相关,此次写作应该不是难题。

二、基于课后习题的语文要素落点分析

(一)语文要素在各板块的要求

课文《鲁滨逊漂流记(节选)》重点引导学生交流对主人公鲁滨逊的看法,《汤姆索亚历险记(节选)》引导学生交流最吸引自己的情节和对汤姆这一人物形象的感受,“交流平台”则围绕人物评价展开交流,引导学生留意描写人物的句子,立体多元地评价人物,习作要求写梗概,进一步培养学生的概括能力。

(二)课后习题的要素指向与活动分析

本单元在《鲁滨逊漂流记(节选)》一课后安排了三道习题:

第一题:默读梗概,想想这部小说写了鲁滨逊流落荒岛的哪些事,用小标题的方式列出来。

流落荒岛→

第二题:读节选的片段,说一说:鲁滨逊克服了哪些困难?他的心态发生了什么变化?你觉得鲁滨逊是一个什么样的人?和同学交流。

第三题(选做):最近你遇到什么困难和烦恼了吗?像鲁滨逊一样把坏处与好处列出来,再说说这样做对你是否有帮助。

第一题和第二题分别与语文要素“借助作品梗概,了解名著的主要内容”“就印象深刻的人物和情节交流感受”紧密关联。第一题借助拟小标题的形式引导学生概括主要内容、梳理文本。第二题可直接作为教学流程使用,通过梳理鲁滨逊遇到的困难和解决的办法,引导学生把握人物心理的变化,感受人物的乐观心态和顽强精神,从而提示学生在阅读小说时不仅要关注情节起伏还要关注人物内心的冲突,因为它能展现人物形象。第三题从课文延伸到学生生活实际,达到学以致用的目的。

(三)单元典型性习题横向关联

本单元的语文要素主要借助精读课文《鲁滨逊漂流记(节选)》课后习题和两篇略读课文的课前学习提示来达成的。

默读梗概，想想这部小说写了鲁滨逊流落荒岛的哪些事，用小标题的方式列出来。(《鲁滨逊漂流记(节选)》课后第一题)

读节选的片段，说一说：鲁滨逊克服了哪些困难？他的心态发生了什么变化？你觉得鲁滨逊是一个什么样的人？和同学交流。(《鲁滨逊漂流记(节选)》课后第二题)

读读这个片段，说说小男孩尼尔斯变成小狐仙之后，他的世界发生了什么变化。作品中还有许多有趣的故事，如“鹤之舞表演大会”“大海中的白银”，猜猜它们又将讲述怎样的神奇。有兴趣的可以读一读原著。(《骑鹅旅行记(节选)》阅读提示)

默读课文，说说哪些情节特别吸引你，你觉得汤姆是一个怎样的孩子？在他身上，你能找到自己或是身边伙伴的影子吗？如果你还想知道汤姆的其他故事，就去读一读《汤姆·索亚历险记》这本书吧。(《汤姆·索亚历险记(节选)》阅读提示)

《鲁滨逊漂流记(节选)》第一题采用先扶后帮的形式，可带领学生借助第一个小标题，概括其他部分的内容，再串联小标题把握文章主要内容，习得方法；第二题借助问题引导学生关注故事的精彩情节，通过阅读感悟、和同学交流，落实“就印象深刻的人物和情节交流感受”的要素。《骑鹅旅行记(节选)》和《汤姆·索亚历险记(节选)》阅读提示，都以问题的方式引导学生继续就印象深刻的人物和情节交流感受，引导学生将前面精读课文中学到的方法进行迁移运用，体现本单元的学习重点“就印象深刻的人物和情节交流感受”；教学时还可结合“快乐读书吧”，引导学生将课内学到的阅读方法迁移到课外阅读中，让学生感受外国文学名著的魅力。

三、落实语文要素的典型性习题教学活动设计示例

(一)典型性习题

以《汤姆·索亚历险记(节选)》的阅读提示为例：默读课文，说说哪些情节特别吸引你，你觉得汤姆是一个怎样的孩子？在他身上，你能找到自己或是身边伙伴的影子吗？如果你还想知道汤姆的其他故事，就去读一读《汤姆·索亚历险记》这本书吧。

1. 活动一：厘清人物关系，感知课文内容

(1)厘清人物关系。

①关注人物：默读课文，圈画文中出现的人物。

②引导学生交流：这些人物之间是什么关系？

③补充说明人物背后的故事，板书梳理结果。

(2)概括主要内容。

①厘清课文主要情节，小组交流最感兴趣的部分。

②同桌根据主要情节，用小标题的方式列出来。

③小结：读小说时，关注文章主要人物、厘清人物关系有助于理解小说内容，也可用拟定小标题的方法概括文章主要内容。

2.活动二：交流故事情节，感知人物形象

(1)交流故事情节。(回顾课文，想想文中哪些情节最吸引你，在文中标注；小组分享；全班交流)

(2)评价人物，全班交流：你觉得汤姆是一个怎样的孩子？从哪里可以看出来？(教师先示范，从学生回答中提取评价汤姆的关键词并板书，全班交流补充。提示：表达观点要清晰、有条理，并且能用课文中相应的内容支撑自己的观点)

(3)引导交流：从汤姆身上，你能找出自己或是身边伙伴的影子吗？说一说理由。

3.活动三：激发阅读兴趣，走进《汤姆·索亚历险记》

(1)汤姆除了去山洞探险外，还经历了什么？

(2)出示原著插图，引导学生猜测故事发展。

(3)引导阅读：图中的人物都是谁？他们之间发生了什么事？汤姆经历了什么？你想知道答案吗？去阅读《汤姆索亚历险记》吧！

预期效果：活动一以层层递进的方式引导学生感知课文内容，学生通过圈画主要人物，梳理人物关系，关注主要情节，最后把情节串联在一起，概括出课文主要内容；活动二让学生分享精彩环节并说明理由，读出隐藏在文字背后的内容，与现实联系起来，目的在于引导学生从多角度感知汤姆这一人物形象，同时折射出自己或身边伙伴的优缺点；活动三借助图片让学生猜测，激发学生阅读整本书的欲望，从而落实语文要素"就印象深刻的人物和情节交流感受"。

思维路径：借助三个教学活动，学生首先通过梳理故事情节拟小标题再串联的方法，整体把握课文主要内容，再选择感兴趣的故事情节批注交流，对人物进行有理有据的评价交流，然后联系生活实际多角度感知人物形象，最后猜想故事发展，激发阅读原著的兴趣。语言建构要从精彩故事情节转述、联系个人生活经历和大胆想象入手。

四、课后习题引导下的《鲁滨逊漂流记(节选)》教学活动设计

(一)教学目标

(1)能借助作品梗概，了解名著的主要内容。(关联课后第一题)

(2)能就印象深刻的情节交流感受，能对鲁滨逊做出简单的评价，产生阅读原著的兴趣。(关联课后第二题)

(二)教学重难点

能就印象深刻的情节交流感受，能对鲁滨逊做出简单的评价，产生阅读原著的兴趣。

（三）教学设计

1. 活动一：导入课文，初步感知

（1）利用课文梗概中的插图，引导学生交流：仔细观察这个任务，说说他给你留下了怎样的印象。

（2）补充介绍相关资料。

2. 活动二：学习“梗概”部分

（1）整体感知，拟小标题。

①导入：一本26万字的书，我们可以通过什么办法快速了解它呢？（读梗概）

②引导学生默读梗概，说一说梗概部分写了鲁滨逊流落荒岛后的哪些事，试着用小标题概括出来。

③小组汇报交流，整合归纳。（流落荒岛—建房定居—驯养培育—救“星期五”—回到英国）

（2）串联小标题，把握主要内容。

①启发引导：小标题就像书的目录一样，把故事中的重要情节罗列出来，将小标题一个个串联起来就能梳理出整个故事的发展脉络。试着根据列出的小标题，用自己的话简要说说梗概的主要内容。

②学生借助小标题进行内容梳理。

③细读梗概，了解故事中人物的经历。

交流讨论：28年的荒岛求生，鲁滨逊遇到了哪些困难？又是怎样解决的？再次浏览梗概，以小组为单位进行交流，填写表格，梳理出鲁滨逊克服种种困难的过程。

鲁滨逊遇到的困难	克服困难的办法

引导交流：通过了解这些内容，你对鲁滨逊有怎样的认识？

设计意图：完成第一题，借助拟各部分的小标题，并串联小标题，把握故事主要内容。

3. 活动三：研读课文，明确中心

（1）默读节选片段，想想节选片段主要写了些什么。

（2）出示表格，以小组合作的形式填写表格，梳理鲁滨逊遇到的困难和解决困难的办法。

鲁滨逊遇到的困难	克服困难的办法	主要内容

（3）再读节选，评价人物。

①引导思考：在鲁滨逊克服种种困难的过程中，哪些情节最让你印象深刻？你觉得他是一个怎样的人？批注在书上。

②小组讨论：从流落荒岛到克服种种生存的困难，鲁滨逊的内心有怎样的变化呢？你对鲁滨逊又有了哪些新的认识？

（4）小结：在品读精彩片段过程中，随着故事情节的发展，我们仿佛也跟着鲁滨逊一起去经历了重重

的生存挑战，内心也在不断地变化，就像他想告诉世人的那样：在困境中，我们可以把好处和坏处对照起来看，并且从中找到一些道理安慰自己。

设计意图：完成第二题，引导学生在把握故事主要内容的基础上，借助表格梳理鲁滨逊遇到的困难和解决困难的办法，发现他内心的变化，通过个人感悟、同伴交流与讨论，感受鲁滨逊的人物形象。

4. 活动四：出示原著目录，激发兴趣

(1)课件出示原著目录，引导学生说说最想阅读的内容。

(2)推荐阅读，交流。

预期效果：结合课后习题设计四个教学活动，借助拟小标题、用表格梳理文章主要情节的方式概括文章主要内容等形式，引导学生提取信息、概括信息、提炼文字、调整顺序，训练学生的概括能力，同时习得阅读方法，落实语文要素。

（彭水苗族土家族自治县第二小学校：孙雪琴）

第三单元
情感表达

一、第三单元整体分析

（一）整体描述

基于帮助学生确定习作内容和基调，让他们在阅读和习作练习中习得感受生活美好、确定主题目和选择材料的能力，学习表达情感的方法，本单元编排了精读课文（《匆匆》《那个星期天》）、“交流平台”“初试身手”“习作例文”（《别了，语文课》《阳光的两种用法》）、“习作”五部分。精读课文重在引导学生从阅读中学习写作的方法。“交流平台”梳理总结从精读课文中学到的写作方法。“初试身手”则是让学生尝试运用学到的写作方法进行表达。“习作例文”为学生提供习作范例，便于学生借鉴和模仿。“习作”引导学生运用学到的习作方法，结合生活中印象深刻的经历表达自己的真情实感。

（二）导语页

统编版教材单元导语页主要由主题图和编者语两部分组成。主题图是一个孩子手握笔在本子上尽情地表达，充分体现了本单元“让真情在笔尖流露”的人文主题，“真情”为内容，“笔尖”则体现了语言的载体和形式。语文阅读要素是“体会文章是怎样表达情感的”，语文写作要素是“选择合适的内容写出真情实感”。这两个语文要素之间是相互联系的，都围绕“如何表达真情实感”这个核心内容展开。读写之间的联结点是将学生“感悟情感”的能力转化成“表达情感”的能力，提高学生表达真情实感能力的水平。

（三）语文要素纵向关联

1. 阅读要素

表1　“体会文章是怎样表达感情的”纵向关联

年段	单元	阅读要素
二年级上册	第七单元	展开想象，获得初步的情感体验
二年级下册	第二单元	读句子，想象画面；试着有感情地朗读课文

续表

年段	单元	阅读要素
四年级上册	第一单元	边读边想象画面，感受自然之美
	第六单元	通过人物的动作、语言、神态体会人物的心情
四年级下册	第一单元	抓住关键语句，初步体会课文表达的思想感情
	第三单元	初步了解现代诗的一些特点，体会诗歌表达的感情
	第四单元	体会作家是如何表达对动物的感情的
五年级上册	第一单元	初步了解课文借助具体事物抒发感情的方法
	第六单元	体会作者描写的场景、细节中蕴含的感情
五年级下册	第一单元	体会课文表达的思想感情
六年级下册	第三单元	体会文章是怎样表达情感的

如上表所示，对于“体会文章是怎样表达情感的”这一语文阅读要素，统编版教材做了循序渐进的学习安排。二、四、五年级让学生由浅入深地学习体会文章情感的多种方法与策略：低段要求朗读与展开想象，中段要求抓人物描写和关键语句，高段五年级要求借物抒情和抓场景、细节，六年级下册第三单元则是让学生“体会文章是怎样表达情感的”。本单元“怎样表达情感”，一是指直接抒情法，在五年级时已经学习过，在《匆匆》第4自然段中集中出现；二是指在《那个星期天》中贯穿全文的间接抒情法，即“把情感融入具体的人、事或景物之中”。在“初试身手”板块中还设置了片段练习间接抒情法，学生从感受到理解再到运用，一步步提升能力。

2.写作要素

表2　“选择合适的内容写出真情实感”纵向关联

年段	单元	写作要素
三年级上册	第八单元	学写一件简单的事
四年级上册	第八单元	写一件事，能写出自己的感受
四年级下册	第一单元	写喜爱的某个地方，表达出自己的感受
五年级上册	第一单元	写一种事物，表达自己的感情
	第六单元	用恰当的语言表达自己的看法和感受
六年级上册	第三单元	写生活体验，试着表达自己的看法
	第八单元	通过事情写一个人，表达出自己的情感
六年级下册	第三单元	选择合适的内容写出真情实感

如上表所示，围绕“习作中如何表达真情实感”这一习作要素，教材一至六年级做了多角度、较为系统的活动设计。四年级，通过一件事情表达自己的感受（主要是快乐、喜爱之情，情感较单一）；五年级，学会用场景描写、细节描写等方法，表达自己多样的情感；六年级上册第八单元，写一个人时，围绕某种情感，能用多件事情来表达；六年级下册第三单元，在学生理解与基本掌握直接抒情与间接抒情两种表达情感的方法后，要求选择合适的内容表达自己的真情实感。

二、基于课后习题的语文要素落点分析

(一)课后习题的要素指向与活动分析

1.《匆匆》课后习题分析

第一题:有感情地朗读课文。背诵课文。

第二题:课文中有两处使用了一连串的问句,找出来读读,说说表达了作者怎样的内心感受,体会这样表达有什么好处。

第三题:时间的流逝本是人们司空见惯的平常现象,为什么作者能写得如此感人?读了课文,你对时间的流逝有什么感触?仿照课文第3自然段,用一段话把你的感触写下来。

第一题旨在引导学生在整体把握课文内容的基础上,初步感受作者表达的情感,同时落实统编版教材对学生的背诵要求,让学生积累语言。

第二题落实单元阅读要素"体会文章是怎样表达感情的",让学生感悟作者用连续的问句直接表达感情的方法,学习用连续的问句直接表达情感。

第三题继续落实单元阅读要素,旨在引导学生感悟作者表达情感的方法——把感情融入景物描写之中,并联系生活经验,仿照课文句式,初步尝试运用把情感融在具体的景物中的表达方法进行小练笔。

2.《那个星期天》课后习题分析

第一题:默读课文,说说在这一天里"我"的心情经历了什么样的变化。

第二题:读下面的句子,想想作者是怎样在具体细致的叙述中,真实自然地表达内心感受的。在课文中再找一找类似的语句,仔细体会。

我蹲在她身边,看着她洗。我一声不吭,盼着。我想我再不离开半步,再不把觉睡过头。我想衣服一洗完我马上拉起她就走,决不许她再耽搁。("我"盼着什么?这里是怎么写出"盼"的心情的?)
我现在还能感觉到那光线漫长而急遽的变化,孤独而惆怅的黄昏的到来,并且听得见母亲咔嚓咔嚓搓衣服的声音,那声音永无休止就像时光的脚步。那个星期天。就在那天。(这个片段表现了"我"怎样的心情?为什么不直接写心情,而是写"那个星期天"的光线和声音?)

第三题:《匆匆》和《那个星期天》都表达了作者真实的情感,这两篇课文在表达情感的方式上,有哪些相同点和不同点?

第一题默读课文,让学生了解"我"的心情所经历的变化,初步把握课文内容;向学生渗透以心情经历的变化来表达情感的方法。

第二题落实单元阅读要素"体会文章是怎样表达情感的"。学生通过细读品味,学习表达情感的方法。一是通过具体的事例表达情感;二是通过内心独白表达情感;三是把情感融入景物中表达。

第三题落实单元阅读要素"体会文章是怎样表达情感的"。学生通过比较阅读,梳理两篇课文在表达情感方式上的异同,渗透这些表达真情实感的方法。

3."初试身手"课后习题分析

我们都生活在一定的环境中,当心情不同时,对身边事物的感受也会有所不同。从下面的情境中选择一两个,就心情"好"与"不好"这两种状态,分别写几句话。

走在小巷里　　奔跑在四野上　　弹琴　　钓鱼　　……

本次的小练笔落实语文阅读要素，主要是让学生运用课文中学习的表达情感的方法——把情感融入景物中，尝试进行小练笔，进一步感受表达情感的方法，为后面的“习作”做准备。

4.“习作例文”课后习题分析

《别了，语文课》：默读课文，说说“我”对学习语文的情感和态度发生了怎样的变化，课文是怎样表达的。

《阳光的两种用法》：从两家人的生活中，你体会到了怎样的情感？作者是怎样把这种情感表达出来的？和同学交流。

《别了，语文课》课后习题，学生通过梳理作者的情感变化，结合课文旁批整理表达情感的三种方法：①选择恰当的事例表达情感（渗透习作时选择合适的内容写出真情实感）。②内心独白可以直接表达情感。③选择合适的材料表达情感。

《阳光的两种用法》课后习题引导学生体会作者是如何表达对母亲和毕大妈这样的普通劳动者的赞美之情的，并结合旁批梳理习作方法：①选择恰当的事例表达情感（渗透习作时选择合适的内容写出真情实感）；②围绕一条主线表达情感。

学生在学习例文后，再读自己的习作，并用例文中表达情感的方法尝试修改自己的习作，再和同学交流分享自己的习作，提高习作鉴赏能力和表达能力。

（二）单元典型性习题横向关联

本单元围绕语文要素“体会文章是怎样表达情感的”“选择合适的内容写出真情实感”安排了这些课后习题：

课文中有两处使用了一连串的问句，找出来读读，说说表达了作者怎样的内心感受，体会这样表达有什么好处。（《匆匆》课后第二题）

时间的流逝本是人们司空见惯的平常现象，为什么作者能写得如此感人？读了课文，你对时间的流逝有什么感触？仿照课文第 3 自然段，用一段话把你的感触写下来。（《匆匆》课后第三题）

读下面的句子，想想作者是怎样在具体细致的叙述中，真实自然地表达内心感受的。在课文中再找一找类似的语句，仔细体会。（《那个星期天》课后第二题）

我蹲在她身边，看着她洗。我一声不吭，盼着。我想我再不离开半步，再不把觉睡过头。我想衣服一洗完我马上拉起她就走，决不许她再耽搁。（“我”盼着什么？这里是怎么写出“盼”的心情的？）
我现在还能感觉到那光线漫长而急遽的变化，孤独而惆怅的黄昏的到来，并且听得见母亲咔嚓咔嚓搓衣服的声音，那声音永无休止就像时光的脚步。那个星期天。就在那天。（这个片段表现了“我”怎样的心情？为什么不直接写心情，而是写“那个星期天”的光线和声音？）

《匆匆》和《那个星期天》都表达了作者真实的情感，这两篇课文在表达情感的方式上，有哪些相同点和不同点？（《那个星期天》课后第三题）

我们都生活在一定的环境中，当心情不同时，对身边事物的感受也会有所不同。从下面的情境中选

择一两个，就心情“好”与“不好”这两种状态，分别写几句话。（“初试身手”课后习题）

走在小巷里　　奔跑在四野上　　弹琴　　钓鱼　　……

默读课文，说说“我”对学习语文的情感和态度发生了怎样的变化，课文是怎样表达的。（《别了，语文课》课后习题）

从两家人的生活中，你体会到了怎样的情感？作者是怎样把这种情感表达出来的？和同学交流。（《阳光的两种用法》课后习题）

本单元的课后习题紧紧围绕人文主题和语文要素来设计，对学生进行有层次、有梯度的语文能力训练。《匆匆》侧重把情感直接表达出来。在学习时，我们可以引导学生关注第二题，聚焦第1、第4自然段进行细读品悟，感悟作者运用连续问句的方式表达自己的情感，并体会这样表达的好处；引导学生关注第三题，聚焦课文第2自然段中的“八千多个日子”和“针尖上的一滴水”，第3自然段中描写的洗手、吃饭等生活场景，引导学生体会时光的匆匆流逝；最后，引导学生思考作者为什么要通过洗手、吃饭、睡觉这些平常的事来描写时光的匆匆流逝，让学生初步感受作者在描写时饱含真情，同时为习作做准备。

《那个星期天》侧重把情感融入具体的人、事、景物中，引导学生关注第二题，聚焦课文第4、第6、第7自然段。学习课文第4自然段时，将文本内容与课文第一幅插图结合起来，引导学生发现作者通过跳房子、看云彩走、拨弄蚁穴、看画报四个事例来表达焦急的心情，让学生总结出作者表达情感的方法，即通过具体事例来表达情感。学习第6自然段时，重点关注课后第二题第一个句子“我蹲在她身边，看着她洗……再不把觉睡过头……一洗完我马上……决不许她再耽搁”，通过抓住关键词“再不、一洗完、马上、决不许”等词语，并结合课文第二幅插图，让学生体会作者焦急的心情；学习完后，让学生概括作者表达情感的方法，即通过内心独白表达情感（直接抒情法）。学习课文第7自然段时，重点关注课后第二题第二个句子“我现在还能感觉到那光线漫长而急遽的变化，孤独而惆怅的黄昏的到来……”，引导学生发现，作者写光线漫长而急遽的变化实际上是写“我”的心情越来越沮丧，体会作者把情感融入景物中的表达方法；再让学生寻找课文中类似的句子，进一步感受这种表达情感的方法；最后让学生总结出作者表达情感的方法，即“将情感融入景物中”。学习这三种表达情感的方法，都是在为习作做准备。学习完两篇精读课文后，引导学生关注课后第三题，通过比较阅读梳理两篇精读课文在表达情感方式上的异同，进一步感受表达真情实感的方法。

“初试身手”提供了两个示例，让学生进一步感受把情感融入景物之中的表达方法，课后习题则让学生尝试运用这样的表达方法进行小练笔。“习作例文”是学生习作的范例，帮助学生解决“用”方法的问题，没有字词的要求，教学时不必对内容过多分析，不能当成略读课文来学习。教师要充分利用旁批和课后习题引导学生自主学习和交流表达真情实感的方法，让学生在习作中尝试运用这样的表达方法。教学时可以根据习作的需要灵活安排，多次使用这样的表达方法。课后习题从落实阅读要素逐渐过渡到落实习作要素，最后落实本单元的人文主题，真正做到了读写结合，提升了学生的语文核心素养。

三、落实语文要素的典型性习题教学活动设计示例

（一）典型性习题

以《那个星期天》课后第二题为例：读下面的句子，想想作者是怎样在具体细致的叙述中，真实自然

地表达内心感受的。在课文中再找一找类似的语句，仔细体会。

我蹲在她身边，看着她洗。我一声不吭，盼着。我想我再不离开半步，再不把觉睡过头。我想衣服一洗完我马上拉起她就走，决不许她再耽搁。（“我”盼着什么？这里是怎么写出“盼”的心情的？）
我现在还能感觉到那光线漫长而急遽的变化，孤独而惆怅的黄昏的到来，并且听得见母亲咔嚓咔嚓搓衣服的声音，那声音永无休止就像时光的脚步。那个星期天。就在那天。（这个片段表现了“我”怎样的心情？为什么不直接写心情，而是写“那个星期天”的光线和声音？）

（二）教学设计

引入：回顾在这一天里，我的心情经历了怎样的变化。

1.活动一：学习表达情感的方法

（1）借助内心独白来表现心理活动。

母亲买菜回来却又翻箱倒柜忙开了。走吧，您不是说买菜回来就走吗？好啦好啦，没看我正忙呢吗？真奇怪，该是我有理的事啊？不是吗，我不是一直在等着，母亲不是答应过了吗？整个上午我就跟在母亲腿底下：去吗？去吧，走吧，怎么还不走啊？走吧……

①自由读课文第4自然段，你们发现这段话有什么特别的地方吗？（引导学生发现这段话，有些是“我”和母亲口头说出来的，有些话是“我”在心里默默说的，即内心独白，两种语言交织在一起）

②用横线勾出“我”和母亲的对话，用波浪线勾出“我”在内心默默说的话（内心独白）。

③通过这些句子你体会到“我”怎样的心情。

④朗读文段，读出念念叨叨、越来越急、不耐烦的感觉。

⑤这样的语言，课文中还有，你能找出来吗？（联系课文中其他地方的内心独白，关注课后第二题第一个句子）

我蹲在她身边，看着她洗。我一声不吭，盼着。我想我再不离开半步，再不把觉睡过头。我想衣服一洗完我马上拉起她就走，决不许她再耽搁。（“我”盼着什么？这里是怎么写出“盼”的心情的？）

（抓住“一声不吭”“再不”“一洗完……马上”“决不会”词句，感受“我”午觉睡过头后的迫切、懊悔、自责……的心情）

小组合作，朗读、批注、交流。思考：“我”盼着什么？这里是怎么写出“盼”的心情的？

⑥有感情地朗读，进一步体会作者用内心独白表达情感的好处。

（2）借助环境描写来表现心理活动。

我现在还能感觉到那光线漫长而急遽的变化，孤独而惆怅的黄昏的到来，并且听得见母亲咔嚓咔嚓搓衣服的声音，那声音永无休止就像时光的脚步。那个星期天。就在那天。（这个片段表现了“我”怎样的心情？为什么不直接写心情，而是写“那个星期天”的光线和声音？）

①“光线暗下去”表现了“我”怎样的心情？

②思考：为什么说光线的变化是“漫长而急遽”的？作者在这里为什么不直接写心情，而是写“那个星期天”的光线和声音？

品读句子，学生交流，抓住“漫长而急遽”“孤独而惆怅”“闭上眼睛”“消逝”“荒凉”等词，体会“我”的孤独、委屈、绝望之情。

结合课文第二幅插图,引导学生进一步体会“我”委屈、绝望的情感。

有感情地朗读,读出“我”的情感变化。

③梳理变化:随着“我”的心情变化,我周围的环境发生了怎样的变化?作者是怎样来写“我”的心情变化的?(联系课文中其他运用把情感融入具体的景物中的句子;在交流中让学生感受到心情不同时,对身边事物的感受也不一样;引导学生总结出表达情感的方法——把情感融入景物中)

2.活动二:迁移运用,习得方法

(1)出示“初试身手”题目,读一读两个示例,体会当心情不同时,对身边事物的感受也会有所不同。

(2)引导学生联系生活实际,说说情境中的景物有哪些,教师根据学生所说的景物进行归类。(预设:①看到的:天空、云朵、太阳、花草、树木、鸟儿、小狗、路人等;②听到的:风声、雨声、鸟叫声、虫鸣声、狗叫声等)

(3)师生共同交流在心情“好与坏”时,看到上述的景物和听到的声音会有什么不同。

(4)创设情境,练习写话。

①出示情境:

妈妈今天终于答应我,暑假不用上补习班了,我欣喜若狂地奔跑在田野上。

____

妈妈严厉地对我说:“暑假必须去上补习班。”我绝望地奔跑在田野上。

____

②学生练习写话,教师巡视指导。

③指名朗读小练笔,师生根据心情“好”和“不好”时,所感受到的景物也会有所不同来共同评价。

(5)教师总结。

设计意图:本教学活动围绕本单元的语文要素和人文主题,以课后习题为抓手,关注课文相关段落,引导学生发现作者用内心独白和借助环境来表现自己的心理活动。在此基础上,结合“初试身手”,引导学生联系生活实际,创设情境练习写话,在一定程度上降低了难度,缓解了学生的畏难情绪。整个学习活动由学到说到写,由易到难,由学到用,循序渐进,做到了读写结合,教学评的一致,培养了学生的语文核心素养能力。

预期效果:本单元首先通过回顾“我”的心情变化,勾画重点词句等学习活动,引导学生找出相关语句品析,交流品析后指导学生朗读,再引导学生梳理出表达情感的两种方法。这既能让学生感受“我”盼望、焦急、失望、绝望……的心情,又训练了学生借助关键词句有条理地表达的能力,学习用“……是‘内心独白描写’,写出了……的心情”和“借助……具体事物(环境),表现了……的心情”这样的句式来抓住关键词句体会作者的情感,同时进一步感受表达真情实感的方法。在此基础上,创设情境,搭建支架,降低难度,大部分学生便能进行小练笔。这样的学习活动关注了习作单元训练的要点和梯度,从情感体验到方法提炼,再到联系生活,创设情境,最后尝试表达运用,都是在为本单元的习作做铺垫。

思维路径:本单元通过回顾“我”的心情变化,首先引导学生关注课文第4自然段,勾画重点词句,发现内心独白可以表现人物的心理活动;其次引导学生关注课后第二题第一个句子,进一步感受借助内心独白来表达情感的方法;然后引导学生关注课后第二题第二个句子,发现借助环境描写也能表现人物的心理活动；再让学生找出环境变化的句子，感受环境变化，人物的心情也发生变化，进一步感受融情于景的表达方法；在学生初步感受两种表达情感的方法后，最后创设情境，搭建支架，进行小练笔。这样，学生习作的思路就更清晰，真正体现了习作单元由学到用的学习过程。

四、课后习题引导下的《匆匆》教学活动设计

教学目标：

（1）会认、会写“藏、挪”等6个生字，会写“挪移、徘徊”等11个词语。（关联课后生字表）

（2）了解课文内容，体会作者对时光流逝的感受。（关联课后第二题）

（3）有感悟地朗读课文，背诵课文。（关联课后第一题）

（4）能抓住关键句段，感悟作者表达情感的方法。仿照第3自然段，表达自己对时光流逝的感触。（关联课后第二、第三题）

教学重难点：能抓住关键句段，感悟作者表达情感的方法。仿照第3自然段，表达自己对时光流逝的感触。

教学时间：2课时。

（一）第一课时

1.活动一：导入新课，引出《匆匆》

（1）谈话导入课题，板书课题。

（2）简要介绍作者朱自清。

2.活动二：预习

（1）检查预习，扫清字词障碍。

（2）通读课文，读准字音，读通句子。

3.活动三：再读课文，整体感知，厘清结构

（1）默读课文，思考：作者在文中想要表达什么？

教师引导学生结合查找的资料或教师补充的文章背景资料，体会作者在文章中表达的情感。

（2）快速浏览课文，找一找：课文主要是围绕哪句话来写的？

预设：“我们的日子为什么一去不复返呢？”这个问句在文中出现了几次？在什么位置出现的？用下划线在文中画出来。（这是作者对时光匆匆的直接提问，以这个问句开篇，又以此问句结尾，在写作方法上是首尾呼应）

（3）再次浏览课文，思考：作者是怎样来写时间一去不复返的？

第1自然段：提出问题，时间为什么一去不复返呢？

第2~4自然段：具体描写时间一去不复返。

第5自然段：再次提问，照应开头。

（4）小结。

设计意图：第一课时通过初读质疑，建立框架结构意识，对文章形成初步印象，为第二课时的学习奠定基础。

(二)第二课时

1.活动一：体会情感的直接表达

研读第1、第4自然段：

(1)课文中有两处使用了一连串问句，找出来读一读，说说表达了作者怎样的内心感受，体会这样表达有什么好处。(课后第二题)

(2)集体研读第1自然段。

①默读课文，思考：你是从文中哪些语句感受到时间匆匆、一去不复返的？请用横线画出来。

②这段话表达了作者怎样的情感，你是从哪里感受到的？请用波浪线勾画出来。(作者通过直接问、连续问直接抒发情感，流露出自己对时光一去不复返的无限感慨)

③请四位同学逐次朗读问句，引导学生发现朗读四个问句时要连续、紧凑。指导学生朗读，感受作者用一连串的追问直接抒发情感，流露出自己对时光匆匆的无限感慨，最后总结出作者表达情感的方法——直接抒情法。

(3)自学第4自然段。

①第4自然段和第1自然段在表达上有什么相似之处？这段文字表达了作者怎样的情感？

②再读这些问句，你有什么感受？(体会这样表达有什么好处)

设计意图：完成课后第二题，由扶到放，引导学生发现作者用一连串问句来表达对时间流逝的感慨，初步感受作者直接表达情感的方法。

2.活动二：学习将情感融入景物描写的表达方法

感受融情于景，学习作者将情感融入具体的景物描写之中的表达方法。(课后第三题)

(1)出示阅读要求：默读第2~3自然段，想想：作者是怎样把看不见、摸不着的时间写得形象可感的？表达了作者怎样的情感呢？

(2)集体研读第2自然段。

八千多日子已经从我手中溜去，像针尖上一滴水滴在大海里，我的日子滴在时间的流里，没有声音，也没有影子。我不禁头涔涔而泪潸潸了。

①引导学生体会：将“八千多日子”比作“针尖上的一滴水”，把“时间的流”比作“大海”，把看不见、摸不着的时间写得像流水、像大海一样具体可感了，而且“针尖上的一滴水”和“大海”形成了鲜明的对比。通过反复的对比朗读，学生感受到时间流逝的无声无息、无影无踪。同时，引导学生学习将抽象事物具体化的描写方法。

②引导学生抓住“头涔涔、泪潸潸”，体会作者对时间流逝的无奈与叹惋。

(3)关注课后第三题，聚焦课文第3自然段。

①引导学生提取信息：时间都从什么地方流逝了？教师根据学生的回答，提取关键词语进行板书。

②根据课文内容填空，有感情地朗读，试着背诵课文第3自然段。(关联课后第一题)

太阳他有脚啊，轻轻悄悄地挪移了，我也茫茫然跟着旋转。于是——(　)的时候，日子从(　)过去；

(　)的时候,日子从(　)过去;(　)时,便从(　)过去;我觉察他去得匆匆了,(　)时,他又从(　)过去;(　)时,我躺在床上,他便伶伶俐俐地从我(　)跨过,从我(　)飞去了。

③思考:作者描写时间的流逝,可写的事情很多,为什么偏偏写洗手、吃饭、睡觉这么平常的事呢?(总结表达情感的方法——把情感融入具体的景物描写中)

(4)读写结合,表达感悟。(课后第三题)

①时间的流逝本是人们司空见惯的平常现象,为什么作者能写得如此感人?读了课文,你对时间的流逝有什么感触?仿照课文第3自然段,用一段话把你的感触写下来。

②仿写第3自然段。

(　　)的时候,日子从(　　)过去;(　　)的时候,日子从(　　)过去;(　　)时,便从(　　)过去。

③学生完成小练笔,并根据习作标准进行自主评价。

习作标准	星级标准
选取身边平常的事物表达真情实感	★
运用排比、拟人等修辞手法表达真情实感	★

设计意图:本单元通过提取关键词语,帮助学生背诵课文,完成课后第一题;引导学生发现作者用平常的事来表达对时间匆匆流逝的感慨,初步渗透习作时要选择合适的内容表达情感;引导学生联系自己的生活经验,仿照课文第3自然段的句式进行小练笔,进一步感受作者融情于景的表达方法。

预期效果:以上围绕课后习题的教学活动设计,关注了本单元的人文主题和语文要素训练的重点及梯度,为本单元的习作"让真情自然流露"做铺垫。从内容梳理到方法提炼,再到表达运用、习作评价,层层推进,环环相扣。通过这样的学习活动,学生基本上能抓住关键词句体会情感,积累生动语句,关注表达并梳理表达方法,初步尝试运用连续问的方式和借助具体的事物来表达自己的情感。最后的评价和修改,做到了教学评一致,培养了学生的语文核心素养能力。

(彭水苗族土家族自治县第五小学校:彭作梅)

第四单元
理想和信念

一、第四单元整体分析

（一）整体描述

为了引导学生树立远大的理想，培养高尚的道德情操，本单元围绕“理想和信念”的人文主题编排了四篇课文，分别是《古诗三首》(李贺《马诗》、于谦《石灰吟》、郑燮《竹石》)、李星华的《十六年前的回忆》、毛泽东的《为人民服务》和杨旭的《金色的鱼钩》。四篇课文的体裁不同，分别是古诗、回忆录、演讲稿和小说。四篇课文从不同侧面体现了“人生自古谁无死，留取丹心照汗青”的英雄气概和民族精神。此外，本单元还编排了“口语交际”“习作”和“语文园地”。

（二）导语页

单元导语页由主题图和编者语两部分组成：主题图画是松、梅、竹，高洁的品格很好地呈现了本单元的人文主题“人生自古谁无死，留取丹青照汗青”。语文阅读要素是“关注外貌、神态、言行的描写，体会人物品质” “查阅相关资料，加深对课文的理解”；习作要素是“习作时选择适合的方式进行表达”。

（三）语文要素纵向关联

表1 “关注外貌、神态、言行的描写，体会人物品质”纵向关联

年段	单元	阅读要素
四年级上册	第六单元	通过人物的动作、语言、神态体会人物的心情
四年级下册	第七单元	从人物的语言、动作等描写中感受人物的品质
五年级下册	第四单元	通过课文中动作、语言、神态描写，体会人物的内心
六年级上册	第四单元	读小说，关注情节、环境，感受人物形象
六年级下册	第四单元	关注外貌、神态、言行的描写，体会人物品质

如表1所示，此语文阅读要素在教材中的编排有一定的关联性和梯度。学生从四年级上册开始学习对人物动作、语言、神态等的描写方法，四年级下册、五年级下册和六年级上册也都在持续学习。学生在学习本单元前已经积累了一定的方法和经验，所以在学习本单元时应把重点放在"体会人物品质"上。

四年级上册"体会人物的心情"，学生只需通过人物的动作、语言、神态描写体会人物的心情（或喜或悲或怒或委屈……）。五年级下册"体会人物的内心"，需要学生走近人物，设身处地地思考在当时的境地里"我"可能会想些什么、"我"的家国情怀是什么。六年级下册"体会人物品质"较之"体会人物心情、人物内心，感受人物形象"更深入一些，需要在体会人物内心世界的基础上提炼人物的品质（如坚贞不屈、刚正不阿、舍己为人、忠于革命……）。

四年级下册"从人物的语言、动作等描写中感受人物的品质"，六年级下册"关注外貌、神态、言行的描写，体会人物品质"，二者的区别在于：一是六年级下册多了"外貌、神态描写"；二是"感受"和"体会"，后者比前者在程度上更深，"感受人物品质"侧重学生能从人物身上受到感染，"体会人物品质"侧重学生去体验和领会，将人物身上的品质内化吸收成为自己的一部分。

表2 "查阅相关资料，加深对课文的理解"纵向关联

年段	单元	阅读要素
五年级上册	第四单元	结合资料，体会课文表达的思想感情
六年级上册	第八单元	借助相关资料，理解课文主要内容
六年级下册	第四单元	查阅相关资料，加深对课文的理解

如表2所示，关于"查阅资料"，六年级上册第八单元"借助相关资料，理解课文主要内容"，其资料主要有两个来源：一是学生自查；二是教师提供，因为文章的时代背景和对人物的理解对于学生来说难度较大，所以资料主要由教师提供。六年级下册，资料的搜集主要由学生自主完成，并且查阅的资料不局限于课文所涉及的当时、当地、当事，还可能包括与主旨相关的时事资料等，以加深对课文的理解，拓宽学生的视野。

表3 "习作时选择适合的方式进行表达"纵向关联

年段	单元	习作要素
五年级上册	第六单元	用恰当的语言表达自己的看法和感受
	第八单元	根据表达的需要，分段表述，突出重点
六年级下册	第三单元	选择合适的内容写出真情实感
	第四单元	习作时选择适合的方式进行表达

如表3所示，对学生习作表达上的要求，五年级上册第六单元从语言层面强调"用恰当的语言"进行表达；五年级上册第八单元从文章结构层面强调"分段表述"；六年级下册第三单元从习作选材层面强调"选择合适的内容"来表达；六年级下册第四单元则强调，"选择适合的方式进行表达"，即根据想表达的内容，选择一种适合的表达方式来进行表达，如写故事、写信，或者写日记、创作诗歌……

二、基于课后习题的语文要素落点分析

（一）课后习题的要素指向与活动分析

1.《古诗三首》课后习题分析

第一题：有感情地朗读课文。背诵课文。默写《竹石》。

第二题：借助注释，说说下面诗句的意思。

何当金络脑，快走踏清秋。
粉骨碎身浑不怕，要留清白在人间。
千磨万击还坚劲，任尔东西南北风。

第三题：三首古诗分别表达了诗人怎样的志向？表达的方法有什么共同特点？

第一题是对经典文化的传承方式，让学生读好经典古诗词，积累经典，正确书写经典内容。

第二题提醒学生借助注释理解诗意，为后面的深入学习打下基础。

第三题旨在引导学生初步了解诗人借事物表达人生志向的表达方式，感受有哪些事物被古人赋予了人的品格和志向；能联系有关诗人生平的资料，体会诗人的精神品格和远大志向，落实第一个语文要素。

2.《十六年前的回忆》课后习题分析

第一题：有感情地朗读课文。

第二题：默读课文，说说课文按照时间顺序写了哪些事情，给你印象最深的是哪件事。

第三题：下面的句子分别写了李大钊的外貌、神态和言行，读一读，再找出类似的句子体会他的品格。

我看到了他那乱蓬蓬的长头发下面的平静而慈祥的脸。
父亲坚决地对母亲说："不是常对你说吗？我是不能轻易离开北京的。你要知道现在是什么时候，这里的工作多么重要。我哪能离开呢？"
父亲不慌不忙地向外走去。

第四题：课文最后两个自然段与开头有什么联系？说说这样写有什么好处。

第五题（选做）：无数革命先烈为了民族解放和人民幸福，浴血奋战，前仆后继。李大钊、刘胡兰、董存瑞，还有飞夺泸定桥的红四团……他们在革命事业的道路上，谱写了壮烈的篇章。查找资料，了解先烈的革命事迹，和同学交流。

第一题，学生通过朗读再现李大钊烈士的光辉形象，用表情、语调表现出李大钊临危不惧、将生死置之度外的高尚品质，从而感受李大钊崇高的精神品质。

第二题引导学生按照时间顺序梳理故事情节，整体感知课文内容，这是对三、四、五年级"概括主要内容"方法的复习和巩固。在整体感知的基础上，学生交流自己的阅读感受，说说课文中自己印象最深的一件事。

第三题此题落实本单元的语文阅读要素，一是学生通过人物的外貌、神态和言行，体会人物的品格，

加深对课文的理解;二是学生通过读和抄写,积累语言材料。

第四题旨在让学生阅读的时候能关注文章的开头和结尾,体会这样写的好处,提高学生的阅读鉴赏能力。

第五题是选做题,目的是使学有余力的学生学习收集资料的方法,并在相互交流中加深对人物精神品质的认识。虽不做统一要求,但理解本课需要一定的背景资料,教师要鼓励学生通过多种渠道去收集有关李大钊等革命先烈事迹的资料。不具备条件的学校,教师应为学生提供相关资料。

3.《为人民服务》课后习题分析

第一题:有感情地朗读课文。背诵第 2~3 自然段。

第二题:说说课文围绕“为人民服务”讲了哪几方面的意思。

第三题:读下面这段话,说说每句话的意思,想想句子之间是怎样连起来的。

> 因为我们是为人民服务的,所以,我们如果有缺点,就不怕别人批评指出。不管是什么人,谁向我们指出都行。只要你说得对,我们就改正。你说的办法对人民有好处,我们就照你的办。

第四题:联系本单元的学习内容,说说对“人固有一死,或重于泰山,或轻于鸿毛”这句话的理解和体会。

第一题,学生通过朗读背诵,感受革命志士的理想信念,积累语言。

第二题引导学生复习把握文章主要内容的方法,整体感知课文主要内容,厘清篇章和重点段落的逻辑关系。

第三题引导学生通过品析这几句话,初步感受恰当的关联词可以让意思表达得更加完整和严密,体会语言内在的逻辑美。

第四题落实本单元第二个语文阅读要素,引导学生借助相关的阅读资料,进一步领会文章“为人民服务”的思想内涵,加深对课文的理解。

4.《金色的鱼钩》课前导读分析

课前导读:这篇小说讲述的是在红军长征途中发生的一件事。用较快的速度默读课文,然后和同学交流:老班长是一个什么样的人?你是从他的哪些言行中看出来的?最让你感动的是什么?

课前导读是进一步落实本单元语文要素的抓手。这要求学生在自主阅读中整体感知课文内容,把握故事情节,概括课文大意;综合运用小学阶段学得的方法,自主分析描写人物语言、动作、神态的语句,结合环境描写体会人物精神品质,在与同学的交流与分享中,加深对课文主旨的理解。

(二)单元典型性习题横向关联

本单元编排了两个语文阅读要素,一个是“关注外貌、神态、言行的描写,体会人物品质”,另一个是“查阅相关资料,加深对课文的理解”。学生已经学过这两个语文阅读要素,这次复现是强调对这两个要素的综合运用。围绕这两个语文阅读要素,教材设计了多角度、多层次的课后习题。

三首古诗分别表达了诗人怎样的志向?表达的方法有什么共同特点?(《古诗三首》课后第三题)

下面的句子分别写了李大钊的外貌、神态、言行,读一读,再找出类似的句子体会他的品格。(《十六年前的回忆》课后第三题)

我看到了他那乱蓬蓬的长头发下面的平静而慈祥的脸。
父亲坚决地对母亲说："不是常对你说吗？我是不能轻易离开北京的。你要知道现在是什么时候，这里的工作多么重要。我哪能离开呢？"
父亲不慌不忙地向外走去。

无数革命先烈为了民族解放和人民幸福，浴血奋战，前仆后继。李大钊、刘胡兰、董存瑞，还有飞夺泸定桥的红四团……他们在革命事业的道路上，谱写了壮烈的篇章。查找资料，了解先烈的革命事迹，和同学交流。(《十六年前的回忆》课后第五题)

联系本单元的学习内容，说说对"人固有一死，或重于泰山，或轻于鸿毛"这句话的理解和体会。(《为人民服务》课后第四题)

这篇小说讲述的是红军长征途中发生的一件事。用较快的速度默读课文，然后和同学交流：老班长是一个什么样的人？你是从他的哪些言行中看出来的？最让你感动的是什么？(《金色的鱼钩》课前导语)

读下面的诗句，联系你读过的古诗，说说有哪些事物在诗中被赋予了人的品格和志向。("语文园地"中的"词句段运用"课后第一题)

千磨万击还坚劲，任尔东西南北风。
不要人夸好颜色，只留清气满乾坤。
荷尽已无擎雨盖，菊残犹有傲霜枝。

联系课文想一想：下面的外貌和神态描写对刻画人物有什么作用？如果删去这些内容，是否会影响文章的表达效果？(《"语文园地"中的"词句段运用"》课后第二题)

父亲仍旧穿着他那件灰布旧棉袍，可是没戴眼镜。我看到了他那乱蓬蓬的长头发下面的平静而慈祥的脸。
扁鼻子军官的目光立刻变得凶恶可怕，他向前弓着身子，伸出两只大手。啊！那双手就像鹰的爪子，扭着雨来的两只耳朵，向两边拉。
他没有什么模样，使他可爱的是脸上的精神。头不很大，圆眼，肉鼻子，两条眉很短很粗，头上永远剃得发亮；腮上没有多余的肉，脖子可是几乎与头一边儿粗。

本单元的课后习题十分明确地落实了语文要素。《古诗三首》第三题旨在引导学生初步了解咏物诗的特点，能联系诗人的生平资料，体会诗人的精神品格和远大志向。《语文园地"词句段运用"》第一题是对《古诗三首》第三题的拓展，让学生进一步了解咏物诗的表达方式，联系诗人的生平资料，体会诗人的精神品格和远大志向。《十六年前的回忆》第三题、第五题先引导学生借助人物的外貌、神态和言行体会人物的品格，再通过"阅读链接"、学生查找的资料和教师补充的资料，进一步了解先烈的革命事迹，拓展对革命先烈的认识，加深对课文的理解。

《为人民服务》第四题则引导学生联系本单元的学习内容，理解课文的关键语句，加深对课文的理解。"词句段运用" 第二题则是综合运用学过的一些方法，通过人物的外貌和神态，借助资料进一步体会人物品质。

《金色的鱼钩》引导学生借助课前导语中的学习提示，让学生在自主阅读中整体感知课文内容，把握故事情节，概括课文大意；综合运用小学阶段学得的方法，自主分析描写人物语言、动作、神态的语句，结合环境描写体会人物品质，在交流与分享中加深对课文的理解。

本单元课文时代较为久远，学生理解起来有一定的困难，综合运用学过的阅读方法能促进学生对课文的深入理解。

三、落实语文要素的典型性习题教学活动设计示例

(一)典型性习题

以《十六年前的回忆》课后第三题为例：下面的句子分别写了李大钊的外貌、神态、言行，读一读，再找出类似的句子体会他的品格。

我看到了他那乱蓬蓬的长头发下面的平静而慈祥的脸。
父亲坚决地对母亲说："不是常对你说吗？我是不能轻易离开北京的。你要知道现在是什么时候，这里的工作多么重要。我哪能离开呢？"
父亲不慌不忙地向外走去。

教学目标：关注对人物外貌、神态、言行的描写，体会李大钊大无畏的革命英雄气概。

(二)教学设计

1.活动一：勾画和体会

画出文中描写李大钊外貌、神态、言行的语句，体会人物品质，并在书上做好批注。

2.活动二：品读与交流汇报

(1)关注描写李大钊外貌、神态的语句，体会李大钊大无畏的革命英雄气概。(我看到了他那乱蓬蓬的长头发下面的平静而慈祥的脸)

①出示学习要求：读句子，想一想父亲的头发为什么乱蓬蓬的？他在狱中可能遭遇了什么？

②引导学生抓住"乱蓬蓬的长头发""平静而慈祥" 关键词，想象李大钊遭遇重刑的画面，说一说你看到了一个怎样的李大钊。

③组织学生交流课前查阅到的李大钊被捕后的受刑资料，说一说你看到了一个怎样的李大钊。

(2)关注描写李大钊言行的语句，体会李大钊大无畏的革命英雄气概。(父亲坚决地对母亲说："不是常对你说吗？我是不能轻易离开北京的。你要知道现在是什么时候，这里的工作多么重要。我哪能离开呢？")

①读句子，想一想父亲说的这段话主要想表达什么意思？

②为什么父亲坚决不离开北京？你看到了一个怎样的李大钊？

教师引导学生结合上下文(烧掉文件书籍、张作霖派人搜查、工友被捕)或自己查阅的相关资料，或教师补充的资料，感受当时局势非常紧急，体会李大钊将生死置之度外和忠于革命的崇高品质。

教师课件出示补充资料：1926年3月18日，北京发生了震惊中外的"三一八"惨案，段祺瑞执政的北洋政府卫队向由李大钊领导的游行请愿的学生开枪，打死47人，重伤155余人，轻伤者不计其数。

③学生有感情地朗读,读出对李大钊的敬佩之情。(父亲不慌不忙地向外走去)教师提问:你看到了一个怎样的李大钊?是从哪里感受到的?(抓住"不慌不忙、走"字词,体会李大钊临危不惧的革命品质)

(3)总结:作者通过对人物的外貌、神态、言行的描写,让我们体会到了李大钊忠于革命、临危不惧、坚贞不屈的革命品质。

设计意图:学生带着问题深入阅读课文,勾画出课文中描写李大钊外貌、神态、言行的语句,感受李大钊大无畏的革命英雄形象;查阅相关资料,加深对课文内容的理解。

预期效果:学生通过勾画李大钊外貌、神态、言行的语句,抓住重点词语,基本上都能通过"……(外貌或神态或言行)描写或搜集到的……资料,我看到了一个……的(品质)李大钊"的句式体会人物的品质。通过补充资料,学生加深了对课文内容的理解,头脑中不断完善对人物形象的建构,让人物更加丰满。此学习活动不断提升学生的语文阅读能力和理解与感悟能力。

思维路径:通过一系列的学习活动,学生理解本道题时思维路径更加清晰。首先找到描写人物外貌、神态、言行的语句,品读体会人物的品质;再查阅相关资料,更加全面地了解人物,从而加深对课文内容的理解。

四、课后习题引导下的《金色的鱼钩》教学活动设计

(一)教学目标

(1)默读课文,概括课文的主要内容。(关联课前导读)

(2)关注人物的言行,体会以老班长为代表的革命先辈的革命精神。(关联课前导读)

(二)教学重难点

运用学习方法,通过品读人物的神态、语言、动作等细节描写,体会老班长忠于革命、舍己为人的高尚品质。

(三)教学设计

1.活动一:课前导入

教师介绍背景资料,了解长征,导入新课。关注课前导读。

设计意图:课前让学生搜集资料,了解长征的历史以及发生在长征路上的故事,旨在为课堂上的深入学习做铺垫。关注课前导读,旨在让学生明确本节课的学习任务。

2.活动二:梳理故事主要情节

(1)用较快的速度自读课文,思考课文主要讲了一件什么事。

(2)引导学生按顺序梳理主要事件。(接受任务—弯钩钓鱼—发现秘密—悲壮牺牲)

设计意图:学生初步感知课文内容,为进一步理解课文做铺垫,也是对以前阅读方法的复现和巩固。

3.活动三:体会人物品质

(1)再读课文,找出描写老班长外貌、神态、言行的句子,用下划线勾画出来,并在旁边批注自己的体会。

(2)聚焦句段,交流、感悟人物品质。

①关注描写老班长外貌的语句,体会老班长忠于革命、尽职尽责、为他人着想的品质。

预设:老班长虽然瘦得只剩皮包骨头,眼睛深深地陷了下去,但是还一直用饱满的情绪鼓励着我们。

教师提问:通过“瘦得只剩皮包骨头,眼睛深深地陷了下去”这样的外貌描写,猜猜老班长都经历了什么。

教师引导:找出课文第2自然段中描写老班长外貌的句子,让学生感受老班长外貌前后的变化,谈一谈这是一位怎样的老班长?

②通过品读描写老班长神态、言行的语句,体会老班长忠于革命、尽职尽责、舍己为人的品质。

预设:“他整夜整夜地合不拢眼”“他喜出望外地跑回来”“他坐在那里捧着搪瓷碗,嚼着几根草根和我们吃剩下的鱼骨头,嚼了一会儿,就皱紧眉头硬咽下去”“翻了多少草皮也找不到一条蚯蚓……还有,我的眼睛坏了,天色一暗,找野菜就得一棵一棵地摸”“我没有完成党交给我的任务……”

教师提问:读一读这些语句,你看到了一个怎样的老班长?

教师引导学生品读描写老班长神态、动作、语言的语句,体会老班长忠于革命、尽职尽责、舍己为人的崇高品质。

教师引导学生结合红军过草地时的背景资料,进一步体会以老班长为代表的革命先辈的革命精神。

设计意图:通过抓住描写老班长的神态、动作、语言的关键语句,体会老班长的革命品质,再补充资料,进一步感受老班长忠于革命、舍己为人的崇高品质,老班长的人物形象就更加丰满,学生对课文内容的理解更加透彻。

4.活动四:紧扣课题,讨论内涵

(1)讨论:课文为什么以“金色的鱼钩”为题?

(2)借助资料交流长征中的感人故事,体会以老班长为代表的革命先辈的革命精神。

(3)总结:推荐阅读长征小故事,如《一袋干粮》《魂驻小红桥》《飞夺泸定桥》等。

设计意图:在充分理解课文内容的基础上,学生通过这一学习活动更加深刻地体会到以老班长为代表的革命先烈们的崇高品质。

预期效果:围绕课前导读的教学活动设计,使本单元的人文主题和语文要素得以落实。首先关注课前导读,让学生明确本节课的学习任务,有目的地阅读,再让学生根据课前导读中的几个问题开展学习活动,大部分学生都能综合运用以前所学的阅读方法,通过勾画、圈点、批注、朗读,抓住老班长的动作、语言、神态,通过“……(动作、语言、神态)描写或搜集的……资料,我看到了一个……(品质)的老班长”句式来体会人物的品质。整个学习活动培养了学生的语文阅读、理解和搜集资料等能力,提高了学生的语文素养。

附:板书设计

金色的鱼钩
接受任务—弯钩钓鱼—发现秘密—悲壮牺牲
忠于革命　　尽职尽责　舍己为人

(彭水苗族土家族自治县第五小学校:彭作梅)

第五单元
科学精神

一、第五单元整体分析

(一)整体描述

教材对各类文体进行合理配置,根据学生身心特点,逐级而上,发挥不同文体的教学价值,让学生受到不同文体的熏陶和感染。第五单元是议论文,小学阶段的学生第一次接触议论文这种文体,人文主题“科学精神”与语文要素的关联体现在“会用具体事例说明观点,抓住要点言简意赅地表达,用摆事实、讲道理的方法条理清晰地把自己的想法表达清楚”,这就是实事求是的科学精神。

基于学情起点,对于用具体实例说明观点,六年级下册安排了两种方式:一种是列举事例,如《真理诞生于一百个问号之后》,举不同的例子来证明自己的观点;一种是引用名人名言,使自己的观点更有说服力。表达观点的时候引用原文,这个方法在教科书中多次出现,不仅在课文中,而且在口语交际的方法指导中也有所提示。如“同读一本书”中提到,引用原文说明观点,让学生领会“使观点更有说服力”。

在逐渐发展抽象思维的小学高年级阶段,从这样浅易的议论文入手,学生能够较好地了解观点与事例之间的关系,培养学生的逻辑思维能力。本单元围绕“科学精神”这个主题编排了《文言文二则》《真理诞生于一百个问号之后》《表里的生物》《他们那时候多有趣啊》四篇课文。这些课文,有的是对自然现象的独特认识和解释,有的是对日常生活中司空见惯的现象或身边的事物展开的探究,有的则是对未来科技展开的奇特想象,呈现了人们不同的思考和探索。在教学中,教师要根据学生的能力把握好适切度,不用深入挖掘。

(二)导语页

人文主题:“科学发现的机遇,总是等着好奇而又爱思考的人。”

语文要素:“体会文章是怎样用具体事例说明观点的。”“展开想象,写科幻故事。”

本单元的语文要素旨在引导学生初步了解论说类文章常见的表达方法,培养学生不仅要敢于表达自己的观点,还要有理有据地论证观点。

（三）语文要素纵向关联

“体会文章是怎样用具体事例说明观点的”纵向关联表

年段	单 元	语文要素
四年级上册	第三单元	体会文章准确生动的表达，感受作者连续细致的观察
五年级上册	第八单元	根据要求梳理信息，把握内容要点
六年级上册	第二单元	了解文章是怎样点面结合写场面的
六年级下册	第一单元	分清内容的主次，体会作者是如何详写主要部分的
	第五单元	体会文章是怎样用具体事例说明观点的

要让语文要素落地，必须从课标中找到教学依据，关注年段教学目标与内容，合理分解学期教学目标，定位单元与课时教学目标，提升学生核心素养。《义务教育语文课程标准（2022年版）》中的课程目标指出：学生要具有独立阅读的能力，学会运用多种阅读方法。有较为丰富的积累和良好的语感，注重情感体验，发展感受和理解的能力。与之对应的小学高段的年段阅读目标：在阅读中了解文章的表达顺序，体会作者的思想感情，初步领悟文章的基本表达方法。在交流和讨论中，敢于提出看法，做出自己的判断。弄清课程目标、教材与学习活动之间的关联后，设计学习活动时还要关注学情，尽量采用自主、合作、探究的学习方式，在交流探讨中完成学习任务。

“用具体事例说明观点”这一单元语文要素的落脚点在哪里呢？教师要建立学情与知识之间的联系，了解学情起点并设计教学活动，指向体会文章是怎样用具体事例说明观点的。四年级上册第三单元语文要素“体会文章准确生动的表达，感受作者连续细致的观察”；五年级上册第八单元“根据要求梳理信息，把握内容要点”；六年级上册第二单元“了解文章是怎样点面结合写场面的”；六年级下册第一单元“分清内容的主次，体会作者是如何详写主要部分的”。学生有了这样的基础，我们就能把本单元的训练点着重放在“体会文章是怎样用具体事例说明观点的”。在《两小儿辩日》中体会人物观点的表达和论证方法，在《真理诞生于一百个问号之后》中体会作者用具体事例说明观点的方法，在《表里的生物》中体会文中的“我”对身边现象的好奇和关注，让学生说一说他是一个怎样的孩子，尝试用文中的句子从令人信服的角度说明观点，略读课文《他们那时候多有趣啊》关注课文奇特的想象，为单元习作做铺垫。

二、课后习题语文要素落点分析

（一）课文要素在各板块的要求

如何树立单元整体教学意识？实施语文课程的目的就是要指导学生学习运用祖国的语言文字，具有综合性、实践性的特征。这些基本理念必须渗透到每一单元的学习活动中，我们语文教师要尝试改变传统教学模式，把单元作为最小的教学单位。虽然每个单元是由独立的单篇文本组成，但教师要从教材入手，准确把握单元特点，将语文要素落实到对单篇课文的教学之中。

语文要素在课后习题的目标指向特别明确,我们在设计核心目标时,要做到心中有学生,直接指向阅读要素“体会文章是怎样用具体事例说明观点的”,具有较强的目的性与针对性。

“体会文章是怎样用具体事例说明观点的”这一要素在各年级间有着纵向关联。教师要建立学情与知识之间的联系,了解学情起点后设计教学活动。关于“运用具体事例说明观点”方法的迁移运用,在《两小儿辩日》中体会人物观点和论证方法,在《真理诞生于一百个问号之后》中体会作者用具体事例说明观点的方法,就是他们发现真理的过程——提出观点、论证观点、得出结论,在《表里的生物》中体会文中的“我”对身边现象的好奇和关注,让学生说一说“他”是一个怎样的孩子,尝试用文中的句子从令人信服的角度说明观点,略读课文《他们那时候多有趣啊》关注课文奇特的想象,为单元习作做好铺垫。这充分体现了统编版教材读写结合的优势。

(二)课后习题的要素指向与活动分析

1.《学弈》课后习题分析

第一题:正确、流利地朗读课文。背诵课文。

第二题:联系上下文,说说加点字的意思。

通国之善弈者也。
思援弓缴而射之。
孔子不能决也。

第三题:对照注释,想想每句话的意思,再连起来说说故事的内容。

第四题:在《两小儿辩日》中,两个小孩的观点分别是什么?他们是怎样说明自己的观点的?

六年级的学生应该能读懂浅显的文言文,并能借助注释疏通文义。文言文中的《两小儿辩日》对于语文要素的落实非常明显,课后习题直接指向教学目标与价值取向。

本课课后习题,既是对学生学习简单文言文的方法引领,又是带着学生对前几学期学习文言文方法的梳理总结。四道题目分别对应学习文言短文的四个步骤:读通、读顺,读出感情并背诵;根据注释,理解、梳通文意;联系上下文理解词语意思;领悟情感或梳理观点,学习写法。

2.《真理诞生于一百个问号之后》课后习题分析

第一题:默读课文,想想“真理诞生于一百个问号之后”这句话的含义,再说说你从中受到了什么启发。

第二题:为了证明自己的观点,作者列举了哪几个事例?每个事例是按照怎样的顺序写的?

第一题侧重对文本内容的理解,让学生抓住题目这个关键语句读课文,再从对课文的分析理解中谈谈自己从中受到的启发。

第二题引导学生关注议论文写作的方法和顺序,通过梳理事例以及分析顺序的安排,让他们初步树立议论文需要选取典型事例证明观点、事例排列要有逻辑性的意识。

3.《表里的生物》课后习题分析

第一题:默读课文,联系课题,说说课文写了一件什么事。

第二题：读下面的句子，说说从中可以看出"我"是一个怎样的孩子。再从课文中找出相关的语句，和同学交流你的看法。

我吓了一跳，蝎子是多么丑恶而恐怖的东西，为什么把它放在这样一个美丽的世界里呢？但是我也感到愉快，证实我的猜测没有错：表里边有一个活的生物。
我只想，大半因为它有好听的声音吧。但是一般的蝎子都没有这么好听的声音，也许这里边的蝎子与一般的不同。

第一题为基础性题目，引导学生关注内容，结合课题，梳理主要内容。

第二题指向单元语文要素，与前一课侧重关注具体事例来证明观点不同，因为本文不是议论文，属于散文，本课重点引导学生提炼观点后，尝试用文中相关语句说明观点，从令人信服的角度阐释。

教师要善于把教材语言、教学目标与要求转化为儿童化的表达、儿童的学习方式，一定要基于儿童立场。孩子学习的目的是运用知识，而不是在反复抄写的过程中机械记忆或背诵。从单元内部结构看，读写关联十分紧密，单元中的每一篇课文都有独特的价值：知道怎么说明自己的观点，学习用具体事例说明观点的方法，写科幻故事也要让人信服，学习文中的"我"的探索与发现精神，建立科学意识，学会清晰表达自己的观点。

（三）单元典型性习题横向关联

本单元与语文要素相关的习题有：

在《两小儿辩日》中，两个小孩的观点分别是什么？他们是怎样说明自己的观点的？(《文言文二册》课后第四题)

为了证明自己的观点，作者列举了哪几个事例？每个事例是按照怎样的顺序写的？(《真理诞生于一百个问号之后》课后第二题)

读下面的句子，说说从中可以看出"我"是一个怎样的孩子。再从课文中找出相关的语句，和同学交流你的看法。(《表里的生物》课后第二题)

我吓了一跳，蝎子是多么丑恶而恐怖的东西，为什么把它放在这样一个美丽的世界里呢？但是我也感到愉快，证实我的猜测没有错：表里边有一个活的生物。
我只想，大半因为它有好听的声音吧。但是一般的蝎子都没有这么好听的声音，也许这里边的蝎子与一般的不同。

本单元，学生在精读课文中感受探索精神，通过仿照课文的写法，用具体事例说明观点。"口语交际"同样契合单元人文主题。在辩论中，学生要有条理地、清晰地表达自己的观点，也要学会倾听，抓住辩方的漏洞进行反驳。《插上科学的翅膀飞》与略读课文《他们那时候多有趣啊》联结非常紧密，充分体现由读到写、读写共融。基于科幻小说后，这样的支架会让习作会变得轻松。

从整个单元典型性习题的编排来看，在语文要素的落实上，几篇课文的训练呈现由表入里、由浅入深、从内容到形式的进阶。《文言文二则》的重点是疏通文义和说清故事内容，背诵文言文、积累文言文，感受传统文化的博大精深，尤其是《学弈》。课堂上精准定位核心任务，其学习路径是什么？文言文教学可以教得很轻松、简单，就像古诗词教学一样，有的教师困惑于学生逐行解读诗意的习惯。其实不然，我们可以设计这样的学习路径：抓住关键词给学生提供支架，最关键的是拓展资源。在《两小儿辩日》中，除了应引导学生提炼观点、关注两小儿怎样证明自己的观点的语句外，还应引领学生关注单元人文主题——实事求是的科学精神。通过“读懂文言、厘清观点、阐明道理”等活动，学生初步感知论说文是怎样提炼观点、阐明道理的。基于此，可设计这样的学习活动：活动一，读懂文言；活动二，厘清观点；活动三，阐明道理。对于寓意深刻的文言文，学生要能读懂文意并用自己的话阐明道理，在表达时要有条理，要用具体事例说明观点，具体事例要有一定顺序。

《真理诞生于一百个问号之后》课后第二题再次回应单元语文要素，在这篇课文的教学过程中还是要重点关注作者是如何运用具体事例说明观点的，以及这三个事例是按照怎样的顺序表达的。很明显，均是按产生疑问、观察实验、得出结论的方式，也是在回应说理文的逻辑性、严密性——观察到某种现象，然后找到问题与现象之间的联系，最后结合问题得出结论。学生进行这样的梳理后，运用具体事例说明观点的能力已见雏形，所以，由读到写一气呵成。小练笔要求“由读到写，自然流畅，学习用具体事例说明观点的方法”，体现了学以致用、学思融合。在教学中，教师要引导学生练习如何用具体事例说明一个观点，注意表达的准确性，还要关注语言的逻辑性与严密性。

在前面学习了怎样用具体事例来说明观点的基础上，《表里的生物》的典型性习题要求在文中找到相关语句证明自己的观点。教学时可让学生一边默读课文一边勾画词句，抓住人物、聚焦细节、体会情感，让学生说说“我”是怎样的孩子，从课文中找出相关语句印证自己的观点。在对人、事、物进行评价时，要有理有据。在进行三篇课文《文言文二则》《真理诞生于一百个问号之后》《表里的生物》的教学时，教师前后联系设计活动，会有很好的教学效果。教学时，应避免逐句、逐段讲解，做到长文短教、深文浅教，为学生营造轻松的学习氛围。

三、落实语文要素的典型性习题教学活动设计示例

（一）典型性习题

以《真理诞生于一百个问号之后》课后第二题为例：为了证明自己的观点，作者列举了哪几个事例？每个事例是按照怎样的顺序写的？

本题直接指向“用具体事例说明观点”这一语文要素。六年级学生的认知思维逐步开始从形象化认知向理性思维转变，教师可以根据说理性文章的特点充分发挥学生的主观能动性，在结构化语言体验中培养其逻辑认知能力。

（二）教学设计

1. 活动一：学习事例，证明观点

（1）读课文，圈画出三个事例的发现者，发现的问题，研究的过程和得出的结论。

（2）同伴合作完成记录。

发现者：

发现的问题：

研究过程：

结论：

(3)梳理观点，达成共识。

2.活动二：探究“真理”与“问号”间的关系

(1)交流三个事例的相同点。

(2)运用同样的方法交流“有志者事竟成”这个话题。

(3)自主交流。

(4)再读课文，感悟用具体事例说明观点的写法。

设计意图：帮助学生搭建支架，用记录三个成功事例的形式梳理出三个事例的共同点，分析其排列顺序，然后引导学生关注题目中“真理”与“问号”的关系，加深对文义的理解。学习方法后马上尝试运用，试着用具体事例来证明自己的观点并进行表达、交流。

预期效果：语言是交际工具，也是思维工具，语言学科的核心素养是学生在实践活动中积累与建构起来的，在学习事例、证明观点的活动中主动积累、梳理和整合，学会用具体事例说明观点。

思维路径：通过上述活动，学生已建立思维雏形，从了解三个事例的发现者，到发现真理的过程，再联结真理与问号的关系，明白任何新发明的出现都是从表象到具象的过程，只有长期地观察、发现才会有伟大的发明创造。学生在批注圈画、同伴互助、合作研讨中学会用具体事例说明观点。这样的学习活动设计既落实了单元语文要素，也让学生学会了必备的言语技能。

四、课后习题引导下的《表里的生物》教学活动设计

教学目标：

(1)自主学习字词。

(2)默读课文，能够联系课题，用自己的语言说说课文写了一件什么事情。(关联课后第一题)

(3)学会用具体事例说明观点的方法。(此目标在于落实单元语文要素：学会运用具体事例说明观点)

(4)能从文中找到关键语句，理解文中的“我”是一个怎样的孩子。(关联课后第二题)

(5)能够结合生活经历，与同学交流生活中遇到与文中的“我”类似的趣事。(关联课后选做题)

教学重点：能从文中找到关键语句，理解文中的“我”是一个怎样的孩子。

教学难点：学会用具体事例说明观点的方法。

(一)第一课时

1.活动一：整体感知，厘清脉络

(1)初读课文，提出要求。

默读全文，联系课题，想一想：课文主要写了一件什么事？填一填。

课文先写______________，然后写____________________，最后写____。

(2)提示阅读方法:边读边思考,适当圈点勾画。

2.活动二:集中展示,汇报交流

课文主要写了一件什么事?小时候的"我"认为能发出声音的都是活的生物,所以对父亲的表极为好奇,并相信了表里有个小蝎子的说法。

设计意图:帮助学生厘清脉络,弄明白文章的大致结构。提示学生利用抓关键词句、合并段意、前后关联、题目扩充等有效方式归纳主要内容,为后面深入学习打下坚实基础。集中展示环节,可以帮助没有学习基础的学生尝试运用图示法、思维导图等把握文章主要内容。

(二)第二课时

1.活动一:合作学习,深入交流

(1)小组合作学习,思考:"表里的生物"是什么?它有什么特别之处?文中有多处心理描写,用横线画出来。文中的"我"是个怎样的孩子?说说理由。

(2)学生互助学习,教师巡视指导。

(3)师生交流自学情况。

(4)读一读你画出的心理描写的句子并谈谈体会。

2.活动二:细读句子,感知特点

(1)出示句子:"不许动",表里边会是什么东西在响呢?我对于它的好奇心一天比一天增加。树上的蝉,草里的虫,都不会轻易被人看见,我想:表里边一定也有一只蝉或一条虫一类的生物吧,这生物被父亲关在表里,不许小孩子动。

(2)引导学生体会:这段话对"我"的心理描写非常细腻,从中可以感受到"我"对表里的生物有着强烈的好奇心和兴趣。

(3)联系上下文,边读边体会,作者就像在与人倾心交谈,让我们真切地感受到了"我"的内心世界,感受到童年的天真无邪。教师指导学生在体会的基础上读好句子,读出儿童的好奇和天真。

(4)读了上面的句子,你觉得"我"是个怎样的孩子?

3.活动三:研读对话,分角色朗读

(1)同学们,文中的对话也很精彩,我们来读一读吧!学生自由朗读对话。

(2)小组合作,分角色朗读。

(3)指导朗读、评价朗读。

预期效果:通过关联课后习题设计教学活动,语文学科素养的多元性得以彰显,学生在语文学习过程中积累语言的基础知识,从语文的角度提升分析与解决问题的能力与素养,形成与语文相关的思维逻辑、思考习惯。在素养导向下,遵循教学规律,整体把握教材,提高语文教学质量。

(彭水苗族土家族自治县桑柘镇小学校:盛洁芳)

第六单元
难忘小学生活

为了给学生提供语言建构与运用、思维发展与提升的有效载体，统编版教材编排了整体性非常强的教学实践活动单元。教材螺旋上升的编排模式，充分尊重学生素养发展的需要，极力彰显学生各阶段的能力增长点。三、四年级的综合性学习编排在阅读单元内，借助课文学习分步展开，层层推进。三年级下册的综合性学习活动主题是“中华传统节日”，四年级下册的综合性学习活动主题是“轻叩诗歌大门”，五年级下册第一次设置了单元整组综合性学习“遨游汉字王国”，六年级下册的活动主题则是“难忘小学生活”，是对整个小学阶段语文能力的整体梳理和成果展示。五、六年级的综合性学习单元具有系统性，以活动贯穿整个过程，以任务驱动的形式促进对整个综合性单元的学习。

一、第六单元整体分析

（一）整体描述

本单元为综合性学习单元，分为“回忆往事”和“依依惜别”两个活动板块，联系紧密。“回忆往事”旨在唤起学生对校园往事的回忆，能激发他们的惜别之情，从而在开展“依依惜别”板块的活动时会有更深的感情基础，能激发他们对学校、师友的依恋。本单元在五年级综合性学习单元的编排基础上，以活动化的任务驱动贯穿始终，每个板块都设置了“活动建议”和“阅读材料”。其中“活动建议”是综合性学习的主体，提供了具体的活动任务、活动内容和活动方式。“阅读材料”属于综合性学习的活动参考资源，可以有选择地使用这些材料。

“难忘小学生活”是本单元综合性学习活动的主题。这个活动单元与学生的生活联系紧密，学生在进入这个单元的学习时，即将告别生活六年的小学校园，开启新的学习生活。在即将离开校园之际，本单元旨在组织学生开展一系列回忆过去、感谢恩师、展望未来的综合实践活动，让他们在珍藏记忆、表达情感、祝福未来的同时，综合运用语文知识与技能，促进其核心素养的不断发展。

（二）语文要素纵向关联

综合性学习活动编排的目的是改革课程结构过于强调学科本位、科目过多和缺乏整合的现状，让学生树立大语文观，在实践活动中习得语文能力、提升语文素养、培养团结协作精神。《义务教育语文课程标准(2022年版)》第二部分的课程目标与内容指出:能主动进行探究性学习,激发想象力和创造潜能,在实践中学习和运用语文。小学高段:策划简单的校园活动和社会活动,对所策划的主题进行讨论和分析,学写活动计划和活动总结。小学中段:能在教师的指导下组织有趣味的语文活动,在活动中学习语文,学会合作。小学低段:热心参加校园、社区活动。结合活动,用口头或图文等方式表达自己的见闻和想法。综合性学习以锻炼学生实践与运用能力为目的,在中华优秀传统文化、革命文化、先进文化的熏陶中,增强其民族自豪感与文化自信力。

鉴于以上要求,我们可以清晰地看到,按照要求引导学生开展综合性学习活动十分有必要。六年级下册最后一个单元,既是对本册教材的总结,也是对本套教材的梳理,更是对学生六年小学生活的回忆。

综合实践活动纵向关联表

年段	单元	学习活动任务
三年级下册	第三单元	收集传统节日的资料,交流节日的风俗习惯,写一写过节的过程
四年级下册	第三单元	根据需要收集资料,初步学习整理资料的方法。合作编小诗集,举办诗歌朗诵会
五年级下册	第三单元	学习搜集资料的基本方法。学写简单的研究性报告
六年级下册	第六单元	运用学过的方法整理资料。策划简单的校园活动,学写策划书

从表1中我们不难看出,综合性学习主要体现为培养学生语文知识的综合运用能力、听说读写能力的整体发展。综合性学习应突出学生的自主性,重视学生主动参与的意识,特别注重探索和研究的过程。在四个年段的学习中,通过收集资料、讨论交流、传递信息、沟通情感,体现综合性学习活动的层次性、整体性、实践性、合作性、开放性等特点,让学生提升语文综合素养。

本单元的语文要素:“运用学过的方法整理资料。”“策划简单的校园活动,学写策划书。”

语文要素“运用学过的方法整理资料”,是对之前学过的方法进行巩固运用。四年级时,学生有过收集并记录资料,以及合作整理资料的学习经历;五年级时,又进一步学习了根据需要搜集资料,以及分类整理资料的方法。本单元的综合性学习在此基础上,引导学生综合运用已学过的这些方法,根据自己的需要收集、筛选和分类整理资料。教材用“填写时间轴”“分享难忘回忆”活动指导学生按照时间顺序,有重点地回忆往事,用“制作成长纪念册”活动及“阅读材料”指导学生有选择地分类、筛选和整理小学六年的成长资料,帮助学生在实践中进行操作练习,发展学生整理资料与使用资料的能力。

从学生的活动内容来看,三年级下册综合性学习板块“中华传统节日”(写一写过节的过程);四年级下册综合性学习板块“轻叩诗歌大门”(做个小诗人);五年级下册综合性学习单元“遨游汉字王国”(尝试写简单的研究报告);六年级下册综合性学习单元“难忘小学生活”(写一份策划书)。纵向关联表达要素,我们会发现活动集中指向表达,提升学生核心素养。课内活动时,学生需要明确主题、制订计划、展示交流、实践探究;课外活动时,学生需要进一步实践探究,在实践中进步,在探究中成长。

二、基于综合性学习的语文要素落点分析

(一)语文要素在各板块的要求

基于儿童立场,在开展"回忆往事"活动时,我们可借助"阅读材料"激起学生对六年小学生活的回忆,激发对教师、同学和学校的感情。学生收集资料,整理归纳,活动化课程贯穿综合性学习始终。教学中要充分体现综合性学习自主、合作、探究、开放的特点,引导学生自主学习实践、以小组分工合作的形式做好策划、活动、交流、评价等几个环节,使这次综合性学习取得更好的效果,真正成为学生难忘的回忆。

"依依惜别"活动,引导学生回忆难忘的校园生活,共同寻找"成长的足迹",收集资料。帮助学生学会表达对母校、教师、同学的依依惜别之情,懂得成长需要不断努力,也离不开学校的关心、教师的教导和同学的帮助。综合性学习要以语文活动为基点,强调语文学习与生活的结合,以促进学生语文素养的整体推进与协调发展。它既能体现学生身心特点,又能使学生综合运用语文知识,提升听说读写能力,使书本学习与实践活动紧密结合。它更注重学习方式的自主性、实践性、综合性,又注重过程中的开放性和互动性。

(二)单元综合性学习的要素指向与活动分析

1.学习活动目标

(1)能围绕活动主题,借助"活动建议"和"阅读材料",制订小组活动计划。

(2)能根据活动主题搜集和整理小学阶段的学习生活资料,填写时间轴,与同学分享难忘的回忆。

(3)能设计并制作成长纪念册。

(4)能撰写毕业联欢会策划书,做到主题鲜明,分工明确,活动流程清楚。

(5)能与人合作,筹备并举办毕业联欢会,表达对师友、对母校的惜别之情。

(6)能用书信、毕业赠言等形式表达真情实感。

本次综合性学习活动的主要任务是"策划简单的校园活动,学写策划书"。教材在此之前组织学生开展过"诗歌朗诵会""趣味汉字交流会"等综合性学习活动,学生在制订活动计划、筹备活动、开展活动等方面具备一定的经验。策划校园活动,不仅要引导学生对策划的主题进行分析,以寻找最优的方案,对活动的组织和开展也应当做出周密的计划。教材安排了 举办毕业联欢会活动,从学生临近毕业的生活实际出发,为学生提供了策划的平台,以进一步培养他们计划、组织、协调和实施活动的能力。为了帮助学生办好毕业联欢会,教材安排了写一份策划书的任务,给学生在活动过程中提供行动指引,便于活动的顺利开展。

2.单元语文要素横向关联

本单元设计的"回忆往事""依依惜别"两个板块的活动不仅体现了语文知识与技能的综合运用,也包含音乐、美术等其他学科的知识和技能。在活动中,要注意体现语文学科自身的特点。首先,注重引导学生运用学过的资料整理方法,筛选、整理收集到的资料,包括文字、图片等。其次,在开展制作成长纪念册、举办毕业联欢会等活动时,要注重引导学生运用语文知识。如,在制作成长纪念册时,应注意题

目的拟定，扉页及正文的撰写；又如，在举办毕业联欢会时，应注意主持词的撰写，并鼓励学生表演朗诵、相声等语言类节目，凸显出“语文味”。

综合性学习一般包含明确主题、制订计划、实践探究、交流展示等活动阶段。其中，与明确主题、制订计划、交流展示相关的活动，多在课内进行；与实践探究有关的活动，如填写时间轴、制作成长纪念册、筹备毕业联欢会，可以在课余时间完成。无论课内还是课外，教师都应密切关注综合实践活动的整个过程，通过检查、答疑、提建议、组织生生交流等方式进行过程性指导。在开展课外活动的阶段，教师可根据情况安排教学内容，如，组织学生讨论毕业联欢会有哪些形式，指导学生写策划书。不同的活动可以调整顺序或加以整合，如，在毕业联欢会上展示、交流成长纪念册，在成长纪念册中放入毕业联欢会的照片、记录自己的感受。填写时间轴、制作成长纪念册、举办毕业联欢会等活动的内容呈现形式也可以适当调整，把时间轴变为各种形式的时间线索图，举办毕业联欢会也可以变成举办毕业朗诵会。

教师要根据活动需要，引导学生根据需要自主运用“阅读材料”，既可以在活动前浏览材料，也可以在小组活动时讨论材料，还可以在汇报、总结时使用材料。同时，要注意发挥“阅读材料”的不同价值：有的可以作为实例为学生提供直观感受；有的可以用来创设情境，激发学生情感，唤起回忆；有的可以提供思路，对学生的活动起到指导作用，丰富活动资源以促进学生的实践能力。

三、落实语文要素的综合性学习活动设计示例

（一）典型性学习活动

活动：运用学过的方法收集、整理资料；制订活动计划，布置收集资料任务。

（二）教学设计

1.活动一：明确本活动要完成的任务

（1）引导学生默读“回忆往事”部分的活动建议，浏览阅读材料，启发思考：这一部分的三个活动可不可以调换顺序？为什么？

学生自读，教师了解学生想法。

（2）教师组织学生课上交流，提示学生注意三个活动的关联：“分享难忘回忆”为什么要放在“填写时间轴”之后？为什么要先完成前两个活动，再制作成长纪念册？

2.活动二：引导学生交流时间轴的填写方法

（1）学生交流时间轴的作用及填写方法。

①学生说说时间轴有什么作用。

②时间轴一定要画成教材中的样子吗？它还可以是什么样子的？

（2）确定填写时间轴需要的时间。

请学生预估完成时间轴需要的时间。教师适时给出建议。设计不拘形式的时间线索图，意在进一步拓宽学生思路，同时，学生在异中求同，深刻把握时间轴的内涵，领悟按照时间线索梳理资料的方法。

设计意图：学生课后继续完善时间轴，更全面地呈现自己小学六年的成长记忆。几个活动是层层深

入的关系，让学生思考各部分活动之间的联系，可以使活动计划环环相扣，以保证整理资料、制作成长纪念册的活动能够稳步推进。

预期效果：学生在综合性学习活动之前制订活动计划，按照活动建议规划好活动时间和内容。要完成时间轴的填写，自主收集资料至关重要，这是学生自主回忆学习生活的有效时机，教师可以让他们回忆六年学习生活，激起他们的惜别之情，并运用学过的方法有针对性地进行资料的收集，整理抽样，筛选记录，整合归纳。

思维路径：凡事预则立，不预则废。为了保证后续活动的顺利进行，以及培养学生统筹思维的能力，活动的计划和资料收集的过程必不可少。通过交流活动的关联性、制作活动时间轴，学生会对活动有一个整体认知，以厘清顺序。再则，综合实践活动需要一个长时间的准备过程，学生参与制订、完成时间轴的填写，既有参与感，也对后续阶段有掌控感。这样，学生在后面的准备和活动中，就不至于茫然，能做到心中有数。

四、素养导向下的综合性学习教学活动设计

（一）“回忆往事”教学设计

活动目标：

（1）能围绕单元及活动主题，借鉴“活动建议”和“阅读材料”板块，制订小组活动计划。

（2）能根据活动主题搜集和整理小学阶段的学习生活资料，填写时间轴，与同学分享难忘的回忆。

（3）能设计并制作成长纪念册。

活动时间：1~2周。

1.活动一：明确活动任务，制订活动计划

第一阶段具体见典型性学习活动。

2.活动二：搜集成长资料，制作成长纪念册

（1）回忆往事，搜集成长资料。

①学生利用课余时间填写时间轴，搜集成长资料。

②教师可在学生有需要的时候，为学生提供一些搜集成长资料的线索，帮助学生回忆往事。

（2）交流时间轴，分享难忘回忆。

①讨论成长纪念册的制作方法。

梳理制作成长纪念册的主要步骤：收集、筛选成长资料；根据需要给收集的资料分类；编排成长纪念册。

②交流如何搜集、筛选成长资料。

说说自己搜集、筛选资料的方法和书中的方法是否一样。学生交流后，教师提示，要注意筛选出最能反映自己小学生活的、有代表性的资料。

③讨论根据需要给搜集的资料分类的步骤。

说说“编年体”和“栏目式”分别是从什么角度给资料分类的。

④学生以小组为单位总结制作成长纪念册的方法。

⑤学生课后制作成长纪念册。

设计意图:在制作成长纪念册之前讨论如何制作成长纪念册,在学生的自主活动中,教师给予适当的指导和组织学生之间的讨论交流,可以让学生有的放矢,有利于激发学生学习的自主性和积极性。

3.活动三:交流成长纪念册,活动总结

(1)以小组为单位交流成长纪念册。

①课件展示一部分学生制作的成长纪念册。

②学生以小组为单位交流成长纪念册。

向小组成员介绍自己制作成长纪念册的过程,介绍自己是如何整理资料、编排成长纪念册的,可重点介绍自己遇到了哪些困难,是怎么解决的。小组成员对小组内每一位成员的成长纪念册做出评价,说出印象深刻的内容以及阅读后的感受。

交流成长纪念册,不应仅仅关注结果,还要关注过程。这一环节不仅关注了成长纪念册的制作结果,也关注了“学习整理资料的方法”这一语文要素,强调了解决难题的过程,以及学生的自我反思、自我评价。

(2)全班交流成长纪念册。

①各小组代表按照交流的结果,介绍自己小组制作成长纪念册的过程,展示小组内有代表性的成长纪念册。

②对于各组代表展示的纪念册,说出自己的想法或建议。

③总结本部分的学习收获与感受。

在“回忆往事”部分的活动中,你掌握了哪些整理资料的方法?整理资料对日常学习和生活有什么作用?

整体回顾自己整理的成长资料,你觉得自己在六年的小学生活中有了哪些变化?

预期效果:学生在本次活动中整体回顾自己整理的成长资料,感悟自己六年来的成长,进一步感受整理成长资料的意义,并为下一个活动表达“依依惜别”之情积淀情感基础。

(二)“依依惜别”教学设计

活动目标:

(1)能撰写一份毕业联欢会的策划书,做到主题鲜明,分工明确,活动流程清楚。

(2)能与人合作,筹备并举办毕业联欢会,表达对师友、对母校的惜别之情。

(3)能用书信、毕业赠言等形式表达情感,与人交流。

活动时间:1周。

1.活动一:明确活动任务,制订活动计划

(1)初步构思活动计划。

①学生默读本部分的“活动建议”,想一想在这一部分的活动中要做些什么。

②学生交流讨论。

(2)初步讨论举办毕业联欢会的具体要求和安排。

①讨论活动的内容及活动方式。

说一说你想举办一场什么样的毕业联欢会。

学生观看介绍毕业联欢会的短视频，以小组为单位商议，教师强调毕业联欢会要突出“依依惜别”的主题。

②讨论活动的参考资料。

学生浏览“活动建议”和“阅读材料”板块，思考哪些材料能在毕业联欢会的活动中为大家提供帮助。

③讨论分工与各自的职责。

举办毕业联欢会需要提前做哪些准备工作？每项工作的具体职责是什么？

④师生确定举办毕业联欢会需要的时间。

学生讨论并确定毕业联欢会的策划、筹备、举办各需要多少时间。

提示：策划毕业联欢会需占用1个课时，筹备毕业联欢会需要3~4天，举办毕业联欢会需要1~2个课时。

(3)制订“依依惜别”部分的活动计划。

①学生自主决定“写信”的活动安排。

学生浏览“活动建议”与“阅读材料”板块，说一说自己想给谁写一封信，大致要写哪方面的内容。

写信的活动可以和写毕业赠言的活动结合起来。可以选择写倡议书或毕业演讲等方式表达情感，也可以在联欢会上朗读。

②制订“依依惜别”部分的活动计划。

教师组织学生用图表总结前面的讨论结果，制订活动计划。

2.活动二：举办毕业联欢会

(1)策划毕业联欢会。

①交流毕业联欢会的节目意向与工作意向。

②以小组为单位策划毕业联欢会，写策划书。

节目单由负责“节目统筹”的同学安排，在策划活动中讨论人员分工和流程安排。

③确定毕业联欢会策划方案。

各小组汇报各自的策划方案，师生可逐一评价每份策划方案的分工是否合理，流程是否清晰。

④再次讨论活动分工，学生讲一讲自己的职责，其他学生可提出改进或实施建议，使分工更为明确、合理，完成最后的修改后，形成最终的策划方案。

(2)学生利用课后时间筹备毕业联欢会。

①学生按照策划书筹备毕业联欢会。

准备节目；节目统筹组排定节目单；主持人写好主持词和串词；其他各组提前做好准备工作。

②教师指导、协助学生筹备毕业联欢会，了解学生准备的节目的内容，确保节目内容积极向上。

(3)学生利用课后时间完成写信、写毕业赠言等活动。(此项活动与筹备毕业联欢会同步开展)

①学生根据自己的想法写信、写毕业赠言、准备毕业演讲等。

②教师关注写信、写毕业赠言的过程，征求其意见后适时展示优秀的书信和赠言。

(4)举办毕业联欢会。

①学生按照策划书举办毕业联欢会，联欢会结束后利用相应渠道进行宣传报道。

②教师邀请嘉宾参加毕业联欢会，并协助组织及维持秩序。

3.活动三:活动总结与交流

(1)总结毕业联欢会活动。

①利用活动照片、视频回放等形式,回顾毕业联欢会。

②毕业联欢会工作组的代表总结各自工作得失。

③集体交流,总结活动策划与实施过程中做得好的地方与不足之处。

④总结“写信”活动。

展示部分学生的信件与赠言,交流活动中的感受。

(2)整体回顾本单元的综合性学习活动。

①学生进行自我回顾与评价,然后以小组为单位进行交流。

②教师对活动进行回顾与评价。

教师对学生在本单元综合性学习中的表现予以鼓励和肯定,重点关注学生参与活动的积极性,学生的合作意识、搜集整理资料的能力、策划能力及学生的创新意识。

③教师赠言。

例:春天,是碧绿的天地,秋天是金黄的世界,愿你用青春的绿色去酿造未来富有的金秋。衷心地祝贺你,毕业了!此时,愿你朝着明亮那方,出发吧!

预期效果:通过这样的总结与交流环节,学生能再一次感受到运用语言文字表达真情实感的无限魅力。教师的赠言更是激励每一位孩子奋发向上、朝气蓬勃、向上向善的有效工具。通过一系列交流、展示活动,学生语言的建构与运用能力,思维能力,审美的鉴赏与创造能力,文化传承与理解能力,都会有进步和发展。学生不仅得到语文能力的提升,还感受到师生之间的惜别之情、对母校的留恋之情,收到教师、同学的期许与祝福。

(彭水苗族土家族自治县桑柘镇小学校:盛洁芳)

后　记

在教育这个复杂系统中，优化课堂教学无疑是提高教育质量的关键。课堂教学的优化，其前提肯定是教学设计的优化。当下，在彭水区域教育积极建构品质课堂之际，一众具有教育情怀、学科教育认知和教育实践的彭水小学语文教育人的实践成果《素养立意的小学语文教学活动设计——以课后习题为导引》一书问世了。

该书以重庆市教育科学“十三五”规划2018年度重大委托课题“统编版教材小学语文课后习题的教学活动设计实践研究”为指引，在县教师进修学校的引领和重庆市教科院张咏梅老师的悉心指导下编写而成。编写团队以行动研究为方法、以课例研究为载体、以关注学生为原则，历时四年多，从教学最易忽视的一个维度——课后习题入手，站位学科核心素养的培养，精心编撰，力求引领和解决广大一线教师在教学中的一个点的困惑，从而以点带面，推动课堂教学的深入和深化。在当前“双减”背景之下，在普遍关注学生的课后作业负担之时开展作业设计研究，图书的出版肯定会给教师提供一个有效的借鉴，会在一定程度上改变教师的作业观念。由此看来，这真是一件好事、幸事和有价值的事！

长期以来，人们最易关注理论型的话题，无论是课程、课改还是课堂或课题，学术界可谓百花齐放、异彩纷呈，有很多前沿的思想和理念。这些思想理论确实具有较强的导向意义，不可或缺，但长此以往，难免会让受众产生理论疲劳心理，甚至进入新的迷惑，无所适从，以至于很多理论型培训是现场激动、路上抖动、回来不动，因为不知怎么动，动不了。这就是理想与现实、理论与实践的差距。对于相当一部分的一线教师而言，他们发自内心的需要就是实践的引领，特别是基于学科教学发展方向和理论指导下的实践倒逼教育人对学科核心素养课堂的领悟、建构、形成。为此，这类具有一定思想理论的，来自一线教学实践的，具有实操意义和指导意义的读物，一定具有受众面，是很受欢迎的！

课后习题是教材内容的有机组成部分，从结果论的视角看，它是一课（节）知识、素养点的提炼，是检阅本课所学成效的一个重要视点。从过程论的视角看，它又是对过程教学的一个引领和巩固。由此可见，在教辅材料充斥的当下，它绝不是一个摆设。而现实的教学现象是，很多老师都没认识到课后习题的重要性，没有把它视为教学的一分子而做精心的教学设计，在教学中一带而过，或者是全部抛给学生作为课后作业。诚然，这样的教学肯定是不完整的教学，更不是科学而有品质的教学。从这个意义上讲，本书的面世，至少对推动教师整体教学的建构意识具有指导意义。

当然，如前所述，这本书既是基层研究机构研究成果的一个缩影，更是大批一线教师的实践心血，它没有至高至深的理论，唯有无华的朴素，难免粗糙，也难免有区域视野的狭窄性。但无论如何，它具有一定的区域认可度。在学科核心素养建构的课改大潮中，我们期望本书能起到杠杆作用，能从其中指向的一个点撬动一线教师的学科整体建构意识、研究意识、课堂品质意识。佐藤学说，课堂改变，学校就会改变。我们认为，课堂的改变，源点在于品质教育意识指引下教学设计的改变，课后习题教学肯定属于设计的一个重要点。诚如阿基米德所说，给我一个支点，我就能撬动整个地球。本书所指向的支点，就是课后习题教学。

（陈恒平　重庆市首批小学语文骨干教师、重庆市骨干校长，现任彭水苗族土家族自治县教师进修学校校长，在《中国教师报》《中国教育学刊》等发表文章10余篇）